LA
PLACE DES VICTOIRES

ET LA

PLACE DE VENDÔME

NOTICE HISTORIQUE

SUR LES

MONUMENTS ÉLEVÉS A LA GLOIRE DE LOUIS XIV,

PAR

A. DE BOISLISLE

MEMBRE DE L'INSTITUT

PARIS
1889

LA PLACE DES VICTOIRES

ET

LA PLACE DE VENDÔME

(Extrait des *Mémoires de la Société de l'Histoire de Paris et de l'Ile-de-France*, t. XV, 1888.)

LA

PLACE DES VICTOIRES

ET LA

PLACE DE VENDÔME

NOTICE HISTORIQUE

SUR LES

MONUMENTS ÉLEVÉS A LA GLOIRE DE LOUIS XIV,

PAR

A. DE BOISLISLE

MEMBRE DE L'INSTITUT

PARIS
1889

NOTICES HISTORIQUES

SUR

LA PLACE DES VICTOIRES

ET SUR

LA PLACE DE VENDÔME

Louis XIV avait conservé contre les Parisiens un ressentiment ineffaçable des troubles de la Fronde, et il le leur prouva, non seulement par une abstention systématique, en ne se montrant parmi eux que dans de rares et courtes visites, mais aussi en réservant tous ses soins, toutes ses prédilections et ses prodigalités pour d'autres résidences créées par lui. Loin de diminuer avec le temps, cette aversion, ou cette défiance, s'accentua de plus en plus sous des influences secondaires de toutes sortes, et, de 1700 à 1715, on ne le vit plus que quatre fois à Paris[1]. Saint-Germain d'abord, puis Versailles et Marly lui suffirent pendant un demi-siècle, avec le séjour annuel d'un mois d'automne à Fontainebleau et des voyages très peu nombreux[2].

---

1. En 1701 et 1706, pour visiter les Invalides, Notre-Dame et le Palais-Royal; en 1702, pour faire les stations du jubilé. La cour était allée s'installer à Saint-Germain, avec de courts séjours à Versailles, dès le lendemain de la mort d'Anne d'Autriche (19 janvier 1666); depuis cette époque, à part trois hivers (1667, 1668 et 1670) passés aux Tuileries, Louis XIV se montra de moins en moins aux Parisiens : neuf fois en 1666, sept en 1667, quatre en 1668, une seule en 1669, en 1670 et en 1672, trois en 1673 et 1674, une en 1675, deux en 1678, une en 1681, deux en 1682, deux en 1687 (au retour de Luxembourg, il tourna par le rempart).
2. *Mémoires de Saint-Simon*, éd. 1873, t. XII, p. 67, et Addition au *Journal de Dangeau*, t. XVI, p. 47 : « Il abandonna Paris pour Saint-Germain et ne fit jamais ni ornement ni commodité dans cette grande ville, que le pont

Si la prospérité commerciale et industrielle de la capitale n'en souffrit pas comme on eût pu le craindre, le mérite en doit être reporté à la cour, qui restait fidèle à Paris et qui s'y ruinait[1], mais surtout aux ministres, qui s'efforcèrent de faire contrepoids à la mauvaise volonté de leur maître; c'est à eux également qu'il faut savoir gré des travaux de voirie et des embellissements qui, sans être à la hauteur d'un si grand règne, ne laissèrent pas de constituer des progrès notables. Colbert, plus que tout autre, s'appliqua à cette tâche. On sait qu'il désapprouvait hautement les créations grandioses où le roi se complaisait exclusivement : du jour où Antoine de Ratabon lui laissa la surintendance des bâtiments[2], sa correspondance le montre donnant une impulsion merveilleuse aux travaux plus utiles de Paris et luttant sans cesse pour arracher, au profit de « la plus belle ville du monde[3], » quelques bribes des millions prodigués d'un autre côté, tandis que nous ne connaissons pas une pièce qui marque que, personnellement, Louis XIV s'y soit jamais intéressé[4]. On ne se lasse point de lire cette lettre de Colbert au Roi, datée du 28 septembre (1665)[5] : « ..... Versailles regarde bien davantage le plaisir et le divertissement de V. M. que sa gloire..... Cependant, ... si elle veut faire réflexion que l'on verra à jamais dans les comptes des trésoriers de ses bâtiments que, pendant le temps qu'elle a dépensé de si

---

Royal par pure nécessité; sans quoi, avec son incomparable grandeur, elle est si au-dessus de tant de villes, dans toutes les parties de l'Europe ! » — Voltaire a dit : « Si Louis XIV eût employé à embellir Paris, à finir le Louvre, les sommes immenses que coûtèrent les aqueducs et les travaux de Maintenon pour conduire des eaux à Versailles, travaux interrompus et devenus inutiles; s'il eût dépensé à Paris la cinquième partie de ce qu'il en a coûté pour forcer la nature à Versailles, Paris serait, dans toute son étendue, aussi beau qu'il l'est du côté des Tuileries et du Palais-Royal, et serait devenu la ville la plus magnifique de l'univers. » (*Le Siècle de Louis XIV*, chap. xxix.) Il serait superflu de faire remarquer que Voltaire se trompe dans son appréciation des sommes dépensées à Versailles, ou de celles que Paris eût absorbées.

1. Encore le roi n'aimait-il pas qu'on laissât Versailles pour aller à Paris : *Écrits inédits de Saint-Simon*, publiés par M. Faugère, t. VI, p. 385.
2. Provisions du 1ᵉʳ janvier 1664.
3. Lettre au cavalier Bernin : *Lettres de Colbert*, t. V, p. 245.
4. P. Clément, *Histoire de Colbert*, t. II, p. 197-225; *Lettres de Colbert*, t. V, p. xlviii-l et 555-557.
5. *Lettres de Colbert*, t. II, p. ccx-ccxi, et t. V, p. 268-270.

grandes sommes en cette maison, elle a négligé le Louvre, qui est assurément le plus superbe palais qu'il y ait au monde et le plus digne de la grandeur de V. M.!.... V. M. sait qu'au défaut des actions éclatantes de la guerre, rien ne marque davantage la grandeur et l'esprit des princes que les bâtiments, et toute la postérité les mesure à l'aune de ces superbes maisons qu'ils ont élevées pendant leur vie. O quelle pitié que le plus grand roi et le plus vertueux, de la véritable vertu qui fait les plus grands princes, fût mesuré à l'aune de Versailles!.... V. M. observera de plus, s'il lui plaît, qu'elle est entre les mains de deux hommes[1] qui ne la connoissent presque qu'à Versailles, c'est-à-dire dans le plaisir et dans le divertissement, et qui ne connoissent point du tout l'amour qu'elle a pour la gloire, de quelque part qu'elle doive venir..... Pour concilier toutes choses, c'est-à-dire pour donner à la gloire de V. M. ce qui doit lui appartenir, et à ses divertissements de même, elle pourroit faire terminer promptement tous les comptes de Versailles, fixer une somme pour y employer tous les ans (peut-être même seroit-il bon de la séparer entièrement des autres fonds des bâtiments), et ensuite s'appliquer tout de bon à achever le Louvre[2], et, si la paix dure encore longtemps, élever des monuments publics qui portent la gloire et la grandeur de V. M. plus loin que ceux que les Romains ont autrefois élevés. »

C'est Colbert, et non son maître, qui dit, dans l'édit de juillet 1676 pour l'exécution du nouveau plan de Paris, que « la capitale des États du roi en doit mieux faire connoître la grandeur aux étrangers par le nombre et la beauté de ses ouvrages, et marquer à la postérité le bonheur de ce règne[3]. » C'est la main de Colbert que l'on sent partout, non seulement dans les travaux du Louvre, ce chef-lieu de la capitale, mais encore dans les créations

---

1. M. Clément croit que c'étaient Le Nostre et Le Vau.
2. Dans un autre mémoire (*ibidem*, p. 267) : « Il seroit plus à propos et plus glorieux pour le roi de faire cette prodigieuse dépense au Louvre et en quelques grands ouvrages, et que le roi se retranchât pour longtemps du plaisir qu'il prend en cette maison; » mais « il n'y a pas d'apparence que le roi prenne cette résolution. » Colbert eût voulu tout au moins qu'on passât l'hiver à Paris.
3. Seize ans plus tard, le chef du bureau des finances de Paris écrivait : « Nous avons considéré ce nouveau plan de la ville levé par le maître des œuvres d'icelle comme un de ces grands desseins qu'il faut des siècles pour exécuter, et qui bien souvent ne le sont jamais dans toutes leurs parties. » (*Correspondance des contrôleurs généraux des finances*, t. I, n° 1094.)

industrielles comme les Gobelins et la Savonnerie, ou scientifiques comme l'Observatoire et comme le Jardin des Plantes, dans les travaux de voirie, — établissement de quais et de ports sur la Seine, percement ou élargissement de rues, ouverture d'une ligne de boulevards, multiplication des fontaines publiques, plantation des Tuileries et des Cours, — et dans la construction ou l'achèvement de ces monuments qui nous rappellent encore le règne de Louis XIV : la colonnade du Louvre et ses deux façades nord et sud, le dôme, la grande galerie et les deux pavillons des Tuileries, les portes triomphales Saint-Denis et Saint-Martin, le Val-de-Grâce, le collège des Quatre-Nations, l'hôtel des Invalides ; sans parler de ce qui a disparu [1], ni des édifices religieux et civils élevés pendant la même période sous l'influence, sinon par le fait même du grand homme que les Parisiens devaient couvrir d'opprobre et d'injures à sa mort [2]. Il ne tint pas à Colbert que cette première période du grand règne ne fût plus fructueuse encore pour la circulation, pour l'assainissement, pour la symétrie, pour la décoration, et que Paris ne se transformât avant le temps en une ville moderne, au détriment, disons-le, du domaine des archéologues et des antiquaires. On connaît le sort de son plus magnifique projet, cet arc de triomphe du faubourg Saint-Antoine, que devait surmonter une statue équestre du prince, en mémoire des conquêtes de Flandres et de Franche-Comté, et qui fut piteuse-

---

1. Notamment les portes triomphales Saint-Antoine, Saint-Bernard et Saint-Louis.
2. Voyez le *Traité de la police*, t. I, p. 87-90, et un mémoire des travaux à faire en 1669, dans les *Lettres de Colbert*, t. V, p. 276-278. Delamare dit en commençant : « Nous ne verrons plus, dans ce qui nous reste à parcourir, que des fossés comblés, des portes abattues, des arcs de triomphe élevés aux places qu'elles occupoient, des rues élargies, de nouvelles rues bâties sur les ruines des anciennes fortifications ou sur celles des hôtels qui, par leur ancienne structure, défiguroient la ville ; des places publiques ouvertes, des buttes aplanies, des quais revêtus, ce qui restoit de places vides bâties et peuplées, de nouveaux ponts construits. Après cela, si l'on a entrepris une nouvelle enceinte de Paris, au lieu de murs, de courtines et de bastions qui marquoient autrefois la crainte des citoyens, c'est un cours planté d'arbres pour leurs délices, et qui fait également connoître la magnificence de leur ville et sa sécurité présente. » — Les églises bâties entre 1653 et 1685 sont le Val-de-Grâce, Saint-Roch, Saint-Nicolas-du-Chardonnet, les Théatins, Saint-Louis, Sainte-Marguerite, le dôme des religieuses de l'Assomption, l'église des Dominicains (Saint-Thomas-d'Aquin) et celle des Missions.

ment abandonné quand les soubassements eurent atteint la hauteur des piédestaux des colonnes et qu'on eut dépensé cinq cent mille livres. Au dire des auteurs du temps, le roi se montra si insensible à ce témoignage de l'admiration et de la gratitude des Parisiens, que la Ville dut y renoncer, et il ne resta qu'une image et une médaille du monument conçu par Charles Perrault[1]. Rappellerai-je aussi ce « dessein » de fontaine monumentale que Charles Le Brun prépara pour la cour du Louvre, selon les uns, ou, selon les autres, pour l'emplacement de l'hôtel de Soissons, et au sommet de laquelle le roi devait fouler sous les pieds de son cheval la Discorde et l'Hérésie, tandis qu'à la base, quatre fleuves colossaux auraient fourni des torrents d'eau? Girardon avait déjà tout préparé, le modèle était fait, les marbres amenés au Louvre, quand Colbert mourut, et Louvois, qui n'approuvait pas ce projet, ou qui en était jaloux, le fit abandonner[2]. « Ainsi, nous dit Voltaire[3], ainsi le Louvre n'a point été fini ; ainsi la fontaine et l'obélisque que Colbert voulait faire élever vis-à-vis le portail de Perrault[4]

---

1. La première pierre avait été posée le 6 août 1670, et les travaux furent arrêtés en 1681 ; la démolition se fit en 1716. La médaille commémorative de 1670 porte le n° 166 dans le recueil de 1702, et notre musée monétaire en possède le coin. Sébastien Le Clerc a fait une gravure datée de 1679. L'ordonnance de ce monument souleva des critiques assez vives.

2. *Description de Paris*, par G. Brice, édit. 1706, t. I, p. 109; *Mémoires inédits sur la vie et les ouvrages des membres de l'Académie de peinture et de sculpture*, t. I, p. 60 et 235. Poilly grava une vue de cette fontaine pour la thèse du jeune Seignelay. En 1684, la statue du roi était reléguée dans le vieux jeu de paume du Louvre. Barbier d'Aucour dit à propos de cette entreprise, dans son éloge académique de Colbert : « Ce grand homme n'avoit pas plus de plaisir que de voir travailler tous les arts à immortaliser la gloire des grandes actions du roi. Il vouloit même que la grandeur incroyable de ses actions fût, en quelque sorte, marquée par la grandeur prodigieuse des marbres qu'il faisoit tailler pour les représenter; et c'est dans ce dessein que, depuis quelques années, il employoit toute la force et la hardiesse de l'art à former un groupe de figures colossales, si prodigieusement grand que l'antiquité n'a rien vu de pareil et ne lui peut rien comparer que la grandeur imaginaire du dessein de ce fameux sculpteur qui offrit à Alexandre de lui faire sa statue d'une montagne tout entière. »

3. *Le Siècle de Louis XIV*, ch. xxviii.

4. En 1665, Colbert demandait au Bernin (*Lettres*, t. V, p. 258) « un lieu propre (devant le Louvre ou entre le Louvre et les Tuileries) pour y élever un obélisque ou colonne dont on parle depuis longtemps, pour y travailler vingt et trente ans et en faire un ouvrage singulier dans toute l'Europe. » Plus tard, avec le concours de La Reynie, il voulut élever un phare sur le

n'ont paru que dans les dessins...., et la plupart des monuments de Paris laissent des regrets[1]. »

Porté vers les arts par son propre goût, mais surtout animé d'une passion incomparable pour la gloire du roi, Colbert eût voulu que Paris, comme capitale du royaume, bénéficiât de tant de créations destinées à transmettre aux siècles à venir le souvenir de ses grandes actions[2]. Lui mort, le premier soin de Louvois, son rival de tous les jours, de tous les instants, fut de s'emparer de la surintendance des bâtiments[3]. Cette charge lui était indispensable : d'une part, pour les profits considérables que le titulaire en tirait, — et, sans manquer aux lois strictes de la correction ministérielle, Louvois sut amasser une énorme fortune; — d'autre part, parce qu'elle devait lui permettre de se maintenir à poste fixe auprès du roi, même en temps de paix, de flatter ses goûts de magnificence, et de déployer sur ce nouveau terrain encore plus d'activité, d'invention et d'industrie que son prédécesseur n'en avait jamais eu[4]. Peu lui importait l'art en lui-même : il n'y connut jamais rien, il ne s'y intéressait même point, de son propre aveu, et son seul titre à la direction des bâtiments était d'avoir *vu* construire les Invalides[5]. Devenu surintendant, il se lança, avec une sorte de frénésie, dans toutes sortes d'entreprises aussi inutiles que prodigieuses, dont un bon nombre n'eurent d'autre résultat que de faire monter le budget des bâtiments, pendant ces quatre ou cinq années de paix, à des

---

pont Neuf; mais les savants de l'Académie ne surent pas trouver un mode d'éclairage assez puissant et inextinguible (*Histoire de Colbert*, t. II, p. 224). Rappelons, à propos du premier projet, qu'en 1748, à l'époque où il fut question de transporter l'hôtel de ville de sa « gothique » place de Grève au palais du Louvre, un archéologue (Sainte-Palaye?) demanda qu'on fît une place monumentale en face de la colonnade pour recevoir la statue de Louis XV le Bien-Aimé.

1. Comparez encore le même *Siècle*, chap. XXXIII; les *Lettres de Colbert*, t. V, p. 522-523 (note de Ch. Perrault) et 537; H. Martin, *Histoire de France*, t. XIII, p. 227-228.

2. Sur cette partie de l'administration de Colbert, voir le petit livre publié en 1749 sous ce titre : *l'Ombre du grand Colbert, le Louvre et la ville de Paris* (par La Font de Saint-Yenne). Les renseignements y abondent, aussi précis que curieux.

3. Charles Le Brun fut lui-même mis de côté.

4. Spanheim, *Relation de la cour de France en 1690*, p. 189.

5. C'est son historien lui-même qui le dit : C. Rousset, *Histoire de Louvois*, t. III, p. 368-369.

chiffres que Colbert n'avait jamais atteints[1]. Claude Le Peletier, le nouveau contrôleur général des finances, ne pouvait rien lui refuser; le premier architecte, Mansart, était bien l'homme des immenses travaux, aussi coûteux pour le trésor royal que productifs pour l'architecte qui en avait la conduite, et ne se piquait pas outre mesure de désintéressement[2]. Quant aux autres collabora-

---

1. Voir les chiffres donnés dans l'Appendice du tome I de la *Correspondance des contrôleurs généraux*, p. 598-599, et dans celui du tome I des *Comptes des bâtiments du roi*, p. 1317.

2. En parlant de la place de Vendôme, nous trouverons Mansart mêlé à bien des spéculations de terrains qui suffiraient à le faire suspecter. Dans une chanson de 1706 qui demandait qu'on fît rendre gorge aux traitants enrichis, il est des plus rudement traités (Chansonnier de Gaignières et Clairambault, ms. fr. 12693, p. 417) :

> Pour commencer, le comte de Sagonne,
> Jadis maçon, depuis surintendant,
> Peut vous donner, plus qu'aucune autre personne,
> Dix millions au moins d'argent comptant.
> Reprenez-lui ses terres, ses domaines,
> Reprenez-lui ses comtés, ses châteaux :
> Vous en payerez deux mille capitaines,
> Ou tout au moins vingt de vos généraux.
> C'est votre bien, vous pouvez le reprendre.
> A maçonner l'on gagne son écu ;
> S'il ne le veut, sire, faites-le pendre,
> Car aussi bien n'a-t-il pas trop vécu?
> Qu'il prenne en main son oiseau, sa truelle;
> Il fait fort bien des murs et des cloisons,
> Et, pour le voir encor sur une échelle,
> Ordonnez-lui de briqter vos maisons.
> Il fera voir dans ce bel équipage
> Le gros Mansart crotté comme un barbet.
> S'il peut tomber d'un quatrième étage,
> Il sauvera sa tête du gibet.

A la veille de mourir, en 1708, il se fit encore accorder un privilège pour établir une banque au capital de cinquante millions, et on prétendit alors qu'il préparait contre les fermiers des postes une affaire dont il avait refusé de se désister pour quarante mille livres de rente. Du reste, il ne faisait que suivre les errements de son oncle le grand François Mansart, dont les opérations financières étaient restées célèbres. Saint-Simon prétend que sa fin fut hâtée par des instances fort dures du contrôleur général pour lui faire rendre compte d'une dernière somme d'un demi-million ; mais il veut bien ajouter qu'on ne trouva « rien à la levée des scellés qui ternît la mémoire de Mansart. » Mme de Maintenon écrivait alors à Mme des Ursins que le défunt était vilipendé jusqu'au point de lui refuser la qualité de bon architecte.

teurs de la surintendance, l'un, Chamlay, affublé d'un titre d'intendant et ordonnateur triennal, s'absorbait exclusivement dans les choses de la guerre, et Colbert de Villacerf, qui fut adjoint au ministre à partir d'août 1686, pour le « soulager de beaucoup de détails qui l'accablaient, » était trop dévoué à la maison Le Tellier, et trop vieux d'ailleurs, pour faire une vraie besogne de contrôleur général des bâtiments[1]. Les efforts et les dépenses se concentrant du côté de Versailles, de Marly, de Trianon et de cette entreprise, aussi vaine que gigantesque, de la rivière d'Eure, seuls ouvrages que le roi eût vraiment à cœur, Paris ne dut guère à la nouvelle surintendance que le pont des Tuileries[2] et l'église des Invalides. Si cette même période du règne et cette même surintendance furent marquées par deux entreprises vraiment utiles et fécondes en résultat, par la création de deux places qui font encore l'honneur de notre Paris moderne, on verra tout à l'heure que l'initiative ne vint ni de Louis XIV, ni de son ministre. Et cependant le Paris d'alors était singulièrement pauvre en places publiques : on ne pouvait compter comme dignes de ce nom les espaces vagues ou déshonorés par des fourches patibulaires, des étaux de boucherie ou de poissonnerie, des échoppes à pain ou à légumes, qui s'appelaient les places de Grève, du Chevalier-du-Guet, de Sainte-Opportune, de la Sorbonne, des Halles, du Parvis, de la Croix-du-Tiroir, de la Croix-Rouge, Maubert, Baudoyer, etc.[3] Une telle pénurie avait ému tour à tour Henri IV et Richelieu ; mais la place Royale, « la plus grande, la plus régulière et la plus belle qui fût au monde[4], » puis la place Dauphine, et, si l'on veut encore, le terre-plein du pont Neuf, étaient tout ce que le bon roi et le grand cardinal avaient pu faire pour les Parisiens : leurs trois autres entreprises, de la place de France, que voulait ouvrir Henri IV entre le Calvaire et le Temple[5], de

---

1. *Mémoires du marquis de Sourches*, éd. nouvelle, t. I, p. 429 ; *Mémoires de Saint-Simon*, éd. nouvelle, t. VI (1888), p. 93.
2. La pose de la première pierre eut lieu le 25 octobre 1685, et la réception le 13 juin 1689 (Delamare, *Traité de la police*, t. I, p. 89-90).
3. Sur ces places, voir Expilly, *Grand dictionnaire géographique*, t. V, p. 409-411 ; Dulaure, *Nouvelle description de Paris* (1789 et 1791), t. II, p. 291-309, etc.
4. Delamare, *Traité de la police*, t. I, p. 82.
5. « Ornée avec toute la magnificence et l'uniformité connue alors dans l'architecture, » cette place « nationale » devait former un hémicycle où abou-

la place Ducale, projetée par Richelieu[1], et de la place du Palais-Cardinal, commencée aussi vers 1642, mais à peine déblayée sous la Régence pour y construire un corps de garde, n'avaient point abouti[2]. La création, sous Louis XIV, de la place des Victoires et de la place de Vendôme répondit donc à une nécessité reconnue depuis longtemps; elle eut de plus une influence décisive pour l'extension de la ville vers l'ouest, elle fut la raison d'être de deux des plus célèbres monuments que Paris dut à ce règne, et enfin l'historique de l'une et l'autre place présente beaucoup d'incidents et de phases intéressantes qui feront peut-être excuser l'étendue de cette étude. Encore n'aborderai-je point la question d'art : les deux créations d'Hardouin-Mansart, quoique dépouillées des statues qu'elles encadraient à l'origine, ont été épargnées, fortune bien rare! au milieu des percées, alignements, éventrements et autres opérations de voirie qui ne peuvent respecter l'ancien Paris, et ce sont des monuments trop familiers à nous tous pour qu'il soit besoin de décrire minutieusement leur ordonnance technique et d'en apprécier les mérites avec plus ou moins de compétence.

---

tiraient huit rues portant le nom d'autant de grandes provinces et coupées par sept autres rues concentriques portant celui de provinces moindres. Le plan primitif fut fait en 1608-1609, et il n'y eut d'exécuté que quelques rues, percées en 1626, et qui se reconnaissent à leurs noms de provinces.

1. Voyez ci-après la notice sur la place de Vendôme.
2. Sauval, *Histoire et recherches des antiquités de la ville de Paris*, t. I, p. 618 et 623.

I.

LA PLACE DES VICTOIRES.

Ni Louis XIV, ni Louvois ne furent pour rien dans la création de cette place ; toute l'initiative, dans l'idée première comme dans l'exécution, vint du maréchal de la Feuillade, et Paris ne l'a pas oublié. Mais on lit presque partout que ce ne fut qu'un monument de basse flatterie, d'idolâtrie coupable, intéressée et honteuse. Devons-nous donc, avec bien des écrivains, et des meilleurs, ne voir dans le maréchal qu'un de ces plats courtisans, un de ces « favoris sans mérite » qui n'existaient que par et pour les largesses du roi, et chez qui la bravoure, s'ils en avaient, tenait lieu d'esprit et de caractère[1] ; un besogneux sans vergogne, qui, après avoir vécu aux crochets de l'ancien baigneur Prudhomme, serait parvenu à la fortune, aux honneurs, aux dignités, par des services inavouables d'entremetteur et de courtier galant rendus au temps de Mme de Soubise, de Mlle de Fontanges[2] ? Ou bien, au contraire, chez ce courtisan, « passant tous les courtisans passés[3], » y avait-il réellement un fonds de nobles qualités, déparées et mal servies quelquefois par un esprit aventureux, emporté, extravagant, qui fit trop souvent penser à Don Quichotte ? Nous en tiendrons-nous à ce portrait tracé par Walckenaer[4] : « Officieux pour ses amis et ceux qu'il protégeait, La Feuillade était haut et fier avec les indifférents ; homme de parole et en qui on pouvait se fier ; bien fait de corps et laid de visage, ayant un teint bilieux et bourgeonné, mais, avec cela, une physionomie et des traits agréables ; distingué dans ses manières ; beau parleur quand il voulait donner une

---

1. G. Boissier, *Madame de Sévigné*, p. 127-129; G. Larroumet, *la Comédie de Molière*, p. 254 et 255.
2. Voir les pamphlets réédités à la suite de l'*Histoire amoureuse des Gaules*, par M. Ch. Livet, t. II, p. 468, et IV, p. 1 et suivantes; cf. Walckenaer, *Mémoires sur Mme de Sévigné*, t. III, p. 92.
3. *Lettres de Mme de Sévigné*, 20 juillet 1679, ci-après, p. 33.
4. *Mémoires sur Mme de Sévigné*, t. III, p. 216. Walckenaer n'hésite pas à le préférer aux trois autres favoris, le grand écuyer d'Armagnac, Lauzun et le duc de la Rochefoucauld.

idée de son mérite, charmant causeur quand il voulait plaire; connaissant l'art d'enchanter les femmes; libéral, poli, courageux, galant, gros et beau joueur; dominé par l'ambition et par l'amour du plaisir; sans suite dans ses idées, sans profondeur dans ses vues; recherchant avec emportement l'éclat et la célébrité; se lançant, pour y parvenir, dans les entreprises les plus extraordinaires; prenant les résolutions les plus extravagantes : de là, ses campagnes chevaleresques en Candie et en Hongrie, ce voyage en Espagne pour aller se battre avec Saint-Aunès, qui, à Madrid, selon un bruit public, avait mal parlé du roi, et enfin ce somptueux monument de la place des Victoires où des flambeaux toujours allumés brûlaient devant la statue de Louis XIV comme devant celle d'une divinité. »

De toute façon, le personnage vaut qu'on s'arrête à démêler ses traits et à prendre parti, s'il est possible, entre les jugements contradictoires[1].

François d'Aubusson, troisième du nom, comte, puis duc de la Feuillade[2], était issu d'une famille de la Marche fort ancienne comme noblesse[3], mais qui n'avait « eu presque point d'alliances

---

1. Avant de traiter ce sujet, j'ai longtemps cherché sans succès le livre de G. de Courtilz de Sandras cité par Walckenaer (*Mémoires sur Mme de Sévigné* et *Histoire de J. de la Fontaine*), sous ce titre : *Histoire du maréchal-duc de la Feuillade, nouvelle galante et historique* (1713). Je pensais que le fécond auteur de tant de romans historiques et de mémoires apocryphes devait bien connaître le personnage, à en juger par quelques pages qu'il lui avait consacrées dans les fameux *Mémoires de M. d'Artagnan*. Mais, lorsque je suis parvenu, grâce à M. Émile Picot, à découvrir un exemplaire de ce petit volume dans la bibliothèque de la ville de Bordeaux, je n'y ai trouvé, à côté de détails très exacts sur la première partie de la vie du maréchal jusqu'à son mariage, que « l'histoire galante » de sa liaison avec Mme de Clermont-Lodève (Mlle de Hallwin) et de l'amour malheureux que la fille du baigneur Prudhomme eut pour lui. Il est vrai que cette œuvre posthume du romancier, mort le 8 mai 1712, quelque dix-huit mois après sa sortie de la Bastille, n'est probablement qu'une première partie, qui eût été continuée jusqu'à la mort de La Feuillade. La Bibliothèque nationale ne possède pas plus cet ouvrage qu'une notice sur le maréchal, par un certain de Bigny, qu'a citée ou mentionnée la *Biographie générale*.

2. La Feuillade ou les Hommes-de-la-Feuillade, terre située entre Aubusson, Felletin et Guéret, érigée en comté en 1615, pour l'aïeul du duc, et dont ses ancêtres, de la branche de la Borde, étaient seigneurs dès la fin du XIIIe siècle.

3. Le Cabinet des titres possède un important dossier, n° 897, et de nom-

considérables en aucun temps, beaucoup de communes, encore plus de très médiocres, » et où, par conséquent, les charges, les emplois, les commandements, les grandes terres avaient toujours fait défaut[1]. Une seule illustration, le défenseur de Rhodes ; et encore certains esprits incrédules[2] mettaient-ils la branche des seigneurs de la Feuillade au défi de prouver son attache avec ce grand maître et avec les anciens vicomtes d'Aubusson[3]. Né vers 1630 ou 1631[4], François d'Aubusson perdit dès 1632 son père, qui n'était que chambellan de Monsieur, et qui périt très jeune, dans le parti de ce prince, au combat de Castelnaudary. De cinquième fils, François devint l'aîné par la disparition successive de ses trois premiers frères, le comte de la Feuillade, le chevalier de la Feuillade et le marquis de Montagu, morts glorieusement aux sièges de Saint-Omer, de Lens et de Mardyck[5], et par la renonciation d'un quatrième, le célèbre archevêque d'Embrun et évêque de Metz (8 mai 1658). Celui-ci, qui joua un rôle considérable dans les affaires ecclésiastiques, puis dans la diplomatie[6], contribua fort à la fortune de son cadet[7] ; mais le nouveau comte de la Feuillade sut bien lui-même « se pousser à la guerre » et s'y distinguer dès le début par la plus rare intrépidité, unie à un enjouement imperturbable et à une fine galanterie[8]. Il étudiait encore à l'académie, quoique pourvu d'une compagnie au régiment

---

breux documents. La dernière généalogie en date est celle que M. C. Pérathon vient de donner dans son *Histoire d'Aubusson*, publiée en 1887.

1. Notice de Saint-Simon sur le duché de ROUANNEZ, d'après l'*Histoire généalogique*, imprimée dans les *Écrits inédits de Saint-Simon*, t. VI, p. 372 et suivantes.

2. Amelot de la Houssaye. Les vicomtes avaient fini au XIIIe siècle.

3. Néanmoins c'est à notre La Feuillade, devenu, il est vrai, un très grand personnage, que le P. Bouhours dédia, en termes emphatiques, son *Histoire de Pierre d'Aubusson* (1676).

4. On ne connaît au juste ni sa naissance (la *Biographie générale* dit : vers 1625), ni l'âge qu'il avait à sa mort.

5. Voir le relevé de leurs actions d'éclat dans la table de la *Gazette*.

6. *Mémoires de Saint-Simon*, éd. nouvelle, t. IV (1884), p. 97-102 ; *Écrits inédits*, t. VI, p. 373.

7. Addition de Saint-Simon au *Journal de Dangeau*, t. III, p. 401.

8. *Gazette de Loret*, t. II, p. 177, année 1656 :
Enjoué, galant,
Mais gentilhomme un peu bouillant.....
Il figure sous le pseudonyme de l'« enjoué CLÉON » dans la *Carte de la cour*, par Guéret, p. 68.

de cavalerie de Gaston, duc d'Orléans, quand les troubles de la Fronde commencèrent[1] : « Pressé d'un violent désir de marcher sur les traces de ses prédécesseurs et de ses frères, de son propre mouvement et sans autre conseil que le sien, il sortit de Paris seul, à pied, et déguisé de l'habit d'un de ses laquais, pour se rendre à l'armée auprès du roi, et, bien que celui-ci vît avec joie les premières marques de courage et de zèle en une si grande jeunesse, elle crut qu'elle l'obligeoit, après la campagne finie, de le rendre à ses exercices. Mais à peine y eut-il passé encore un an, qu'il se rendit une seconde fois à l'armée royale pour se trouver à la bataille de Rethel[2]..... » Trois blessures reçues dans cette célèbre journée (15 décembre 1650)[3] lui valurent un régiment d'infanterie en 1652, et il fut encore blessé deux fois dans les campagnes suivantes, en 1653, au siège de Mouzon, en 1655, à celui de Landrecies[4]. Cette dernière blessure fut très sérieuse ; emmené par les ennemis, La Feuillade subit la trépanation, et, selon une légende, il fit parvenir au cardinal Mazarin la « toile[5] » de son cerveau, pour prouver qu'il n'avait pas la tête aussi vide que sa témérité et ses fanfaronnades le faisaient parfois soupçonner[6]. Le cardinal s'en souvint et le prit, en février 1657, comme mestre de camp-lieutenant de son régiment de cavalerie[7] ; Courtilz de Sandras prétend même qu'il jeta les yeux sur lui pour épouser sa nièce bien-aimée Hortense Mancini, plus tard duchesse Mazarin, mais qu'un amour déjà déclaré pour Mlle de Hallwin empêcha La Feuillade de profiter de cette haute fortune. Mlle de Hallwin lui échappa aussi, enlevée presque de force par le marquis de Clermont-Lodève[8] ; puis Mazarin mourut sans avoir

---

1. Voir la *Chronologie militaire* de Pinard, t. III, p. 28-32.
2. Extrait des lettres de nouvelle érection du duché de Rouannez, avril 1667.
3. Pinard ne parle que d'un coup de pistolet à la cuisse et place les trois blessures à Mouzon (26 septembre 1653).
4. Entre temps, il était entré le premier dans les lignes d'Arras.
5. Une des méninges.
6. *Mémoires de M. de Bordeaux*, t. IV, p. 416-420 ; *Histoire du maréchal de la Feuillade*, p. 7.
7. L'année précédente, il avait encore été blessé devant Valenciennes, et, en 1658, il eut deux chevaux tués sous lui devant Ypres.
8. Ce personnage épousa, le 29 avril 1662, Anne-Marguerite de Saint-Baussan de Margival, fille du comte des Autels, laquelle hérita du duché d'Hallwin par la mort de son frère, tué ou assommé par M. de Nogent,

autrement assuré sa situation, et il retomba sous la dépendance du baigneur Prudhomme, « dom Brutal, » qui, selon Sandras, le voulait avoir pour gendre. Le surintendant Foucquet, à qui il s'attacha alors, le pensionna pendant un temps[1]. Sandras fait de lui, à cette époque, un charmant portrait[2] :

> La Feuillade étoit bien fait de sa personne, d'une taille avantageuse, fine et aisée, et bien qu'il fût plus laid que beau, il avoit si bon air et faisoit toutes choses avec tant de noblesse, qu'il plaisoit plus mille fois que ceux qui se pouvoient vanter d'avoir tous les traits réguliers. Pour de l'esprit, il en avoit infiniment, et il brilloit autant par sa manière de dire les choses que par son esprit même ; tout ce qu'il disoit ne lui coûtoit rien, tout étoit naturel en lui, et, sans rechercher jamais ce qu'il avoit à dire, il le disoit si finement, que vingt-quatre heures d'attention n'auroient pu faire attraper aux autres la grâce avec laquelle il arrangeoit son discours.....

Mais son protecteur lui manqua tout aussitôt, et cette liaison passagère ne put que lui nuire lors de la catastrophe de Nantes. Si le roi l'aimait, il ne lui en donnait encore que « des preuves muettes et qui ne parloient pas à son gré. » L'avancement un peu plus rapide vint dans les années suivantes[3] : pourvu d'un brevet de maréchal de camp le 25 septembre 1663, il fut de ce corps d'avant-garde qui alla passer quelques mois dans les duchés de Parme et de Modène[4], pour forcer le pape à signer le traité de Pise, et qu'on envoya ensuite, revirement bien singulier, combattre les Turcs en Hongrie[5]. Quoiqu'il ne commandât qu'en second le

---

dans la rue des Lombards, en 1663. Elle devint veuve en novembre 1692, et mourut à Hallwin le 30 septembre 1703.

1. Courtilz de Sandras (*Histoire du maréchal de la Feuillade*, p. 75, et *Mémoires de M. d'Artagnan*, éd. 1715, t. III, p. 150-151 et 239-242) et le jeune Brienne (*Mémoires*, t. II, p. 195-196) affirment que le surintendant le pensionna quand la mort de Mazarin l'eut laissé sans ressources, et Mme de Motteville dit que La Feuillade essaya de le prévenir quelques instants avant son arrestation.

2. *Histoire du maréchal de la Feuillade*, p. 5-6.

3. Pendant ce temps-là, son frère l'archevêque était fait commandeur du Saint-Esprit et ambassadeur en Espagne.

4. Le 16 mars 1664, se trouvant à Parme, avec le chevalier de Sourdis, il fut blessé à l'épaule et à la main par des sbires (*Gazette* du 12 avril 1664, p. 348).

5. Sandras dit que cette longue absence eut pour premier motif une brouille provoquée entre La Feuillade et Mme de Clermont par la fille de Prudhomme : *Histoire du maréchal de la Feuillade*, p. 273 et suivantes.

corps d'armée, la bataille de Saint-Gothard (1er août 1664) tourna toute à son avantage, non seulement parce qu'il décida la journée en entraînant l'infanterie avec sa vaillance habituelle, mais parce qu'il sut, dans une très habile relation envoyée aussitôt en France, s'assurer toute la gloire et ne rien laisser à M. de Coligny, le commandant en chef, pas même l'honneur de rendre compte de l'action[1]. Difficile à justifier au point de vue de la subordination hiérarchique, cette manœuvre lui valut d'abord une lettre chaleureuse du roi[2] et des patentes de lieutenant général (18 octobre 1664), puis un accueil triomphal parmi ses amis et ses amies[3], quand il arriva avec les canons et les étendards conquis. Peu après, des témoignages encore plus positifs de la faveur royale vinrent combler sa fortune[4]. Il était temps : l'abbé de Choisy raconte[5] que, vers cette époque, La Feuillade était venu trouver sa mère dans l'état le plus violent, déclarant qu'il rentrerait chez lui « planter des choux. » « Non, s'écriait-il, je n'y puis plus tenir : je suis percé de coups, j'ai eu trois frères tués à son service, il (le roi) sait que je n'ai pas un sou et que c'est Prudhomme qui me fait subsister[6],

---

1. Coligny se vengea en le traitant de menteur et de poltron, et Bussy-Rabutin, son grand ami pourtant, le qualifia de faiseur de romans. Voyez la notice mise par Monmerqué en tête des *Mémoires de Coligny*, p. xxiij-xxvijj. Bussy prétend que ce fut pour justifier la nomination de La Feuillade au grade de maréchal de camp, nomination fort critiquée, que le roi affecta de vanter sa conduite outre mesure.

2. Lettre publiée dans les *Œuvres de Louis XIV*, t. V, p. 257-258. Comparez le recueil de Rose imprimé en 1755 : *Lettres de Louis XIV aux princes de l'Europe, à ses généraux, etc.*, n^{os} CXLVIII, CXLIX et CLII. Voyez aussi les *Mémoires de M. d'Artagnan*, t. III, p. 304.

3. Le bruit avait couru qu'il était resté sur le champ de bataille, et Mme de Clermont-Lodève semblait sur le point de succomber au désespoir, quand il reparut tout à coup (Sandras, p. 315-322).

4. Selon le *Dictionnaire des bienfaits du roi*, par l'abbé de Dangeau (ms. fr. 7656, fol. 52), il eut alors un brevet d'affaires, c'est-à-dire d'entrée chez le roi : voir ci-après, p. 22.

5. *Mémoires*, éd. Michaud et Poujoulat, p. 603.

6. Prudhomme était un ancien baigneur enrichi et très aimé du roi, qui, en effet, aidait La Feuillade à subsister et à s'équiper ; en retour, La Feuillade s'attacha à sa fille, en tout bien tout honneur, et fit d'elle « la maîtresse de son bien, de ses enfants et de tout chez lui, jusqu'à sa mort. » (Addition de Saint-Simon au *Journal de Dangeau*, t. III, p. 402 ; *Écrits inédits de Saint-Simon*, t. VI, p. 382.) Les *Mémoires de M. d'Artagnan* (t. III, p. 252) prétendent même qu'il avait épousé la fille de Prudhomme ; mais c'est impossible à admettre, puisqu'il se maria en 1667, et que Mlle Prudhomme

et il ne me donne rien ! » L'expérimentée chancelière lui répondit : « Êtes-vous fou ? ne connoissez-vous pas le roi ? C'est le plus habile homme de son royaume : il ne veut pas que les courtisans se rebutent ; il les fait quelquefois attendre longtemps ; mais heureux ceux dont il a exercé la patience ! il les accable de bienfaits. Attendez encore un peu, et il vous donnera assurément, puisque vos services méritent qu'il vous donne. Mais, au nom de Dieu ! renouvelez d'assiduité, paroissez gai, content, trouvez-vous à tous les passages, demandez tout ce qui vaquera, et, si une fois il rompt sa gourmette de politique, s'il vous donne une pension de mille écus, vous êtes grand seigneur avant qu'il soit deux ans. » Docile à cette leçon, La Feuillade en recueillit bientôt les fruits et n'eut plus rien à envier aux favoris les plus déclarés, aux Gramont, aux La Rochefoucauld, aux Saint-Aignan, aux Villeroy, aux Bellefont, aux Lauzun.

Sa chevaleresque incartade du mois de mai 1666 y put beaucoup contribuer. Saint-Aunès[1], lieutenant général et gouverneur de Leucate, comme tous ses ancêtres l'avaient été avant lui, s'était attiré une grave disgrâce en 1661, soit pour mauvais traitements à des gens de la gabelle, soit pour relations avec les Foucquet ; il avait même été mis pendant quelques mois à la Bastille, et, n'obtenant pas la permission de passer à Venise, il s'était décidé à émigrer en Espagne, reniant ainsi ses trente-sept années de service dans sa propre patrie et les vingt-trois blessures qu'il avait reçues au cours d'une si longue carrière. Son audace alla même jusqu'à écrire à Louis XIV qu'il répudiait la qualité de Français et espérait que ses enfants en feraient autant. Cette lettre fit grand bruit, ayant été lue par Louvois en plein conseil, et on apprit en outre que le transfuge rénégat avait fait peindre sur ses étendards (l'Espagne lui avait donné tout de suite un traitement et un commandement)

---

tint sa maison lorsqu'il fut devenu veuf six ans plus tard. Saint-Simon dit, dans son article du duché de Rouannez : « Il la prit à Paris, chez lui, et l'en rendit tellement maîtresse, qu'étant devenu veuf, il lui offrit souvent de l'épouser ; mais sa modestie ne le voulut jamais. Mais elle disposoit de tout chez lui..., sans qu'un autre attachement qu'il prit dans les dernières années de sa vie ait en rien affoibli celui-là, qui, par toute sa conduite, le mérita toujours tout entier..... » L' « autre attachement, » non moins platonique, avait pour objet cette Mme de Quintin dont Saint-Simon a tracé aussi la curieuse silhouette au milieu des servants et galants attachés à sa très mûre personne.

1. Henri de Bourcier de Barry, marquis de Saint-Aunès en Languedoc.

une main coupant des lis, avec cette devise : « Jusqu'à la racine. » Sans mot dire, sans solliciter aucune autorisation, La Feuillade, dont le frère était alors ambassadeur à Madrid, partit en poste pour cette ville, accompagné de Montgeorges et du chevalier de Béthune, et alla tout droit provoquer Saint-Aunès. Celui-ci, âgé de près de soixante ans et perdu de gouttes, ne put répondre au cartel, mais donna un désaveu écrit de la lettre et de la devise insolente pour son souverain légitime. La Feuillade risquait beaucoup d'être arrêté, et même condamné sommairement par la justice espagnole, pour un attentat si contraire aux lois du pays; mais M. d'Embrun, qui prit ardemment fait et cause pour lui, protégea sa retraite, et, quoique le roi se défendît de toute participation à ce qu'il venait de faire, son favori fut dès lors considéré comme le champion royal. Au fond, Louis XIV dut goûter vivement un affront fait, avec des circonstances si extraordinaires, à l'altière puissance dont il venait d'avoir raison tout récemment dans l'affaire Watteville [1].

L'année 1667 fut particulièrement heureuse pour La Feuillade. C'est alors que, par l'entremise du roi lui-même, il conclut un très beau mariage, propre à relever à jamais le nom d'Aubusson. Charlotte Gouffier, sœur unique du duc de Rouannez et disciple fervente de Port-Royal, renonça à cette maison et fit même rompre ses vœux de chasteté pour l'épouser (9 avril 1667). Le roi intervint de toute son autorité pour que ce mariage se fît [2], et, grâce à une renonciation générale du dévot ami de Pascal, La Feuillade y trouva, avec de grands biens, un duché tout érigé, à la seule

---

1. *Archives de la Bastille*, t. I, p. 309-338; *Journal d'Olivier d'Ormesson*, t. II, p. 458; *Gazettes en vers*, 16 mai 1666, t. I, p. 857; *Mémoires de Louis XIV*, t. I, p. 220; *Mémoires de M. d'Artagnan*, t. III, p. 374, 375, etc.

2. Voyez, dans les *Œuvres de Louis XIV*, t. V, p. 404-405, la lettre à l'archevêque d'Embrun, 19 février 1667, où le roi le félicite de ce mariage qui va relever leur maison, et se vante très aimablement que ç'a été son propre ouvrage. Courtilz de Sandras, dans son *Histoire du maréchal de la Feuillade*, p. 323 et suivantes, prétend que ce fut Mme de Clermont-Lodève qui, par jalousie et de peur que son amant ne finît par épouser Mlle Prud-homme, lui fit faire ce mariage avec l'héritière de Rouannez; après quoi, la délaissée se retira en Angleterre et y retrouva la duchesse Mazarin, Hortense Mancini, qui, elle aussi, avait subi les dédains de La Feuillade (*ibidem*, p. 12-20). — Je ne crois ni nécessaire d'entrer dans le détail des autres galanteries de La Feuillade, ni prudent non plus, car cela nous entraînerait fort loin.

charge de prendre le titre de duc de Rouannez et sous la condition de payer les dettes de la maison de Gouffier. « Il se sut plus de gré de cette grande fortune et de son adresse qu'à la femme qui en étoit le moyen, qui ne tarda pas à se repentir d'avoir rompu ses vœux, et d'en avoir de violents scrupules le reste de sa vie[1]. » Quant aux charges, il s'en soucia peu, n'acquitta point les dettes de son beau-frère, grâce à l'appui du roi, et, las bientôt du nom de Rouannez, il reprit celui de La Feuillade au bout de six ans, en y adjoignant le titre de duc. Du reste, les choses se passèrent dans les règles : il y avait eu de nouvelles lettres d'érection du duché primitif pour l'époux de Charlotte Gouffier, et d'autres lettres y joignirent la pairie dont avaient déjà joui le démissionnaire et son aïeul[2]. Quelques jours après (9 mai 1667), le nouveau duc obtint la confirmation du grade de lieutenant général qui ne lui avait été donné en 1664 que pour les besoins du service[3]. Il en fit tout de suite les fonctions aux sièges de Bergues, de Furnes et de Courtray. L'année suivante, devant Dôle, on le vit à la contrescarpe, détournant du roi le feu de l'ennemi et « agissant avec son activité ordinaire. » Il y eut son cheval blessé, et une mousquetade lui effleura le coin de l'œil[4]. La paix qui se signa alors eût pu lui donner des loisirs : au contraire, il n'en profita que pour organiser cette expédition au secours de Candie où cent gentilshommes poitevins le suivirent, alors qu'un prince, le comte de Longueville Saint-Pol, n'en amenait que cinquante et se mettait sous ses ordres, comme chef de brigade, avec les ducs de Caderousse et de Château-Thierry[5]. En marque de gratitude pour cette action, « qui n'avait d'exemple que dans les anciens temps de la chevalerie[6], » le pape lui permit d'abord de tenir pour douze mille écus

---

1. *Mémoires de Saint-Simon*, éd. nouvelle, t. III (1881), p. 317-319 et 533-534. Le mariage et ses suites furent funestes pour la pauvre duchesse, qui n'était plus jeune, et qui mourut en 1683, après avoir mené la vie la plus misérable, subi des opérations cruelles, perdu la vue, etc. Voir la notice de ROUANNEZ dans les *Écrits inédits de Saint-Simon*, t. VI, p. 376-389.
2. *Histoire généalogique*, t. V, p. 312-315. Ces lettres de pairie ne furent point enregistrées.
3. Pinard ne parle pas de cette confirmation, et dit au contraire qu'il avait servi comme lieutenant général, en Flandre, dès 1665.
4. *Gazette*, 1668, p. 222.
5. *Ibidem*, p. 960, 983, 1030, 1031, 1231, 1247, 1271, 1321, etc.
6. *Le Siècle de Louis XIV*, chap. x. Il y avait un précédent dans la famille même d'Aubusson : lors du fameux siège de Rhodes, Antoine d'Au-

de bénéfices, puis lui accorda l'insigne honneur de porter dans les combats l'étendard de la Religion, aux armes du grand maître d'Aubusson. A Candie, son intrépidité, que n'arrêtèrent pas trois blessures, et sa générosité pour les malades et les blessés, — il établit un hôpital, servi par ses domestiques, — firent l'admiration de tous les défenseurs de l'île, Français ou Italiens, et le retour ne fut pour lui qu'une ovation [1]. Cependant cette expédition de jeunes seigneurs indisciplinés et téméraires avait plus nui que servi à la défense; la moitié de l'effectif français avait succombé, et le reste fut décimé par la peste [2].

Le roi reçut La Feuillade à merveille (12 mars 1669); mais des entreprises comme celle de Candie dépassaient sans doute ses forces, et la chronique prétend qu'il n'avait plus même de quoi remplacer un de ses chevaux de carrosse [3], lorsque le maréchal de Gramont se trouva contraint de vendre la charge de colonel du régiment des gardes et de renoncer à la faire passer à son fils et survivancier, le charmant comte de Guiche. Grand fut l'étonnement de la cour quand on vit La Feuillade-Rouannez obtenir l'agrément pour traiter avec le maréchal, et le roi lui avancer vingt mille écus avec un brevet de retenue garantissant l'emprunt du reste du prix [4]. « Je ne croyois pas, écrit Mme de Sévigné [5], qu'il

---

busson, bailli de Touraine, était parti au secours de son frère le grand maître, avec deux mille hommes de pied et cinq cents gentilshommes levés à ses frais.

1. *Gazette*, 1669, p. 43, 66, 67, 102-106, 163, 198, 200, 203, 225-226, 233, 235, 257, 260, 264-280, 311, 408 et suivantes. L'aide-major Desroches publia, l'année suivante, un *Journal véritable de ce qui s'est passé en Candie sous M. le duc de la Feuillade*.

2. Cette entreprise, dit La Fare (*Mémoires*, p. 271), était une chose à laquelle personne autre que lui n'eût pu penser; il ne fit rien d'utile, si ce n'est une vigoureuse sortie, et revint après avoir perdu une partie de son monde. Comparez les *Mémoires de M. d'Artagnan*, t. III, p. 465-470. Le corps de volontaires était divisé en quatre brigades, que commandaient le comte de Saint-Pol, le duc de Château-Thierry, le duc de Caderousse et le comte de Villemor; mais La Feuillade était le commandant en chef et avait, en cette qualité, une maison militaire.

3. *La France galante*, dans l'édition de *l'Histoire amoureuse des Gaules*, par M. Ch. Livet, t. II, p. 400-401.

4. Nomination du 28 octobre 1671. — Le maréchal vendait au prix de cinq cent mille livres, en gardant pour lui une gratification de vingt-quatre mille livres qu'il avait recueillie de la suppression de la charge de colonel général de l'infanterie, à la mort du duc d'Épernon.

5. Lettre du 4 novembre, t. II, p. 409.

dût si bien rentrer dans le chemin de la fortune. » Et Mme de Scudéry, annonçant la nouvelle à Bussy[1] : « C'eût été assurément le dernier homme du royaume que le comte de Guiche auroit choisi pour son successeur..... Quand les étoiles s'y mettent, elles couronnent les gens en dépit d'eux, ou tout au moins sans qu'ils s'en mêlent. » Bussy, bon ami et ancien compagnon d'armes du duc, approuve cette boutade de sa correspondante, mais ajoute : « Disons la vérité, madame ; quoique peut-être nous aimions mieux le comte de Guiche que l'autre, le roi a raison d'aimer mieux La Feuillade que le comte de Guiche. Ce n'est pas que La Feuillade ne soit fort heureux : véritablement il a cherché assez la fortune ; mais les fautes qu'il a faites en la cherchant ne l'ont pas empêché de la trouver. Il a persuadé au roi qu'il l'aimoit[2], et le comte de Guiche a fait croire à S. M. le contraire. » C'est ainsi que le nouveau colonel recueillit l'héritage de tous les favoris usés, disparus ou disgraciés.

Le roi manifesta publiquement son estime en venant l'installer à la tête du régiment des gardes[3], et il put dès lors s'assurer, dans ce commandement, une indépendance aussi profitable à ses intérêts pécuniaires qu'à son crédit de courtisan, en rompant hardiment avec le ministre de la guerre et se jetant dans le parti opposé, celui des Colbert. « Il se plaisoit à ces éclats, » nous dit Saint-Simon[4] ; mais encore fallait-il être bien sûr de soi-même pour braver le tout-puissant Louvois[5].

La guerre ayant éclaté avec la Hollande, La Feuillade (il portait encore le titre de duc de Rouannez) eut part au siège d'Orsoy, puis prit Doësbourg, où il reçut un coup de mousquet dans son chapeau et eut quatre hommes tués à ses côtés dans la tranchée. En juillet 1672, il commanda un des camps établis devant Utrecht.

---

1. *Correspondance de Bussy*, t. II, p. 42 et 50.
2. C'est la même idée que répète plus tard l'annotateur des *Mémoires du marquis de Sourches* (t. I, p. 20, note 2) : « Il trouva le moyen de persuader au roi qu'il étoit le seul qui eût un véritable attachement pour sa personne. »
3. Janvier 1672 : *Gazette*, p. 47-48 ; *Lettres de Mme de Sévigné*, t. II, p. 455. La Feuillade obtint, comme faveur particulière, de prêter serment entre les mains d'un maréchal de France, au lieu d'un simple commissaire des guerres : Dangeau, t. IV, p. 19 ; Sourches, t. IV, p. 7.
4. *Écrits inédits*, t. VI, p. 380.
5. Le P. Léonard de Sainte-Catherine de Sienne rapporte (ms. fr. 10265, fol. 11) qu'il était dur pour ses officiers.

Tout à la fin de cette même année, une lettre au roi, que nous ne possédons malheureusement pas, lui valut cette toute flatteuse réponse : « Vous donnez un tour si agréable à la levée du siège de Charleroy, que j'en ai senti augmenter ma joie; et pourtant ce n'est pas l'esprit que je considère le plus dans votre compliment : c'est le cœur, étant persuadé qu'il n'y en a point qui soit plus touché que le vôtre de ce qui m'est avantageux[1]. » L'année suivante, au témoignage de Louis XIV lui-même[2], La Feuillade prit une part active aux opérations d'investissement et de siège de Maëstricht, et, comme toujours, il paya largement de sa personne. De même, en 1674, il fut des premiers à entrer dans Besançon et prit Salins après huit jours de tranchée ouverte. Quoique, dans le fond, il fût « plus soldat que capitaine[3], » on voit que le bâton de maréchal qu'il obtint, avec sept autres, après la mort de Turenne, dans cette promotion qu'on qualifia si irrévérencieusement de « monnaie » du grand capitaine (30 juillet 1675), n'était point immérité; du moins, comme courage et comme valeur militaire, il valait bien, c'est Bussy lui-même qui se plaît à le reconnaître, il valait bien son compagnon Rochefort, et aussi ce « gros crevé » de Vivonne. Disons cependant que, pour la poliorcétique, Vauban l'estimait fort peu; le grand ingénieur s'est exprimé en ces termes, à propos du siège de Philippsbourg : « On dit que M. de la Feuillade a traité ce siège d'une affaire de sept jours. Il lui appartient bien d'en parler, lui qui en a mis autant à prendre Salins avec beaucoup de perte, et qui, par ses bons conseils, a fait que le roi a été vingt jours à prendre Dôle dans le temps qu'il n'avoit, pour ainsi dire, ni parapets, ni fossés, ni chemins couverts, ni dehors, ni garnison ! Ce que je vous dis m'a été dit en présence de Monseigneur[4]. »

En 1676, La Feuillade servit encore, sous les ordres du roi, au siège de Condé; en 1677, à ceux de Valenciennes et de Cambray. Puis il fut désigné (janvier 1678) pour aller relever en Sicile le maréchal de Vivonne, ou plutôt pour préparer et exécuter l'éva-

---

1. Lettre datée de Compiègne, le 30 décembre 1672 (*Œuvres de Louis XIV*, t. III, p. 301).
2. *Ibidem*, p. 303, 389; *Gazette*, 1673, p. 595, 621 et 662.
3. Expression de l'annotateur des *Mémoires de Sourches*, t. I, p. 20, note 2. Comparez la *Correspondance de Bussy*, t. II, p. 408, et IV, p. 8.
4. Lettre à Louvois publiée dans l'Appendice des *Mémoires de Catinat*, t. I, p. 319-320. Louvois répondit en disculpant le maréchal (p. 336).

cuation de cette île, qu'exigeait l'état politique de l'Europe. L'opération était délicate, et ses ennemis n'hésitaient pas à dire que ce serait une espèce de disgrâce ou d'exil, qu'il y succomberait certainement[1]; mais il s'en tira à son honneur, avec une prudence qu'on n'eût pu espérer de lui : le 7 avril, sa flotte mouillait à Toulon, portant tout ce qui restait de l'armée d'occupation, avec un étendard de la Madone, solennellement offert au maréchal, et les deux portraits de Louis XIV qui avaient orné le palais du sénat sicilien[2]. Sa réception à la cour prouva que tout avait réussi au gré du prince, et il obtint[3] les grandes entrées réservées aux premiers gentilshommes de la chambre, « la plus insigne et la plus rare faveur, et la privance la plus commode, la plus grande et la plus utile[4]. » Toujours généreux, c'est lui qui avait fait les frais de l'opération; il n'en fut remboursé que le 21 décembre 1680 : la somme montait à deux cent quatre-vingt-dix mille sept cents livres[5]. Il eut aussi la même pension de six mille livres dont Lauzun avait joui au temps de sa faveur. De plus, à diverses époques, le roi lui concéda des « privilèges » lucratifs, tels que celui de l'impression du code et des actes officiels rendus en exécution des nouvelles ordonnances, dont il tira, suivant Courtilz de Sandras[6], une somme de cinquante mille écus, de quoi acquitter ses vieilles dettes envers le baigneur Prudhomme. Enfin, des échanges très avantageux avec le domaine royal agrandirent considérablement son patrimoine de la Marche et y firent rentrer l'antique vicomté d'Aubusson[7].

---

1. *Correspondance de Bussy*, t. III, p. 450, et t. IV, p. 6, 19, 94 et 96.
2. M. Camille Rousset a fait l'historique de cette évacuation (*Histoire de Louvois*, t. II, p. 463-476) d'après une relation qu'il attribue à la « plume cavalière » du maréchal. Comparez la *Gazette*, 1678, p. 16, 336, 352 et 373; *Abraham Du Quesne*, par Jal, t. II, p. 311 et suivantes, etc.
3. Brevet du 21 avril 1678 (Arch. nat., O¹ 22, fol. 63).
4. *Écrits inédits de Saint-Simon*, t. VI, p. 378. Ces entrées donnaient droit de pénétrer chez le roi dès qu'il était éveillé et avant qu'il sortît du lit. Voyez ci-dessus, p. 15, note 4.
5. Arch. nat., O¹ 24, fol. 305, et G⁷ 988.
6. *Mémoires de M. d'Artagnan*, t. III, p. 375. Un factum relatif à ce privilège se trouve à la fin du dossier Aubusson, au Cabinet des titres. Selon le *Dictionnaire des bienfaits du roi*, par l'abbé de Dangeau (ms. fr. 7656, fol. 52), c'est en juin 1667 qu'il obtint ce privilège.
7. Il commença par acheter aux Séguier de Saint-Brisson la terre de Saint-Cyr, dont le roi et Mme de Maintenon avaient besoin, et l'échangea alors pour la vicomté d'Aubusson : ci-après, p. 70.

Si nous joignons à cela les profits énormes du régiment des gardes, dont « il se fit un Pérou, » comme Saint-Simon va nous le dire tout à l'heure[1], on jugera sans doute que Louis XIV récompensa amplement les services militaires du maréchal ; mais cette fortune n'était-elle pas bien gagnée?

Il alliait d'ailleurs au dévouement, à la bravoure militaire, des qualités d'un autre ordre qui eussent suffi à lui assurer le succès dans la cour la plus brillante. C'est ce qui ressort des différents portraits qu'ont faits de lui les contemporains les moins suspects de flagornerie, et même d'indulgence.

Donnons d'abord la parole au plus envieux de tous, à Bussy-Rabutin, ancien compagnon d'armes de La Feuillade et son rival en galanterie, qui lui fait quelque part ce singulier reproche de n'aimer jamais que par boutades et de préférer aux galanteries le service du roi[2]. « La Feuillade, dit donc Bussy, a quelque faux brillant qui peut éblouir d'abord les étourdis, mais qui ne trompe pas les gens qui font des réflexions. Il a les yeux bleus et vifs, la bouche grande, le nez court, les cheveux frisés et un peu ardents, la taille assez belle, les genoux en dedans[3]. Il a trop de vivacité,

---

1. Comparez les *Mémoires de M. d'Artagnan*, t. I, p. 544. Selon les *Bienfaits du roi*, il vendit jusqu'à trois fois la lieutenance de sa compagnie colonelle, aux prix de cent treize, cent cinq et cent quinze mille livres ; une charge de capitaine lui valut cent dix mille livres ; deux de lieutenant, deux de sous-lieutenant et une d'enseigne lui rapportèrent, au total, plus de cent cinquante mille livres. Et les *Bienfaits* s'arrêtent environ dix ans avant sa mort. Ils n'expliquent point non plus que, pour augmenter ce profit, il avait fait porter le nombre des charges de sa compagnie à trois lieutenants, trois sous-lieutenants, deux enseignes, et que c'est leur débit qui donna un bénéfice « immense » (Sourches, t. VII, p. 48-49). Tout rentra dans l'ordre après lui, y compris la contribution des logements dont il sera parlé plus loin, p. 77.

2. *Histoire amoureuse des Gaules*, éd. Boiteau et Livet, t. I, p. 331.

3. Voir ses portraits par Larmessin, Arnoult, Odieuvre et deux ou trois autres, mais surtout une copie au lavis du portrait de l'Ordre, dans le ms. Clairambault 1162, fol. 11, et le buste in-folio maximo gravé par Ant. Trouvain (*ibidem*, fol. 39). Dans une chanson de 1666, Blot dit :

    La Feuillade, petit rousseau,
    . . . .
    Personne ne le trouve beau ;
    Dieu l'a fabriqué si maudit!

M. C. Pérathon a fait reproduire un portrait dans sa récente *Histoire d'Aubusson*, p. 390.

il parle fort et veut toujours être plaisant, mais il ne fait pas toujours ce qu'il veut : cela s'entend avec les honnêtes gens, car, pour le peuple et les esprits médiocres, avec qui il ne faut qu'avoir toujours la bouche ouverte pour rire et pour parler, il est admirable. Il a l'esprit léger et le cœur dur jusqu'à l'ingratitude ; il est envieux, et c'est lui faire outrage que d'avoir de la prospérité ; il est vain et fanfaron, et, à son avènement dans le monde, il nous avoit si souvent dit qu'il étoit brave, qu'on faisoit conscience d'en douter ; cependant on fait conscience aujourd'hui de le croire. »

Gourville, qui, lui aussi, entretenait « un commerce particulier et fort agréable » avec le maréchal, dit[1] : « Il avoit l'esprit vif, écrivoit et parloit fort souvent en particulier au roi, et je le trouvois instruit des premiers de tout ce qu'il y avoit de nouveau. Les courtisans trouvoient fort à redire à sa conduite ; mais, avec tout cela, il n'y en avoit point qui n'enviât son savoir-faire et la liberté qu'il s'étoit acquise avec le roi. Ils répandoient fort, pour lui faire de la peine, qu'il parloit souvent à S. M. contre les ministres ; mais cela ne produisit d'autres effets que d'engager ces messieurs à avoir plus d'égards pour lui. Quand il y avoit quelque chose de nouveau, il m'envoyoit chercher..... Je trouvois qu'il alloit fort bien à ses fins : il faisoit beaucoup de dépense ; mais il ne laissoit pas que d'avoir quelque ordre, et trouvoit moyen de la soutenir. Il s'embarqua dans une grande entreprise pour faire faire la figure du roi...., mais qui lui réussit fort bien..... »

La Fare[2] le représente comme « un fou de beaucoup d'esprit, continuellement occupé à faire sa cour, et l'homme le plus pénétrant qui fût à la cour, mais qui souvent passoit le but. Celui-ci fit sa fortune par ses extravagances. » Et, ajoute-t-il, en se brouillant alternativement avec tous les ministres, sauf Colbert, qui fut de ses amis, La Feuillade trouva moyen de se soutenir même contre un Lauzun et un Louvois, et d'arriver à tout.

Passant à un écrivain d'ordre bien inférieur, l'auteur des *Mémoires du marquis de Sourches*, qui débutent au temps de la grande faveur du maréchal, voici ce que nous lisons dans son préambule[3] : « De tous les hommes de la cour qui n'étoient pas ministres, il n'y en avoit que deux qui fussent traités du roi avec

---

1. *Mémoires*, éd. Michaud et Poujoulat, p. 577.
2. *Mémoires*, p. 271.
3. Tome I de la nouvelle édition (1882), p. 20-21.

une distinction considérable, qui étoient : M. le maréchal-duc de la Feuillade et M. le duc de la Rochefoucauld. Cependant c'étoient les deux hommes du monde dont les caractères étoient les plus opposés. Le maréchal de la Feuillade étoit un homme vif, impétueux, inquiet, se faisant honneur de tout; qui, malgré tout cela, savoit aller à ses fins, vouloit savoir toutes les nouvelles, et les savoit jusque-là qu'il n'ignoroit même pas le détail des familles; dépensoit de l'argent sans nombre, et trouvoit mille moyens d'en regagner..... Le duc de la Rochefoucauld, au contraire, étoit un homme froid, appréhendant de parler ou affectant de ne le pas faire, paroissant même honteux et embarrassé sur certains chapitres, ne s'accommodant que de fort peu de gens..... »

Après ces contemporains qui avaient vécu côte à côte avec La Feuillade, Saint-Simon est un simple écho, puisqu'il ne comptait que seize ans lors de la mort du maréchal, onze à peine quand il assista à cette « païenne dédicace » de la place des Victoires, et certainement ses souvenirs, s'il en avait, ont eu besoin d'être ravivés par ceux de l'abbé de Choisy. Ne croirait-on pas cependant, à lire les pages consacrées au premier duc de la Feuillade dans sa notice sur le duché de Rouannez[1], qu'elles furent écrites *de visu?* « C'étoit, dit-il, un très brave homme, excellent sous autrui tant qu'il en avoit besoin pour sa fortune, à laquelle il sacrifia toutes choses, médiocre et dangereux en chef par trop d'envie de faire et trop peu de digestion de ses projets; vif et impétueux à l'excès[2], ardent et infatigable à tout, bon ami et dangereux ennemi, mais qui ne se piqua jamais, dans sa conduite, d'une probité contraignante, et se fit un Pérou du régiment des gardes. La familiarité qu'il avoit usurpée avec le roi et la liberté de lui dire tout ce qu'il vouloit le faisoit redouter même aux ministres, avec qui il étoit souple quand ils l'étoient avec lui, mais haut et *rompant la gourmette* sans aucune mesure, dès qu'il s'en estimoit choqué. » Voilà une locution assez rare : « rompre la gourmette, » et, quoiqu'on la retrouve ailleurs dans les *Mémoires*[3], il est bien difficile de ne pas penser que Saint-Simon l'emprunte au passage des *Mémoires de l'abbé de Choisy* dont il s'aidera ailleurs pour caractériser les

---

1. *Écrits inédits de Saint-Simon*, t. VI, p. 376-386.
2. Mêmes termes que dans le passage des *Mémoires de Sourches* cité tout à l'heure.
3. « Monsieur, dont la gourmette étoit rompue, fit souvenir le roi d'une manière piquante..... » (*Mémoires*, éd. 1873, t. III, p. 24.)

cérémonies d'inauguration de la place des Victoires[1]. De même, ce qui suit peut être rapproché du passage déjà cité des *Mémoires de la Fare*[2], mis au jour dès 1716 : « Le despotisme de Louvois[3], et toutes les tentatives qu'il avoit hasardées contre l'indépendance à son égard du régiment des gardes, l'avoit ouvertement brouillé avec lui, et, ce qui outroit le ministre, toujours à l'avantage du duc, qui se plaisoit à ces éclats. Il étoit, au contraire, ami particulier de Colbert et de Seignelay, son fils, avec qui il n'avoit point de sujets de démêlés, et qui étoient, comme lui, ennemis de Louvois. » Le père de Saint-Simon n'avait eu qu'une faveur éphémère, lui-même fut toujours tenu à distance respectueuse de Louis XIV : il ne pouvait donc pardonner à un courtisan tel que La Feuillade d'avoir su se maintenir solidement pendant vingt-cinq ou trente ans, et, pour lui, les témoignages de gratitude du maréchal ne sont que bassesse et idolâtrie : « Il étoit adroit et fin courtisan et connoissoit le roi mieux qu'homme de la cour; il découvrit de bonne heure que les plus basses et les plus outrées flatteries étoient un chemin sûr et raccourci à qui étoit à portée et en volonté de le faire[4]. » Et ailleurs[5] : « De l'esprit, une grande valeur, une plus grande audace, une pointe de folie, gouvernée toutefois par l'ambition et la probité, et son contraire fort à la main, avec une flatterie et une bassesse insignes pour le roi, firent sa fortune et le rendirent un personnage à la cour, craint des ministres, et surtout aux couteaux continuels avec M. de Louvois. Il se distingua toujours par son assiduité et sa magnificence. Il a renouvelé les anciennes apothéoses fort au delà de ce que la religion chrétienne pouvoit souffrir, etc. » Suivent deux anecdotes qui ont fait fortune depuis, celle du maréchal grimpant derrière le carrosse du roi, faute d'avoir été invité à se placer à l'intérieur, et la fameuse réponse : « Ce n'est rien, sire, ce sont deux de vos gens qui se battent... » Ce dernier mot doit, dit-on[6], être restitué au maréchal de Gramont, autre courtisan de même race, « le plus délié et le plus distingué qu'il y eût à la cour, » comme l'a qualifié son

---

1. Ci-après, p. 62, et ci-dessus, p. 16.
2. Ci-dessus, p. 24.
3. *Écrits inédits*, p. 380.
4. *Écrits inédits*, p. 381.
5. Addition au *Journal de Dangeau*, t. III, p. 401, sur la mort du maréchal.
6. *Histoire amoureuse des Gaules*, éd. Boiteau et Livet, t. I, p. 137 et 244, notes, d'après le recueil de *Pièces intéressantes* de La Place.

propre biographe, « éloquent, spirituel Gascon, et hardi à trop louer » d'après Mme de Motteville, et, selon Saint-Simon lui-même[1], « si adroit à être et à se maintenir bien avec tous les personnages, et, par là, à se faire compter de tous, surtout à ne se pas méprendre sur ceux qui devoient demeurer les maîtres des autres, sans se détacher de personne, et néanmoins sans se rendre suspect. » Il y aurait plus d'un rapprochement à faire entre ces deux types de courtisans et entre leurs deux carrières parallèles[2]. Mais Saint-Simon va encore nous fournir un amusant détail sur La Feuillade[3] : « Avec cela, c'étoit l'homme du monde le plus audacieux et qui, quand il vouloit, craignoit le moins de rompre toutes sortes de glaces[4]. Il logeoit à Versailles et à Fontainebleau dans deux fort beaux et grands appartements, et tous deux sur la grand'-cour intérieure qu'à Fontainebleau on appelle en Ovale. La meilleure compagnie abondoit chez lui[5], et tout le régiment des gardes; et s'il avoit à parler en particulier à quelqu'un, c'étoit d'ordinaire dans la cour, qu'on appeloit pour cela le cabinet de M. de la Feuillade, qui, très souvent, les matins, quand il faisoit chaud, s'y promenoit en chemise avec son baudrier par-dessus. Il en portoit un toute sa vie, et ne l'a quitté qu'en mourant. Dans ces cours, il crioit et se débattoit comme il eût fait dans sa chambre. Le roi le voyoit quelquefois de ses fenêtres et en rioit. Il l'y avoit accoutumé, et ces façons le relevoient, parce qu'elles n'étoient permises qu'à lui..... »

Les livres du temps sont amplement fournis de mots d'esprit du maréchal, marqués généralement de cette originalité qui n'amusait pas moins chez son frère, l'ancien archevêque d'Embrun[6]. Chacun connaît, ne serait-ce que par Mme de Sévigné[7], son arrivée en poste à Versailles ou à Saint-Germain, au milieu de la

---

1. *Mémoires*, t. IV de 1873, p. 88.
2. Saint-Simon a connu les *Mémoires du maréchal de Gramont*, publiés en 1716, aussi bien que ceux de Choisy et de La Fare.
3. *Écrits inédits*, p. 382.
4. Ailleurs (p. 385) : « L'audacieuse impétuosité dont ce favori soutenoit tout ce qu'il vouloit emporter..... »
5. Spanheim dit qu'il était renommé pour sa bonne table (*Relation de la cour de France*, p. 151).
6. Sur celui-ci, voir les *Mémoires de Saint-Simon*, édition nouvelle, t. IV (1884), p. 101-102, et les *Écrits inédits de Saint-Simon*, t. VI, p. 375.
7. *Lettres*, t. IV, p. 56. Comparez le dossier AUBUSSON, au Cabinet des titres, fol. 54.

campagne de 1675, après la promotion, et son discours au roi :
« Sire, les uns font venir leurs femmes, les autres les viennent voir ;
c'est Rochefort. Pour moi, je viens voir une heure V. M. et la
remercier mille et mille fois. Je ne verrai que V. M., car ce n'est
qu'à elle que je dois tout. » Et il repartit en disant : « Je vous supplie de faire mes compliments à la reine, à M. le Dauphin, à ma
femme et à mes enfants. » Bussy rapporte une bien jolie réponse
du temps où La Feuillade, tout jeune, avait déjà fait sa réputation de bravoure. On était devant Valenciennes, en 1656 ; un
cavalier de service dans les lignes lui tire un coup de mousqueton à quatre pas de distance, et crie ensuite : « Qui vive ? » —
« Vive La Feuillade ! » répondit le jeune officier, qui avait échappé
par miracle à la décharge[1]. Et ce mot sur le fâcheux effet produit par
la publication de la tragédie d'*Esther* après le succès des premières
représentations à Saint-Cyr : « C'est une requête civile contre
l'approbation publique[2]. » Parfois, souvent même, il emportait le
morceau, comme dans cette réponse à un prélat de cour qui demandait quel successeur on pourrait donner à M. de Harlay-Champvallon sur le siège de Paris : « Si le P. de la Chaise est cru, ce
sera l'archevêque d'Albi (La Berchère) ; si le roi ne consulte que
lui-même, ce sera l'archevêque d'Aix (Cosnac) ; si Dieu préside à
cette nomination, ce sera l'évêque de Meaux (Bossuet) ; si le diable
s'en mêle, ce sera vous, monsieur[3] ! » Sans doute, il avait quelque
rancune contre l'épiscopat des provinces du Midi, car il ne jurait
jamais que par : « Je veux être damné comme un évêque de Languedoc[4] ! » C'était aussi son habitude de dire qu'il tenait de Dieu et
de son épée le titre de vicomte d'Aubusson, racheté en effet dans le
plus beau temps d'une faveur à laquelle cette vaillante épée n'avait
pas peu contribué ; sur quoi, le roi s'écria un jour : « Pourvu
que La Feuillade m'accorde d'être aussi bon gentilhomme que
lui, c'est tout ce que je lui demande. »

---

1. *Mémoires de Bussy*, t. II, p. 10.
2. *Lettres de Mme de Sévigné*, t. VIII, p. 517 et 542.
3. Gayot de Pitaval, *Bibliothèque des gens de cour*, t. I, p. 405. Les
Chansonniers rapportent aussi qu'il comparait la duchesse de Vitry (Mlle de
Rhodes, qu'on voyait publiquement vivre et s'enivrer avec ses valets et
entretenir Montrevel) à ces vieux rubans qui, passés de mode, ne peuvent
plus être achetés que par des étrangers. (*Recueil dit de Maurepas*, éd.
Leyde, t. I, p. 173, note 3.) Le même recueil (t. II, p. 223-224) rapporte
un sonnet de lui sur la gouvernante de Mlle d'Armagnac.
4. *Lettres galantes de Mme Dunoyer*, éd. 1749, t. I, lettre XXIX, p. 355.

Mais, chez La Feuillade, la brusquerie, — il ne tombait point dans la bouffonnerie comme les Roquelaure et comme tant d'autres qui croyaient de leur devoir de plaire ainsi au roi[1], — la brusquerie, dis-je, même poussée jusqu'à la brutalité, avait le privilège de plaire mieux qu'une civilité outrée comme celle de MM. de Coislin[2] : c'est qu'à la différence du courtisan dont parle Tallemant des Réaux[3], il ne se donnait libre carrière que sur les puissants et les heureux du jour. Pour les disgraciés, au contraire, il savait trouver quelque mot consolateur. Un jour qu'on exaltait le génie du prince d'Orange, Chandenier repartit qu'il préférerait être Jacques II d'Angleterre plutôt que l'usurpateur; et La Feuillade de riposter : « Cela est d'un homme qui a mieux aimé vivre comme M. de Chandenier que comme M. de Noailles[4]. » A l'égard de Bussy-Rabutin, disgracié et tenu en exil, sa conduite ne fut pas moins noble[5]. Lors de la proscription des protestants, c'est La Feuillade qui obtint pour l'amiral Du Quesne et pour sa famille la permission de se retirer librement dans leurs propriétés de Suisse[6]. Catinat n'était pas de ses amis, et cependant on l'entendit dire un jour au roi : « Sire, c'est un homme qui réussira dans tout, également propre à être chancelier ou contrôleur général aussi bien que général d'armée; mais, de grâce, n'en faites pas un major du régiment des gardes[7] ! » Une autre fois[8], il supprima « honnêtement » une lettre par laquelle le chevalier de Calvisson se fût compromis.

Ces actes témoignent d'un grand cœur; on peut les opposer à l'anecdote bien connue de : « Tarte à la crème[9]! » dont les bio-

---

1. Voir les passages de la dédicace des *Fâcheux* et de *l'Impromptu de Versailles* cités par M. Larroumet dans sa *Comédie de Molière*, p. 278.
2. *Mémoires de M. d'Artagnan*, t. III, p. 461.
3. Le président de Chevry, qui disait qu'il fallait tenir le bassin de la chaise percée à un favori, pour l'en coiffer dès que la disgrâce venait. Saint-Simon a mis ce dicton au compte du vieux maréchal de Villeroy.
4. *Lettres de Mme de Sévigné*, t. VIII, p. 520. Sur la disgrâce de Chandenier et sur sa noble attitude dans un long exil, voir les *Mémoires de Saint-Simon*, éd. nouvelle, t. III (1881), p. 145-153.
5. *Correspondance de Bussy*, t. IV, p. 421-422. Bussy lui écrit : « Rien n'est plus honnête à vous, en l'état où sont vos affaires et les miennes, que d'en user ainsi, et que de ranimer notre ancienne amitié. »
6. *Journal de Dangeau*, t. I, p. 353.
7. *Mémoires de Catinat*, par Le Bouyer de Saint-Gervais, t. I, p. 6-7.
8. *Journal de Dangeau*, t. II, p. 328.
9. *L'École des Femmes*, acte I, vers 99.

graphies moliéresques ont chargé la mémoire de La Feuillade. Elle a été racontée pour la première fois en 1725, par Bruzen de la Martinière, et l'on n'est point d'accord sur son authenticité : Despois n'admet pas que, pour l'honneur des marquis raillés si vivement, La Feuillade ait voulu tirer du poète une basse vengeance[1]; M. Larroumet, au contraire, incline à le croire[2], surtout parce qu'un autre collectionneur d'*ana,* le conseiller bourguignon Philibert de la Mare, raconte que La Feuillade aurait parlé ouvertement, publiquement, de se défaire de Molière pour peu qu'il ne fût pas indispensable au roi. La scène serait de 1663, puisque l'*École des Femmes* fut jouée pour la première fois le 26 décembre 1662 : à cette époque, nous avons vu que La Feuillade n'était pas encore en passe de se poser comme le champion des « courtisans de distinction, » contre Molière au comble de la faveur; à plus forte raison ne peut-on le reconnaître dans le « prince » qui, selon Visé, aurait administré une correction au poète[3].

De tous ces témoignages, la vraie conclusion pourrait bien être celle que nous donne La Bruyère sur ce Téléphon dont on ne s'approche qu'à distance, comme du feu : « Quel moyen de vous définir? Il faudroit vous développer, vous manier, vous confronter avec vos pareils, pour porter de vous un jugement sain et raisonnable. Avez-vous de l'esprit, de la grandeur, de l'habileté, du goût, du discernement, etc.[4]? » Oui, quoi qu'en ait dit Walckenaer, La Feuillade est bien un Téléphon insaisissable, indéfinissable, chez qui les belles qualités se confondent avec des défauts étranges, déplaisants et « encombrants[5]; » mais, du reste, nous le trouvons plus nettement dépeint en un autre endroit des mêmes *Caractères*[6] *:* « Il y a des gens qui gagnent à être extraordinaires; ils

---

1. *Œuvres de Molière,* t. III, p. 122-125.
2. *La Comédie de Molière,* p. 254-255.
3. Visé dit : « Je crois qu'Élomire ne mettra jamais sa perruque sans se ressouvenir qu'il ne fait pas bon jouer les princes et qu'ils ne sont pas si insensibles que les marquis turlupins. »
4. *Les Caractères,* éd. Servois, t. I, chap. Des Grands, p. 343-344.
5. Ceci est un point de ressemblance avec le second maréchal de Villeroy, autre téméraire, qu'on rencontrait partout, fier de passer pour le brave des braves, se jetant en aveugle dans la mêlée, à Nerwinde comme à Steinkerque, mais incapable de diriger une armée.
6. Chap. De l'homme, t. II, p. 44-45 et 297. Ce passage a été écrit en 1692, au lendemain de la mort subite du maréchal.

voguent, ils cinglent dans une mer où les autres échouent et se brisent..... Hommes dévoués à d'autres hommes, aux grands à qui ils ont sacrifié, en qui ils ont placé leurs dernières espérances, ils ne les servent point, mais ils les amusent..... Ils blanchissent auprès d'eux dans la pratique des bons mots, qui leur tiennent lieu d'exploits dont ils attendent la récompense; ils s'attirent, à force d'être plaisants, des emplois graves, et s'élèvent par un continuel enjouement jusqu'au sérieux des dignités; ils finissent enfin, et rencontrent inopinément un avenir qu'ils n'ont ni craint ni espéré[1]. Ce qui reste d'eux sur la terre, c'est l'exemple de leur fortune, fatal à ceux qui voudroient le suivre. » Le moraliste s'en est tenu à une seule face du portrait; tout au moins n'eût-il pas dû passer sous silence près de quarante ans de services glorieux, que je viens de résumer, et la gratitude dont notre place des Victoires a perpétué le souvenir.

« Le roi Louis le Grand, en faisant la paix de Nimègue, étoit parvenu au comble de la gloire humaine : après avoir, en mille occasions, fait ses preuves sur la conduite des armées et sur la valeur personnelle, il s'étoit désarmé lui-même au milieu de ses victoires, et, se contentant de ses conquêtes, il avoit donné la paix à l'Europe aux conditions qui lui avoient plu[2]. » C'est au lendemain de cette pacification, amenée par tant de succès, que La Feuillade conçut l'idée d'élever une statue triomphale à son maître, à son bienfaiteur. Dans ce dessein, qui n'avait d'analogue sous aucun des règnes précédents, on voulut voir moins de gratitude que de calcul, de vanité et de politique; on prétendit que, brouillé depuis longtemps avec Louvois, c'était, pour le maréchal, une manière de se garantir contre les ressentiments, et que la dépense considérable qu'il allait faire pour cette statue serviroit à dissimuler les profits irréguliers tirés du régiment des gardes[3]. Voulant « renouveler les anciennes apothéoses fort au delà de ce que la religion chrétienne pouvoit souffrir...., à l'égard d'un roi vivant qui se nourrissoit volontiers des prologues d'opéras et des pein-

---

1. C'est La Feuillade, l'enjoué Cléon, « heureux en petites rencontres qui marquent le caractère des grands courtisans » (Guéret, *la Carte de la cour*, 1663, p. 69).
2. *Mémoires de l'abbé de Choisy*, p. 595.
3. *Mémoires de Saint-Hilaire*, fragment inédit cité par M. Chéruel dans son *Histoire de l'administration monarchique*, t. II, p. 355-356.

tures de sa galerie de Versailles, » mieux valait ne pas attendre qu'il fût mort et hors d'état de reconnaître cet hommage[1]. — Ce fut à peu près l'impression générale, et, de tous les contemporains, La Fare est peut-être le seul qui ait cru à un sentiment beaucoup plus noble de gratitude et d'admiration[2].

On ne parla d'abord que d'une statue, et point de monument, ni de place publique. A cette époque, la capitale de la France ne possédait que la statue du roi Henri IV, érigée en 1614 sur le terre-plein du pont Neuf, et son effigie en ronde-bosse, à cheval aussi, placée au-dessus du tympan de la porte de l'hôtel de ville; la statue de Louis XIII, élevée de son vivant, en 1639, au milieu de la place Royale[3]; et enfin, du roi régnant, la statue placée en 1654, mais sous de tristes auspices, dans la cour de l'hôtel de ville, puis encore son buste de pierre peinte en bronze, par Van Obstal, sur la face extérieure de la porte Saint-Antoine (1672), une maquette (exposition de 1673) hissée par Le Hongre sur le cheval de bronze du palais Brion, le médaillon des pompes du pont Notre-Dame et le groupe du pont au Change qui le représentait à l'âge de dix ans (1647), entre son père et sa mère, couronné par la Victoire. La statue équestre promise par le Bernin dès 1669 se faisait toujours attendre. Quant à cet arc de triomphe du sommet duquel une autre statue équestre devait dominer la ville, les travaux n'en étaient pas encore suspendus; mais il ne semblait pas probable qu'en dépit des triomphes et des gloires récentes, l'édilité parisienne, découragée par l'indifférence du roi, songeât désormais à rien entreprendre en son honneur[4]. Seuls, le crédit et l'audace primesautière de La Feuillade pouvaient faire agréer un nouveau dessein. Dès que celui-ci fut connu, Louis XIV s'y prêta complaisamment en faisant livrer un bloc de marbre blanc de la valeur de dix mille livres (29 juin 1679)[5], et, au courant du mois de juillet, les Parisiens

---

1. Addition de Saint-Simon au *Journal de Dangeau*, t. III, p. 401.
2. *Mémoires de La Fare*, p. 271 : « Quoique la plupart des gens aient trouvé dans cela une ostentation folle, je ne saurois désapprouver qu'un courtisan qui a reçu de grands bienfaits de son maître laisse un pareil monument de sa reconnoissance, supposé qu'on admette des pensées vaines dans un prince sage et dans un sujet qui le seroit aussi. »
3. Une autre statue de Louis XIII avait été érigée à Narbonne en 1651; c'était une œuvre de Michel Anguier, en bronze, plus grande que nature.
4. Quelques villes de province avaient placé sur la façade de leur hôtel de ville des bas-reliefs, des médaillons, des bustes.
5. Arch. nat., papiers du contrôle général, G[7] 988 ; *Comptes des bâti-*

virent passer dans la rue Saint-Honoré cette masse énorme, escortée de soldats aux gardes[1]. Le carrosse du grand Condé venant à rencontrer le convoi, « il y eut un combat entre les soldats et les valets de pied ; le peuple s'en mêla, le marbre se rangea, et le prince passa. » En annonçant cette nouvelle à son cousin Bussy, Mme de Sévigné ajoute : « Le marbre est chez M. de la Feuillade, qui fait ressusciter Phidias ou Praxitèle pour tailler la figure du roi à cheval dans ce marbre, et cette statue lui coûtera plus de trente mille écus..... » Bussy répond[2] : « Le roi, qui aime d'être aimé, lui rendra l'avance avec usure. » Il ne se trompait point : pendant les années qui suivirent, la faveur du maréchal se manifesta d'une façon de plus en plus éclatante ; au mois de mars 1681, il reçut une gratification de trente mille écus, et, au mois de mai, le gouvernement de Dauphiné, valant cinquante ou soixante mille livres par an et de gros profits casuels. « Le voilà, écrivait Mme de Scudéry, le voilà, par les honneurs, les charges et les revenus, le plus grand seigneur du royaume ! » Sur quoi, Bussy lance un mot amer : « Il est juste que les rois aient la liberté, comme les particuliers, de faire quelquefois grâce aux petits mérites[3]. »

Mme de Sévigné s'était trompée sur un point : la statue ne devait pas être équestre, mais pédestre. Quant au sculpteur, le maréchal choisit un artiste qui avait déjà donné la mesure de son talent à Versailles[4], mais sans s'être jamais attaqué à la représentation du roi lui-même, ce Hollandais qui avait inexactement francisé son nom de *Van den Bogaert* en *Desjardins*[5]. Habile à faire ressemblant, l'ensemble de ses compositions se ressentait quelque peu du

---

ments du roi, publiés par M. J. Guiffrey, t. II, p. 374, note. Selon le mémoire du garde des marbres, ce bloc, de marbre de Gênes statuaire, cubait cent quatre-vingt-un pieds neuf pouces.

1. Lettre de Mme de Sévigné, du 20 juillet (t. V, p. 551) : « M. de la Feuillade, courtisan passant tous les courtisans passés, a fait venir un bloc de marbre qui tenoit toute la rue Saint-Honoré. »

2. *Ibidem*, p. 556.

3. *Correspondance de Bussy*, t. V, p. 161-163, 166, 248 et 267.

4. Voyez son éloge par Guillet de Saint-Georges, dans les *Mémoires inédits... de l'Académie de peinture et de sculpture*, t. I, p. 395.

5. Plus exactement : *du Verger*. Voir le *Dictionnaire critique*, par Jal, p. 487-488. Martin Desjardins, sculpteur ordinaire du roi et recteur de l'Académie royale de peinture et sculpture, mourut aux galeries du Louvre, le 2 mai 1694, âgé de cinquante-quatre ou cinq ans. Il était fils d'un marchand de Breda et était entré à l'Académie en 1671.

style maniéré et confus de l'école flamande. Dès la fin de cette même année 1681, le travail de Martin Desjardins se trouva assez avancé pour que le roi, venant à Paris par extraordinaire, le 6 décembre, fît au maréchal l'honneur d'aller voir la statue sur place, dans l'hôtel de Saint-Chaumont ou Saint-Chamond, qu'il habitait alors proche la porte Saint-Denis[1]. Il parut, de cette visite, dans le volume mensuel du *Mercure galant*, un compte rendu qui mérite d'être reproduit[2] :

On peut dire que le roi, après avoir vu dans ses cabinets des ouvrages de peinture imitant le relief[3], alloit voir un relief auquel il ne falloit plus que prêter une âme : c'étoit sa statue, à laquelle il y a plusieurs années que M. de la Feuillade fait travailler. On sait que ce duc aime véritablement la personne de S. M. et que son unique attachement a toujours été de la servir. Je ne dis rien de son intrépidité dans les périls et de la dernière action qu'il a faite. La conduite et la prudence y étoient si nécessaires, qu'en être sorti aussi glorieusement qu'il a fait, c'est avoir montré qu'il n'ignore rien dans le métier de la guerre[4]. Je passe au grand monument que je vous ai dit qu'il a fait dresser pour transmettre la gloire du roi à la postérité et servir d'exemple à ceux qui, comme lui, ont reçu de grands bienfaits de leur prince. Quand on entreprend un ouvrage de cette importance, on en fait toujours un modèle pour voir si l'ouvrage entier est agréable à la vue et si les proportions qu'on lui a données produisent un bon effet : ceux qui le voient donnent leurs avis sur les défauts qu'ils y trouvent, et, comme il est encore temps de s'en servir, ils ne peuvent qu'être utiles. Ce que le roi alloit voir n'étoit qu'un modèle.

---

1. Cet hôtel, « propre à loger un prince, » disait Le Maire en 1685, avait été bâti dès 1630 pour l'ambassadeur Melchior Mitte, marquis de Saint-Chamond, en face de la maison des Filles-Dieu, sur un très vaste terrain, qui s'étendait entre la porte Saint-Denis et la fontaine du Ponceau. Il était passé ensuite aux mains de M. et Mme Ménardeau, et, après le départ de La Feuillade, les créanciers de ces propriétaires le vendirent aux filles de l'Union chrétienne, qui s'y établirent en 1685. Depuis dix ans, on avait ordonné l'ouverture d'une voie à travers le terrain, pour aller de la rue Saint-Denis à la rue Saint-Martin (arrêts de mars 1672 et du 24 février 1674); mais c'est seulement en 1798 que fut percé le passage Saint-Chaumont.

2. *Mercure*, décembre 1681, p. 257-272. Comparez la *Gazette*, p. 724, les *Mémoires du marquis de Sourches*, t. I, p. 56, et *Paris ancien et nouveau*, par C. Le Maire (1685), t. III, p. 253-254.

3. On était allé voir les tableaux de la nouvelle galerie du Louvre.

4. Il s'agit de l'évacuation de la Sicile.

On l'avoit placé dans le milieu du jardin, en sorte qu'il pouvoit être vu de loin et de toutes les faces, comme s'il eût été dans une place publique. Cet ouvrage représente un piédestal, dont la hauteur est de vingt-un pieds; la figure du roi, faite toute d'un bloc de marbre blanc, est au-dessus. Elle a dix pieds de hauteur. Quatre esclaves de bronze sont assis aux quatre coins, et, quoiqu'il semble que cette attitude doive marquer un état tranquille, on ne laisse pas de les prendre d'abord pour des esclaves : la douleur différemment peinte sur leurs visages fait connoître ce qu'ils souffrent, et leur dos presque courbé montre assez à quoi ils sont destinés. Chacun a quatre pieds de grosseur et dix de hauteur. L'un est un vieillard fort abattu; l'autre, un jeune esclave qui fait effort pour rompre ses chaînes ; un autre paroît dans un âge mûr, et le quatrième est différent des trois autres. Les symboles qui les accompagnent peuvent donner lieu de les reconnoître, ou servir du moins à faire faire des applications. Aux quatre faces du piédestal, entre les esclaves, sont quatre bas-reliefs de bronze. L'un représente l'ambassadeur d'Espagne qui, en présence de toute la cour, déclare que le roi son maître cède le pas à S. M. Le second fait voir le passage du Rhin. On voit dans le troisième la prise de Besançon et le roi qui commande à M. le duc de la Feuillade de s'emparer de la citadelle ; et le quatrième représente S. M. donnant la paix à l'Europe. Toute cette grande machine est accompagnée de quantité de trophées et de plusieurs autres ornements de bronze que les connoisseurs trouvent admirables : aussi avouent-ils qu'on ne peut rien faire de plus beau, tant pour le grand goût du dessein, que pour les belles expressions, l'agréable contraste, la noblesse et la variété. Tout est étudié dans ce grand ouvrage et fait avec un soin merveilleux, et d'une manière aussi belle qu'elle est particulière à M. Desjardins : c'est le nom du sculpteur à qui seul, après M. de la Feuillade, la France doit ce grand monument[1]. Sur la face de devant, au-dessus du bas-relief, on lit ces deux vers latins :

Et tibi, ne nobis Augusti sæcula desint,
Victori terras pace fovere datum.

Les paroles suivantes sont marquées en lettres d'or au-dessous du bas-relief :

LUDOVICO,
Victori indefesso,
Domitis Batavis, adjectis imperio
Hannonibus, Sequanis, Attrebatibus
Utriusque Austriæ populis, Rheno
Eridanoque una die subjugatis,

---

1. Les *Mémoires de Sourches* disent à tort que le sculpteur est un homme qui n'a pas encore travaillé pour le roi.

Profligatis Europæ conjuratæ viribus,
Orbe pacato,
Hoc immortale trophæum regi erga
Se munificentissimo,
Grati animi monumentum, posuit
Franciscus d'Aubusson de la Feuillade,
Dux, Franciæ par et marescallus, Delphinatus prorex,
Prætorianarum cohortium præfectus.

Sur la face opposée, on voit cette grande inscription françoise, au-dessous du bas-relief :

« A Louis le Conquérant , .

« Pour avoir dompté les Hollandois, joint à l'Empire les peuples du Hainaut, de l'Artois, de la Franche-Comté et de l'une et l'autre Austrasie, donné les lois en un même jour au Rhin et au Pô, vaincu les forces de l'Europe conjurées contre lui, donné la paix à tout le monde, François d'Aubusson de la Feuillade, pair et maréchal de France, gouverneur du Dauphiné, colonel des gardes françoises, a élevé ce monument pour reconnoissance éternelle de tant de bienfaits, et pour trophée de tant de victoires. »

Au-dessus de ce même bas-relief sont les cinq vers qui suivent :

Nos rois, dans tous les temps, sur tous les autres rois,
Ont eu le premier rang par leur grandeur suprême;
Mais Louis a forcé par ses fameux exploits
L'Espagne, si fière autrefois,
A venir à ses pieds l'avouer elle-même.

A côté droit, au-dessus du bas-relief, on lit ces deux vers latins :

Aspice Batavi Lodoïcum in littore Rheni.
Granicæ sileat Macedo miracula ripæ.

Ces deux autres vers latins sont au-dessus du bas-relief, du côté gauche :

Cæsar Alexiacas geminis vix mensibus arces
Occupat; octava Lodoïcus luce Vesuntum.

Le roi, étant entré dans le jardin où ce monument étoit élevé, dit d'abord, après le premier coup d'œil, qu'il « avoit bien du grand. » Il s'approcha ensuite, examina tout en particulier, lut les inscriptions, et dit à M. de la Feuillade qu'elles étoient fort obligeantes; puis, se retournant du côté de M. Desjardins, il lui dit qu'il « s'étoit fait une grande idée de cet ouvrage sur le récit qu'on lui en avoit fait, mais que ce qu'il voyoit surpassoit tout ce qu'il s'en étoit imaginé. » De là, S. M. passa dans le lieu où l'on travaille aux marbres et aux bronzes, où elle vit sa statue de marbre et un esclave de bronze fort avancé, aussi bien que plusieurs trophées, et trois bas-reliefs achevés. Le roi les loua fort, et considéra quelque temps une Diane de marbre que M. Desjardins a faite pour Versailles[1]. S. M. alla ensuite aux fonderies et retourna une seconde fois voir le modèle. Elle faisoit connoître par là qu'il lui avoit plu. Ce second examen qu'elle en voulut faire lui ayant fait découvrir de nouvelles beautés dans cet ouvrage, elle dit plusieurs choses obligeantes à M. de la Feuillade, et avoua qu'elle étoit très satisfaite. Elle marqua encore, en montant en carrosse, qu'on ne pouvoit l'être davantage, et répéta les mêmes choses à Saint-Germain. Les ouvriers en eurent des marques, puisqu'on leur distribua par ses ordres une somme considérable. On ne peut faire réflexion sur tout ce que fait et sur tout ce que dit le roi, sans l'admirer : la plupart des hommes, de quelque nation qu'ils soient, louent ou condamnent avec excès ce qui les frappe d'abord ; mais l'on n'a jamais ouï proférer une seule parole au roi qu'après avoir mûrement examiné les choses sur lesquelles on attend son jugement. Ce prince vint ensuite voir sa bibliothèque, toujours accompagné de Mgr le Dauphin, de Monsieur le Duc, de MM. les princes de Conti, et quantité de seigneurs de la cour.....

Selon les *Mémoires du marquis de Sourches,* la dépense devait dépasser quarante mille écus, et on croyait que le maréchal, au lieu d'envoyer la statue à son beau château d'Oiron, en Poitou, l'offrirait au roi. C'est ce qu'il fit en effet, sans que nous sachions précisément à quelle époque, et, dès que Jules Hardouin-Mansart et Le Nostre eurent terminé la grande Orangerie de Versailles, on y installa l'œuvre de Desjardins, qui fut bientôt rejointe par la statue équestre du Bernin[2] ; mais le roi eut à peine vu celle-ci, qu'il résolut de la faire briser, ou tout au moins reléguer loin de ses yeux[3]. L'autre statue, au contraire, demeura en place jusqu'à la Révolution ; enlevée alors et mutilée, il fallut que Louis XVIII lui fît refaire une tête en 1816, pour qu'elle revînt dans la galerie centrale de l'Orangerie, où on la voit encore aujourd'hui[4].

---

1. Diane figurant le Soir, pour la fontaine du Point-du-Jour.
2. Arrivée au Havre le 17 février 1685, à Paris le 9 mars, on la débarqua à Sèvres le mois suivant. Il fut question, un instant, de la placer sur le pont nouveau des Tuileries, où elle eût fait pendant à la statue du pont Neuf. (*Gazette de Leyde,* 6, 13 et 22 mars, 17 avril 1685 ; *Comptes des bâtiments,* t. II, col. 752 : « Le 2 septembre 1685, à Nicolas Maigret, pour deux baraques qu'il a faites pour mettre la figure équestre de S. M., l'une au bout du pont Rouge, à Paris, et l'autre au bout du pont de Sève. »)
3. Dangeau, t. I, p. 252, 14 novembre 1685. La statue, transformée en Curtius par Girardon, fut reléguée au bout de la pièce d'eau des Suisses.
4. *Mémoires inédits sur la vie et les ouvrages des membres de l'Académie*

Lorsque Germain Brice fit paraître, en 1684, la première édition de sa *Description nouvelle de la ville de Paris*, il semble que le transfert à Versailles, et même le don au roi, n'était pas encore chose faite, puisque nous y lisons ceci[1] :

> Dans l'hôtel de Saint-Chaumont, où demeure M. le maréchal de la Feuillade, on doit aller voir la belle statue du roi que cet illustre maréchal fait faire avec une dépense très considérable. Elle représente le roi vêtu à la romaine, avec une couronne de laurier sur la tête. Elle est haute de onze ou douze pieds, et d'un seul bloc de marbre, le plus grand que l'on ait encore vu à Paris. Le piédestal sur lequel elle sera posée doit être fort élevé, et, aux quatre faces, on y doit mettre des bas-reliefs de bronze qui représenteront l'histoire de quelques grands événements de ce règne, à savoir : la Prise de Besançon, le fameux Passage du Rhin, la Paix générale de Nimègue et la Satisfaction que l'Espagne fit au roi en 1661 sur ce qui se passa à Londres touchant M. le maréchal d'Estrades, qui, pour lors, étoit ambassadeur de France en Angleterre. Quatre captifs seront couchés sur des armes antiques et chargés de chaînes. Mais, depuis quelque temps, le dessein de la statue a été changé : elle doit être de bronze, et le roi sera vêtu des habits dont on se sert au sacre, que l'on conserve dans le Trésor de Saint-Denis, avec une Immortalité derrière, qui lui mettra une couronne de laurier sur la tête. Ce monument est d'un dessein magnifique, et le sieur des Jardins y travaille sans relâche depuis plus de trois ans. On ne sait pas encore en quel lieu cette belle statue sera placée, et l'on en cherche un où elle puisse être exposée comme il faut à la vue du public[2]. On dit pourtant que M. le maréchal de la Feuillade, qui en fait toute la dépense pour marquer à la postérité la reconnaissance qu'il a des bienfaits dont le roi l'a comblé, a acheté depuis peu l'hôtel de la Ferté-Senneterre la somme de quatre-vingt mille écus, pour en faire une place au milieu de laquelle on la mettra. M. de Santeul, chanoine de Saint-Victor, un

---

royale de peinture et de sculpture, t. I, p. 395-396 ; *le Château de Versailles*, par M. Dussieux, t. II, p. 242. Cette statue a été gravée par Simon Thomassin, en 1694.

1. Tome I, p. 115-118. On serait cependant tenté, en rapprochant le chiffre des *Mémoires de Sourches* : quarante mille écus, de celui de la gratification de mars 1681 (ci-dessus, p. 33), qui est presque le même, de croire que cette gratification fut une manière de remboursement des frais.

2. Le P. Léonard de Sainte-Catherine de Sienne écrit, dans son Journal (ms. fr. 10265, fol. 12 et 29 v°), en avril 1682, qu'on ne sait encore où placer cette statue ; la place Dauphine est trop étroite, et peut-être se décidera-t-on pour le bout du pont Neuf, sur la rive gauche, en abattant les maisons voisines.

des plus habiles hommes de ce siècle pour les inscriptions en vers, travaille à en faire de belles qui expliqueront à la postérité les merveilles du règne d'à présent.

La seconde œuvre de Desjardins était donc fort avancée dès la fin de 1683 ou le commencement de 1684, et, quoiqu'on possède de lui un modèle[1] où Louis XIV, à cheval, porte le costume d'empereur romain avec le bâton de commandement, il s'en était tenu au type pédestre, soit pour ne pas faire double emploi avec plusieurs statues équestres en voie d'exécution, notamment celle du Bernin[2], soit parce qu'il pensait mieux rendre ainsi « la noblesse de la taille du roi et de sa bonne mine, et cet air de grandeur et de majesté qui le distingue si fort au-dessus des autres hommes[3]. » Le maréchal et son sculpteur, renonçant également au costume romain, presque obligatoire pour la glorification du prince[4], avaient préféré le pompeux habillement du sacre, et obtenu, le 25 juin 1682, qu'on leur prêtât pour trois mois les vêtements conservés à l'abbaye de Saint-Denis[5]. C'est ce costume d'apparat que le peintre Henri Testelin reproduisit ensuite dans sa toile de réception à l'Académie (1688), et Hyacinthe Rigaud dans le por-

---

1. Je veux parler du petit modèle en zinc autrefois placé dans le cabinet des Agates, maintenant n° 2194 du musée de Versailles. Est-ce la statue que nous verrons exécuter plus tard par Desjardins pour les Lyonnais?
2. Ci-dessus, p. 37.
3. *Traité des statues*, p. 317-318, indiqué ci-après, p. 69; *Description de la statue ou du monument érigé à la gloire du roi Louis XIV par M. le maréchal-duc de la Feuillade*, 1690, p. 9.
4. Voyez notamment : dans l'Œil-de-Bœuf, une toile de l'école de Mignard où il est représenté à la romaine, avec la Victoire déposant une couronne de laurier et brandissant un drapeau orné du soleil et de la devise *Nec pluribus impar* (musée de Versailles, n° 2156); dans l'ancien cabinet du Billard, un modèle en bronze de statue équestre (n° 2172), plus petit encore que celui de Desjardins; dans la chambre même du Roi, un buste en bronze (n° 2166), avec la cuirasse romaine ornée du soleil; dans l'escalier des Princes (n° 2667), la statue en marbre faite et léguée par J. Warin. Quant au bronze n° 2158, dans l'Œil-de-Bœuf, ce n'est qu'une réduction de la statue colossale faite de notre temps, par L. Petitot et Cartellier, pour la cour du palais. On trouve aussi dans le ms. Clairambault 1237 : 1° au fol. 78, une composition gravée par P. Le Pautre et représentant Louis XIV à la romaine, assis et tenant un plan de ville fortifiée; 2° aux fol. 57 et 89, son effigie gravée chez Hainzelman, en 1686, en empereur romain, tenant un modèle d'église d'une main, et un globe impérial de l'autre. C'est encore en Romain que Coysevox, puis Bouchardon représentèrent Louis XV.
5. Arch. nat., K 120, pièce 5.

trait fameux de 1701, personnification définitive de la majesté royale[1]. Aux débuts du règne, Simon Guillain avait adopté aussi le manteau royal pour le monument du pont au Change (1647), et Gilles Guérin pour la statue de l'hôtel de ville (1654)[2].

Au lieu d'une simple statue, Desjardins avait composé un groupe complet. Comme ce même Louis XIV jeune de Gilles Guérin, domptant le monstre de la Rébellion, et comme la statue équestre préparée jadis par Girardon et Le Brun pour leur fontaine monumentale[3], la statue de Desjardins foulait aux pieds un Cerbère, symbole, non plus des troubles civils et des guerres intestines, mais de la Triple alliance vaincue, et, derrière le roi, une Victoire de même grandeur colossale, s'élançant d'un globe chargé des attributs d'Hercule, élevait de la main droite une couronne de laurier destinée au héros, tandis que sa main gauche s'abaissait chargée de palmes. Cette disposition nous rappelle que, dix ou douze ans avant, Desjardins avait fait pour sa réception académique un Hercule couronné par la Gloire; qu'en 1681, pour une pareille destination, Antoine Coypel avait peint Louis XIV se reposant dans le sein de la Gloire après la paix de Nimègue, au-dessous d'une Renommée sonnant de la trompette, et que, bien plus anciennement, Simon Guillain avait représenté le roi, tout jeune, entre son père et sa mère, couronné par une Renommée ou une Victoire ailée, sur le monument du pont au Change[4].

Chacune des statues de Desjardins avait treize pieds de haut, et le groupe entier en mesurait seize. Il se complétait par un trophée d'armes posées à terre.

Sans être absolument neuve, cette composition présentait un

---

1. Commandée d'abord pour Philippe V, cette toile fut gardée à Versailles et orna la salle du Trône.
2. Comparez les gravures du sacre même dans le ms. Clairambault 1235, fol. 56, 60 et 63.
3. Ci-dessus, p. 5.
4. Dans les dernières années du règne, Coysevox, à son tour, composa pour le grand salon de Versailles un énorme bas-relief ovale où Louis XIV était couronné par la Renommée; mais il ne put l'exécuter qu'en stuc, la mort du roi ayant empêché le travail définitif (*Éloge de Coysevox*, par Fermel'huis, p. 9; *Mémoires inédits*...... *de l'Académie*, t. I, p. 391, et II, p. 33-34). On a aussi (ms. Clairambault 1236, fol. 1) une composition de François Poilly où Louis XIV est couronné par la Victoire, celle-ci tenant le portrait de Mazarin sur un bouclier. Le Brun avait traité le même sujet pour le petit appartement et pour la grande galerie, à Versailles.

caractère d'originalité qui dut séduire par-dessus tout le maréchal de la Feuillade, tel que nous le connaissons; mais, si l'on en juge d'après les gravures qui sont parvenues jusqu'à nous[1], les deux statues et le piédestal formaient un ensemble trop touffu et maniéré, et la dorure dont le groupe fut revêtu par la suite n'atténua pas ce défaut, à ce que disent les contemporains[2], au moins jusqu'à ce que le temps en eût effacé et terni l'éclat.

L'article cité plus haut prouve que le maréchal n'avait pas attendu l'achèvement de l'œuvre du sculpteur pour chercher un emplacement digne d'elle, et nous avons vu que son choix s'était porté sur l'hôtel de la Ferté-Senneterre; il faut expliquer quelles étaient la situation et l'origine de cette maison.

Depuis cinquante ans, par le fait du reculement de l'enceinte fortifiée de la rive droite jusqu'à un point très voisin de la ligne actuelle des boulevards, reculement qui était une des conséquences de la création du Palais-Cardinal, un quartier nouveau s'était formé au nord des jardins de cette belle résidence, et, faisant coude avec la vieille rue des Petits-Champs, une rue Neuve avait été ouverte en exécution de l'arrêt du Conseil daté du 23 novembre 1633[3]. Plusieurs personnages considérables de la cour avaient construit des hôtels à l'intersection de ces deux grandes

---

1. Une, entre autres, très finement traitée, qui se trouve dans le ms. Clairambault 1162, fol. 20.
2. Ci-après, p. 71-72.
3. Sur cette nouvelle enceinte, qui avait été projetée, et même commencée dès le temps de Charles IX, voir le *Mercure françois*, t. XX, p. 717-738; les *Archives curieuses de l'histoire de France*, 2ᵉ série, t. VII, p. 311-332; le *Traité de la police*, t. I, p. 84-85; les *Nouvelles archives de l'art français*, 1872, p. 234-235; le *Bulletin de la Société de l'histoire de Paris*, 1882, p. 107-108 et 146-147; *la Maison mortuaire de Molière*, par M. Auguste Vitu, p. 205-209, etc. Une première concession faite le 9 octobre 1631, au nom de Pierre Pidou, secrétaire de la chambre du roi, avait été révoquée le 31 décembre 1632. Une seconde fut signée le 23 novembre 1633, au profit de Charles Froger, aussi secrétaire de la chambre, qui se chargea d'achever l'enceinte nouvelle, de démolir l'ancienne, de combler les fossés, etc., moyennant quoi tous les terrains contenus entre l'ancien et le nouveau périmètre, qu'ils fussent au roi ou au public, même celui du marché aux Chevaux, lui appartiendraient avec les démolitions, pour y ouvrir des rues et des places et faire construire de nouveaux quartiers. Tous les bien-tenants devaient lui payer dix ou quinze sols par toise carrée. Froger n'était qu'un intermédiaire mis en avant comme Pidou, par le traitant Louis Le Barbier, qui devait avoir derrière lui-même une société de financiers.

voies, presque tous sur des terrains provenant de la libéralité royale : c'étaient notamment le secrétaire d'État Louis Phélypeaux de la Vrillière[1] et son beau-père le contrôleur général Particelli d'Hémery[2], auquel avaient succédé d'abord le surintendant Foucquet, puis Turenne, puis l'intendant des finances Hotman et Charles Perrault, contrôleur général des bâtiments du roi, collaborateur actif de Colbert dans tous les travaux de Paris[3].

Plus à l'ouest, sur l'extrémité du long jardin appartenant aux Bons-Enfants[4], trois logis importants s'étaient construits pour le financier La Bazinière, pour le maréchal de l'Hospital du Hal-

---

1. En 1633, lorsque le roi avait abandonné aux traitants tout le tracé de l'ancienne enceinte depuis la galerie du Louvre jusqu'à la porte Saint-Denis, on avait réservé les terrains nécessaires pour l'achèvement du Palais-Cardinal, plus une superficie de deux mille quatre cents toises comprise entre les murailles du parc, la rue des Bons-Enfants et la contrescarpe, qui fut donnée le 19 janvier 1634 au garde des sceaux Séguier, et revendue par lui, le 20 mars suivant, au secrétaire d'État La Vrillière, pour la somme de quatre-vingt-quatre mille livres. Celui-ci en aliéna une portion notable, mais racheta d'autres terrains contigus, ainsi qu'une maison sise rue des Trompes, vers la rue des Petits-Champs, où logeait M. de Saint-Simon (sans doute le père de l'auteur des *Mémoires*). Sur cet emplacement, François Mansart construisit pour M. de la Vrillière l'hôtel qui devait passer en 1712 entre les mains du comte de Toulouse, et qui est aujourd'hui la Banque de France. On peut voir, sur l'œuvre de Mansart, un article de Sauval, *Histoire et recherche des antiquités*, t. II, p. 226-233.

2. C'est en 1634 (19 janvier), dix-huit mois avant le mariage de M. de la Vrillière, que d'Hémery avait obtenu un emplacement de vingt et une toises de façade sur quarante de profondeur, dans les remparts, fossés et contrescarpes, au bout de la rue des Petits-Champs, entre deux rues à ouvrir. Le 1er août 1635, il maria sa fille à son voisin M. de la Vrillière, avec une dot de trois cent mille livres, et, le 19 du même mois, il passa marché avec Jean Thirio, maître maçon du cardinal de Richelieu, pour construire un hôtel qui lui coûta soixante-dix-sept mille livres et fut terminé en 1639. L'année suivante, la décoration fut exécutée par Pierre II Pontheron et Pierre Bouvier, peintres ordinaires du roi. En 1647, d'Hémery acheta encore les terrains d'un jeu de paume et d'autres places adjacentes, pour le prix de cinquante mille livres, et il y fit des constructions complémentaires. C'est là qu'il mourut le 23 mai 1650. Sauval (t. II, p. 229) dit que cet hôtel, avec ses bains et ses étuves, contenait quantité d'appartements, petits, mais dégagés, très logeables et bien distribués : ce qui lui valait la qualification de *commode*. Marot a fait une vue de la porte.

3. G. Brice, *Nouvelle description de Paris*, 1684, t. I, p. 86; Walckenaer, *Histoire de Jean de la Fontaine*, 4e édition, t. II, p. 103.

4. Sur le plan de Truschet, ce jardin aboutit au rempart.

lier, gouverneur de Paris[1], et pour Alphonse Lopez. Ce dernier était un personnage fort singulier, morisque d'Espagne ou de Portugal, que le cardinal de Richelieu employait à tous les usages, tour à tour diplomate ou espion, brocanteur de curiosités ou courtier, mais surtout prêteur d'argent et marchand de pierres précieuses (c'est lui, dit-on, qui introduisit en France la taille du diamant). Il jouissait d'un crédit absolu auprès de son tout-puissant patron, et Tallemant des Réaux lui a fait l'honneur d'une historiette[2]. Dès avant 1640, il s'était fait bâtir, aux dépens de ce jardin des Bons-Enfants, sur la voie de jonction ouverte entre la rue des Petits-Champs et la rue Neuve-des-Petits-Champs[3], un logis assez beau, remarquable par la quantité de cheminées qui hérissaient les toits,

                        Et tel
          Qu'il peut passer pour un hôtel[4].

Le portail d'entrée était un bon morceau de décoration, si l'on en juge par la gravure qu'en fit Jean Marot. Après la mort de Lopez, en mars 1659, le maréchal de la Ferté-Senneterre[5] acheta cet hôtel et le fit reconstruire par l'architecte Le Fèvre, d'Orléans[6],

---

1. On lit dans un censier de 1640 environ (Arch. nat., S 1824) : « M. du Hallier, pour le derrière de sa maison qui souloit être le jardin des Bons-Enfants, laquelle maison a son entrée en la rue des Petits-Champs. » Cet hôtel remplaçait une vieille maison à l'enseigne du Croissant. Nous voyons, par un passage du livre de Sauval (t. II, p. 157), que le maréchal se transporta de la rue des Bons-Enfants à l'angle de la rue des Fossés et de la rue du Petit-Reposoir, dans l'hôtel où il mourut en 1660, et où sa veuve, l'ancienne lingère qui devait devenir reine de Pologne, fit représenter l'*École des Femmes* en 1663. Pomponne les y remplaça. L'hôtel était fameux pour son escalier, œuvre de Girard des Argues, dont les géomètres discutaient fort le mérite. On en avait détaché vers 1661 une maison qui fut habitée par le trésorier des états de Languedoc, François Le Secq, mort en 1671, prédécesseur de Pennautier et possesseur de plusieurs maisons dans la rue Neuve.

2. Tome II, p. 187. Comparez les *Lettres du cardinal de Richelieu*, t. II, p. 699, IV, p. 90, VIII, p. 131, etc.

3. Arch. nat., S 1824.

4. *Gazette poétique* de Loret, t. III, p. 32; *Historiettes de Tallemant*, t. II, p. 188 et 194.

5. *Ibidem*. Ce maréchal était Henri II de la Ferté, fils du ministre d'État mort le 4 janvier 1662. Sur ses hauts faits, voyez un article du *Mercure galant*, avril 1677, 2e édition, p. 104-114. Il a son historiette dans Tallemant, t. I, p. 226-232.

6. Lance, *Dictionnaire des Architectes français*, t. II, p. 42.

puis décorer par le sculpteur Thibaud Poissant. Voici ce que Sauval en dit dans son article sur les demeures des maréchaux de France[1] : « L'hôtel de la Ferté-Senneterre est entouré de quatre rues, ce qu'on appelle une île ou maison isolée[2], et même est-ce le seul à Paris qui soit de cette manière......; et peut-être est-ce pour cela, autant que pour les appartements : sa grande galerie, sa chapelle, sa grande basse-cour, son écurie, sa grande serre d'orangers, qu'on dit à Paris : *Senneterre la Grande;* car non seulement toutes ces pièces sont grandes, mais encore il n'y a point de maison à Paris où on les rencontre toutes ensemble d'une grandeur si considérable. Son écurie, voûtée et soutenue sur deux rangs de piliers, peut tenir quatre-vingts chevaux ; sa galerie est bordée de tableaux où Perrier, Mignaud (*sic*), Hyacinthe et Évrart (*sic*) ont peint, comme à l'envie (*sic*), une partie de l'histoire d'Aminte[3]. Son jardin, proportionné aux autres membres du logis, est bordé d'une longue serre qui porte une terrasse; d'ailleurs, orné vers le milieu d'un bassin d'où sort un jet d'eau qui part de la bouche d'un Triton conduit (*sic*) par Sarazin, l'un des plus excellents sculpteurs de notre siècle[4]. » Dans un second article (p. 225-226), il parle de la chapelle stuquée par Lerambert, « qui passe pour la plus grande de tous nos palais, » mais ajoute que « tout le défaut de cette maison est qu'elle paroît un peu enterrée. » Jean Marot en a gravé le portail, comme ceux des hôtels Lopez et d'Hémery, et il y a ajouté une vue de la façade.

Si nous ajoutons que les Augustins réformés, connus sous le surnom de Petits-Pères, avaient établi, en 1628-29, leur célèbre couvent et leur église, dédiée par Louis XIII à Notre-Dame-des-Victoires[5], sur un terrain de trois arpents voisin du Mail[6]; que l'extrémité avoisinante de la rue Neuve-des-Petits-Champs possédait nombre d'hôtes illustres ou importants, tels que les Mazarin,

---

1. *Histoire et recherches des antiquités de Paris*, t. II, p. 158.
2. En 1683 (ms. fr. 8603, fol. 598), il est officiellement porté comme donnant sur cette continuation de la rue du Mail qui prit le nom de rue des Petits-Pères.
3. Les *Mémoires inédits sur la vie et les ouvrages des membres de l'Académie de peinture et sculpture*, t. I, p. 338, attribuent cette œuvre au peintre Nicolas Loir, et disent (p. 76) que Charles Errard fit quelques tableaux.
4. Sur le plan de Gomboust, on distingue ce jardin, qui va par derrière jusqu'à la rue du Petit-Reposoir, de l'autre côté de laquelle s'élève l'hôtel de l'Hospital.
5. Reconstruite en 1656.
6. Plan de 1776, aux Archives nationales, Seine, 3ᵉ classe, n° 440.

successeurs des Chevry et des Tubeuf, le ministre Colbert (dans l'ancien hôtel de La Mark de Bouillon), son beau-frère M. Charron de Ménars et son cousin Saint-Pouenge, puis M. de Lionne, à qui succéda M. de Villeroy, le trésorier Grandmaison, le musicien Lully; qu'enfin la rue des Fossés-Montmartre, ouverte sur le tracé même de l'ancienne enceinte[1], dans l'axe du portail La Vrillière, s'était peuplée de financiers[2] comme tous les alentours, mais que l'angle oriental, sur la rue du Petit-Reposoir, était occupé par l'hôtel de l'Hospital, devenu Pomponne en 1673, et l'angle correspondant, de l'autre côté, par les Rambouillet de la Sablière et les Clérembault[3], on connaîtra le nouveau quartier sur lequel se portèrent les vues de M. de la Feuillade.

Le maréchal de la Ferté-Senneterre était mort le 27 septembre 1681; sa veuve était allée habiter un hôtel de la rue Richelieu bâti pour le président de Maisons; leur fils, le duc de la Ferté, vivait séparé de sa femme (quoique, en vérité, la compatibilité d'humeurs fût aussi complète que possible entre ces deux tristes personnages), et il fallait vendre l'hôtel pour payer les dettes. En mai 1683, le bruit courut un moment que des maçons voulaient l'acheter; mais, trois mois plus tard, M. de la Feuillade[4] se porta acquéreur au prix de deux cent vingt-deux mille livres, et l'on

---

1. Sur le plan de la place des Victoires, dans le grand terrier de 1705 (Arch. nat., Q¹ 1099⁶, fol. 162), le tracé est marqué d'une teinte spéciale. Cf. deux plans officiels de l'année 1695, Seine, 3ᵉ classe, nᵒˢ 45 et 528. La rue des Fossés a subsisté jusqu'en 1865 et a été alors fondue avec la rue Neuve-Saint-Eustache (ouverte par arrêt du 23 novembre 1633) et la rue Bourbon-Villeneuve, pour faire la rue d'Aboukir actuelle.

2. Cette rue dut bénéficier de l'arrêt du 13 avril 1676 qui avait donné gain de cause aux ayants droit de Barbier et repoussé les prétentions de la Ville sur l'emplacement des anciens fossés voisins des Filles-Dieu. (*Traité de la police*, t. I, p. 89; Arch. nat., E 1783, fol. 327.)

3. *Dictionnaire critique*, de Jal, p. 742; *la Maison mortuaire de Molière*, par M. Auguste Vitu, p. 216; *les Anciennes maisons de Paris*, par M. Lefeuve, t. III, p. 382. Selon Jal, les protestants Rambouillet habitaient là depuis 1642 au moins; leur propriété aboutissait sur la rue du Mail. Cf. l'*État et partition des maisons* de 1683, ms. fr. 8603, fol. 589 vᵉ (les derrières de l'hôtel de Rambouillet et de celui de la Ferté donnent sur la rue Job?) et fol. 598 et 602 (rue Notre-Dame-des-Victoires, maison de M. Le Duc, occupée par le sieur de Clérembault). C'est là probablement, et non à la Folie-Rambouillet, que Mᵐᵉ de la Sablière donna l'hospitalité à La Fontaine pendant quinze ans, et, quand l'hôtel eut été vendu par ordre du roi (25 février 1687), elle l'emmena sur la paroisse Saint-Roch.

4. Il avait perdu sa femme trois mois auparavant.

sut tout de suite que cet achat était fait pour le roi, ou plutôt en son honneur, à seule fin de donner à sa statue un emplacement digne d'elle[1]. La Ville voulut même venir en aide au maréchal et marquer, elle aussi, son zèle et sa vénération en posant cette statue « en tel lieu qu'il plairoit à S. M. de désigner, comme jadis Henri IV et Louis XIII l'avoient fait de leur vivant. » M. de Pomereu, prévôt des marchands, se chargea de faire les premières ouvertures et de demander la permission de faire l'emprunt nécessaire[2]; mais il ne fut pas donné suite, tout d'abord, à cette idée.

Sur ces entrefaites, une blessure rouverte mit la vie du maréchal en danger pendant trois mois, et, lorsque le charlatan Carretto l'eut miraculeusement guéri[3], il eut à suivre le roi dans la courte campagne de 1684[4]. Au retour seulement, la paix lui permit de procéder à l'exécution[5]. Son plan était de sacrifier les derrières de l'hôtel de Senneterre, notamment la galerie d'Aminte et le jardin, pour en faire une place digne de l'œuvre de Desjardins, et de ne conserver que les appartements et la façade qui regardaient l'hôtel de la Vrillière[6].

Les *Mémoires du marquis de Sourches* racontent en termes curieux toute cette première partie de l'historique de la place des Victoires, à la date du 12 février 1685[7] :

Une chose qui fit bien du bruit en ce temps-là parmi les courtisans fut le chagrin qu'eut M. de Châteauneuf, secrétaire d'État[8], de voir prendre une grande rue qui étoit à Paris vis-à-vis de son magnifique

---

1. *Gazette de Leyde*, 27 mai, 2 septembre, 16 et 23 décembre 1683.
2. Registres de l'hôtel de ville, Archives nationales, H 1829, fol. 483-485, 28 août 1683.
3. *Gazette de Leyde*, 28 décembre 1683, 10, 17 et 24 février 1684; *Mémoires de Saint-Simon*, édition nouvelle, t. V (1886), p. 179 et note 7.
4. *Gazette de Leyde*, 4 et 27 avril 1684.
5. En novembre 1684, La Feuillade se mit à la tête des parents et amis de la maison de Fiesque qui allèrent remercier le roi de l'avoir fait rétablir dans la possession de ses biens de Gênes, et il « harangua le roi au nom de tous, fit son panégyrique, et dit entre autres choses qu'il avoit entrepris l'action la plus généreuse qui ait jamais été faite depuis que la monarchie françoise étoit établie, qui auroit le plus d'éclat dans l'histoire, et que tant de rois depuis François Ier avoient voulu exécuter sans le pouvoir faire, mais que cela avoit été réservé au bras invincible de S. M., qui savoit si bien récompenser la vertu et la justice et châtier le crime..... » (*Gazette de Leyde*, correspondance de Paris, 1er décembre.)
6. *Mémoires inédits..... de l'Académie*, t. I, p. 322 et 338.
7. Édition nouvelle, t. I, p. 182. — 8. Fils de M. de la Vrillière.

hôtel de la Vrillière, et de ne la voir prendre que pour donner de la place à M. le maréchal de la Feuillade pour regagner ce qu'il perdoit sur l'hôtel de la Ferté. Ce maréchal, ingénieux à faire de prodigieuses dépenses comme il étoit habile à en trouver les fonds, avoit entrepris de faire une statue du roi en bronze, avec de superbes ornements, et de la placer dans quelque endroit de la ville de Paris, pour témoigner au roi la reconnoissance de tant de bienfaits qu'il avoit reçus de lui. Pour cet effet, il avoit acheté l'hôtel de la Ferté Saint-Nectaire[1] deux cent mille livres. Sa statue ayant bien réussi malgré la difficulté qu'on trouve à faire ces sortes d'ouvrages, il résolut d'abattre l'hôtel de Saint-Nectaire, qui est au milieu de quatre rues différentes, pour faire sa place dans laquelle il vouloit mettre sa statue; mais, comme il vouloit, en même temps, se conserver une maison, il trouva moyen d'obtenir du roi tout le terrain de cette rue qui étoit vis-à-vis de l'hôtel de la Vrillière, et qui en faisoit tout l'agrément, parce qu'elle enfiloit le grand portail de cet hôtel; et il eut en même temps permission de prendre la maison d'un nommé Perrault et une partie du jardin de Mme Hotman, ce qui devoit ne leur causer pas un médiocre chagrin.

Nous avons vu plus haut que les Hotman et Charles Perrault occupaient l'ancien hôtel d'Hémery, ou du moins une partie de cet hôtel, dont le portail, barrant l'extrémité de la rue Croix-des-Petits-Champs, s'aperçoit sur un très curieux plan cavalier de l'époque[2], à l'endroit où, cinquante ans avant, passait l'ancienne enceinte portant un moulin à vent dont les substructions ont été retrouvées il y a quelques années. Mme Hotman était une Colbert, de la branche des Villacerf et des Saint-Pouenge, fort riche et veuve, depuis deux ans, d'un intendant des finances que le ministre avait tenu en estime particulière[3]. Sa maison donnait sur la prolongation de la rue du Mail[4]; mais le jardin aboutissait à celui de Perrault. Enfin Perrault et les Hotman avaient pour voisin immédiat, dans une maison donnant sur la rue des Fossés, un financier, René Jajollet de Larré, qui possédait depuis 1669 l'une des deux charges de receveur général des finances à Caen. Tous ces personnages avaient perdu leur crédit avec Colbert, et l'expropriation se fit contre leur gré[5], Louvois se souciant peu de ménager des collaborateurs ou des

---

1. Ancienne forme du nom de Senneterre.
2. Arch. nat., S 1823.
3. *Mémoires de Saint-Simon*, édit. nouvelle, t. VI (1888), p. 276.
4. La *Partition* de 1683 l'indique rue Neuve-des-Petits-Champs.
5. L'annotateur des *Mémoires de Sourches* dit que Perrault n'avait plus que cette maison, arrangée très agréablement par lui.

favoris du ministre défunt[1]. Quoi qu'il en soit, la Ville reprenant ses projets du mois d'août 1683 (dans l'intervalle, le 30 juin 1684, elle avait alloué une somme de quarante louis d'or pour faire prononcer chaque année, à perpétuité, par le recteur de l'Université, un panégyrique solennel de Louis le Grand), elle se fit autoriser, par un arrêt du Conseil en date du 5 mars 1685[2], à contracter un emprunt pour l'acquisition, ou plutôt l'expropriation forcée des maisons Hotman, Perrault et Larré. L'arrêt fut communiqué le 20 au corps de ville, en ces termes[3] : « Toute l'assemblée sait que M. le duc de la Feuillade, par une reconnoissance digne de lui, a fait faire plusieurs essais pour faire tirer la statue du roi; enfin il y a réussi, et il s'agit de la placer. Le roi a agréé que ce soit devant la rue des Fossés-Montmartre et qu'il soit tiré deux nouvelles rues aboutissant à même point : l'une, venant de la rue Neuve-des-Petits-Champs, passant au travers de l'hôtel de la Ferté appartenant à M. le duc de la Feuillade, souhaitant ledit sieur duc que lui et sa postérité eussent toujours devant les yeux les illustres actions de S. M. qui y seront représentées, et auxquelles il a beaucoup contribué par ses services et son courage; et l'autre, venant de la rue des Petits-Champs, passant au travers de la maison de Mme Hotman, d'où l'on découvrira la statue. » On calculait que la démolition des maisons et l'ouverture des deux voies nouvelles permettrait d'apercevoir depuis le Louvre, et par cinq rues différentes, « ladite statue qui sera au milieu de cette place ovale de nouvelle invention et architecture[4]. »

Les premières expropriations coûtèrent à la Ville trois cent dix mille livres; mais deux arrêts des 22 juin et 7 juillet[5] ordonnèrent encore le retranchement des maisons et échoppes construites dans la rue des Petits-Champs du côté de la rue Coquillière, depuis le logis de Mme Hotman jusqu'à celui de l'avocat Lepoix, de telle

---

1. Perrault, privé de sa charge aussitôt après la mort de Colbert, était allé habiter une maison qu'il possédait au faubourg Saint-Jacques. Larré, qui était secrétaire du roi depuis 1681, vendit sa charge en 1689, et, selon toute vraisemblance, il passa plusieurs années à la Bastille.

2. Arch. nat., E 1829, à la date, et E 1830, 9 et 10 juillet, et 25 septembre 1685; E 1840, 4 février 1687.

3. Arch. nat., H 1830, fol. 299. — 4. *Gazette de Leyde*, 22 mars 1685.

5. Arch. nat., E 1829; arrêt reproduit dans le *Dictionnaire des rues de Paris*, par Lazare, p. 259. Cf. G. Brice, 8e édition, 1725, t. I, p. 405.

façon que le futur monument fût visible, sinon du Louvre, ce qui était impossible, au moins de la vieille croix des Petits-Champs, posée à l'angle d'intersection de la rue de ce nom avec la rue du Bouloir[1]. Ces terrains dépendaient de maisons de la rue des Vieux-Augustins dont les propriétaires s'appelaient Davollé, Dupuys et Clément du Vivier. La dernière acquisition fut faite dans le mois de septembre, et un arrêt du Conseil du 19 décembre[2] autorisa la Ville à échanger contre le terrain abandonné par le maréchal une partie de ce qui ne serait pas pris pour la place[3].

Le 20 août précédent, par ordre du roi, Jules Hardouin-Mansart, alors premier architecte et intendant des bâtiments, avait déposé entre les mains de Messieurs de la Ville un plan de place à ouvrir sur les terrains dont nous connaissons maintenant les origines et la composition[4]. De forme circulaire[5], la place devait avoir un diamètre de quarante toises[6]; mais le cercle n'était pas complet, et, du côté du nord, les deux maisons d'angle de la rue des Fossés-Montmartre, l'une, sur la rue du Petit-Reposoir, habitée par les Pomponne, l'autre, sur la rue Vide-Gousset, habitée

---

1. Comme on le verra plus loin (p. 80), la rue ouverte à cet effet porta d'abord le nom d'Aubusson, avant de se confondre avec la rue Croix-des-Petits-Champs, dont elle n'était que la prolongation.

2. Arch. nat., E 1836.

3. Le P. Léonard a consigné dans la partie de son Journal qui se rapporte à ces six derniers mois (ms. fr. 10265, fol. 38 v° et 91 v°) ces deux nouvelles : Juin 1685; on travaille aux fondations du piédestal, mais le maréchal n'a pas encore déterminé quelle serait l'étendue de la place. — Décembre; « M. le duc de la Feuillade continue en ses vastes desseins pour l'embellissement de la place qu'il se fait faire. Les particuliers qui en sont voisins et le prévôt des marchands en ayant porté leurs plaintes au roi, S. M. a nommé M. le procureur général (M. de Harlay, plus tard premier président), sans l'avis duquel ce duc ne pourra rien faire. »

4. Ce plan, signé par Mansart et paraphé par le prévôt des marchands et ses échevins, le 15 septembre suivant, pour être mis aux mains du maître des œuvres de la Ville, et veiller par celui-ci à l'exécution, se trouve aux Archives nationales, dans le carton Q^1 1191.

5. Et non ellipsoïdale ou « ovalique » comme le disent des documents du temps, le livre de G. Brice, Dulaure même, Expilly, etc., trompés sans doute par l'irrégularité de l'extrémité nord de la place. A en croire *Paris ancien et nouveau* (1685), t. III, p. 282, il avait été question de faire la place carrée. On trouvera une description technique dans l'*Architecture françoise* de Blondel, t. III, p. 36-37.

6. La *Nomenclature* officielle de 1885 lui donne trente-huit mètres soixante-quinze centimètres de rayon.

par les Rambouillet, puis les Clérembault[1], demeuraient intactes, comme nous les voyions encore nous-mêmes il y a deux ans, et rompaient par conséquent la symétrie ; cette échancrure du cercle mesurait quelque vingt-cinq toises. A l'opposé, la rue Percée permettait au regard de s'étendre depuis le portail de la Vrillière, entre les deux hôtels d'Hémery et de Senneterre, jusqu'au bout de la rue des Fossés. Cette petite rue devait disparaître ; mais deux voies nouvelles, de trente pieds de large, mettraient la place en communication avec l'ancienne rue des Petits-Champs et avec la rue Neuve de même nom, et une troisième s'ouvrirait sur la rue des Petits-Pères. Celle-ci, plus étroite que les deux autres et de forme irrégulière, n'exista jamais que sur le papier ; en la défalquant, mais en comptant les trois rues des Fossés, Vide-Gousset et du Petit-Reposoir, c'étaient cinq débouchés importants, qui devaient donner de l'air et de la perspective à cette place. Néanmoins, on critiqua les proportions que lui avait assignées Mansart, on la trouva trop étroite pour le monument auquel elle était destinée[2], et, aujourd'hui encore, ce défaut reste sensible, quoique le monument moderne ait de tout autres dimensions que celui de Desjardins, et qu'une nouvelle voie, large de vingt mètres, peut-être même trop large, ouvre une magnifique percée dans le même axe que la rue Neuve-des-Petits-Champs.

Mais ce qui frappe encore plus sur le plan original de Mansart, c'est que l'hôtel acheté par M. de la Feuillade, et dont celui-ci abandonnait généreusement une partie, devait, malgré ce retran-

---

1. Celle-ci (ci-dessus, p. 45) n'avait d'entrée que sur la rue des Fossés. Voir la belle gravure de la place par N. Guérard, dont un exemplaire se trouve dans le ms. Clairambault 1162, fol. 38. Quand le roi fit adjuger cette maison, l'adjudicataire dut s'entendre avec la Ville pour les changements que nécessitait la décoration de la place (E 1849, 15 février 1689). — J'ai parlé de Clérembault dans l'édition nouvelle des *Mémoires de Saint-Simon*, t. III (1881), p. 11-13.

2. *Mémoires de Sourches*, t. I, p. 369 ; *Descriptions de Paris*, par G. Brice, Piganiol, Blondel, etc. De notre temps, Louis Lurine a dit avec raison, dans ses *Rues de Paris* (t. II, p. 275-281), que cette place destinée à la glorification du grand roi était un « titre qui vaut mieux que l'ouvrage. » Cependant Expilly s'est exprimé ainsi, dans le *Grand dictionnaire géographique* de 1768 (t. V, p. 409) : « Cette place paroît plus étendue à cause des six grandes rues qui viennent s'y terminer, et qui en laissent voir de loin la magnificence et l'éclat..... C'est le plus superbe monument que jamais sujet ait élevé en l'honneur de son prince. Il surpasse même la plupart de ceux qui ont été érigés par des provinces entières et par tout le peuple romain pour leurs plus grands empereurs. »

chement, rester en saillie sur la place, en rompre l'ordonnance[1], et l'on verra que cette irrégularité déplaisante à l'œil ne disparut que beaucoup plus tard, après la mort du maréchal.

Depuis la création de la place Royale et de la place Dauphine, le système de constructions symétriques était en vogue, et la forme circulaire adoptée par Mansart[2] comportait, plus que toute autre, cette symétrie ; mais, au lieu d'arcades ouvrant sur une galerie couverte, il avait adopté des arcades pleines à refends, de douze pieds et demi de largeur, formant un soubassement sur lequel s'élèveraient, jusqu'à une hauteur de huit toises environ, deux étages encadrés dans une ordonnance de grands pilastres[3]. Le plan indiquait trente-neuf arcades (quarante en supprimant une des trois rues). Deux pans coupés, de quinze pieds chacun, rompaient la symétrie à la rue du Petit-Reposoir et à la rue Vide-Gousset. Mansart avait adopté pour les pilastres, comme son oncle pour les colonnes du portail de l'hôtel de la Vrillière, l'ordre ionique[4], « qui est l'ordre favori des architectes modernes, à cause de la facilité qu'ils ont à l'exécuter, et que les fautes que l'on y commet sont bien moins aisées à découvrir[5]. » Du reste, l'ornementation devait être des plus simples.

Le 12 septembre 1685[6], la Ville traita avec l'entrepreneur Jean-Baptiste Prédot[7] pour la démolition des maisons Perrault, Hotman et de Larré, et de la partie de l'hôtel de Senneterre offerte par le maréchal. Outre les matériaux, Prédot devait pro-

---

1. Cette saillie et le prolongement jusqu'à la rotonde de la rue Croix-des-Petits-Champs, dont il sera parlé p. 72, sont marqués en sanguine sur le plan.
2. Cent ans avant, du Cerceau le père avait dessiné pour le terre-plein du Pont-Neuf un plan de même forme circulaire, que M. le baron de Geymüller vient de publier. La place de France dont j'ai parlé plus haut (p. 8) n'était que semi-circulaire et devait avoir cent trente-neuf toises de circonférence, les huit grandes rues étant larges de six toises. (Sauval, t. I, livre VI, p. 632-633.)
3. On critiqua les « niches mesquines et gothiques » qui s'élevaient en mansarde sur le toit, et aussi les consoles répétées à toutes les ouvertures sans qu'elles eussent rien à porter.
4. Les pilastres de la place Royale étaient d'ordre dorique.
5. G. Brice, 8ᵉ édition, t. I, p. 310.
6. Contrat reproduit dans les Preuves de l'*Histoire de Paris*, par D. Félibien, t. II, p. 274-276. Un exemplaire du placard original porte la cote Lk⁷ 7627 à la Bibliothèque nationale.
7. L'architecte de Lully : Soulié, *Recherches sur Molière*, p. 68 et 240.

fiter de ce qui resterait de bâtiments debout ou de terrains vides sur les maisons Hotman et de Larré, environ trois cent cinquante toises[1], à charge de construire conformément au plan de Mansart le mur de façade de « la place de forme ronde que l'on auroit jugée nécessaire en la rue des Fossés-Montmartre. » Comme d'usage, le contrat déterminait la qualité des matériaux, l'épaisseur du mur, celle des fondations, etc. Le temps des constructions de brique et pierre[2] étant passé, la façade circulaire devait être entièrement faite de pierres de taille, « savoir : depuis le rez-de-chaussée jusqu'aux impostes des arcades, de pierres d'Arcueil, et le surplus de bonnes pierres de Saint-Leu-Trossy, toutes lesdites pierres bien et proprement taillées, et de plus lesdites pierres d'Arcueil raversées, et lesdites pierres de Saint-Leu nettoyées au fer. » L'entrepreneur se chargeait des travaux de sculpture, de couverture et de plomberie sur toute la longueur de la façade, depuis le bas du rez-de-chaussée jusqu'aux lucarnes des combles. Il s'engageait en outre, pour lui-même ou ses ayants droit, à entretenir la façade symétrique ; mais aucune obligation ne lui était imposée pour les maisons qu'il construirait sur la rue des Petits-Champs ou sur celle du Petit-Reposoir[3].

Prédot devait commencer les travaux immédiatement, car le groupe était prêt depuis le commencement de l'année[4] et le roi avait déjà témoigné sa gratitude au maréchal de la Feuillade en lui accordant, le 7 avril 1685, une gratification extraordinaire de cent vingt mille livres, « en considération de ses services[5]. »

---

1. « Ayant face circulaire sur ladite place et face droite sur la rue des Petits-Champs et sur celle du Petit-Reposoir, aboutissant par derrière aux maisons du Mont-Sainte-Catherine et aux sieurs Le Normant, Jannart, Cendrier et autres, tenant d'un côté à M. de Montaud et de l'autre côté sur la face de ladite rue du Petit-Reposoir. » Prédot pouvait conserver les caves de la maison de Larré, quoiqu'elles dussent se trouver sous la place ; mais il devait transférer ailleurs le réservoir des eaux de la Ville établi chez Mme Hotman. Les eaux de celle-ci et celles de M. de Larré lui restaient.

2. Place Royale et place Dauphine.

3. On peut facilement admettre que ce fut lui aussi qui construisit la maison d'angle de la rue du Mail, côté des Petits-Pères, dont l'ordonnance monumentale est à peu près la même que celle de la place. En 1705, elle appartenait à une dame de la Villegenoust.

4. *Gazette de Leyde*, 18 janvier 1685.

5. Arch. nat., K 120, n° 12. On a vu qu'il avait reçu trente mille écus en 1681 : ci-dessus, p. 33 et p. 38, note 1.

Le mardi 7 novembre 1685, on posa le modèle des lampes qui, au nombre de plus de quarante, de quatre lumières chacune, devaient brûler devant l'effigie royale, et, quelques jours plus tard, le groupe passa de l'hôtel de Saint-Chaumont à l'endroit qu'il devait occuper[1]. Il pesait trente milliers; selon les contemporains, c'était le plus grand ouvrage de fonte qu'on eût encore obtenu d'un seul jet[2]. Bien entendu, on le posa de façon qu'il fît exactement face à l'hôtel de la Feuillade.

Pour le piédestal, un premier projet comportait, sur chaque face, deux colonnes d'ordre dorique composé, en hors-d'œuvre, soutenant la corniche de même ordonnance[3]; voici, d'après les registres de la Ville[4], comment ce projet fut simplifié et quelles furent toutes les proportions[5]. Le piédestal, de marbre blanc veiné, eut vingt pieds neuf pouces de haut, y compris la marche, qui mesurait dix-huit pieds six pouces de long sur vingt-deux pouces de large. Le socle ou patin n'avait que quinze pieds sept pouces de long; la face portant les corps avancés, quinze pieds trois pouces; la retraite où devaient être assis les esclaves, onze pieds trois pouces, et la retraite qui faisait au-dessus le talon renversé, neuf pieds deux pouces et demi. Chacune des faces du corps élevé, destinées à recevoir les bas-reliefs, avait sept pieds huit pouces de large; chaque côté de la corniche, avec la saillie, six pieds onze pouces; chaque côté du carré du bas de la plinthe ou adoucissement, sept pieds huit pouces; chaque côté du carré du haut de la plinthe, couvert d'une table de plomb, six pieds trois pouces. Entre les corps avancés de la face du devant, un rond de bronze de deux pieds six pouces de diamètre, dont le bord et les ornements, en forme de festons de laurier, furent dorés à fond d'or à feuille, devait porter, en lettres dorées d'or moulu, l'inscription de dédicace, différente de celle qui avait été préparée en 1681 :

Ludovico Magno, patri exercituum, etc.

De chaque côté de ce rond, sur le corps avancé, un cartouche de bronze reçut plus tard ces deux inscriptions françaises :

---

1. *Gazette de Leyde*, 15 et 22 novembre 1685.
2. *Mémoires de l'abbé de Choisy*, p. 602; *Mercure*, avril 1686, p. 235-236; *Description de Paris*, par Piganiol, t. III, p. 214.
3. *Description de Paris*, par G. Brice, éd. 1684, t. I, p. 71.
4. Arch. nat., H 1831, fol. 571 v° à 578, procès-verbal de visite du 5 septembre 1687. Cf. le *Traité des statues* de 1688, p. 159-160.
5. Cf. la gravure de la place par N. Guérard.

« Sa fermeté dans les douleurs rassura ses peuples désolés au mois de novembre 1686 ; »

et :

« Il avoit sur pied deux cent quarante mille hommes d'infanterie et soixante mille chevaux, sans les troupes de ses armées navales, lorsqu'il donna la paix à l'Europe en 1678. »

Dans la même face de devant, et sur le corps élevé du piédestal, un bas-relief de bronze à cadre doré, de quatre pieds de haut sur six de long, représentait la paix de Nimègue, avec cette inscription sur une frise :

Augustus toto jam nullis hostibus orbe, etc.

Aux bouts de la frise, deux consoles de bronze doré, de quatre pieds de haut, soutenaient la corniche, ornée d'écussons aux armes de France, avec palmes et branches de laurier.

C'est sur cette face, au-dessous même des pieds du roi, qu'on plaça la célèbre dédicace :

VIRO IMMORTALI.

Les autres faces reçurent les bas-reliefs préparés dès 1681, et dont le *Mercure* nous a fait connaître les sujets[1] ; on n'en ajouta que deux nouveaux : l'Abolition des duels et la Destruction de l'hérésie. Leur description détaillée se trouve partout, ainsi que les textes des inscriptions latines et françaises composées par l'abbé Regnier-Desmarais, secrétaire perpétuel de l'Académie française[2].

Aux angles du piédestal, sur le corps avancé, on posa les quatre captifs en bronze, de onze pieds de haut, assis et enchaînés de chaînes dorées[3] : à droite de la face antérieure, c'était un vieillard, en partie couvert d'un manteau à la romaine, appuyant les pieds sur des armes et une enseigne romaine ; à gauche de la

---

1. Ci-dessus, p. 35-36 et 38.
2. Voir, en premier lieu, l'article du *Mercure* d'avril 1686, p. 215-250, puis la description publiée à la même époque par l'abbé Regnier-Desmarais, le *Traité des statues* de 1688, p. 209-217, et la deuxième partie du *Nouveau Panthéon*, publié en 1686 par l'historiographe et académicien Vertron. La Feuillade préféra les inscriptions de Regnier-Desmarais à celles qu'avait préparées Santeul.
3. G. Brice (éd. de 1684, t. I, p. 71) parle de quatre parties du monde, dans des attitudes variées de respect admiratif, analogues à celles que Franqueville avait placées aux angles du piédestal d'Henri IV. (*Mercure françois*, année 1614, p. 494.) Est-ce un premier projet, ou bien une erreur de Brice ? On se servit des esclaves qui avaient été faits pour la première statue : ci-dessus, p. 35.

même face, un jeune homme, presque nu, ayant aussi à ses pieds des armes, un bélier, une enseigne, etc.; sur l'autre face, à l'angle gauche, un ancien Dace, caractérisé par un arc et une hallebarde rompus, un aviron, un carquois, un faisceau d'armes et une enseigne de sa nation; au dernier angle, un quatrième esclave, d'âge moyen, ayant à ses pieds aviron, casque, bouclier, hache, etc. Les trophées furent dorés en partie[1]. — Ces esclaves représentaient l'Espagnol, le Hollandais, l'Allemand et le Turc, tour à tour vaincus. Est-il besoin de le faire remarquer? ce n'était qu'une imitation des quatre captifs mis aux angles de la statue d'Henri IV, et celle-ci était également ornée de bas-reliefs rappelant Ivry, Arques, Montmélian, Amiens et l'entrée dans Paris[2].

Le maréchal s'était réservé, autour du piédestal, un espace de neuf pieds, qui fut pavé de marbre blanc et noir, avec des compartiments et des bandes de marbre rouge. Comme les faiseurs de pasquils prirent tout de suite l'habitude, ainsi que ceux de Rome, de coller leurs feuilles sur le piédestal, il fallut entourer cet espace d'une grille dorée de six pieds de haut, défendue en outre par une balustrade de fer, à flammes et chardons, scellée dans vingt-six bornes. Pareille balustrade fut placée en guise d'avenue pour aller de l'hôtel de la Feuillade jusqu'au piédestal[3].

On a vu plus haut que des essais avaient été faits pour éclairer le groupe de jour et de nuit, à la façon d'une image sainte. Les archives du ministère de la Marine nous donnent quelques détails sur cette partie de l'entreprise. Au commencement de 1685, Seignelay annonça à l'intendant de marine Girardin de Vauvré que le roi venait d'accorder à M. de la Feuillade trois grands et magnifiques fanaux destinés à éclairer de haut l'œuvre de Desjardins, puis dix autres moins grands, d'un pied et demi ou deux pieds, pour orner la statue (février et juillet 1685). M. de Vauvré fit faire les dessins, activa le travail à Toulon et à Marseille; mais

---

1. Arch. nat., H 1831, fol. 578-579. Comparez le *Traité des statues*, p. 159-160, et la *Description de la statue ou du monument érigé à la gloire du roi Louis XIV*, publiée chez P. Marteau, en 1690, p. 4 et 5. En 1692, Rigaud peignit Desjardins appuyant sa main sur la tête d'un des esclaves, et Edelinck grava ce portrait en 1698. La toile originale est à Versailles, n° 3583.
2. Voir Malingre, *Antiquités de la ville de Paris*, p. 144-146, avec gravure.
3. Arch. nat., H 1831, fol. 579-580.

tout à coup, en novembre, un contre-ordre lui arriva : « Si les fanaux qu'il a fait faire pour éclairer la statue de S. M. ne sont pas encore embarqués lorsqu'il recevra cette lettre, il doit les retenir et garder pour les faire servir aux vaisseaux que S. M. fera bâtir, le sieur maréchal de la Feuillade n'en ayant plus besoin[1]. »

Le projet primitif de faire brûler perpétuellement, jour et nuit, l'huile, la graisse ou la cire « devant la divinité » était donc abandonné ; l'abbé de Choisy[2] raconte que ce fut le roi lui-même qui « retrancha le jour, » et, privé du concours ou du consentement sur lequel il avait compté, le maréchal se borna à éclairer la place, pour la nuit, au moyen de quatre énormes fanaux placés aux quatre coins, c'est-à-dire à chaque angle de l'échancrure du côté nord, à l'angle de la rue La Feuillade, conduisant à la rue Neuve-des-Petits-Champs, et à l'angle de la rue d'Aubusson, continuation de l'ancienne rue Croix-des-Petits-Champs. On sait que les fanaux de marine étaient de véritables œuvres d'art[3] ; chacun en a vu des types sur les modèles ou les images des immenses vaisseaux de Louis XIV, au plus haut de la poupe. Ceux-là furent commandés au sculpteur Jean Arnout et au fondeur Pierre le Nègre, par marché du 12 avril 1686. Ils étaient à douze pans et avaient trois pieds trois pouces de diamètre intérieur, onze pieds trois pouces de circonférence extérieure, et dix pieds de haut. La partie inférieure se composait de douze consoles ornées de feuilles en relief, avec des graines et des festons pendants, et des feuillards au dedans, pour recevoir les douze petites glaces fixes ; le corps du fanal était formé d'une plinthe et de douze colonnes, avec leurs bases et leurs chapiteaux larges d'un pouce, pour encadrer les glaces, de trois pieds de haut et onze pouces de large. Au-dessus des chapiteaux, une corniche soutenait douze consoles, avec des feuilles d'eau par en bas et des masques et des feuillages par le haut, tombant jusqu'au milieu des consoles ; celles-ci supportaient une couronne royale surmontée d'une grande fleur de lis d'or. Sous les consoles, une calotte de bronze, d'où

---

1. Arch. de la Marine, B² 53, fol. 31, et 54, fol. 68, 71, 250, 296, 412 et 422.
2. *Mémoires*, p. 603 ; cf. le *Traité des statues*, p. 248.
3. Saint-Simon (éd. nouvelle, tome VI, p. 245) emploie à tort le terme de *falot*, qui servait de préférence à désigner une lanterne, un pot à feu, ou tout autre ustensile d'éclairage portatif. Mais il a pris cette expression, comme l'anecdote elle-même, à Dangeau, qui est donc responsable de ce mauvais emploi.

sortaient six tuyaux pour l'évacuation de la fumée. L'éclairage devait se faire à l'aide de godets et de terrines[1].

Chaque fanal devait être porté, à vingt-quatre pieds et demi d'élévation, par un groupe de colonnes ainsi composé : un piédestal triangulaire, de vingt-quatre pieds de tour environ, en marbre veiné, haut de trois pouces, posé sur une marche de six pouces de haut et treize de large; sur ce piédestal, posées en triangle, trois colonnes de marbre jaspé, d'ordre dorique, de deux pieds de diamètre et dix-sept pieds de haut, à bases et chapiteaux de marbre blanc, avec corniche architravée de marbre jaspé; au-dessus, un socle de marbre blanc et noir, avec une gorge, de deux pieds de hauteur. Chaque groupe serait protégé par une barre de fer cramponnée dans quatre bornes, et l'allumage devait se faire par le moyen d'un escalier de pierre accolé à la maison contiguë[2].

Telle fut l'ordonnance de cet éclairage, sur lequel on fit tout aussitôt le pasquil si souvent reproduit, avec des variantes :

> Cousis de la Feuillade, tu me bernes
> D'avoir mis le soleil entre quatre lanternes.

Sur chaque face des groupes triangulaires, des médaillons de bronze, suspendus à des guirlandes de feuilles de chêne et de laurier et supportés par des mufles de lion, devaient représenter en relief divers événements remarquables de la vie du roi, avec des inscriptions explicatives en vers latins et français : 1º la Bataille de Rocroy (1643); 2º le Rétablissement de la discipline militaire; 3º le Secours donné aux Hollandais contre l'évêque de Münster (1664); 4º le Combat de Saint-Gothard (1664); 5º la Première campagne de Flandres (1667); 6º la Réformation de la justice (1667); 7º la Pyramide réparatoire élevée à Rome (1664-68); 8º la Prise de Maëstricht (1673); 9º la Bataille de Seneff (1674); 10º les Combats de Turenne en Allemagne (1674-75); 11º le Combat naval d'Agosta (1676); 12º le Combat naval de Palerme (1676); 13º la Prise de Valenciennes (1677); 14º la

---

1. Procès-verbal de visite du 5 septembre 1687, dans le registre H 1831, fol. 580 vº et 581. Cf. le *Traité des statues*, p. 247, et la *Description de la statue ou du monument érigé à la gloire du roi Louis XIV*, chez P. Marteau, 1690, p. 7.

2. *Ibidem*. Cf. le *Traité des statues*, p. 244-246, et les *Descriptions* de Brice, de Piganiol, etc.

Bataille de Cassel (1677); 15° la Prise de Cambray (1677); 16° la Destruction de la flotte hollandaise à Tabago (1676); 17° la Prise de Gand (1678); 18° le Secours donné aux Suédois (1679); 19° la Soumission de Strasbourg et de Casal en un même jour (1681); 20° la Prise de Luxembourg (1684); 21° la Jonction des deux mers (1667); 22° la Soumission du doge de Gênes (1685); 23° la Pacification des mers (1685); 24° les Ambassades moscovites, africaines et asiatiques [1].

On avait espéré que le roi viendrait voir le monument le dernier jour de février 1686, pour que la Ville pût l'inaugurer le jour suivant; mais, souffrant alors d'une grosseur au côté, il dut renoncer à tout déplacement [2], et c'est seulement le 28 mars 1686 que le groupe et la place, celle-ci à peine dessinée par des murs sortant de terre et ornée de décorations fictives en stuc, en plâtre ou en toile, furent l'objet de cette « païenne dédicace » dont parlent Saint-Hilaire, l'abbé de Choisy, Saint-Simon, et tant d'autres contemporains. L'éclat en fut habilement rehaussé par le concours du régiment des gardes, dont le maréchal avait disposé des détachements à toutes les avenues, depuis la place Dauphine jusqu'au delà du Palais-Royal; lui-même partit du Pont-Neuf avec le reste du régiment massé en un bataillon unique et précédé par le lieutenant-colonel et huit capitaines à pied, pique en main : seul, le maréchal, héros du jour, était à cheval, encore que cet honneur n'appartînt régulièrement qu'au colonel général de l'infanterie [3].

Pour plus de solennité, il eût souhaité que le Parlement vînt à la fête en robes rouges, ainsi que le Châtelet; mais le roi ne voulut point y obliger la cour suprême, et, quant au Châtelet, une prétention de préséance sur le corps de ville, inopportunément soulevée par M. de Bullion, prévôt de Paris et chef de la compagnie [4], le força de s'abstenir. Les ambassadeurs de Siam, qu'on avait

---

1. Il y a une analogie presque complète entre ces sujets et ceux des médailles composées sur les événements les plus remarquables du règne et réunies dans le recueil de 1702 par les soins de la petite Académie.
2. Journal du P. Léonard, ms. fr. 10265, fol. 109 v° et 114 v°.
3. Voir la pièce du temps : *Description de la marche et des cérémonies faites pour l'élévation de la figure du roi*, etc.
4. Il se fondait à tort sur un récit de l'inauguration de la statue du pont Neuf (Dangeau, t. I, p. 316).

conviés, firent aussi défaut, parce qu'ils n'avaient pas achevé leurs visites aux membres de la maison royale[1]. La Ville eut donc tous les honneurs, avec son gouverneur, son prévôt des marchands et ses invités. Le roi se fit représenter par Monseigneur, qui, pour la première et unique fois de sa vie, apparut en grande pompe au peuple de Paris, par Monsieur et Madame, par les Condés, etc., groupés sur une magnifique estrade[2]. Desjardins avait réservé de bonnes places pour son Académie, qui, en retour, le nomma recteur cinq mois plus tard. Ce fut Monseigneur qui fit découvrir le groupe au bruit des fanfares, appuyées des décharges de l'artillerie de la Ville, de la Bastille et de l'Arsenal, et même de celle des Petits-Pères, qui s'étaient munis de cinquante boîtes à cet effet. On distribua à tous les assistants une description imprimée du monument par l'abbé Regnier-Desmarais, auteur des inscriptions, et une médaille commémorative, qui représentait d'un côté le même monument, de l'autre la tête du roi, avec cette légende :

Unus inter proceres posuit in area publica Lutetiæ.
MDCLXXXVI[3].

Il reste de nombreuses relations de cette cérémonie, outre celle de Regnier-Desmarais, préparée par avance[4], ainsi que des gravures[5];

---

1. Dangeau, p. 315.
2. Elle était adossée à l'hôtel du maréchal, et de là vient que Saint-Simon rapporte que les princes étaient chez le maréchal même. On la voit à gauche dans les estampes de la cérémonie gravées par Aveline et par Nolin.
3. Cette pièce, qui devint obligatoire pour les visites quinquennales (ci-après, p. 74), n'existe point au Cabinet des médailles ; mais la Monnaie en possède le coin, n° 448 du catalogue de 1833. Elle a été gravée dans le *Mercure* d'avril 1686, p. 258, dans le recueil des *Médailles du règne* de 1702, dans le *Trésor de numismatique*, etc.
4. Voir le *Journal de Dangeau*, t. I, p. 315-316; les *Mémoires du marquis de Sourches*, t. I, p. 369-370; le *Mercure*, avril 1686, p. 250-309; les *Mémoires de Saint-Hilaire*, reproduits par M. Chéruel dans le tome II de l'*Histoire de l'administration monarchique*, p. 355-358 (Saint-Hilaire place la fête en 1687, après la fistule du roi); le *Traité des statues* (ci-après, p. 69), p. 419-421 ; les *Procès-verbaux de l'Académie*, t. I, p. 321 ; les pièces inscrites à la Bibliothèque nationale sous les cotes Lb^{37} 3887 à 3890, etc.
5. Au Cabinet des estampes, collection Hennin, n°s 5480-5484 du catalogue de M. Georges Duplessis, et séries HISTOIRE, à l'année 1686, et TOPOGRAPHIE, place des Victoires ; au Cabinet des manuscrits, dans le ms. Clairambault 1162 ; et surtout au musée Carnavalet, dans la collection d'estampes parisiennes si riche, si bien classée et si facilement accessible. Outre l'eau-forte représentant l'inauguration, un almanach de l'année suivante (Hennin,

60 LA PLACE DES VICTOIRES

je me bornerai à reproduire une partie du rapport officiel de M. de Fourcy, prévôt des marchands[1] :

Les ouvrages de ladite place s'avançant[2], le roi, par sa lettre de cachet du 29 octobre 1685[3], auroit mandé auxdits prévôt des marchands et échevins d'assister avec appareil à la cérémonie qui seroit faite pour placer sa statue en ladite place, revêtus de leurs robes de cérémonie. Laquelle lettre ayant été ouverte et lue dans le conseil de ville, suivant l'usage ordinaire, il fut arrêté d'y obéir et satisfaire avec toute la décence possible, et qu'à cet effet, suivant l'exemple de ce qui avoit été fait en 1639, lors de l'apposition du cheval de bronze dans la place Royale, tous Messieurs les conseillers de ville, quarteniers, et deux bourgeois de chaque quartier seroient mandés pour assister à la cérémonie.

La place étant préparée et le jour ayant été pris au jeudi 28 mars 1686, lesdits conseillers de ville et quarteniers, avec les deux bourgeois de chaque quartier, furent mandés, et donné ordre de préparer le canon et les boîtes à la place de Grève, faire un feu d'artifice à neuf piliers et des plus beaux, faire des feux de bois dans toutes les rues, et mettre du vin dans toutes les fontaines de Paris, même sur le pont Neuf et sur le rempart, où se faisoient les travaux par ordre du roi[4], et d'y faire aussi un feu de bois[5].....

Ledit jour, jeudi 28 mars 1686, étant arrivé, je me trouvai à l'hôtel de ville, et, revêtus des robes de cérémonie, qui sont les robes de velours, nous partîmes de l'hôtel de ville entre midi et une heure, après y avoir mangé et avoir ordonné, pour éviter les contestations qui pouvoient arriver dans la marche des bourgeois mandés, qu'ils marcheroient suivant l'ordre d'ancienneté de leurs quarteniers, et leur avoir donné à chacun leur billet du rang qu'ils devoient marcher. Nous montâmes à cheval; et marchoient tous les archers de ville à cheval, le colonel à leur tête, huit trompettes de la chambre du roi avec des timbales, les huissiers de la ville, le greffier, le corps de ville,

---

n° 5542) reproduisit également cette cérémonie. On a d'autres vues de la place, postérieures en date, comme celle de N. de Fer (1714) et celle de Chevrotet et Aveline, placée dans l'*Histoire de Paris*, par D. Félibien, t. II, p. 1514. La plus complète est celle qui fut gravée d'après une peinture de J. Rigaud, et dont la Chalcographie du Louvre possède la planche.

1. En raison du conflit soulevé avec le Châtelet, M. de Seignelay fit insérer ce rapport dans le registre de sa secrétairerie d'État, O¹ 30, fol. 99 v° et suivants. Cf. le registre de la Ville H 1830, fol. 789-802.
2. Le rapport a résumé d'abord l'historique des opérations de voirie.
3. Cette lettre est dans le même registre de la Ville, fol. 802 v°.
4. C'étaient des ateliers publics ouverts pour les pauvres sur les nouveaux boulevards.
5. Ici est relaté longuement le conflit avec le Châtelet.

tous revêtus des robes de cérémonie, les conseillers de ville, les quarteniers et les bourgeois mandés, tous à cheval, et ensuite un corps d'archers de ville, aussi à cheval. Nous passâmes par le quai Peletier, le pont au Change, le quai des Morfondus, sur le pont Neuf, où nous vîmes le régiment des gardes qui s'assembloit, et par-devant le collège des Quatre-Nations, chez M. le gouverneur de Paris, où étant arrivés, les gardes de la ville se rangèrent sur le quai, et les huissiers, avec tout le corps de ville, entrèrent dans la cour de M. le duc de Créquy, gouverneur de Paris, où nous descendîmes de cheval[1]. Et entrés dans son appartement, je lui fis un compliment pour le prier d'assister à la cérémonie, et nous entrâmes en sa galerie, où nous attendîmes quelque temps que l'on eût nouvelle que Monseigneur, qui devoit être à la cérémonie, arrivât; et ayant été avertis de son arrivée, et que le régiment des gardes, qui s'étoit assemblé sur le pont Neuf et dans la place Dauphine, marchoit pour aller à la place, nous montâmes à cheval et partîmes dans le même ordre, M. le duc de Créquy étant à ma droite, à la réserve néanmoins que les gardes de M. le gouverneur alloient à pied après les gardes de la ville et devant les huissiers de ladite ville. Nous passâmes sur le pont Neuf, par la rue de l'Arbre-Sec, à la Croix-du-Tiroir, par la rue Saint-Honoré, où, passant devant le Palais-Royal, nous arrêtâmes pour y faire une chamade; laquelle étant finie, nous continuâmes jusques aux Quinze-Vingts, par la rue de Richelieu, par la rue Neuve-des-Petits-Champs, dans la place. Où étant arrivés, les gardes de la ville se rangèrent dans ladite place derrière MM. les officiers des gardes; et, en entrant, nous saluâmes Monseigneur, avec toute la cour, qui étoit sur un échafaud[2]; et ayant toujours le chapeau à la main, nous fîmes un tour autour de la statue, saluant tout le monde. Pendant ce tour, le corps des archers de ville, qui étoit à la queue, se mit dans la rue nouvelle faite dans la maison de Mme Hotman, qui fait à présent partie de la rue des Petits-Champs[3]. Ce premier tour étant achevé, et revenus vis à vis la statue, nous nous arrêtâmes; et se fit une chamade et une décharge de mousquetades des gardes. Nous fîmes trois tours, et il y eut trois chamades et trois décharges; et ensuite les gardes de la ville filèrent, et nous retournâmes au même ordre que nous étions venus par-devant l'hôtel de la Vrillière, dans la rue des Petits-Champs, dans la rue Saint-Honoré, de la Ferronnerie Saint-Denis, Crucifix-Saint-Jacques, Vannerie et la Grève;

---

1. M. de Créquy habitait l'ancien hôtel des Brienne et de la princesse de Conti, sur le quai Malaquais.
2. Voyez la description de cette « galerie des princes » dans la relation du *Mercure*, p. 251, 252 et 256.
3. C'est cette rue qui porta pendant un temps le nom d'Aubusson : ci-dessus, p. 49, note 1.

où étant arrivés, nous fûmes servis d'une belle et grande collation.

J'oubliois à remarquer que Monseigneur dit, en passant sous son échafaud, à M. le duc de Créquy, qu'il viendroit à l'hôtel de ville pour voir le feu, et qu'il ne viendroit point à la collation. Il arriva sur les dix heures du soir, avec Monsieur, Madame, Monsieur le Duc et toute la cour. Je fus le recevoir en bas, à la barrière, avec M. le duc de Créquy, qui avoit toujours la droite, et les échevins et le bureau, tous en robes de cérémonie; et nous l'accompagnâmes en haut, où toute la cour étoit. Le feu fut tiré après que Monseigneur l'eut ordonné[1], et précédé des boîtes et des canons, dont Monseigneur fut fort content. Je lui fis présenter des bassins d'oranges de Portugal, de citrons et de confitures, dont il ne voulut point; et se retirant, je le conduisis à son carrosse, avec M. le gouverneur et les échevins.

C'est sur ce cérémonial que Saint-Simon a déversé toute sa verve indignée[2], et nos auteurs modernes, à sa suite, n'ont pas manqué de crier au sacrilège, à l'idolâtrie, à l'apothéose païenne, etc. Certainement il y avait là une imitation flagrante de « toutes les prosternations que les païens faisoient autrefois devant les statues de leurs empereurs, » comme l'ont dit, avant Saint-Simon, l'abbé de Choisy[3], qu'il n'a fait que paraphraser[4], et aussi Saint-Hilaire[5];

---

1. Explication du feu d'artifice : Bibl. nat., Imprimés, Lb[37] 3888, et ms. Clairambault 1170, fol. 14 v°. Le peintre Clément et l'artificier Carême en furent chargés. Le sujet principal était un temple de l'Honneur. Un feu d'artifice avait été également tiré en 1654, pour l'inauguration de la statue de l'hôtel de ville.

2. Dans les *Mémoires* (t. XII, p. 23) : « Ce n'est point trop de dire que, sans la crainte du Diable, que Dieu lui laissa jusque dans ses plus grands désordres, il se seroit fait adorer, et auroit trouvé des adorateurs ; témoin, entre autres, ces monuments si outrés, pour en parler même sobrement, sa statue de la place des Victoires, et sa païenne dédicace, où j'étois, où il prit un plaisir si exquis. » Et dans la notice du duché de Rouannez (*Écrits inédits*, t. VI, p. 385) : « L'apothéose qu'il (le maréchal de la Feuillade) fit du roi de son vivant, par le scandale de la place des Victoires, et l'impiété de la pompeuse cérémonie de sa dédicace, où Monseigneur fut présent, est une chose tellement connue et immortelle, qu'il seroit superflu de s'y étendre, non plus que sur les folles substitutions de tout son bien pour l'entretenir. »

3. *Mémoires*, éd. Michaud et Poujoulat, p. 602.

4. C'est à propos de la place Vendôme qu'il a écrit ceci : « Le duc de Gesvres, à cheval, à la tête du corps de ville, y firent les tours, les révérences tirées et imitées de la consécration de celles (les statues) des empereurs romains. Il n'y eut, à la vérité, ni encens ni victimes : il fallut bien donner encore quelque chose au titre de roi très chrétien. » (*Mémoires*, année 1699, éd. nouvelle, t. VI (1888), p. 244.)

5. « Je ne crois pas que, dans ce genre, il se soit jamais rien fait de pareil

les écrits de l'antiquité et ses monuments figurés[1] furent mis à contribution pour le règlement de ces fêtes d'inauguration[2], et l'on en trouve d'amples preuves dans un livre que l'historiographe Vertron publia en 1686 sur « le Rapport des divinités du paganisme, des héros de l'antiquité et des princes surnommés grands aux vertus et aux actions de Louis le Grand[3] », etc., et surtout dans le *Traité des statues* dédié au maréchal de la Feuillade deux ans plus tard[4]; mais la responsabilité, si responsabilité il y a, remontait à des temps déjà lointains. Non seulement, en 1654, le gouverneur et le corps de ville avaient rendu les mêmes honneurs à la statue du jeune souverain, en manteau royal, « foulant aux pieds la Rébellion que ce triomphant Dieudonné a si heureusement et si glorieusement défaite[5]; » mais, en 1639, quand avait été érigée sur la place Royale, par les soins du grand cardinal, la statue du roi alors régnant, Louis XIII, n'avait-on pas vu[6], au son des hautbois, cornets à bouquin, trompettes et tambours, le duc de Montbazon, gouverneur de Paris, le corps de ville (moins le prévôt des marchands, empêché) et les archers « faire trois caracoles autour de la place et leurs décharges ensuite, » après quoi « les quatre coins de cette place retentirent de cris de *Vive le roi!* par autant de fois redoublés, chacun tenant le chapeau en main » ? A plus forte raison pouvons-nous croire que ces pieuses démonstrations s'étaient produites le 23 août 1614, lors de l'inauguration de la statue d'Henri IV sur le Pont-Neuf[7].

Plusieurs auteurs, Bussy entre autres, ont critiqué l'inscription

---

chez les anciens Romains. » (*Mémoires de M. de Saint-Hilaire*, t. I, p. 363.)

1. Voir le *Dictionnaire des Antiquités grecques et romaines*, par MM. Daremberg et Saglio, aux mots APOTHEOSIS, CONSECRATIO et DECURSIO.

2. Sur les cérémonies de consécration ou d'apothéose impériale, voir *la Religion romaine d'Auguste aux Antonins*, par M. Gaston Boissier, t. I, p. 122-208. M. Boissier a rapproché du texte de Saint-Simon ce que Bossuet avait dit du « prince image de Dieu » dans sa *Politique tirée de l'Écriture sainte*.

3. Ci-après, p. 69.

4. Ci-après, p. 69.

5. Inauguration de la statue faite par G. Guérin pour l'hôtel de ville, le 23 juin 1654, veille du sacre : *Gazette*, p. 635-636.

6. *Gazette*, 1639, p. 652. Cf. le registre de la Ville H 1805, fol. 536 v° à 538.

7. *Mercure françois*, 1614, p. 492-497. Je n'ai rien pu trouver dans le registre correspondant de la Ville.

VIRO IMMORTALI[1]. L'abbé de Saint-Pierre a dit aussi[2] : « Louis n'étoit pas, par sa personne, plus immortel que le dernier de ses sujets, et, à l'égard de l'immortalité du nom, il y a beaucoup d'autres noms immortels que le sien, et, comme ce n'est pas le seul immortel, ce prince n'étoit point connu et distingué par le nom de VIR IMMORTALIS, par le titre d'Immortel. » Un poète fit alors ces vers, conservés par Gaignières dans son précieux Chansonnier, et imprimés dans une plaquette du temps[3] :

> Louis, écoute-moi; je parle pour ta gloire,
> Et je ne puis souffrir qu'on gâte ton histoire.
> Tu triomphes partout; les peuples et les rois,
> Également surpris, admirent tes exploits,
> . . . .
> Et ces faits merveilleux, jusqu'à nous inouïs,
> Rempliront tous les temps du grand nom de Louis.
> Reçois ces vrais honneurs, mais fuis la flatterie
> Prête d'aller pour toi jusqu'à l'idolâtrie;
> Des attributs divins fuis l'abus criminel
> Et ne souffre jamais qu'on te nomme IMMORTEL.
> Ce faux titre qu'on voit au pied de ta figure,
> Loin de te faire honneur, prince, te fait injure
> Et semble te traiter, avec ces faussetés,
> Comme ces vains héros que la Fable a chantés.
> Ta gloire est toute vraie . . . . .
>
> Pourquoi donc altérer par une vaine fable
> Ton éloge si beau, si grand, si véritable?
> J'excuse toutefois qu'une trop prompte main
> S'échappe à te donner un titre plus qu'humain :
> Tout homme est ébloui de ta grandeur suprême;
> Mais tu ne dois jamais t'en éblouir toi-même,
> Et, ces titres divins qu'un sujet peut t'offrir,
> Ton cœur vraiment royal ne sauroit les souffrir.
>
> . . . .
> Mais ta religion ne peut pas balancer :
> Ta main effacera ce qu'il faut effacer.
>
> . . . .

---

1. Regnier-Desmarais se défend d'en être l'auteur (*Moréri*).
2. Passage des *Annales politiques* cité par Ossude dans son livre sur les dépenses de Versailles: *le Siècle des beaux-arts et de la gloire*, etc., p. 47-48.
3. Bibl. nat., ms. fr. 12689, p. 209-212, et ms. Arsenal 3128, fol. 207 v° et 208; impr. à la suite de la *Description* de 1690, chez P. Marteau, p. 22-24.

Périsse donc ce mot au pied de ta statue ;
Que jamais de ton peuple il ne blesse la vue,
. . . .
Et sois nommé partout le plus grand des mortels.

Mais, comme l'a dit Voltaire[1], cette inscription signifiait-elle autre chose que « l'immortalité de la gloire de Louis XIV, » et, sur le piédestal de la statue de Louis XIII, Richelieu n'avait-il pas fait placer cette dédicace beaucoup plus longue, mais singulièrement analogue comme sens : « Pour la glorieuse et immortelle mémoire du très grand et invincible Louis le Juste...., Armand, cardinal et duc de Richelieu, son principal ministre dans tous ses illustres et généreux desseins, comblé d'honneurs et de bienfaits par un si bon maître et un si généreux monarque, lui a fait élever cette statue..... » ? Et cette autre inscription sur plomb placée dans les flancs du cheval de Henri IV[2] : « A la très glorieuse et immortelle mémoire du très auguste et invincible Henri le Grand..... » ! Et les inscriptions des quatre faces du piédestal ! — Mais il est probable que Saint-Simon n'eût rien trouvé à redire à ces formules, hyperboliques peut-être, mais consacrées par l'usage de tous les temps, s'il s'était encore agi du bienfaiteur de son père et du créateur de sa duché-pairie. A nous, au contraire, le Viro immortali paraît beaucoup moins excessif, appliqué par La Feuillade à Louis XIV, que décerné par Richelieu à Louis XIII, et nous en pourrions dire autant des deux inscriptions latérales de la place Royale, si elles ne rappelaient le souvenir du grand cardinal. Immortalis appartenait régulièrement à la terminologie épigraphique, comme le Divus qu'on lit encore sur le piédestal de l'effigie équestre du fondateur de la puissance prussienne[3]. Reste, il est vrai, l'emphase des autres inscriptions de la place, que le maréchal avait préférées aux textes plus simples de Santeul, mais que le roi désapprouva, comme nous le verrons.

On ne fit pas moins de bruit des quatre esclaves enchaînés

---

1. *Le Siècle de Louis XIV*, ch. xxviii. Voltaire rappelle l'inscription *Ædes a Deo datæ* de la maison de Viviani, qui était une simple allusion au surnom de *Dieudonné*, et le fameux *Deus nobis hæc otia fecit;* et Vertron, la devise de l'Académie française : A l'immortalité.
2. Aujourd'hui conservée au musée des Archives nationales, n° 782.
3. *Divo Frederico Guilelmo magno, patri suo*, etc. Voyez ci-après, p. 66 et note 6.

aux angles du piédestal[1], et, jusque dans notre temps, ç'a été un sujet d'amplifications verbeuses pour les détracteurs de Louis XIV[2]. Voltaire encore a répondu[3] que ces statues pouvaient aussi bien représenter des vices domptés que des nations vaincues, que sans doute il eût été préférable de voir en leur place des « citoyens libres et heureux[4], » mais que M. de la Feuillade et Desjardins avaient simplement suivi l'usage et imité les types des statues les plus célèbres. En effet, la statue du Pont-Neuf n'était-elle pas accompagnée de quatre effigies de parties du monde ou d'esclaves enchaînés, avec trophées d'armes? La Hollande et le Rhin ne figuraient-ils pas de même sur la porte Saint-Denis? Ne voyait-on pas sur le monument du pont au Change d'autres esclaves qui sont aujourd'hui au musée du Louvre[5]? Des esclaves furent placés ainsi autour de la statue du grand-duc Ferdinand Ier de Médicis sur le port de Livourne, de celle du grand-électeur sur le pont de Berlin[6]. On peut dire néanmoins que l'effet poli-

1. « On ne peut nier que les succès de ce prince n'aient été grands et qu'ils n'aient mérité une partie des honneurs qu'on lui a rendus; mais, pour l'honorer, falloit-il insulter les nations? et est-on subjugué pour avoir été vaincu? Elles s'en sont ressenties, et, par les efforts que nous leur verrons bientôt faire, elles ont autant cherché à se venger des airs méprisants qu'on avoit eus pour elles, qu'à réparer leurs pertes..... » (Bruzen de la Martinière, *Histoire de Louis XIV*, t. IV, p. 362.)

2. Michelet, *Histoire de France*, t. XIII, p. 371-372 : « Ce défi à l'Europe, ce ne fut pas assez de le mettre à Versailles chez le roi (la grande galerie peinte par Le Brun); on le mit à Paris, sur la place publique. Les nations vaincues, les mains liées derrière le dos, furent exposées en bronze, comme au pilori de l'histoire..... A ce roi-pape, à ce roi-dieu, qui, par delà la victoire extérieure, avait eu la victoire sur l'âme, ce n'était plus des sujets qu'il fallait, mais des adorateurs. Le dévot courageux qui, sans ménagement pour le roi, au risque de déplaire, dressa l'idole et l'adora, fut le duc de la Feuillade. Le 24 mars 1686, il donna ce spectacle à la place des Victoires. A la façon des madones italiennes, le dieu devait avoir sous lui une lampe toujours allumée, en faveur des fidèles qui viendraient y faire des prières ou suspendre des *ex-voto*. Ce luminaire fut ajourné pour ne pas déplaire à l'Église. La Feuillade attendit. A sa mort, la chapelle devait être son propre tombeau. Un souterrain, partant de son hôtel et passant sous la place, permettait de placer sous son maître le fidèle esclave. »

3. *Le Siècle de Louis XIV*, ch. XXVIII.

4. Expilly a dit aussi, à propos des inscriptions : « Au siècle actuel, on préfère de transmettre à la postérité des monuments de bonté et de bienfaisance. » (*Dictionnaire*, t. V, p. 410.) On plaça quatre Vertus, sculptées par Pigalle, autour de la statue de Louis XV érigée en 1763; mais elles provoquèrent des épigrammes encore plus cruelles (*Journal de Barbier*, t. VIII, p. 78). — 5. *Archives du Musée des monuments français*, t. I, p. 265.

6. La statue de Ferdinand Ier était l'œuvre de G. dell' Opera, et les

tique du monument de Paris fut mauvais à l'extérieur et motiva en partie la ligue que conclurent à Augsbourg, dès le 17 juillet suivant, l'Espagne, l'Autriche, la Bavière, les princes de l'Empire et la Suède. Cette dernière puissance se plaignit amèrement que la figure et la couronne de son roi Charles XI fussent reconnaissables dans une des têtes du Cerbère écrasé par Louis XIV; il y eut même des menaces de rappeler l'ambassadeur Lillierott. Sur quoi l'agent français La Piquetière répondit[1] : « On a envoyé ici, à Stockholm, une description de la statue et les inscriptions des bas-reliefs. Dans la description, il n'y a que l'explication du Cerbère où le roi de Suède puisse prendre part, à cause de la Triple alliance. Mais, comme il n'est pas seul, et que rien ne le désigne dans la figure, je crois qu'il n'y fera pas grande réflexion. A l'égard des inscriptions, on n'y trouve rien qui choque la Suède, car, d'y exprimer que le roi lui a fait rendre ses provinces[2], c'est une vérité dont les Suédois même conviennent. Il n'y a que l'expression des bas-reliefs qu'on appréhende. On en a parlé au sénat. » De son côté, le grand-électeur[3] s'offensa de voir humilier l'Oder et l'Elbe, et il en prit prétexte pour rompre son alliance avec la France et s'unir secrètement à l'empereur Léopold[4].

Quant aux actes d'idolâtrie pure que des écrivains modernes, comme Dulaure, ont prétendu s'être produits en 1686[5], la relation du prévôt des marchands n'aurait pu les passer sous silence, et rien de pareil ne se lit dans les récits des autres contemporains, même les plus hostiles à ces démonstrations d'admiration et d'enthousiasme que Saint-Simon appelle des « bassesses. »

Si Paris entier, sauf de bien rares exceptions[6], s'associa à cette

---

quatre esclaves turcs furent faits par P. Tacca. La statue de Frédéric-Guillaume, inaugurée en 1703, est de Schlüter.

1. Lettres de La Piquetière (Stockholm, 22 mars) et de Michon (28 mars et 3 avril), communiquées par M. Geffroy, de l'Institut.
2. Ci-dessus, p. 58, 18e inscription des groupes de colonnes.
3. Frédéric-Guillaume de Brandebourg.
4. *Instructions pour les ambassadeurs de France en Suède*, publiées par M. Geffroy, préface, p. xxiii et lxxii.
5. Dulaure, *Histoire de Paris*, t. VI, p. 568, dit qu'on brûla de l'encens aux pieds de l'idole et qu'on fit des génuflexions devant elle. Dans le même passage, il a arrangé à sa guise le texte de Saint-Simon : « J'y étois, et je conclus, par les bassesses dont je fus témoin, que, s'il avoit voulu se faire adorer, il auroit trouvé des adorateurs. »
6. Le *Nouveau Siècle de Louis XIV*, t. II, p. 264, nous a conservé ces vers d'un soi-disant gascon sur la Victoire qui couronnait Louis :

glorification de son roi, il ne marchanda pas les ovations au courtisan qui en était le promoteur. Jean de la Fontaine s'en fit l'interprète[1], avec une légère, très légère pointe d'ironie :

> Du roi, l'on vint à la statue ;
> De la statue on prit sujet
> D'examiner la place et cet autre projet[2]
> Où l'image du prince est encore attendue.
> Il faut du temps : le temps a part
> A tous les chefs-d'œuvre de l'art.
> La reine des cités, dans sa vaste étendue,
> N'aura rien qui ne cède à ce double ornement :
> L'équestre en est encore à son commencement[3] ;
> La pédestre, à la fin, le monarque l'a vue[4].
> Desjardins, il faut l'avouer,
> Mérite par cette œuvre une éternelle gloire.
> Nous en louâmes tout, car tout est à louer,
> Et le vainqueur et la Victoire
> Et les captifs. Vous pouvez croire
> Que du maréchal-duc on s'entretint aussi :
> Son monument a réussi ;
> Où d'autres échoueroient, il se rend tout facile.

> Et qu'a-t-il fait, ce monsieur le héros,
> Qu'écraser ses sujets sans épargner personne,
> Se laisser gouverner par l'antique Scarronne,
> Aux gens de bien préférer les cagots,
> A des fripons, des sots, confier ses affaires,
> Par de honteuses paix finir d'injustes guerres,
> Nous bailler pour Bourbons de petits Montespans !
> Et vous voulez le couronner de gloire !
> Mais non, je m'abusois : je vous vois en suspens.
> Cadedis ! haut le bras, Madame la Victoire !

Un autre couplet (ms. Arsenal 3128, fol. 196), parlant de cette même Victoire ou Renommée, ajoute :

> L'attitude ambiguë où l'ouvrier l'a mise
> Convient bien maintenant à la France soumise ;
> Car, à voir la couronne, on ne peut discerner
> Si la déesse l'ôte ou veut la lui donner.

1. *Lettres*, éd. Pauly, t. IV, p. 387 ; lettre à M. Simon, de Troyes, sur son compatriote Girardon, datée à tort de février 1686 par les éditeurs.
2. Celui de la place de Vendôme.
3. La statue équestre, que Girardon préparait pour la place de Vendôme, ne fut coulée qu'en 1692, comme on le verra plus loin.
4. Il ne l'avait pas revue depuis 1681 : cette pièce doit donc être de 1687 (ci-après, p. 70), et non de 1686. De plus, la ligue d'Augsbourg, dont parle le poète, ne fut conclue qu'en juillet 1686, et ne se divulgua qu'en 1687.

Quand on eut admiré ce qu'il fit en Sicile,
Parlé de son adresse et de sa fermeté,
Et de l'honneur qu'au Rab il avoit emporté[1],
Nous avouâmes tous que pour Sa Majesté
Il n'épargne aucuns soins, ne le cède à nul homme,
Ne dort, ni ne permet qu'on dorme d'un long somme.
  La France entière n'auroit pu
  Seule occuper deux la Feuillades,
  Ainsi que la Grèce n'eût su
  Contenir deux Alcibiades[2].....

La Feuillade eut aussi sa belle part dans le livre que l'historiographe royal Cl.-Ch. Guyonnet de Vertron[3] fit paraître la même année, sous ce titre : « *Le nouveau Panthéon*, ou le Rapport des divinités du paganisme, des héros de l'antiquité et des princes surnommés grands aux vertus et aux actions de Louis le Grand, avec des inscriptions latines et françoises, en vers et en prose, pour l'histoire du roi, pour le revers de ses médailles, pour les monuments publics érigés à sa gloire, et pour les principales statues du palais de Versailles[4]. »

C'est au maréchal enfin qu'en 1688 son voisin, le fermier général François Lemée, dédia un très curieux *Traité des statues*, dont une partie est consacrée au monument de la place des Victoires, et l'autre aux monuments analogues chez les anciens, aux cérémonies de consécration, etc. Je crois inutile d'énumérer toutes les descriptions publiées depuis lors ; la principale est celle qui parut en 1690, avec l'indication fictive de l'imprimerie P. Marteau[5].

Le crédit du maréchal et sa faveur en cour ne pouvaient plus que grandir : nous voyons en effet que le roi le désigna pour occu-

---

1. Journée de Saint-Gothard.
2. Saint-Simon a dit de même d'un courtisan d'autre genre, Langlée : « Une espèce comme celle-là, dans une cour, y est assez bien ; pour deux, c'en seroit beaucoup trop. » (*Mémoires*, éd. 1873, t. II, p. 306.)
3. Mort en 1715, grand faiseur de vers galants sur les « femmes illustres du siècle de Louis XIV » (1698), et surtout d'éloges du roi en prose et en vers.
4. Vertron fit aussi un *Parallèle de Louis le Grand avec les princes qui ont été surnommés grands*.
5. *Description de la statue ou du monument érigé à la gloire du roi Louis XIV par M. le maréchal-duc de la Feuillade;* au musée Carnavalet, n° 12755.

per un des pavillons de Marly, avec M. de Villequier, dès la première distribution du 3 septembre 1686[1], et qu'il lui abandonna (14 juin 1686), en échange de la seigneurie de Saint-Cyr, dont Mme de Maintenon avait besoin, et de bois ou terres englobés dans le parc de Versailles, l'ancienne vicomté d'Aubusson, la châtellenie de Felletin, Ahun, etc., patrimoine primitif de ses ancêtres[2].

Dès le commencement de l'année suivante, Louis XIV trouva encore une meilleure occasion de témoigner sa gratitude au maréchal. Quand il vint, le 30 janvier 1687, rendre grâces de sa guérison à Notre-Dame et dîner ensuite à l'hôtel de ville, où les échevins obtinrent permission de faire disparaître la statue infamante de 1654, il se transporta de la Grève à la nouvelle place des Victoires, au milieu d'une affluence énorme. « M. le maréchal de la Feuillade avoit fait préparer des feux de joie au carrefour de la croix des Petits-Champs, par où S. M. passa, et l'on y distribuoit du vin, par son ordre, à tous ceux qui en vouloient. Les avenues des cinq rues qui aboutissent à la place des Victoires étoient gardées par quatre cents soldats des gardes rangés en haie, afin que, n'étant point remplies de peuple, S. M. en pût faire le tour plus aisément. Il y avoit de différents concerts d'instruments en divers endroits de cette place, avec plusieurs fontaines de vin. Le roi mit pied à terre en y entrant et fut reçu par M. de la Feuillade. S. M. fit le tour du piédestal pour considérer la statue de tous côtés, pour voir tous les esclaves, qu'elle trouva très beaux, et pour examiner de près tous les bas-reliefs. Elle sortit ensuite de l'enceinte de fer qui environne le piédestal et se promena dans la place tandis que Mme la Dauphine alla à l'hôtel de la Feuillade, où ce duc la conduisit. Cependant le roi alla voir les groupes des colonnes, les modèles des bas-reliefs et des autres ornements que l'on doit y attacher[3], et l'effet de la lumière des fanaux qui sont au-dessus des groupes de colonnes. M. des Jardins, fameux sculpteur et qui a fait la statue du roi pour M. de la Feuillade, ainsi que les esclaves et les bas-

---

1. *Journal de Dangeau*, t. I, p. 380.
2. Pièce imprimée du temps, et Journal du P. Léonard, ms. fr. 10265, fol. 155 v°. M. C. Pérathon, dans son *Histoire d'Aubusson*, p. 464-470, a reproduit l'évaluation de cette terre par les commissaires du roi. Voir aussi les arrêts des 27 avril, 28 mai et 11 juin 1686 : Arch. nat., E 1834.
3. On y avait ajusté des médaillons de stuc pour la fête du 28 mars précédent, et ceux de bronze étaient déposés chez le maréchal.

reliefs, eut l'honneur d'accompagner S. M. et de répondre à diverses choses qu'elle lui demanda touchant son ouvrage. Le roi vit aussi les bâtiments que la Ville a fait construire par son ordre à l'un des côtés de la place. Le reste de cette place étoit tapissé de grandes toiles peintes qui, représentant les bâtiments qui y manquent, faisoient voir la manière dont elle doit être quand elle sera achevée[1]. Pendant que le roi étoit ainsi occupé, M. de la Feuillade, qui avoit l'honneur d'entretenir Mme la Dauphine, fit présent à cette princesse d'un écran de petit-point qu'il a fait faire avec quantité de beaux ouvrages de cette nature auxquels il fait travailler. Cet écran représente les hommages que les nations les plus éloignées ont envoyé faire au roi. S. M., ayant achevé le tour de la place, où elle eut la bonté de laisser approcher d'elle quantité de peuple qui, dans l'impatient désir de la voir, avoit comme forcé les gardes, alla retrouver Mme la Dauphine, et fit l'honneur à M. de la Feuillade de visiter son hôtel, où il vit dans un salon un très grand nombre de bas-reliefs, en forme de médailles, qui représentent toutes les principales actions de sa vie et qui doivent être attachées, au premier jour, aux groupes des colonnes qui sont aux quatre coins de la place[2]..... » On passa ensuite à la place de Vendôme, dont les travaux commençaient[3]; et, reprenant la route de Versailles, la cour trouva des feux d'artifice et des illuminations organisés par le maréchal.

Trois ou quatre mois plus tard, comme le roi traversait encore Paris pour se rendre à Luxembourg, il visita une seconde fois la place de Vendôme, puis celle des Victoires, où sa statue était alors entièrement dorée[4].

Le voyageur anglais Martin Lister, qui la vit quelque douze

---

1. Par les estampes de Nolin et d'Aveline, on voit que, lors de l'inauguration, les murs n'arrivaient pas même à la hauteur du premier étage et laissaient apercevoir encore toutes les vieilles maisons d'alentour.

2. *Mercure galant*, février 1687, p. 70 et suivantes; comparez le *Journal de Dangeau*, t. II, p. 15, les *Mémoires du marquis de Sourches*, t. II, p. 19, et la *Gazette* de l'année, p. 76.

3. Ci-après, dans la notice de cette place.

4. *Journal de Dangeau*, t. II, p. 42, 10 mai 1687. Le P. Léonard rapporte, dès la fin d'octobre 1686 (ms. fr. 10265, fol. 182 v°), qu'on travaille à la dorure. Dulaure a dit (*Description*, 1791, t. II, p. 301) que le groupe était de plomb doré, ainsi que les ornements, et beaucoup d'auteurs l'ont répété après lui. L'or employé en feuille devait être à vingt-quatre carats, et un tiers de carat de remède, selon un récent arrêt du Conseil du 9 avril 1685.

années plus tard, rapporte que cette dorure ne plut guère aux gens d'art. « En effet, dit-il[1], son brillant me semble gâter les traits et y mettre de la confusion. Il eût bien mieux valu que l'or en fût mat, ce qui eût permis aux lumières et aux ombres de se faire au naturel, et à l'œil de juger des proportions. Mais ce qui me déplaît surtout, c'est cette grande femme, toujours sur les épaules du roi, véritable embarras, qui, au lieu de lui apporter la victoire, semble le persécuter de sa compagnie. Chez les Romains, la Victoire était une petite statuette que l'empereur tenait dans sa main, et dont il était censé pouvoir se débarrasser à volonté; mais cette grande femme-ci est capable de donner une indigestion. »

Comme M. de la Feuillade avait cédé quatre cent seize toises et demie de terrain pour former la place, plus cent soixante-cinq toises un quart et ses plus beaux appartements, pour faire le carrefour et la rue La Feuillade entre la place et la rue Neuve-des-Petits-Champs, des commissaires du Conseil désignés à cet effet et agissant au nom du roi lui abandonnèrent, en retour des cent soixante-cinq toises dites plus haut, cent quatre-vingt-sept toises de terrain de la rue des Fossés, le coin qui faisait vis-à-vis à l'hôtel de la Vrillière-Châteauneuf, et le terrain de la même rue des Fossés qu'occupaient le piédestal et les balustrades posées à l'entour (16 juin 1687). D'autre part, aux termes d'un contrat passé le 14 octobre de la même année, devant les notaires Laverdy et Gallois, la Ville délaissa aussi au maréchal la maison acquise de Charles Perrault, une petite portion de celle de Mme Hotman, avec les eaux qui alimentaient l'une et l'autre, et même quelques parcelles du terrain de Larré[2]. Cela explique comment, sur le plan primitif de Mansart[3], on voit un tracé à la sanguine d'agrandissements qui devaient porter l'hôtel de la Feuillade de l'autre côté de la rue Percée et lui donner, sur la rue La Vrillière, une longue galerie ou corps de logis aboutissant en tour ou rotonde sur la rue Croix-des-Petits-Champs.

---

1. *Voyage de Lister à Paris en 1698*, traduction, p. 39.
2. Ces deux contrats furent confirmés par des lettres patentes, en juillet 1687 : registres de la Maison du roi, Arch. nat., O^1 31, fol. 149. Voyez aussi le dossier du carton Q^1 1191, et le registre d'arrêts E 1840, 18 avril 1687. Même délaissement ayant été fait à l'entrepreneur en 1685 (p. 72), comment expliquer celui-ci?
3. Ci-dessus, p. 47 et 50-51.

Mais La Feuillade ne voulait point être en reste avec son maître, encore moins avec la Ville, et, liant à jamais sa descendance par un acte solennel qui assurait la conservation du monument, il avait signé, le 29 juin 1687, une substitution des terres dont se composaient le comté de la Feuillade et la vicomté d'Aubusson, récemment recouvrée du domaine royal, et de ses autres biens patrimoniaux de la Marche et du Poitou, représentant un revenu annuel de vingt-deux mille livres [1]. La substitution était graduelle et perpétuelle à l'infini, de mâle en mâle, par ordre de primogéniture, et, à défaut de sa descendance directe, le maréchal y appelait les branches collatérales de sa maison [2], en excluant, non seulement les filles, mais aussi les prêtres, les religieux, les chevaliers de Malte, et même les représentants du nom qui prendraient femme dans une famille incapable de faire les preuves de noblesse requises pour l'ordre de Malte. Les principales charges étaient d'entretenir le monument et son éclairage, d'en faire faire la visite par la Ville tous les cinq ans, le jour anniversaire de la naissance du roi [3], de pourvoir aux réparations reconnues nécessaires, de redorer le groupe tous les vingt-cinq ans, si la Ville le requérait, et de distribuer à chaque visite des exemplaires de la médaille commémorative. En cas d'extinction du nom d'Aubusson, la Ville serait appelée à recueillir la substitution, avec ses charges et conditions. La Ville accepta [4], et le contrat fut enregistré au parlement le 4 du mois suivant, en vertu de lettres patentes dérogatoires aux ordonnances et coutumes contraires [5].

Saint-Simon qualifie cet acte de « folle substitution. » Il affirme en outre que le maréchal « voulut faire une route qui, des caves

---

1. On a des exemplaires imprimés de cette substitution, et, de plus, elle a été reproduite dans les Preuves de Félibien, dans les *Descriptions de Paris*, dans le *Traité des statues*, etc.

2. Sur ces branches, voir les *Écrits inédits de Saint-Simon*, t. VI, p. 396-397.

3. Le 5 septembre, fête de saint Victorin.

4. A cette occasion, le jour même, 27 juin, le procureur du roi dit que « ce n'était pas la première fois que la Ville reconnaissait que tous les événements du règne du roi étaient merveilleux pour peu qu'ils se rapportassent à sa personne, et qu'il était en même temps obligé d'avouer que, tout surprenants qu'ils fussent, on les trouvait toujours fondés sur la justice et sur la raison, etc. » Le procès-verbal d'acceptation est suivi du texte des actes. (Arch. nat., H 1831, fol. 464-486.)

5. Arch. nat., registres de la Maison du roi, O¹ 31, fol. 128.

l'armée de Flandre, placée sous les ordres de Monseigneur et du roi lui-même (1691)[1] : il n'était pas de ceux qu'on pouvait employer en chef, « pour avoir plus la réputation de bravoure, d'intrépidité et de hardiesse que de conduite, de modération et d'expérience consacrée[2]. » Il assista au siège de Mons, et ce fut sa dernière campagne; revenu à Versailles avec la cour, il fut pris de fièvre continue au courant du mois de septembre[3], et mourut très subitement dans la nuit du 18 au 19, sans même avoir fait sa confession[4]; mais, si l'on en croit un anecdotier[5], son esprit railleur ne faiblit pas même en face de la mort.

Est-elle vraie, inexacte ou fausse, la légende que Saint-Simon nous a transmise sur cette mort[6]?

« Avec tant de faveur et tant de soin de l'augmenter, La Feuillade étoit devenu si à charge au roi, qu'il ne le put dissimuler à sa mort[7]. Son ardeur, sa vivacité, son audace, tout ce qu'il avoit fait pour le roi lui faisoit usurper des libertés et des demandes qui pesoient au roi étrangement, et ce fut en cette occasion que ce prince ne put se tenir de dire plusieurs fois, et une entre autres à table, parlant à Madame par un hasard qui y donna lieu, qu'il n'avoit jamais été si à son aise que lorsqu'il s'étoit vu délivré de Louvois, de Seignelay et de La Feuillade[8]. Les courtisans souhai-

---

1. *Journal de Dangeau*, t. III, p. 299.
2. Spanheim, *Relation de la cour de France en 1690*, p. 329.
3. C'est par distraction que Saint-Simon (*Écrits inédits*, t. VI, p. 385) place cette dernière maladie « quelque temps après » celle dont Carretto l'avait tiré en 1684 : ci-dessus, p. 46.
4. *Journal de Dangeau*, t. VII, p. 400; *Mémoires de Sourches*, t. III, p. 466. « Voilà encore un exemple pour les courtisans! » s'écrie avec dépit Mme de Maintenon (*Lettres historiques*, t. I, p. 176).
5. Gayot de Pitaval, *Bibliothèque des gens de cour*, t. I, p. 407-408. On lui a prêté aussi le même mot qu'à Colbert mourant : « Que n'ai-je fait autant pour Dieu que j'ai fait pour le roi! »
6. Addition au *Journal de Dangeau* sur la mort du maréchal, t. III, p. 401; comparez l'article du maréchal dans les Duchés éteints, t. VI des *Écrits inédits de Saint-Simon*, p. 385, et le portrait de Louis XIV dans le tome XII des *Mémoires*, p. 42.
7. « Le roi, à qui il pesoit beaucoup depuis longtemps, ne put s'empêcher de témoigner qu'il s'en trouvoit infiniment soulagé : belle leçon pour les courtisans qui n'ont eu rien de sacré pour leur fortune et qui se prostituent aux plus indignes flatteries! » (*Écrits inédits*, t. VI, p. 385.) »
8. Ceci est pour ne parler que des deux ministres favoris que le maréchal suivait de plus près; ne pourrait-on y joindre Colbert, mort « comme un désespéré »? Voyez le recueil de ses *Lettres*, par P. Clément, t. VII,

des Petits-Pères, allât rendre sous le piédestal de la statue de la place des Victoires, et précisément dessous, pour y faire un caveau pour sa sépulture et pour celle de sa postérité : ce que le terrain ne permit pas[1]. » C'est encore à l'abbé de Choisy qu'il doit avoir emprunté ce détail complémentaire; mais l'abbé ne l'avait recueilli que comme un on-dit[2], et peut-être même l'avait-il inventé par forme de plaisanterie[3].

La première visite du monument se fit, conformément au contrat, le vendredi 5 septembre 1687[4]. Messieurs de la Ville, s'étant rendus à la place en grand apparat, y furent reçus par le maréchal et ses officiers, et constatèrent que la dorure du groupe « à fond d'or à feuille » était achevée, que le travail du piédestal, celui des inscriptions et la décoration d'un des quatre groupes de colonnes étaient terminés, mais que deux autres groupes n'avaient pas leur escalier, parce que les maisons sur lesquelles il devait s'appuyer n'étaient point encore bâties; néanmoins, on allumait les quatre fanaux chaque soir, en toute saison[5].

A la grande promotion de décembre 1688, le maréchal reçut le collier des ordres, et, le 12 février suivant, quoique la construction de son hôtel fût inachevée, il y donna « le plus magnifique bal du monde, » auquel Monsieur lui fit l'honneur d'assister[6]. Au mois de novembre 1690, il obtint la permission de céder son titre à son fils, qui devint duc d'Aubusson[7]. Mais la guerre de la ligue d'Augsbourg, commencée depuis trois ans, le rappela au service, et il fut désigné pour commander, avec M. de Luxembourg,

---

1. *Écrits inédits*, t. VI, p. 385-386.
2. *Mémoires*, p. 602-603 : « On dit que La Feuillade avoit dessein d'acheter une cave dans l'église des Petits-Pères, et qu'il prétendoit la pousser par-dessous terre jusqu'au milieu de la place des Victoires, afin de se faire enterrer précisément sous la statue du roi. » Dulaure n'en a pas moins affirmé que cette anecdote était regardée de son temps comme une vérité (*Description de Paris*, 1791, t. II, p. 303). Nous avons vu plus haut (p. 52, note 1) que les caves de la maison Larré s'étendaient jusque sous la place, et (p. 72) que des parcelles de cette maison furent données au maréchal.
3. Saint-Foix, *Essai historique sur Paris*, t. II, p. 48-49.
4. Registres de la Ville, H 1831, fol. 566-585.
5. Les notices biographiques de Desjardins disent qu'il travailla à la place pendant huit ans : ce qui irait de 1681 à 1689, et permettrait de croire que tout fut terminé à cette dernière date. Cependant deux des groupes de colonnes ne furent jamais finis.
6. *Journal de Dangeau*, t. II, p. 329-330. — 7. *Ibidem*, t. III, p. 252.

tèrent chacun qu'il se trouvât ainsi importuné d'eux, puisque ces trois hommes avoient fait avec lui tout ce qu'ils avoient voulu toute leur vie..... » Et le chroniqueur, dans son grand portrait de Louis XIV[1], redit et répète que le prince était jaloux de la naissance comme du mérite, comme des talents, comme de l'élévation des sentiments, mais que l'esprit surtout, dans ses favoris, lui était à charge; qu'il le fit bien sentir à Lauzun, et que, pour La Feuillade, il « ne put s'empêcher de s'en expliquer. » Mais ici, encore, nul doute que Saint-Simon ne soit simplement l'écho de l'abbé de Choisy, dont les *Mémoires* eurent tant d'éditions dès 1727[2]. C'est à propos de la mort de Louvois que l'abbé raconte quelle joie le roi en manifesta « avec une bonne foi sans exemple. » « Il soupoit à Marly avec des dames; le comte de Marsan étoit derrière Madame et parloit des grandes choses que le roi avoit faites au siège de Mons. « Il est vrai, dit le roi, que cette année-là me fut « heureuse; je fus défait de trois hommes que je ne pouvois plus « souffrir, M. de Louvois, Seignelay[3] et La Feuillade. » Madame, qui est vive, lui dit : « Hé mais! Monsieur, que ne vous en défai-« siez-vous? » S. M. baissa les yeux et regarda son assiette, et M. de Marsan dit que souvent les rois souffroient des gens qui rendoient quelque service à l'État. On parla d'autre chose. J'ai vu depuis des ministres bien mortifiés de ce discours, ne sachant au vrai s'ils étoient dignes d'amour ou de haine[4]. » Ne suffit-il pas de reproduire ce texte pour en montrer l'invraisemblance? Louis XIV tenant un pareil langage, non pas en face d'un ami, d'un confident, mais au milieu des invités de Marly! Et l'apostrophe de Madame! et la plate addition de M. de Marsan! Mais, en prenant cette anecdote, sans nous le dire, dans les « lambeaux de *Mémoires* » de son hôte de la Ferté-Vidame[5], puis en la répé-

---

p. xxxvi-xxxix, xlii, clxxxi, cxc, et la *Relation de la cour de France*, par Spanheim, p. xviii-xx.

1. *Mémoires*, t. XII, p. 14 et 41-43.
2. Saint-Simon écrivait l'Addition entre 1729 et 1738, et le grand portrait de Louis XIV, dans les *Mémoires*, en 1745.
3. Seignelay était mort l'année précédente.
4. *Mémoires de l'abbé de Choisy*, p. 624.
5. C'est à l'occasion du séjour du cardinal de Bouillon dans son château, en 1708, qu'il y reçut pendant plusieurs jours, comme ami de ce prélat, l'abbé de Choisy, « si connu dans le grand monde,... dont on a une si agréable relation de son voyage à Siam et des lambeaux assez curieux de *Mémoires*. » (*Mémoires de Saint-Simon*, éd. 1873, t. VI, p. 24.)

tant à plusieurs reprises, Saint-Simon lui a donné force de loi, et c'est maintenant un de ces apophtegmes courants dont il sera bien difficile de débarrasser le portrait de Louis XIV.

Peut-être, probablement même, si l'on examinait de près les passages où Saint-Simon dit que la mort de Barbezieux, puis celle de Mansart, puis celle du maréchal de Boufflers[1], furent également peu regrettées, ou même accueillies comme une délivrance, faudrait-il encore en retrancher et en rejeter beaucoup.

Ce qui répugne le plus ici, c'est moins le roi affichant en public une ingratitude si peu compatible avec sa correction et sa dignité habituelles, que les noms de ses deux principaux ministres associés à celui d'un homme qui, sans manquer ni de faits d'armes glorieux dans son passé, ni de qualités sérieuses et réelles, avait surtout marqué comme courtisan « sachant faire sa cour plus noblement et plus agréablement que personne[2]. » Pour ma part, j'accepterais plus volontiers cet autre mot que, selon Bussy-Rabutin, le comte de Gramont aurait dit, non pas au roi, mais tout près de lui : « Il aura honte, l'un de ces jours, de son La Feuillade et de son Marsillac[3], comme il en a eu de son Noailles[4] et de son Saint-Aignan[5]. »

Ce qui est positif, c'est que, donnant suite aux accusations qui avaient couru contre le maréchal au sujet du régiment des gardes, et notamment des abus du logement dans Paris[6], le roi

---

1. *Mémoires*, t. II, p. 420, V, p. 464, et IX, p. 94-95. Le couplet de 1708 qui suit a été imprimé, en 1791, dans le *Nouveau Siècle de Louis XIV* (t. III, p. 255) :

> Les dieux redeviennent propices
> Pour un roi qui fut leurs délices
> Et qu'ils ont longtemps délaissé.
> En peu de jours, combien de grâces !
> Voilà son Mansart trépassé
> Et Chamillart presque hors de place.

2. Gayot de Pitaval, *Bibliothèque des gens de cour*, t. I, p. 408.
3. François VII, plus tard duc de la Rochefoucauld, fils de l'auteur des *Mémoires* et des *Maximes*.
4. Anne, premier duc de Noailles, mort en 1678.
5. *Correspondance de Bussy*, t. III, p. 416.
6. Voir l'*État de la France*, 1698, t. I, p. 499-505, et l'ordonnance du 13 octobre 1661. En ce temps où Paris n'avait point de casernes, les maisons des faubourgs non occupées par un propriétaire privilégié étaient obligées de subir le logement des gardes françaises ou de payer une taxe de rachat (3 p. o/o de la valeur locative) qui produisait cent soixante mille livres et plus, dont

ordonna une enquête, qu'il voulut, en attendant, faire les fonctions de colonel, et que des changements eurent lieu, par suite, dans l'administration du régiment[1]. Quant au gouvernement de Dauphiné, le roi en fit généreusement don à l'héritier du maréchal[2].

---

une moitié seulement passait aux trente-deux capitaines, pour acquitter le logement de leurs compagnies de cent et quelques hommes, et garder l'excédent, tandis que l'autre moitié allait grossir la masse du colonel, c'est-à-dire ses dix mille livres d'appointements, ses huit mille livres de pension, et les six deniers par livre qu'il prélevait sur la paye de ses officiers et soldats (environ trente-cinq mille livres par an). Tel avait été l'usage sous le maréchal de Gramont et sous M. de la Feuillade; mais, après ce dernier, le roi retira à Boufflers, son successeur, l'énorme profit du logement, en ne lui laissant qu'une douzaine de mille livres à distribuer dans le régiment, et il lui enleva également la libre disposition des charges qui venaient à vaquer par mort dans la compagnie colonelle. Voyez le *Journal de Dangeau*, t. VI, p. 274, VII, p. 231-232, XI, p. 296, et XVII, p. 308 ; les *Mémoires de Sourches*, t. IV, p. 8, et VI, p. 258 ; les *Mémoires de Luynes*, t. III, p. 400-402, et XIV, p. 304 ; le *Mémoire de la généralité de Paris*, publié en 1881, p. XL, 165 et 466-467 ; l'*État de la France*, année 1698, p. 499-505. Le logement des gardes était une charge si déplaisante, qu'il n'y avait pas de meilleur moyen, pour faire construire un nouveau quartier, que d'en accorder l'exemption aux acquéreurs de terrains. Peu après la mort du maréchal de la Feuillade, un arrêt du Conseil du 14 janvier 1692 chargea le prévôt des marchands de faire construire des casernes pour les gardes françaises et suisses dans des lieux désignés ; mais cet ordre ne tarda pas à être révoqué, et la Ville fut autorisée à liquider l'affaire. (Arch. nat., X¹ᵇ 9001, et E 1895, 17 avril 1696.)

1. *Journal de Dangeau*, t. III, p. 400, 410 et 436.
2. *Mémoires de Sourches*, t. III, p. 476. On trouve ce couplet dans le Chansonnier de Gaignières (Bibl. nat., ms. fr. 12690, p. 403) :

    Du débris du grand La Feuillade
    Boufflers a profité des gardes,
    Aubusson du gouvernement;
    Tout le monde a pris patience,
    Et Roussillon a l'agrément
    De la Quintin en décadence.

La comtesse de Quintin était une veuve de grand esprit, une « manière de fée, » âgée de plus de quarante ans, qui s'était fait « une cour où on étoit en respect comme à la véritable, » et elle avait pour principaux tenants notre maréchal et le comte d'Auvergne. « M. de la Feuillade y venoit deux fois la semaine souper de Versailles, et retournoit au coucher du roi ; et c'étoit une farce de la voir partager ses grâces entre lui et le comte d'Auvergne, qui rampoit devant elle malgré sa roguerie..... » (*Mémoires de Saint-Simon*, éd. nouvelle, t. V, p. 33.) Le marquis de Clermont-Roussillon était un homme de belle figure, avec un grand air du monde, sans beaucoup d'esprit, mais intrigant et très bien vu des dames : t. II des *Mémoires*, p. 186.

Il ne laissait que deux enfants mineurs : ce fils, qui, plus tard aussi, devait être maréchal de France, et une fille, qui mourut dès le mois de janvier suivant chez les Carmélites; mais la succession était très obérée[1], surtout par des créances hypothécaires qui pesaient sur l'hôtel inachevé et sur les maisons données par la Ville en échange du terrain de la place : il fallut donc prendre des mesures radicales, et l'oncle des mineurs, l'ancien archevêque d'Embrun, proposa un arrangement à la Ville : au lieu de poursuivre la construction de l'hôtel selon le plan du maréchal, qui, comme nous l'avons vu plus haut, comportait une très belle façade en saillie sur la place circulaire[2], on convint de revenir au dessein primitif de Mansart et d'enceindre ce côté de la place de maisons symétriques semblables à celles qui étaient déjà bâties sur deux sections de la circonférence. L'archevêque se chargeait de racheter aux créanciers hypothécaires la partie de l'hôtel qui faisait saillie, comprenant quatre-vingt-trois toises de superficie, et de la céder à la Ville; celle-ci s'obligeait à faire élever les constructions circulaires qui rempliraient la façade de l'hôtel, sans nouvelles dépenses pour l'archevêque, ni autres prétentions contre lui. Cette convention fut passée le 16 novembre 1691, et l'archevêque commença par verser aux créanciers une somme de douze mille livres. Mais il fallait que la Ville supportât aussi sa part de cette dépense, et le conseiller d'État Pussort fut commis pour en fixer le montant[3]. Ce fut seulement au bout de deux ans et demi, par une délibération générale du conseil de ville du 10 mai 1694, que l'on décida de contribuer à l'indemnité pour dix mille livres, et cette somme fut payée en 1696, en un contrat de rente de cinq cents livres mis au nom d'un des créanciers, le maréchal des logis du régiment des gardes[4]. C'est ainsi que la Ville devint propriétaire de toute la superficie de la place. Le domaine royal intervint à son tour : tant que le maréchal avait vécu, on n'avait réclamé aucun cens sur le quartier nouveau, quoiqu'il s'élevât presque entièrement sur l'ancienne enceinte, par conséquent dans la censive royale; lui mort, le contrôleur général Pontchartrain fut

---

1. Voir l'arrêt de surséance au profit de ses enfants : E 1864, 9 octobre 1691.
2. Cette saillie se voit encore sur le huitième plan annexé au tome I du *Traité de la police*, p. 90.
3. Arrêt du Conseil du 27 novembre 1691 : Arch. nat., E 1864; impr. dans les Preuves de Félibien, t. II, p. 283-284.
4. Arrêt du 24 juillet 1696 : Arch. nat., E 1896.

chargé de faire valoir les droits du roi et d'en régulariser la perception[1].

Une modification importante à l'ordonnance de la place se produisit vers le même temps, et eut pour conséquence de rendre à l'hôtel de La Vrillière la perspective d'environ cent cinquante toises qui lui avait été enlevée depuis 1685 ou 1686[2]. M. de la Vrillière et son fils M. de Châteauneuf, aussi secrétaire d'État, en conservaient un vif ressentiment contre leur voisin; l'occasion se présentant favorable pour rétablir les choses en l'ancien état, ce fut sans doute une des conditions du mariage conclu, en mai 1692, entre Mlle de Châteauneuf et le jeune duc de la Feuillade[3]. D'ailleurs, quand ce mariage eut été fait, l'hôtel de La Feuillade fut vendu pour payer les dettes du défunt maréchal, et tout aussitôt on rouvrit l'ancienne rue Percée, qui prit le nom de petite rue La Vrillière[4]. C'est celle qui, dans notre siècle, s'est appelée rue de la Banque, par ordonnance du 19 novembre 1838, et est devenue rue Catinat par une autre ordonnance du 11 juin 1847.

Pendant un temps, la voie ouverte en prolongement de la rue Croix-des-Petits-Champs porta le nom d'Aubusson; mais elle finit par se confondre avec la vieille rue, qu'elle ne faisait que terminer. Les deux voies qui bordaient la partie non circulaire de la place et faisaient encoignure à droite et à gauche avec la rue des Fossés (aujourd'hui rue d'Aboukir) conservèrent leurs noms caractéristiques du Petit-Reposoir et de Vide-Gousset ou Vieille-Doucet; c'est seulement en 1849 que la première, ainsi que la rue Verdelet, sont devenues rue Pagevin[5]. La voie qui avait été ouverte dans l'axe de la rue Neuve-des-Petits-Champs, et qu'on avait d'abord appelée rue des Jardins, était devenue, dès 1685, rue La Feuil-

---

1. Lefeuve, *les Anciennes maisons de Paris*, t. IV, p. 100-101. Le terrier royal de 1705 n'indique cependant que l'archevêque comme seigneur.

2. Ci-dessus, p. 46-47.

3. *Mémoires de Sourches*, t. IV, p. 31; Sauval, *Histoire et recherches des antiquités de la ville de Paris*, t. I, p. 627; Piganiol, *Description de Paris*, hôtel de la Vrillière, t. III, p. 78-107.

4. Piganiol croit à tort que cette perspective n'existait pas antérieurement. Le plan de Gomboust suffirait à prouver qu'il y avait une prolongation de la rue des Fossés entre l'hôtel d'Hémery et l'hôtel de la Ferté, dans l'axe du portail La Vrillière.

5. Sur la voie dite des Petits-Pères, qui continue cette rue Vide-Gousset jusqu'à la rue de la Feuillade, et où se remarquent de si singuliers détails de construction, voir le Terrier royal, Q¹ 1099⁶, fol. 154 v°.

lade; elle a conservé cette dénomination. Ajoutons enfin que, dans des temps tout à fait récents, un dernier percement, proportionné aux besoins de la circulation moderne, a ouvert dans le secteur oriental de la place cette large rue Étienne-Marcel, qui permet à la vue de s'étendre depuis la vieille rue aux Ours, d'un côté, jusqu'à l'extrémité de la rue Neuve-des-Petits-Champs, de l'autre côté, sans autre obstacle que le profil de la statue équestre.

On modifia aussi le monument lui-même. Dans les premières années, nous avons vu qu'il avait fallu l'environner d'une grille de fer, gardée par des sentinelles[1]. Après la mort du maréchal, ces grilles furent enlevées, et les sentinelles retirées, car le régiment des gardes était passé en d'autres mains. En consignant cette nouvelle dans les *Antiquités de la ville de Paris*, le continuateur de Sauval ajoutait[2] : « Je ne doute pas qu'au premier jour les fanaux ne décampent à leur tour, ce qui fait voir que le Seigneur se joue des desseins et volontés des hommes. » La suppression, non pas des fanaux eux-mêmes, mais d'abord de l'éclairage, se fit en 1699. Dangeau donne pour raison que Louis XIV avait trouvé que « ces sortes de lampes-là ne devoient être que dans les églises[3]. » Selon Saint-Simon[4], c'est le jeune duc de la Feuillade qui, las de fournir aux frais de l'éclairage conformément à la substitution de 1687[5], obtint d'en être déchargé, quoique peu en faveur auprès du roi. L'arrêt qui l'autorisa, le 20 avril 1699[6], à supprimer le fonds affecté à cet objet, prétendit que les fanaux ne faisaient pas seulement double emploi avec les lanternes publiques, mais

---

1. Passage inédit des *Mémoires de M. de Saint-Hilaire*, donné par M. Chéruel dans son *Histoire de l'administration monarchique*, t. II, p. 356, et dans *Saint-Simon considéré comme historien*, p. 372-373.

2. *Histoire et recherches des antiquités de la ville de Paris*, t. I, p. 627-628.

3. *Journal*, t. VII, p. 86.

4. Nouvelle édition, t. VI (1888), p. 245.

5. Article 8 : « Seront tenus particulièrement d'entretenir à leurs frais dans les quatre fanaux des lumières suffisantes pour éclairer ladite place pendant la nuit, et dans toutes les saisons. »

6. Arch. nat., E 1909. Voyez la *Gazette d'Amsterdam* de 1699, n° xxxviii. « Feu M. de la Feuillade avoit laissé un fonds sur la maison de ville pour cela, afin que cela brûlât à perpétuité devant la statue du roi, et S. M., à qui cela a fait de la peine, l'a supprimé et ordonné qu'on rendît au duc de la Feuillade le fonds..... » (*Dangeau*.) On voit que Dangeau lui-même exagère cette question de l'éclairage.

encore servaient de prétexte à des attroupements de fainéants et de vagabonds, surtout pendant l'été[1].

A cette époque et à cet arrêt se rapporte une pièce satirique, d'origine étrangère[2], qui représente la statue foulant aux pieds un lion, un aigle à double tête, un léopard et un gouvernail; on y distingue les quatre esclaves enchaînés et les quatre lanternes, qu'un diable volant éteint à l'aide d'un soufflet. D'un côté de la balustrade est un forgeron; de l'autre, le maréchal de Salon (*Sellon*), avec une inscription hollandaise et française intitulée : *la Vision du maréchal de Sellon en Provence*, dont il suffira d'extraire les sept derniers vers :

> Un phantôme parut. — « Va, dit-il, forgeron,
> « Apprendre à Louis, à Versailles,
> « Ce que je te dirai derrière une broussaille[3]. »
> Lors parut encore d'Aubusson,
> Sortant des fatales cavernes;
> Mais le spectre, malgré tout son hardi jargon,
> Lui souffla ses quatre lanternes.

Plus tard, les groupes de colonnes, dont deux n'avaient jamais été finis, disparurent eux-mêmes : le 23 octobre 1717[4], à la suite d'une visite quinquennale où l'on avait constaté leur mauvais état, un arrêt du Conseil déclara que, « quelque soin que le duc de la Feuillade prît de faire entretenir de réparations les quatre groupes et d'y avoir un homme gagé pour le nettoiement d'iceux et pour y veiller, il s'y assemblait toujours quantité de savoyards et de libertins, qui volaient et pillaient les marbres et dégradaient les environs des groupes en telle sorte qu'ils faisaient des caves par-dessous, qui les mettaient en danger de tomber et de causer des accidents aux passants,.... et que les propriétaires et locataires des maisons voisines souffraient continuellement du bruit et des querelles..... » En conséquence, la Ville était chargée d'examiner une requête en démolition présentée par le duc

---

1. En 1686, il y avait eu là-même un duel mortel entre deux beaux-frères. (*Journal de Dangeau*, t. I, p. 434.)
2. *L'Intermédiaire*, t. IV, 1867, p. 133; estampe du musée Carnavalet.
3. C'est une allusion à la prétendue apparition qui envoya le maréchal de Salon auprès de Louis XIV, en 1697. Voyez les *Mémoires de Saint-Simon*, nouvelle édition, t. VI (1888), p. 222-231, et Appendice, p. 545-552.
4. Arch. nat., E 1992 et H 1847, fol. 202-209. Comparez la *Description de Paris*, par Piganiol, éd. 1742, t. II, p. 504-506.

de la Feuillade. Tout en faisant confirmer l'obligation d'entretien par les héritiers substitués, la Ville donna son consentement, et, sur des lettres patentes en date du 3 janvier 1718[1], M. de la Feuillade fit don des quatre groupes de colonnes aux Théatins du quai Malaquais, à charge de célébrer un service pour l'âme de son père[2]. Ces douze beaux monolithes eussent servi au maître-autel de l'église que les religieux achevaient alors; mais ils se trouvèrent trop grands : quatre furent utilisés en 1742 à la cathédrale de Sens, et j'ignore quel fut le sort des huit restants.

Les autres prescriptions de l'acte de 1687 continuèrent à être exécutées, mais plutôt pour la forme, car nous ne voyons pas, par exemple, que jamais le groupe ait été redoré, quoique la nécessité en fût reconnue plusieurs fois par les experts. La dernière visite consignée dans les registres de la Ville est de 1777[3].

On a dit que la messe cessa d'être célébrée au pied du monument, quoique payée par les héritiers, et qu'elle fut définitivement supprimée après 1715; mais où et quand cette messe, consécration de l'idolâtrie dont parle Saint-Simon, aurait-elle été fondée?

Lorsque le fils de M. de la Feuillade mourut en 1725, sans enfants mâles, la substitution revint de droit au marquis d'Aubusson de Miremont, premier appelé, puis passa, en 1727, à son fils, devenu comte de la Feuillade. Le dernier des deux fils de celui-ci s'acquitta de son devoir en 1750 et offrit au roi la médaille d'or d'usage[4]; mais il mourut sans alliance le 27 janvier 1752, et les

---

1. Continuation du *Traité de la police*, t. IV, p. 391 et 395; registres de la Ville, H 1847, fol. 238-242, 364-367 et 370.
2. *Les Correspondants de la marquise de Balleroy*, par le comte Éd. de Barthélemy, t. I, p. 380. Le *Moréri* prétend que ce cadeau fut fait par Louis XV; mais l'erreur est évidente. Les Théatins avaient de même hérité des couvertures de mulets du cardinal Mazarin. C'est chez eux qu'on entendait de si bonne musique italienne au salut, en gagnant des indulgences pour les âmes du Purgatoire. (Journal du P. Léonard, ms. fr. 10265, fol. 69 v°; *Gazette* de 1686, p. 322; *Correspondance administrative sous Louis XIV*, par Depping, t. II, p. 602.) Le second maréchal-duc de la Feuillade y fit porter son cœur en 1725.
3. On constate, dans les procès-verbaux de vérification quinquennale, le progrès des dégradations, mal compensé par des réparations insuffisantes. La décoration n'avait même pas été finie, puisqu'en 1717 les deux groupes de colonnes du côté nord n'avaient ni médaillons ni bas-reliefs, et qu'il manquait à celui de la rue La Feuillade les inscriptions et les fleurs de lis.
4. *Dictionnaire de la Noblesse*, par La Chenaye des Bois, v° Aubusson, d'après la *Gazette* du 19 septembre 1750.

84   LA PLACE DES VICTOIRES

terres substituées, conformément aux termes du contrat, passèrent au vicomte d'Aubusson, de la branche de Castelnouvel. En 1761, comme on pouvait prévoir aussi la mort sans enfants mâles de cet héritier, sa femme étant morte l'année précédente, la comtesse de Lillebonne, sœur du dernier Miremont, et la marquise de Montausier, sœur du vicomte, demandèrent que le contrat de 1687 fût annulé en ce cas, et que la jouissance du duché de Rouannez-La Feuillade leur revînt, à charge de subvenir aux obligations de la fondation. Tout en soutenant que le contrat devait avoir son entier effet jusqu'au bout, la Ville reconnut que cette concession, restreinte au seul usufruit, pouvait être faite à Mme de Lillebonne, comme descendante du premier héritier substitué[1]. Mais le vicomte, plus tard marquis d'Aubusson, se remaria dès l'année suivante, 1762, ne mourut qu'en 1827[2], et laissa un fils qui porta le nom d'Aubusson et le titre de comte de la Feuillade jusqu'en 1848[3]. Il est donc probable que cette branche continua d'acquitter les devoirs, bien réduits en fait, dont elle restait chargée, tant que le monument de 1686 fut debout.

Je n'ai point parlé encore des habitants qui vinrent occuper la place des Victoires à partir de 1686. On connaît ce dicton des trois places et des trois statues de Paris, rapporté par Saint-Simon à propos de son père[4], mais emprunté aux *Lettres historiques et galantes de Mme Dunoyer*[5] : « Henri IV avec son peuple

---

1. Arch. nat., Q¹ 1191 et H 1869, fol. 259.
2. Ce doit être lui qui publia en 1772, comme membre de la Société d'agriculture à Brive-la-Gaillarde, le *Modèle d'un nouveau ressort d'économie politique, ou Projet d'une nouvelle espèce de banque qu'on pourra nommer Banque rurale*.
3. Continuation du tome IX de l'*Histoire généalogique*, par M. Pol Potier de Courcy, p. 292-293 ; C. Pérathon, *Histoire d'Aubusson*, p. 404 et 411-416. Le comte de la Feuillade mort en 1848 avait deux petites-filles, issues d'un fils mort avant lui, en 1842, et c'est l'une d'elles, Mme la princesse de Bauffremont-Courtenay, qui est actuellement l'unique représentante du nom d'Aubusson, sa sœur, Mme la princesse de Beauvau-Craon, étant morte en 1862.
4. Tome I de l'édition nouvelle (1879), p. 147. Comparez le *Parallèle des trois premiers rois Bourbons*, p. 75.
5. Lettre xxx, t. I de l'éd. de 1738, p. 360 : « Henri IV, disoit-on, étoit le père de son peuple, aussi a-t-il été placé sur le pont Neuf ; Louis XIII au milieu de la place Royale, parce qu'il aimoit la noblesse ; et la statue

sur le Pont-Neuf, Louis XIII avec les gens de qualité à la place Royale[1]..., et Louis XIV avec les maltôtiers dans la place des Victoires..... » En effet, l'achèvement de la place des Victoires coïncida avec une époque d'apogée pour les traitants, qui trouvaient ample matière à s'enrichir sous le ministère de Pontchartrain, et leurs maisons, pour ne pas dire hôtels et palais, couvrirent ce quartier tout entier[2]. Sur la place même, en tournant de droite à gauche à partir de la rue des Petits-Champs, le grand terrier royal de 1705[3] nous donne ces noms de financiers plus ou moins célèbres : Crozat, Claude Le Gras, Bauyn de Cormery, Hénault, Nivet, Roland, Pelet, Raquin, etc., en compagnie de l'architecte Prédot et d'une dame de Mailly. Seuls, les deux coins de la rue des Fossés étaient occupés par le fils de M. de Pomponne et par le marquis de Clérembault. Encore les Pomponne, établis depuis 1673 dans l'ancien hôtel du maréchal du Hallier, y furent-ils remplacés en 1713 par Michel Bonnier, ce receveur des États de Languedoc, ancien porte-balle, qui, ayant commencé par laver la vaisselle dans un petit collège, avoua quinze millions en 1716[4], et à côté duquel vint se placer, en 1718, le trop fameux Bourvallais, expulsé, comme nous le verrons, de la place de Vendôme; quant à M. de Clérembault[5], il émigra à la rue de l'Université. Sur la place

---

de Louis XIV est au milieu de la place des Victoires, entourée des maisons des maltôtiers, dont ce quartier est tout rempli. »

1. Voir la comédie de Corneille, qui dit : « la Place » tout court, par excellence, et l'*Adieu au Marais et à la place Royale*, par Scarron (1643) :
Belle place où n'habite
Que mainte personne d'élite.

2. Voir *la Comédie de J. de la Bruyère*, par Éd. Fournier, t. I, p. 118 et s.

3. Arch. nat., Q¹ 1099⁶, fol. 162-163. Comparez Lefeuve, *les Anciennes maisons de Paris*, t. IV, p. 102.

4. Il fit rétablir l'hôtel tout à neuf, et le revendit en 1719 à l'agioteuse Chaumont, mère de M. de la Galaizière, qui y fut remplacée par le bâtard Saint-Albin, archevêque de Cambray, puis par la compagnie des Indes (1723), par la dame Gourdan, par les Massiac. C'est cette maison Ternaux qui vient d'être reconstruite dans l'ordonnance primitive de la place. Voyez Lefeuve, *les Anciennes maisons*, t. IV, p. 104-105, et V, p. 221. M. le duc de la Trémoïlle en a recueilli de belles boiseries, qui remontent, dit-on, à 1711; d'autres débris précieux sont passés à M. le baron Edmond de Rothschild et à M. de Vaufreland.

5. C'était un des créanciers de la succession du maréchal de la Feuillade. Il possédait non seulement la maison d'angle de la rue des Fossés, mais aussi celle de la rue du Mail, ancien hôtel des Rambouillet de la Sablière.

des Victoires encore, l'*Almanach royal* énumère, aux environs de l'année 1700 : les agents de change Claude Le Gras, Louis Rolland, Étienne Cornet ou Cornelle et P. Solier; les fermiers généraux de Blair, Le Gendre et Demonchy ; les receveurs généraux des finances Boutin et Sandrier; le sieur de Verton, grand maître des eaux et forêts de Blois, etc., etc.[1]. Samuel Bernard lui-même vint s'y établir en 1705, et il y mourut en 1735 [2]. Les financiers abondaient également à l'entrée de la rue des Fossés[3] ou aux alentours[4]. Quant à l'ancien hôtel du maréchal de la Feuillade, très réduit depuis 1694, et partagé, comme on le voit maintenant, en maisons bourgeoises, il n'eut plus que des occupants sans importance[5], sauf un seul toutefois, qui en valait beaucoup d'autres, Jean Law, dont les bureaux furent installés pendant un temps dans le bâtiment donnant sur la place entre la rue La Feuillade et la petite rue La Vrillière[6].

Quand vint la nouvelle division de Paris en vingt quartiers (14 janvier 1702), la place des Victoires, jusqu'alors du quartier Saint-Eustache, fut comprise dans le quartier Montmartre. Comme la place de Louis-le-Grand, elle devint une des stations obligées du cortège des publications de paix[7].

Sans poursuivre plus loin l'historique de la place pendant le XVIIIe siècle[8], je dirai seulement quel fut le sort du monument dans la tourmente révolutionnaire.

Aux approches de la fête de la Fédération, le 19 juin 1790, l'Assemblée nationale venait de recevoir la députation cosmopolite conduite par le baron de Cloots du Val-de-Grâce, lorsqu'un

---

1. Il y avait aussi, dès 1691, le trésorier du sceau Béchet.
2. Jal, *Dictionnaire critique*, p. 205.
3. Turgis, Douilly, Hocquart, Thomé, etc.
4. Le fermier général Lemée, qui dédia à La Feuillade le *Traité des statues,* habitait rue des Petits-Pères; le receveur général du clergé Pennautier était rue Coq-Héron; les trésoriers de la Villeromard et Berthelot, rue Notre-Dame-des-Victoires.
5. Le terrier de 1705 (Arch. nat., Q^1 1099^6) nomme la veuve Normando, les sieurs Jérémie, Lallemant, Ludet, le procureur de la Loire, etc.
6. L. Lurine, *les Rues de Paris*, t. II, p. 281. Nous retrouverons Law à la place de Vendôme.
7. Le musée Carnavalet possède une estampe représentant la publication de 1763 sur la place des Victoires.
8. Louis XV en vint faire le tour le 22 juillet 1716, et on y amena le czar Pierre le Grand le 11 mai 1717.

député célèbre, Alexandre de Lameth, réclama la suppression des quatre esclaves de Desjardins, « images de quatre provinces dont les députés comptaient parmi les plus fermes appuis de la nation. » L'abbé Maury crut devoir répondre que ce monument n'avait pas dû sa naissance à un ordre de Louis XIV, mais à l'initiative du maréchal de la Feuillade, qui témoignait à ce roi « la plus servile adulation; » et encore l'idée première des esclaves n'était-elle pas de lui, puisqu'on en voyait de pareils aux pieds de la statue de Médicis. « Mais, ajouta l'orateur, puisqu'on veut détruire tout ce qui sent l'esclavage, les regards du patriotisme ne doivent-ils pas se porter sur la statue de Henri IV, dont quelques-unes des inscriptions sont uniquement à la louange du cardinal de Richelieu? Il a aussi à ses pieds des esclaves enchaînés; mais ce sont des emblèmes qui représentent les vices : les amis de la liberté n'en sont point offensés. Je crois qu'il ne faut pas toucher à la statue de Louis XIV. La philosophie doit conserver ce monument pour montrer à la postérité comment on flattait les rois. Il fut trop flatté pendant sa vie, mais trop méconnu après sa mort : c'est un roi qui n'avait peut-être pas autant de grandeur dans le génie que dans le caractère; mais il est toujours digne du nom de *grand*, puisqu'il a agrandi son pays. Quand vous érigerez des monuments, vous ferez voir la différence qu'il y a du XVIIe au XVIIIe siècle[1]..... »

Ce discours étant bien accueilli, Lameth se borna à demander « la destruction de tous les emblèmes de servitude, tels que ceux qui sont aux pieds de la statue de Louis XIV à la place des Victoires, et qu'ils soient remplacés par d'autres qui rappellent les principaux événements de notre grande Révolution. » Après rejet de plusieurs amendements, la motion de Lameth, sauf rédaction, fut adoptée, et un décret, rendu en conséquence dès le lendemain, ordonna de faire disparaître avant le 14 juillet les quatre figures incriminées et « tout monument rappelant des idées d'esclavage affligeantes pour les nations et pour les provinces réunies au royaume. » Les quatre colosses furent donc transportés dans la cour du Louvre, ainsi que les captifs du pont Neuf[2]; mais ceux de la place des Victoires allèrent bientôt prendre aux Invalides la place qu'ils y occupent encore, délivrés des chaînes qui avaient

---

1. *Le Moniteur*.
2. *Archives du Musée des monuments français*, t. I, p. 314.

soulevé tant de protestations. Cela ne suffisait pas aux gens inventifs : Dulaure, par exemple, non satisfait de voir disparaître l'entourage d'un « monument insolent qui n'attestoit que la bassesse des courtisans et la servitude de la nation, » eût voulu qu'on transformât les quatre esclaves de Desjardins en emblèmes « de ces quatre aristocraties : les Ministres, le Clergé, la Magistrature et la Noblesse, » et qu'on plaçât une statue de la Liberté au-dessus des anciens tyrans dont elle venait de triompher [1].

Deux ans et quelques semaines se passèrent, pendant lesquels l'effigie de Louis XIV sembla profiter de la même immunité, sinon de la même popularité, que celle du bon Henri [2], et on ne donna même pas suite à une motion de renversement général des statues royales émise lors de la fuite à Varennes (20 juin 1791). Mais le 10 août 1792 décida du sort des unes comme des autres : dès le lendemain, le peuple se précipita sur toutes celles que possédait Paris, et, en deux jours, il les eut brisées et abattues. Le député Sers [3] étant venu tout aussitôt [4] se plaindre à l'Assemblée, devenue législative et siégeant en permanence, et demander qu'on préposât à cette œuvre de destruction des hommes compétents, ingénieurs ou architectes, ses collègues Fauchet, Thuriot et Albitte [5] appuyèrent la motion, le second en faisant observer qu'une partie des monuments servirait aux arts, et le reste à la fonte des pièces d'artillerie, le troisième, Albitte, en proposant qu'une statue de la Liberté fût élevée sur chaque piédestal.

Le mardi 14, au matin, l'Assemblée reçut nouvelle qu'on venait de renverser et de dépecer en morceaux la statue du pont Neuf. « Les vertus d'Henri, dit l'orateur, nous ont arrêtés quelque temps ; mais on s'est souvenu qu'il n'était pas roi constitutionnel. »

---

1. *Nouvelle description de Paris*, 1791, t. II, p. 301-302. On trouvera l'indication de divers projets de ce temps-là dans la bibliographie révolutionnaire que prépare M. Maurice Tourneux.

2. Celui-ci avait été orné d'une cocarde sur l'oreille, et on célébrait devant lui les fêtes patriotiques, auxquelles on eût cru qu'il souriait, dit Dulaure.

3. Ancien négociant de Bordeaux, qui avait provoqué la poursuite contre les auteurs de la journée du 20 juin, et qui faillit être enveloppé dans la proscription des Girondins. Il mourut comte de l'empire et sénateur en 1810.

4. Séance du 11 août 1792, au matin.

5. Albitte, ce démagogue à qui on prête l'exclamation : « Du sang, et non des lois ! » mourut sous-inspecteur aux revues, dans la campagne de Russie ; l'avocat Thuriot-Larozière fut le rapporteur du procès Moreau-Pichegru, et y gagna une place d'avocat général à la Cour de cassation.

Et, sur la proposition des députés Thuriot et Lacroix[1], il fut voté que tous les monuments de bronze, ceux des églises et des palais comme ceux des places publiques, seraient transformés en canons. Le décret fut rendu et promulgué en ces termes[2] :

L'Assemblée nationale, considérant que les principes sacrés de la liberté et de l'égalité ne permettent point de laisser plus longtemps sous les yeux du peuple français les monuments élevés à l'orgueil, au préjugé et à la tyrannie ;

Considérant que le bronze de ces monuments, converti en canons, servira utilement à la défense de la patrie, décrète qu'il y a urgence.

L'Assemblée nationale, après avoir décrété l'urgence, décrète ce qui suit :

Article premier.

Toutes les statues, bas-reliefs, inscriptions et autres monuments, en bronze ou en toute autre matière, élevés dans les places publiques, temples, jardins, parcs et dépendances, maisons nationales, même dans celles qui étaient réservées à la jouissance du roi, seront enlevés à la diligence des représentants des communes, qui veilleront à leur conservation provisoire.

Article second.

Les représentants de la commune de Paris feront, sans délai, convertir en bouches à feu tous les objets énoncés en l'article premier existant dans l'enceinte des murs de Paris, sous la surveillance du ministre de l'Intérieur, de deux membres de la Commission des armes et de deux membres de la Commission des monuments.

Article troisième.

Les monuments restes de la féodalité, de quelque nature qu'ils soient, existant encore dans les temples ou autres lieux publics, et même à l'extérieur des maisons particulières, seront, sans aucun délai, détruits à la diligence des communes.

Article quatrième.

La Commission des monuments est chargée expressément de veiller à la conservation des objets qui peuvent intéresser essentiellement les arts, et d'en présenter la liste au Corps législatif, pour être statué ce qu'il appartiendra.

---

1. Lacroix (d'Eure-et-Loir) périt sur l'échafaud avec les Dantonnistes, comme l'évêque Fauchet avec les Girondins.
2. Ce décret a été publié par Lafolie dans son mémoire sur les statues d'Henri IV (1819).

Article cinquième.

La Commission des armes présentera incessamment un projet de décret, pour employer d'une manière utile à la défense de chaque commune de la France la matière des monuments qui se trouveront dans leur enceinte.

Nombre de documents graphiques représentent l'exécution anticipée de ce décret à la place des Victoires comme au pont Neuf, à la place Vendôme, à la place Royale, à la place de la Concorde, et aussi à l'hôtel de ville, car le chef-d'œuvre de Coysevox érigé dans la cour municipale le 14 juillet 1689, juste un siècle avant la grande journée révolutionnaire de la prise de la Bastille, fut renversé le premier[1]. On peut voir ces planches, grossières pour la plupart, et quelques-unes coloriées encore plus naïvement, soit dans la collection Hennin, au Cabinet des estampes[2], soit dans les riches portefeuilles du musée Carnavalet.

Le groupe doré de Desjardins fut envoyé au creuset, comme toutes les autres effigies métalliques; quelques fragments échappèrent peut-être à la fonte, mais difficiles à reconnaître et infiniment plus petits que ne sont la jambe d'Henri IV et celle de son cheval recueillies par le Louvre. Seuls, les bas-reliefs historiques du piédestal passèrent chez Lenoir et furent adaptés au socle d'une colonne triomphale; plus tard, le Louvre en a hérité[3].

Quelque dix jours après l'exécution, le 22 août, il fut encore question, mais bien incidemment, du monument qui nous occupe. Le député Charlier ayant réclamé, à propos de la porte Saint-Denis, qu'on substituât la Déclaration des droits de l'homme aux « emblèmes et hiéroglyphes où l'on flagornait Louis XIV, »

---

1. *Révolutions de Paris*, par Prudhomme, 13ᵉ trimestre, p. 240 : « Les Parisiens reprennent une mesure qu'ils avoient eu tort de ne pas mettre à exécution le 20 juin 1791. Sans respect pour les arts, ils s'empressent aujourd'hui d'abattre les statues de leurs anciens despotes. Déjà la corde est passée au cou de Louis XV, de Louis XIV, de Louis XIII, voire même de Henri IV, qui ne valoit guère mieux que les autres. Tous ces rois de bronze vont être renversés. » Voir la note sur la statue pédestre qui « ressembloit à ce colosse de l'antiquité dont la tête touchoit aux cieux, et dont les pieds étoient dans la fange, » et sur le « hasard de date qui a son prix. » Une gravure était jointe au numéro. J'aurai à parler plus loin de cette statue de Coysevox.

2. Catalogue de M. G. Duplessis, nᵒˢ 11231-11236.

3. Bas-reliefs nᵒˢ 221-226. Voir le *Musée des monuments français*, t. V, p. 38 et 114-115, et les *Archives du Musée des monuments français*, t. I, p. 13.

Merlin demanda et obtint, séance tenante, l'enlèvement de l'inscription : *Suppresso edicto Nannetense*, qu'il disait être gravée sur cette porte. Personne, bien entendu, ne protesta; mais notre regretté confrère Édouard Fournier, dans un de ses livres si pleins de faits et de rectifications, a démontré que l'inscription appartenait à la place des Victoires[1], et que, par conséquent, le peuple en avait déjà fait justice[2].

En vertu d'un vote du Conseil général des commissaires de la majorité des sections, le *Moniteur* du jeudi 16 août (p. 951 et 959) annonça que la place des Victoires s'appellerait désormais place de la Victoire-Nationale, que la section de Louis XIV devenait section du Mail, et que, sur les débris du monument royal, la Commune érigerait une pyramide de bois portant les noms des citoyens morts dans la journée du 10 août. « Cette statue avait été inaugurée le 10 août 1692 (*sic*), et le 10 août 1792 l'a vue tomber! » C'est Robespierre qui avait demandé, le 14, au nom d'une députation de la section, que la statue du despote fût remplacée par une apothéose des martyrs de la liberté, la section se chargeant d'ailleurs de faire les frais du modeste monument; mais cette pyramide fut bientôt brûlée pour le chauffage d'un corps de garde[3]. Le 27 septembre 1800, Bonaparte vint poser la première pierre d'un édicule en forme de temple égyptien qui devait être consacré à Desaix et à Kléber[4]; ce projet fut encore abandonné, et l'on érigea seulement, le 15 août 1810, conformément à un arrêté du 9 vendémiaire an XI[5], une statue colossale de Desaix, de cinq mètres et demi, toute nue, si nue même, et d'ailleurs si

---

1. C'est dans l'inscription de dédicace : *Ludovico magno, patri exercituum*, que se trouvaient les mots : *deleta Calviniana impietate*. Mais il y avait en outre cette inscription plus particulièrement commémorative de la Révocation, sous l'un des deux bas-reliefs ronds du piédestal :
   Hic laudum cumulus, Lodoïce vindice, victrix
   Relligio, et pulsus male partis sedibus error.
La gloire de Louis est ici toute sainte :
   Les temples de l'erreur qui tombent à sa voix,
   L'Église qui triomphe et l'hérésie éteinte
   De son zèle chrétien sont de dignes exploits.
2. Éd. Fournier, *Énigmes des rues de Paris*, p. 143.
3. On parla d'élever à la place de cette pyramide un char triomphal, auquel les chevaux de bronze de Venise eussent été attelés.
4. Estampes au musée Carnavalet.
5. Lazare, *Rues de Paris*, p. 755; *Moniteur*, 15 août 1810, p. 897.

mauvaise, qu'il fallut la cacher derrière une charpente jusqu'en 1814[1], époque où on la livra à la fonte pour faire le nouvel Henri IV de bronze[2]. Comme le terre-plein du Pont-Neuf, qui avait subi à peu près les mêmes vicissitudes pendant ces vingt-cinq années de république et d'empire[3], la place des Victoires recouvra son Louis XIV[4], et ce fut le sculpteur Bosio qui se chargea de faire une nouvelle statue, équestre celle-là, dont l'inauguration eut lieu le 25 août 1822[5]. Il s'était inspiré, pour l'attitude du cheval et du cavalier, de la fameuse statue de Pierre le Grand à Saint-Pétersbourg.

C'est depuis 1830, dit-on, que les négociants ont remplacé les traitants de l'ancien régime dans les maisons construites par Prédot[6]. De cette époque date aussi l'indécent débordement d'enseignes de commerce qui détruit toute la symétrie des façades circulaires, et contre lequel les Amis des Monuments parisiens

---

1. Dulaure, *Histoire de Paris*, t. VI, p. 574-576. Les Archives nationales possèdent des documents sur cette statue dans le carton F[13] 511.

2. Le sculpteur Lemot mit de côté quelques fragments de la tête et des deux pieds; M. Denon eut un pouce. Le Louvre possède un moulage de la statue. (*Le Temps*, 26 novembre 1887; *Archives du Musée des monuments français*, t. I, p. 434; estampes au musée Carnavalet.)

3. Un décret de 1809 avait ordonné l'érection sur le terre-plein d'un obélisque consacré aux victoires d'Allemagne ; le piédestal se trouva à peine achevé pour 1814.

4. Après les Cent jours, la place des Victoires, la place Royale et celle de la Concorde furent des premières comprises dans les nouveaux plans d'embellissement de Paris. On projeta d'abord de faire exécuter en marbre la statue de Louis XIV.

5. Bibliothèque nationale, Imprimés, Lb[87] 3890. Les Archives nationales possèdent une curieuse série d'épures et d'études pour le piédestal de cette nouvelle statue : plans de la SEINE, 3e classe, n° 45. Voir aussi, au musée Carnavalet, nombre d'estampes et une brochure publiée en 1822 par C. Olivier Blanchard de Boismarsas.

6. Voir l'*État actuel de Paris*, 1788, p. 168 et 2e partie, p. 152-153. C'est dans une des maisons de la place qu'avait été construit le premier aérostat de Charles, en 1783. On ne peut omettre un souvenir plus moderne, celui du séjour de la Banque de France, à son origine, dans l'ancienne demeure des l'Hospital, des Pomponne, etc., dont il a été parlé plusieurs fois. J'ai dit ci-dessus (p. 85, note 4) que la compagnie des Indes l'avait achetée en 1723 (au prix énorme de trois millions neuf cent mille livres, sur mise à prix de deux cent mille livres : Arch. nat., Q[1] 1171), et qu'elle avait appartenu en dernier lieu à M. de Massiac; la Banque s'y installa depuis sa création (1803) jusqu'en 1812, époque où le domaine lui céda le bel hôtel des La Vrillière, des Toulouse et des Penthièvre, de l'autre côté de la place.

ont protesté à bon droit, il y a deux ans[1]. Notre édilité moderne a intelligemment profité des circonstances, non seulement pour étendre vers l'est la perspective de la place des Victoires, mais aussi pour faire compléter une des sections de l'ordonnance réglée par Mansart[2]. Il est probable qu'on arrivera, sans beaucoup de peine, à faire disparaître la maison de la rue Vide-Gousset qui subsiste encore; mais ne serait-il pas possible de rappeler les locataires de la place au bon goût et au respect des lignes architecturales, comme on l'a fait à la place Vendôme[3]? N'y aurait-il pas lieu d'appliquer cette clause essentielle du contrat passé le 12 septembre 1685 avec l'entrepreneur Prédot[4] : « A l'avenir, ledit sieur Prédot, ou ceux qui auront droit de lui, seront tenus et obligés d'entretenir ladite façade en pareil état et symétrie, sans y rien changer » ?

---

1. Ils ont fait reproduire dans leur *Bulletin*, en 1886, p. 189, une vue de l'ancienne place d'après l'estampe de Silvestre et la photographie d'une des façades actuelles couvertes d'affiches. Comparez le tome V de *l'Intermédiaire*, année 1869, p. 558.

2. Un décret du 16 juillet 1849 avait maintenu les alignements et la symétrie des façades; l'ouverture de la rue Étienne-Marcel (décret du 26 juillet 1883) a fait disparaître le débouché irrégulier de la rue Pagevin (ancienne rue du Petit-Reposoir), et les bâtiments construits entre la voie nouvelle et la rue d'Aboukir (ancienne rue des Fossés) sont conformes à l'ordonnance de 1685, mais avec un étage en plus.

3. Lors de la création de la rue de Rivoli, il fut interdit de placer aucune peinture, écriteau ou enseigne sur les façades ou portiques des arcades, et nous-mêmes nous avons vu faire disparaître de la place Vendôme une enseigne de Mme Barenne, modiste.

4. Ci-dessus, p. 52. Nous voyons dans les registres de la Ville (H 1841, fol. 49 v°) qu'en 1704 la veuve du fermier général Le Gendre n'obtint permission de poser des balcons à sa façade qu'à condition qu'ils ne dépasseraient pas la saillie extérieure de la corniche du premier ordre, qu'ils seraient exactement de même dimension que ceux qui existaient déjà, et qu'on n'endommagerait ni les bases des pilastres, ni les bandeaux, etc. En 1717, il n'y avait encore de balcons qu'à une partie du pourtour compris entre la rue d'Aubusson et celle du Petit-Reposoir, et les experts-visiteurs déclarèrent (H 1847, fol. 204) qu'il convenait d'exciter les propriétaires des maisons à exécuter ce complément de l'ornementation symétrique.

II.

LA PLACE DE VENDÔME.

Comme toutes les grandes villes, Paris devait subir cette impulsion naturelle, instinctive, qui entraîne les agglomérations urbaines à se développer vers l'ouest; mais, au xv⁰ siècle, et même au xvi⁰, le mouvement était entravé par les fortifications qui, de ce côté-là, s'arrêtaient à la porte Saint-Honoré, c'est-à-dire à notre place actuelle du Théâtre-Français[1]. Au delà, sur l'immense domaine épiscopal qui s'étendait du Louvre à la Ville-l'Évêque, de rares masures, à peine des maisons, s'élevaient à de grands intervalles au milieu de jardins et de cultures, le long de la voie conduisant au Roule qui porta successivement les noms de rue Neuve-Saint-Louis (en souvenir du fondateur des Quinze-Vingts), de faubourg Saint-Honoré et de rue Neuve-Saint-Honoré[2]. Les terrains de gauche, jusqu'à l'emplacement actuel de notre rue de Castiglione, n'étaient alors qu'un clos de la maison hospitalière des Quinze-Vingts[3], bordé de quelques

---

1. Voir le plan de cette porte, en 1608, à propos du duel Luxe et Guise, dans le t. III des *Œuvres de Malherbe*, p. 276 et 282, de la collection des Grands écrivains. C'est aussi près de cette porte qu'en 1578 cinq mignons d'Henri III avaient dressé leur fameux guet-apens contre Bussy d'Amboise, « le grand mignon de Monsieur, qui, monté sur une jument bragarde de l'écurie du roi, revenoit de donner carrière à quelque cheval au corridor des Tuileries. » (*Journal de P. de l'Estoile*, t. I, p. 231.)

2. Berty, *Topographie historique du vieux Paris*, t. I, p. 283-315, et plan de restitution, feuille V *bis*; *Mémoires de la Société de l'histoire de Paris*, t. XIII, p. 163-165.

3. C'est vers 1260 que saint Louis avait construit cette maison sur une pièce de terre « de lez Saint-Honoré, » mais *intra muros*, tout contre l'enceinte, à l'endroit où passe maintenant la rue de Rohan; près de quarante arpents du clos appelé primitivement la Couture-l'Évêque furent donnés aux Aveugles, en 1342, par le célèbre changeur Pierre des Essarts, et une petite partie seulement se trouvait en dedans de l'enceinte de Charles V : voir la *Topographie historique*, t. I, p. 285-292, et le livre de M. Léon Le Grand sur *les Quinze-Vingts* (extrait du t. XIII des *Mémoires de la Société de l'histoire de Paris*, 1887), p. 60-63. Feu Berty n'a fait la reconstitution historique de la rue Saint-Honoré que pour le côté gauche, attenant au Louvre et aux Tuileries; elle reste à exécuter pour le côté droit.

maisons; de l'autre côté, la butte des Moulins, avec ses champs, clos et vergers, et le marché aux Chevaux, l'ancien marché aux Pourceaux qui avait vu pendre, brûler ou bouillir tant de condamnés de toute catégorie[1]. Un jour vint cependant où la construction *extra muros* du palais des Tuileries et la création du jardin dans lequel Catherine de Médicis accumulait tant de merveilles décidèrent les courtisans à s'établir dans ces parages, à proximité du Louvre et sur la route même que la cour suivait pour aller au château de Saint-Germain[2]. Successivement, François Ier, Henri II, Charles IX et Henri III voulurent englober ce nouveau Paris dans une enceinte partant de la porte de la Conférence, et il y eut des commencements d'exécution[3]; mais le travail n'alla pas plus loin que ce qu'on appelait alors le faubourg Saint-Honoré, et fut abandonné là pour un demi-siècle. Les premiers habitants d'importance que l'on trouve dans ces parages sont ces mêmes Gondy, compatriotes de la reine Catherine, qui devaient avoir Louis XIII et Louis XIV pour successeurs dans leur seigneurie de Versailles. Antoine de Gondy du Perron, maître d'hôtel du roi Henri II, et sa femme, Marie-Catherine de Pierrevive, gouvernante des enfants de France[4], firent construire un vaste hôtel au milieu de terrains boisés et de jardins de la bordure de droite du faubourg qui ne mesuraient pas moins de dix-huit arpents. Ils y moururent l'un et l'autre, et l'hôtel, où,

---

1. Voir *les Quinze-Vingts*, p. 258-259, l'*Histoire de la Butte des Moulins*, par Édouard Fournier, p. 10-22, et le plan de Bâle, VI, 7. Sur le plan de Truschet, on distingue le Marché, avec un pendu attaché à l'une des deux potences, entre la butte des Moulins et le fossé. A droite et à gauche du faubourg, jusqu'à hauteur, à peu près, de Saint-Roch, qui n'est pas marqué, il y a un certain nombre de maisons.

2. *Mémoires de N. de la Huguerye*, t. I, p. 213.

3. Berty, dans sa *Topographie historique*, t. I, p. 318-321, a cité nombre de documents, dont les premiers prouvent qu'il y a eu des commencements de nouvelle enceinte dès 1523 et 1536.

4. Catherine de Médicis employa beaucoup Mme du Perron pour diriger ses acquisitions de terrains et les travaux d'art des Tuileries naissantes, et elle en confia l'intendance à son fils Pierre, premier des quatre Gondy qui occupèrent successivement le siège épiscopal de Paris. Voir *la Sépulture des Valois à Saint-Denis*, par A. de Boislisle, p. 14, et la *Topographie historique*, par Berty, t. I, p. 229-231. Un document de 1570 (*Archives de l'art français*, t. I, p. 14-19 et 383) montre Mme du Perron inventant le « dessein » de la grotte de terre émaillée des Tuileries et délivrant une ordonnance pour le payement des Palissy.

dit-on, Charles IX avait logé en 1566 et 1574, passa à leur fils, le premier duc de Retz, qui y mourut aussi le 21 avril 1602[1]. Sa veuve, la savante Catherine de Clermont[2], le vendit dès le mois de janvier suivant à leur fils cadet l'évêque de Paris; celui-ci le revendit, en juillet, à sa sœur la marquise de Maignelay, et, le même jour, la marquise en fit transport à Marie de Luxembourg, duchesse d'Étampes et de Penthièvre, vicomtesse de Martigues, qui était veuve depuis un an et demi du grand ligueur lorrain le duc de Mercœur, belle-sœur par conséquent de la femme du roi Henri III[3]. Il paraît que toutes ces ventes successives et fictives avaient été nécessaires, parce que la duchesse de Retz, qui d'ailleurs était morte dès le 25 février 1603[4], abhorrait Mme de Mercœur et n'eût voulu, à aucun prix, traiter avec elle[5]. Mme de Mercœur fit reconstruire l'hôtel[6] et s'y installa après avoir vendu aux d'Estrées celui qu'elle occupait dans la rue des Bons-Enfants. Il devint l'hôtel de Vendôme en passant aux mains de sa fille unique, mariée en 1609 au fils naturel d'Henri IV[7]. C'est de là que César de Vendôme se sauva lors des arrestations de septembre 1616[8]; c'est là encore que furent célébrées les fêtes du baptême de Louis de Vendôme, en août 1617[9]; que sa sœur Élisabeth fut

---

1. Corbinelli, *Histoire de la maison de Gondy*, t. II, p. 2-3 et 25. Ce duc et maréchal de Retz est bien cruellement traité par Brantôme dans son chapitre du roi CHARLES IX (*Œuvres*, t. V, p. 253-255) : « Un Florentin fin, caut et trinquat, corrompu, grand menteur et dissimulateur..., le plus grand renieur de Dieu de sang-froid qu'on pût voir.... » Selon Brantôme, c'est le maréchal qui poussa Charles IX à faire massacrer les huguenots et qui organisa la Ligue sous le règne suivant. Pierre de l'Estoile ne parle pas en meilleurs termes de ces étrangers : *Journal*, année 1574, t. I, p. 9-10, et II, p. 140.

2. Sa statue funéraire, par Barthélemy Prieur, est à Versailles, ainsi que celle de son mari.

3. « Vraie fille de [son] père, toute vertueuse, courageuse et généreuse comme lui, habile et prompte et vigilante; si que, si ce fût été un garçon, ce fût été le vrai père. » (Brantôme, t. V, p. 194.)

4. *Journal de P. de l'Estoile*, t. VIII, p. 63-64. Son épitaphe est rapportée par Piganiol, et son testament par Corbinelli, p. 572.

5. Sauval, *Histoire et recherches des antiquités*, t. II, p. 124 et 289.

6. C'est probablement pour cela que des auteurs ont attribué la reconstruction à Henri IV.

7. *Œuvres de Malherbe*, t. III, p. 68, 84, 92 et suiv.; *Journal de P. de l'Estoile*, t. IX, p. 313-314.

8. *Journal inédit d'Arnauld d'Andilly*, p. 202.

9. *Ibidem*, p. 314, et *Journal de Jean Héroard*, t. II, p. 217.

fiancée au duc de Nemours le 9 juillet 1643 et finit ses jours le 19 mai 1664; que Laura Mancini, duchesse de Mercœur, périt en couche le 8 février 1657; que César mourut le 22 octobre 1665[1], son fils le 6 août 1669, et sa femme enfin le 8 septembre suivant[2]. Leur hôtel passait alors pour grand et imposant[3]. On le voit d'ailleurs, non pas sur le plan de François Quesnel (1609), mais sur la retouche du plan de du Cerceau (vers 1650), où il est mal placé, sur les plans de Gomboust (1652), de Bullet (1676) et de Jouvin de Rochefort (1676). Le jardin surtout avait une grande réputation pour son énorme étendue.

Le siècle qui venait de s'écouler depuis l'arrivée du premier Gondy dans ces parages avait amené bien des changements, presque tous accomplis sous l'influence directe des descendants de cet Italien, ou du moins avec leur intervention. Cinq couvents considérables s'étaient installés des deux côtés du faubourg : à droite, celui des Jacobins, richement doté par la marquise de Maignelay et par son frère l'évêque de Paris[4] (1612-1615), mais dont l'église ne fut dédiée qu'en 1625; puis, les filles de la Passion ou Capucines, établies (1602-1606) par la duchesse de Mercœur, comme exécutrice des dernières volontés de la feue reine Louise, sur l'emplacement de l'ancien hôtel du Perron et de ses dépendances[5], tandis que l'on construisait pour elle-même un nouvel hôtel[6]. A gauche, sur le terrain contigu au manège royal et où habitait, entre autres occupants, le célèbre écuyer Antoine de Pluvinel, les deux grands couvents des Feuillants et des Capucins avaient été fondés par Catherine de Médicis et Henri III : l'église du premier, achevée en 1608 grâce au cardinal de Gondy, s'était enrichie d'un beau portail de François Mansart en 1624[7]; celle

---

1. *Gazette* de 1665, p. 1042 et 1063-1066.
2. *Gazette* de 1669, p. 902 et 903.
3. Voyage d'Evelyn, en 1644, à la suite du *Voyage de Martin Lister*, p. 259.
4. La première messe fut dite le 16 mars 1614 : *Histoire de la maison de Gondy*, par Corbinelli, t. II, p. 87-92 et 99.
5. *Ibidem*, p. 89.
6. Elle habita, en attendant, à la Roquette. Voyez les détails que Piganiol de la Force donne sur l'inauguration du couvent en 1606; c'était la seule maison de cet ordre en France.
7. C'est là que les Vendôme avaient leur chapelle en qualité de bienfaiteurs. On y remarquait une *Vierge* de Jacques Sarrazin.

du second, en face des Capucines, avait été terminée en 1610[1]. Plus loin encore, les filles de l'Assomption ou Haudriettes étaient venues s'établir en 1622, dans un hôtel vendu dix-huit ans auparavant aux Jésuites par le cardinal de la Rochefoucauld[2]; mais leur église, en forme de dôme, ne s'acheva qu'en 1676, sur l'emplacement de l'hôtel de M. de Noyers, secrétaire d'État de la guerre sous Louis XIII. La chapelle Saint-Roch, bâtie contre la Butte entre 1578 et 1582, avec un cimetière, n'était encore qu'un simple secours de Saint-Germain-l'Auxerrois[3].

Toute cette partie du faubourg fut incorporée dans la ville quand la construction de l'enceinte de 1633 recula la porte Saint-Honoré à quatre cents toises de son ancien emplacement[4], et les

---

1. Un arrêt du Conseil du 15 septembre 1601 (Arch. nat., E 3ᴮ, fol. 58) donne quelques lumières sur l'origine de ces deux couvents et de leurs prétentions réciproques à la propriété des terrains mitoyens entre eux. Ils venaient de Mᵐᵉ du Perron, qui, en 1568, avait vendu à la reine mère une maison tenant d'une part à l'hôtel des Coquilles et d'autre part aux héritiers Boisseau. Catherine fit don, à son tour, de « terrain et jardin tenant d'une part à M. de la Trémoille, d'autre part à Jean et Pierre de Laleu, pour y être bâti un temple et couvent de religieux de Saint-François ou Capucins, » et ce don fut confirmé par Henri III, dès son arrivée en France, le 25 septembre 1574. Ce même prince acheta pour les Feuillants de la maison de Saint-Bernard, en 1585, la maison et le jardin des Laleu et un jardin du duc de Retz. De même, en 1597 et 1598, Henri IV augmenta leur couvent du corps d'hôtel habité auparavant par l'écuyer Pluvinel. Voyez la *Topographie historique*, par Berty, t. I, p. 299-307. Pour mettre fin aux litiges issus de cette mitoyenneté, l'arrêt de 1601 ordonna qu'il serait ouvert entre les deux couvents une rue de douze pieds de large et fermée de portes aux deux bouts, qui servirait exclusivement au roi pour aller directement de son manège à l'hôtel de Retz et au faubourg Saint-Honoré. Telle est l'origine de l'impasse des Feuillants, souvent citée dans l'histoire des temps révolutionnaires.

2. *Topographie historique*, t. I, p. 309-313.

3. Éd. Fournier, *Histoire de la Butte des Moulins*, p. 38-43.

4. Ci-dessus, p. 41. Voyez Bonnardot, *les Anciennes enceintes de Paris*, plan X, p. 187-188 et 265-266. La nouvelle porte Saint-Honoré (au débouché de la rue sur notre rue Royale actuelle) avait été commencée antérieurement ; lorsque Le Barbier obtint une seconde concession sous le nom de Froger, il lui fut imposé tout d'abord de finir cette construction : voir la *Topographie historique*, t. I, p. 322-324. Trois ans plus tard, en avril 1636, les enquêteurs du service de voirie rapportent qu'ils ont trouvé proche cette nouvelle porte « une grand place publique, tenant d'un côté à la nouvelle muraille de la ville, et de l'autre du long des murs du logis et jardin de M. de Noyers, au travers de laquelle le canal par lequel se

places vides de l'ancien rempart furent mises alors en vente[1]. Les constructions privées devinrent chaque jour plus nombreuses, et débordèrent même par delà la nouvelle porte, grâce à une permission de bâtir en dehors des bornes-limites accordée en mai 1639[2]. « C'est ainsi, dit Nicolas Delamare[3], que la ville de Paris, renfermée originairement dans une petite île d'environ cinquante arpents, ou, pour parler plus précisément, de cinq cents toises de long sur cent quarante de large au milieu, et beaucoup moins aux extrémités, est parvenue à cette extrême grandeur qui lui donne aujourd'hui deux lieues de diamètre et six lieues de circonférence, en y comprenant les faubourgs. » Une boucherie s'établit sur le terrain de l'ancienne porte Saint-Honoré[4]; le marché aux Chevaux (ancien marché aux Pourceaux) fut reporté sur des terrains vagues entre le parc de Vendôme et le bastion de l'enceinte appelé du même nom[5]; enfin, la chapelle Saint-Roch fut

---

doivent écouler les eaux de la moitié de ladite rue dudit faubourg, lequel canal avons trouvé encombré de terres massives et gravois qui sont provenus des recoupes de pierre, lorsque la muraille de la nouvelle enceinte de la ville a été faite. » (D. Félibien, *Histoire de la ville de Paris*, Preuves, t. II, p. 131.) Comparez deux documents de 1571 et 1585, dans la *Topographie historique*, t. I, p. 283.

1. Arrêt du Conseil du 28 janvier 1645, ordonnant la vente de ces terrains depuis la porte Saint-Denis jusqu'à la porte Saint-Honoré.
2. Le village de la Ville-l'Évêque fut érigé alors en paroisse : *Traité de la police*, t. I, p. 86. C'est en ce temps-là que Corneille disait, dans *le Menteur* (vers 559-564) :

    L'univers entier ne peut rien voir d'égal
    Aux superbes dehors du palais Cardinal ;
    Toute une ville entière, avec pompe bâtie,
    Semble d'un vieux fossé par miracle sortie,
    Et nous fait présumer, à ses superbes toits,
    Que tous ses habitants sont des dieux ou des rois.

3. *Traité de la police*, t. I, p. 90.
4. Sauval, *Histoire et recherches des antiquités*, t. I, liv. VI, p. 645; Berty, *Topographie historique*, t. I, p. 285.
5. Emplacement actuel des rues Louis-le-Grand, Gaillon, d'Antin, etc. Le traité passé en 1633 avec Froger portait cette clause : « Le marché aux chevaux et autres bestiaux qui se tenoit près la porte Saint-Honoré sera transféré en un autre lieu moins incommode, afin de laisser cet endroit libre pour y bâtir et aux autres places qui sont proches, et, par ce moyen, embellir la ville par les beaux édifices qui s'y pourroient faire. » On verra plus loin (p. 108) quel parti le cardinal de Richelieu comptait tirer de ce bel emplacement. Reporté de l'autre côté de la Butte (voir les plans de

érigée en paroisse (1633) par les soins de l'archevêque J.-Fr. de Gondy : le jeune roi vint poser, en 1653, la première pierre de l'église qui subsiste encore aujourd'hui, et, le 22 novembre 1665, Mme de Vendôme, assistée de son fils, y apporta un os du bras droit du saint pris pour patron[1]. Quoique les religieux, surtout les Feuillants, eussent utilisé en maisons de rapport une partie des terrains qui bordaient la rue[2], il restait encore bien des espaces inhabités, propres aux duels et aux rencontres armées[3] : c'est dans le marché, tout près par conséquent de l'hôtel de Vendôme, que le duc de Nemours fut tué par son beau-frère Beaufort, le 30 juillet 1652[4]; c'est dans la rue elle-même, en plein midi, que le père de Saint-Simon se battit contre M. de Vardes, en 1647, sous les fenêtres du logis que la jeune et belle duchesse de Châtillon occupait près de la nouvelle porte[5]. En fait de maisons d'importance, les plans du milieu du xviie siècle ne font connaître que celle des filles de la Conception, qui étaient venues s'installer en 1635 vis-à-vis de l'Assomption, et, plus près encore de la porte, l'hôtel du secrétaire d'État Fr. Sublet de Noyers, que l'Assomption absorba, et celui de l'intendant des finances Séraphin de Mauroy[6], auquel

---

Gomboust, 1652, et de Boisseau, 1654), le marché servit pour le samedi seulement; celui du mercredi se tenait derrière la butte Coupeau ou Coypeau, auprès de la croix de Clamart, sur la rive gauche, où il avait été établi en 1641, sans doute pour suppléer à l'ancien marché des Tournelles, devenu la place Royale. (D. Félibien, Preuves, t. III, p. 112.)

1. La voûte ne fut faite que plus tard, et le roi voulut bien contribuer aux frais. Quant au portail, il ne date que de 1736. Voir l'*Histoire de la Butte des Moulins*, p. 50-55.

2. Ils avaient le privilège de loger les nonces à leur arrivée dans Paris.

3. L'enquête d'avril 1636 représente la « grande rue et chaussée du faubourg Saint-Honoré la plupart boueuse et pleine de grands tas d'immondices » ainsi que le marché aux Chevaux et les quatre ou cinq rues avoisinantes. (D. Félibien, Preuves, t. II, p. 130.)

4. Éd. Fournier, *Histoire de la Butte des Moulins*, p. 56-59 et 70. C'est à l'autre marché aux Chevaux des Tournelles, auprès de la Bastille, qu'avait eu lieu, en 1578, le terrible duel des mignons.

5. *Mémoires de Saint-Simon*, nouvelle édition, t. I (1879), p. 216-218.

6. Il fut intendant de 1640 à 1658 et eut ensuite une place de conseiller d'État et contrôleur général des finances, ayant commencé par être commis de M. de Noyers. En 1644, il fit à l'église Saint-Roch une très curieuse et charitable fondation pour assurer et réglementer le service des derniers sacrements. Il mourut en mars 1668, laissant un fils, ce curé des Invalides dont la banqueroute fit tant de scandale en 1691, et une fille, mariée en premières noces au marquis de Paulmy, en secondes au comte d'Uzès.

avaient été joints, en 1642, trois arpents et demi de terrain pris à bail emphytéotique sur l'espace compris entre le bastion de l'hôtel de Vendôme et celui de la Conception [1]. Est-ce ce dernier hôtel qui, sous la régence d'Anne d'Autriche, passa aux mains d'un autre homme de finance, de Lorme, et fut orné de plusieurs œuvres du sculpteur Michel Anguier [2]?

Les parties les plus rapprochées de l'ancienne porte Saint-Honoré ne s'habitèrent que plus tard, lorsque l'aplanissement de la Butte, entrepris en 1667 par une société d'architectes et de financiers [3], eut donné naissance à douze rues nouvelles et assuré un ample développement au quartier du Palais-Royal.

Le procès-verbal d'une enquête faite en janvier 1679 contre les propriétaires qu'on accusait d'avoir usurpé ou irrégulièrement acquis de Louis Le Barbier le terrain des maisons construites à droite et à gauche de la nouvelle porte Saint-Honoré, sur les bastions de l'enceinte commencée par Henri II, est parvenu jusqu'à nous [4] : il fait connaître la population de cette extrémité occidentale de Paris. On y remarque, du côté de l'Assomption et de l'Orangerie des Tuileries, en commençant par le bastion même : Macé Colletet, ancien secrétaire du roi, établi là en 1651; Jérôme de Murat, seigneur de Beligneux, qui avait succédé à un M. de Neuville; le comte de Monglat-Cheverny (1668); le sculpteur Michel Anguier, qui habitait sur le bastion, et dont le nom a été prononcé tout à l'heure [5]; Mme de Croissy de Chaumont (1671); MM. Perrot de Villemareuil et Le Camus; puis, en deçà de l'Assomption, la dame de Pouilly et M. de Plancy, maître d'hôtel de Monsieur, qui avait acheté en 1666 la maison d'Henri Garnier des Chapelles. De l'autre côté, entre le bastion et le couvent de la Conception : le marquis de Grancey, héritier de M. d'Hocquincourt; un mouleur de bois, du nom de Florent Fromentel, et son beau-frère Denis Tillorié; Jean Rondelet, sieur de la Tour, et Lambert du Bois, qui avaient succédé à des Briçonnet; le jardinier

---

1. Arch. nat., registres de l'hôtel de ville, H 1830, fol. 373.
2. *Mémoires inédits... de l'Académie de peinture*, t. I, p. 439-441.
3. L'opération fut ordonnée par un arrêt du Conseil en date du 15 septembre 1667. Les travaux furent conduits par l'architecte Simon de l'Espine, Gauldrée-Boilleau et Flacourt, et durèrent dix ans. Voir Éd. Fournier, *Histoire de la Butte des Moulins*, p. 80-88.
4. Arch. nat., carton Q^1 1106; cf., dans le carton O^1 1551, plusieurs mémoires relatifs au jardin des Capucines.
5. Son père y mourut le 7 août 1669, et lui-même le 11 juillet 1686.

Pierre Desgots et son beau-frère l'illustre contrôleur des bâtiments et jardins royaux, André Le Nostre, dont le père et la mère, devançant la vogue, avaient acheté beaucoup de terrains en cet endroit dès 1599. C'est d'eux que venait une partie des trois mille cent dix toises occupées par le couvent de la Conception entre les maisons de la rue Saint-Honoré, le bastion et le jardin de l'hôtel de Luxembourg[1]. Celui-ci était de création toute récente, puisque l'illustre maréchal (il n'avait encore que le grade de lieutenant général, mais venait de se distinguer dans les Pays-Bas) François-Henri de Montmorency, duc de Piney-Luxembourg, n'était devenu acquéreur sur la confiscation du partisan Pierre Monnerot, successeur de l'intendant Mauroy, que par un décret de la Cour des aides en date du 6 juillet 1673, et c'est seulement onze ans plus tard, le 5 septembre 1684, que le roi, malgré l'opposition des religieuses de la Conception, lui donna, pour agrandir son jardin, les mêmes trois arpents et demi emphytéosés jadis à M. de Mauroy[2]. Outre l'hôtel, il possédait trois maisons attenantes[3].

L'enquête de 1679 n'avait pas à s'occuper du couvent des Capucines, situé en dehors des terrains litigieux ; mais elle fait mention de l'hôtel de Vendôme pour seize cent quarante-neuf toises de jardin et six cent quatre-vingt-quatre toises de terrain sur l'épaulement du bastion, qui avaient payé onze mille cinq cent vingt francs de taxe à Le Barbier, en 1637. Elle indique plus loin huit cent trente toises de terrain vide dans la direction de la porte Gaillon[4].

Un autre document officiel, l'*État et partition de la ville de Paris* de 1683, qui a déjà servi de base à tant d'études topographiques et historiques, compte dans le quartier[5] sept églises, six hôtels, un palais, deux fontaines et douze cent dix-huit mai-

---

1. Cf. Jaillot, quartier du PALAIS-ROYAL, p. 58. L'achat des terrains Le Nostre avait été fait par le président de Nesmond, le 25 mars 1639.

2. Ci-dessus, p. 101. L'hôtel de Luxembourg continua à acquitter la fondation faite à Saint-Roch par M. de Mauroy. Il avait une tribune sur l'église de la Conception.

3. Cf. Jaillot, PALAIS-ROYAL, p. 60 ; Arch. nat., arrêts du Conseil, reg. E 1824, et reg. de la Ville, H 1830, fol. 373.

4. Ces terrains furent vendus à Pierre Dionis et à la veuve de Philippe Le Febvre, par deux contrats du 7 avril 1685 et du 28 juin 1686, dont il est fait mention dans les dossiers du carton Q¹ 1140.

5. Bibl. nat., ms. fr. 8604.

sons[1]. Dans la rue Saint-Honoré, sur le côté droit en allant de l'est à l'ouest, il énumère — nous ne tenons compte ni des maisons religieuses, ni des logis sans importance — l'hôtel de Bournonville-Noailles, puis l'hôtel de Vendôme, la fontaine Saint-Ovide et la maison de Mme de Châtillon, devenue princesse de Mecklenbourg, et cite, comme locataires de son frère le maréchal de Luxembourg, les Montroy ou Mauroy, Ratabon et Plainville, Mme de Sainte-Maure. Au delà de l'hôtel même de Luxembourg et de la Conception, en approchant de la porte et du faubourg, viennent une maison de M. l'archevêque de Rouen occupée par d'Artagnan, une autre qu'habite le marquis de Plancy, et celle que le sieur Pollier partage avec la marquise de Charny.

Le côté gauche de la rue était presque entièrement occupé par les trois couvents de l'Assomption, des Capucins, des Feuillants, et par les maisons appartenant à ces derniers; cependant on y construisit alors l'hôtel du conseiller d'État Pussort, avec un portail ionique et un beau jardin[2], qui fut ensuite aux Noailles. L'hôtel contigu eut plus tard pour habitant l'intendant des finances Fleuriau d'Armenonville, et c'est là que devait mourir en 1770 le président Hénault, un des habitants de la place que nous allons voir maintenant sortir de terre[3].

---

1. Cf. le *Paris ancien et nouveau*, de C. Le Maire (1685), t. I, p. 12.
2. Cet oncle tout-puissant de Colbert, qu'on mettait, pour son mérite, à la tête de toutes les commissions et des entreprises les plus importantes (*Mémoires de Saint-Simon*, éd. nouvelle, t. II, p. 78, et t. IV, p. 13-15), dut faire construire cet hôtel, — par Jean Marot et par Lassurance, dit-on, — vers l'époque où il prit place au conseil royal des finances, c'est-à-dire vers 1672. Lorsqu'il mourut, en 1697, l'hôtel passa au financier Bertin, puis, en 1711, au maréchal de Noailles. J. Marot en a gravé l'élévation du côté du jardin; G. Brice et Piganiol en ont fait la description. Cf. la *Topographie historique*, t. I, p. 298. C'est sur l'emplacement de cet hôtel qu'ont été ouvertes, de 1830 à 1832, la rue d'Alger et la continuation de la rue du Mont-Thabor.
3. Non loin de là était l'impasse ou rue Saint-Vincent, que Vauban habitait dès 1691, et où il mourut (*Dictionnaire critique*, par Jal, p. 1227); mais l'illustre ingénieur n'y est indiqué ni comme propriétaire, ni comme locataire, par le Terrier royal de 1705. On dit que ses héritiers actuels ont retrouvé tout dernièrement, dans quelque maison de l'ancienne rue Saint-Vincent (rue du Dauphin à partir de 1744), une partie de sa correspondance, qui est allée rejoindre les précieux papiers si jalousement cachés à tous les regards et dont les historiens les mieux autorisés sollicitent en vain la communication depuis un siècle. Le père de son gendre, L. Bernin de Valentinay, marquis d'Ussé, contrôleur général de la maison du roi, avait dans le voisinage immédiat, sur le côté gauche de la rue Saint-

Le second duc de Vendôme n'avait laissé que deux fils mineurs : Louis-Joseph, qui succéda au titre et fut l'un des plus célèbres généraux de Louis XIV, et Philippe, chevalier de Malte de minorité ; ils vivaient ensemble, en parfaite « identité », comme dit Saint-Simon, et gardèrent d'abord pour leur résidence commune l'hôtel construit par la duchesse de Mercœur, dont le plan de Gomboust nous montre la façade allongée sur la rue Saint-Honoré[1], vis-à-vis des Feuillants, les deux cours et le parc, séparé de l'enceinte par un petit jardin et par le marché aux Chevaux. Ce troisième duc de Vendôme était extrêmement riche, et il fit faire dans sa demeure patrimoniale des constructions, ou tout au moins des embellissements, par Libéral Bruand et par le second Mansart, Jules Hardouin[2] ; mais un désordre tel régnait dans l'administration de ses biens, que les spéculateurs ne tardèrent pas à jeter leur dévolu sur son hôtel, avant même que la nomination du chevalier à la dignité de grand prieur de France permît aux deux frères d'aller prendre asile au Temple.

Sur une superficie qui, en comprenant l'hôtel lui-même, ses cours, ses jardins[3] et un arpent donné jadis au surintendant Foucquet, formait un total de quinze mille trois cent soixante-quinze toises, on pouvait ouvrir deux voies parallèles allant de la rue Saint-Honoré à l'extrémité des jardins, puis deux autres qui rejoindraient la rue Neuve-des-Petits-Champs et la rue Saint-Augustin, et qu'une petite rue relierait entre elles, soit : trois mille soixante-quinze toises de voirie, et un reste de douze mille

---

Honoré, plusieurs maisons, dont il vendit une en 1708, à M. Fontanieu, de qui elle passa à la duchesse d'Aumont, puis au trésorier G. Michel de la Jonchère, à l'intendant des finances J. de Boullongne, etc. (Arch. nat., Q¹ 1140, concession d'eau).

1. On trouvera une vue allemande de la façade, avec un plan de 1686, dans la brochure que M. le capitaine Dolot vient de publier, en 1887, sur la place de Vendôme, ci-après, p. 157, note 2. En 1616, Mme de Mercœur s'était fait concéder à bail emphytéotique des « places en forme de coudes et enclaves, étant au derrière et le long des murs et clôture de sa maison, et faisant partie de l'épaule du rempart. » (Mention dans le carton Q¹ 1140.)

2. G. Brice, dans son édition de 1684 (t. I, p. 55-56), parle d'un escalier à colonnes construit par Mansart. Lance, dans son *Dictionnaire des architectes*, t. II, p. 104, dit que ce fut là que Mansart, travaillant sous Bruand, fut remarqué par le roi et gagna son brevet d'architecte des bâtiments ; c'est la légende étrangement altérée dans l'*Histoire littéraire du règne de Louis XIV*. Mignard y fit des peintures : voir les *Archives de l'art français*, t. V, p. 49.

3. Voyez la feuille VIII du plan de Gomboust.

trois cents toises à mettre en valeur. En payant à MM. de Vendôme cinquante livres de la toise, soit : six cent quinze mille livres, et revendant les bâtiments et cours de l'hôtel à deux cents livres la toise, soit : trois cent cinquante-cinq mille deux cents livres pour mille sept cent soixante-seize toises, on aurait à débiter dix mille cinq cent vingt-quatre toises de terrain, à cent livres en moyenne : ce qui ferait un produit total de quatorze cent sept mille six cents livres, tout en gardant cent vingt-huit toises pour les carrefours [1].

Le 8 novembre 1677, Jules Hardouin-Mansart, architecte du roi, signa un acte d'association avec les cinq financiers qui suivent : André Pouget, secrétaire du roi [2]; Charles de Flacourt, trésorier provincial de l'extraordinaire des guerres à Brouage [3]; Ponce de la Feuille, sieur de Merville, inspecteur pour le roi au canal de Languedoc [4]; Denis Broussoré [5], écuyer, et Jacques Mazière, président au grenier à sel de Pontoise [6]. Pouget et Broussoré prenaient chacun cinq vingtièmes, et les quatre autres

---

1. Arch. nat., O¹ 1551.
2. C'était un intéressé aux manufactures de draps de Clermont qui, sous Colbert, avait rempli avec distinction les fonctions de directeur général de la ferme des gabelles en Languedoc, et rendu de grands services pour l'achèvement du canal. Il résigna son office de secrétaire du roi en 1684.
3. Ci-dessus, p. 101, note 3.
4. Un des plus actifs collaborateurs de Riquet et de Colbert : voir les *Lettres de Colbert*, t. IV, p. 324 et 325; l'*Histoire du corps du génie*, par Allent, p. 85, 167, etc. Il mourut en 1684. L'*État et partition* de 1683 lui attribue quatre maisons dans la seule rue Neuve-des-Petits-Champs, ce qui suffirait à prouver qu'il spéculait sur les nouveaux quartiers.
5. Denis Broussoré ou de Broussoré, issu d'une famille languedocienne, avait une charge de maître d'hôtel ordinaire du roi, et il fut maintenu dans sa noblesse en 1671, avec son frère cadet, exempt des gardes que le duc de Verneuil entretenait comme gouverneur de la province.
6. C'était le fils et successeur d'André Mazière, architecte du roi et entrepreneur de ses bâtiments; comme La Feuille, lui et sa femme possédaient diverses maisons dans la rue Neuve-des-Petits-Champs, notamment à l'extrémité de cette voie où nous verrons que Mansart en construisit plusieurs pour lui-même. (Terrier royal de 1705, Arch. nat., Q¹ 1099⁶, fol. 128 et 130.) Sur ces Mazière, voir les *Nouvelles archives de l'art français*, 2ᵉ série, t. IV, p. 9-14. Jacques Mazière ne fit pas de bonnes affaires, car il était fréquemment obligé de demander des arrêts de surséance contre ses créanciers, et je ne sais si c'est le même Mazière qui, comme maire de Pontoise, fut accusé de mauvaise gestion en 1696 (Arch. nat., E 1895, 24 et 31 janvier 1696).

deux et demi seulement. Le but de la société était d'acheter l'hôtel de Vendôme avec ses dépendances, d'en faire l'exploitation indiquée ci-dessus, et de partager au prorata de la portion de chacun « les gains et pertes qu'il plairait à Dieu leur envoyer[1]. » J'ignore ce qu'il advint de ce premier projet : peut-être Colbert ne s'y prêta-t-il point, quoique la paix fût venue, dès l'année suivante, rendre un libre essor aux travaux d'art et de voirie, et que les deux Vendôme eussent, peu après, abandonné l'hôtel et ses dépendances[2]. Mais Colbert mourut en 1683, et nous avons vu plus haut[3] avec quelle ardeur Louvois et Mansart rouvrirent le chapitre des énormes dépenses[4]. Surintendant et premier

---

1. Un des six exemplaires originaux et signés de l'acte d'association se retrouve dans le carton O¹ 1551, avec le devis d'exploitation analysé ci-dessus.

2. G. Brice, éd. 1684, t. I, p. 56. C'est le 9 août 1678 que le chevalier revêtit l'habit de l'ordre, prononça ses vœux et prit possession de l'hôtel du Temple (*Gazette*, n° 82, p. 738); mais son installation ne se fit qu'en 1681 : voir *les Cours galantes*, par M. Desnoiresterres, t. I, p. 272-273. En 1684, l'auteur de *Paris ancien et nouveau* dit que le vaste et spacieux jardin de l'hôtel délaissé a perdu beaucoup de son lustre.

3. Ci-dessus, p. 6-8.

4. C'est le temps où l'on compta jusqu'à vingt-quatre mille hommes sur les chantiers de Versailles, et où la dépense journalière y était de deux cent mille livres : *Gazette de Leyde*, 1ᵉʳ et 10 août 1684. Saint-Simon nous raconte en maint endroit comment ce second Mansart « obsédoit le roi avec des projets qui, de l'un à l'autre, le conduisoient aux plus fortes dépenses, » comment il avait l'adresse de « l'engager, par des riens en apparence, en des entreprises fortes ou longues, » et lui soumettait des plans imparfaits, pour s'extasier ensuite sur les corrections proposées par le maître. Aussi Mᵐᵉ de Maintenon dit-elle plus tard, en 1710 : « On découvre tous les jours combien ce grand homme a trompé le roi ; il ne m'a jamais trompée. » Saint-Simon l'accuse, en propres termes, d'avoir en encore moins de probité que de science et de goût : « Il gagnoit infiniment aux ouvrages, aux marchés et à tout ce qui se faisoit dans les bâtiments, desquels il étoit absolument le maître, et avec une telle autorité, qu'il n'y avoit ouvrier, entrepreneur, ni personne dans les bâtiments, qui eût osé parler ni branler le moins du monde. » (*Mémoires*, t. V, p. 459 et 460, et XII, p. 148; Addition au *Journal de Dangeau*, 11 mai 1708.) La démonstration positive de ces abus de pouvoir et de confiance ne saurait se faire ; mais la participation que nous allons constater aux opérations des spéculateurs et des traitants constitue tout au moins un commencement de preuve, et, de plus, il se trouve précisément que les Bâtiments parvinrent alors à se débarrasser de certaines injonctions, par trop gênantes, de la Chambre des comptes, qui exigeait jusque-là des devis et des procès-verbaux d'adjudication au rabais et de réception des ouvrages, « considérant, dit la déclaration du

architecte prouvèrent sans peine à Louis XIV qu'il ne pouvait ni faire moins que son père et son aïeul, ni rester en arrière d'un simple courtisan comme La Feuillade; que sa dignité y était engagée en même temps que l'intérêt de la capitale; que le quartier Saint-Honoré, résidence de la majesté royale, route conduisant à Saint-Germain ou à Versailles, et par où tous les ambassadeurs étrangers allaient y prendre audience, réclamait une place publique égale tout au moins à celle que ces mêmes ambassadeurs avaient rencontrée et admirée à leur entrée par la porte Saint-Antoine[1]. Cette considération était juste; quel qu'ait été le premier mobile de l'entreprise, il faut reconnaître qu'elle donna un élan décisif au développement de Paris : les quartiers de la rive droite de la Seine bénéficièrent incomparablement plus de la création d'une place nouvelle, que ceux de la rive gauche de la construction des Invalides[2].

Avant même qu'aucun marché fût réellement conclu, on sut à la ville et à la cour que le roi allait se porter acquéreur de l'hôtel de Vendôme[3] pour y faire une seconde place Royale, incomparablement plus belle que celle du roi Henri IV et du cardinal de Richelieu, et pour y ériger sa propre statue, avec un entourage de constructions symétriques et monumentales[4].

---

11 février 1688, que ces formalités n'ont pas été exécutées depuis vingt ans, à cause de l'urgence, et que de semblables travaux ne sauroient s'adjuger au rabais..... » L'abbé Lambert a essayé en vain de dissimuler ces malversations dans son *Histoire littéraire du règne de Louis XIV*, t. III, p. 119-120.

1. *Traité de la police*, t. I, p. 90.

2. C'est seulement par un arrêt du 18 octobre 1704 que fut ordonnée la continuation du nouveau rempart ou cours de la rive gauche depuis le quartier des Chartreux jusqu'à la rivière, et du quai d'Orsay, au-dessous du pont Royal, jusqu'à la rencontre du boulevard des Invalides. Le 24 août 1768, Voltaire, habitant de cette rive gauche, écrivait encore à l'architecte Guillaumot : « Je suis toujours fâché de voir le faubourg Saint-Germain sans aucune place publique, des rues si mal alignées, des marchés dans les rues, des maisons sans eau, et même des fontaines qui en manquent; et quelles fontaines de village!... J'espère que, dans cinq ou six cents ans, tout cela sera changé. »

3. Dès le mois de mars 1685, un bruit courut que cet hôtel allait être destiné passagèrement à recevoir le doge de Gênes; mais l'hôtel de Mme de Beauvais fut définitivement préféré : *Gazette de Leyde*, 27 et 29 mars, 3 avril et 3 mai 1685.

4. *Gazette de Leyde*, 24 avril 1685, et *Mémoires de Sourches*, t. I, p. 201, avril 1685. C'est le temps des splendeurs du grand carrousel.

Les plans grandioses de Louvois et de Mansart n'englobaient pas seulement l'hôtel de Vendôme, ses jardins et son parc, mais aussi le couvent des Capucines, sauf à transporter celles-ci sur un autre point. Longue de quatre-vingts toises, large de soixante-seize, la place n'aurait que trois faces; le quatrième côté resterait ouvert dans toute sa largeur sur la rue Saint-Honoré[1], et, au milieu de la face opposée, un arc monumental laisserait voir en perspective le portail d'une nouvelle église des religieuses Capucines concourant à l'effet architectural[2]. Mieux encore : on disait qu'en abattant une prodigieuse quantité de maisons dans l'axe du côté est, la vue s'étendrait du pied de la statue future jusqu'à celle que M. de la Feuillade allait ériger sur la place des Victoires[3]. Plus vaste, surtout en longueur, que la place Royale du Marais, celle-ci n'aurait rien d'égal en Europe, et sa destination devait encore en relever la splendeur monumentale, car, reprenant un projet formé par le cardinal de Richelieu dans les derniers temps de sa vie pour utiliser les terrains du précédent marché aux Chevaux[4], Louvois voulait loger tout autour de la statue du roi, sinon les administrations publiques, — on était encore loin de penser que les secrétaireries d'État ou les surintendances dussent avoir des installations stables, — du moins certains établissements qui dépendaient de la maison du roi et n'avaient que des résidences précaires : la Bibliothèque, les Académies, la Monnaie, l'hôtel des Ambassadeurs extraordinaires[5]. Saint-Simon lui-même ne

---

1. On le voit fermé par une grille sur un plan du temps : ci-après, p. 159, note 5.

2. C. Rousset, *Histoire de Louvois*, t. III, p. 416.

3. *Mémoires de Sourches*, t. I, p. 201. On n'eut jamais cette perspective que de l'endroit où fut élevée alors l'église des Capucines, et non de la place même.

4. Voyez ci-dessus, p. 99, note 5. C'est Sauval qui rapporte que Richelieu projetait de faire en cet endroit, entre les portes Saint-Roch et Richelieu, une place Ducale, de cinquante-huit toises, carrée et environnée de pavillons doubles et uniformes, profonds de dix toises, où logeraient l'Académie française et les académiciens. On y serait arrivé par les rues Saint-Honoré, Richelieu et Neuve-des-Petits-Champs. Desmarets avait fait les plans, et on traitait déjà avec les propriétaires des terrains, quand le cardinal mourut. (*Recherches des antiquités de Paris*, t. I, liv. vi, p. 631-632; cf. Éd. Fournier, *Histoire de la Butte des Moulins*, p. 59-61.)

5. Germain Brice, *Description de Paris*, 8ᵉ édition, 1725, t. I, p. 302-305. La Bibliothèque était alors installée en location dans deux maisons de la rue Vivien, où Colbert l'avait fait venir de la rue de la Harpe, pour

conteste pas la grandeur et l'utilité de ce plan, « d'autant plus, dit-il, que Paris et la France entière étoit pauvre en bâtiments publics¹. » Quant à la dépense, on comptait qu'elle serait insi-

l'avoir à sa portée; elle y resta jusqu'en 1722, quoiqu'on eût parlé, en 1711, de la loger au Louvre. C'est dans ce palais-ci que l'Académie française tenait ses séances depuis la mort de Séguier; celle des médailles et inscriptions, d'abord installée chez Colbert lui-même, fut autorisée par Louvois à venir au Louvre, à côté de l'Académie française; celle des sciences siégeait aussi au Louvre, après avoir eu asile chez Thévenot, puis à la Bibliothèque de la rue Vivien; celle de peinture et de sculpture, d'abord placée dans la galerie du Louvre, était depuis 1661 au palais Brion, qu'elle quitta en 1692 pour aller au vieux Louvre, ainsi que l'Académie d'architecture. — Le Grand Conseil logeait en location au cloître de Saint-Germain-l'Auxerrois, et, en 1686, il alla s'installer, en location aussi, à l'ancien hôtel d'Aligre, rue Saint-Honoré. — Depuis le règne de Louis XIII, les ambassadeurs extraordinaires, à leur arrivée dans Paris, étaient logés dans l'ancien hôtel du maréchal d'Ancre, aujourd'hui caserne de la garde municipale, rue de Tournon; au milieu du règne de Louis XV, on destina successivement pour cet usage l'hôtel Pontchartrain, rue Neuve-des-Petits-Champs, le palais Bourbon, l'hôtel d'Évreux, au faubourg Saint-Honoré. — La Monnaie était près du pont Neuf, dans la rue qui a gardé son nom, et ne fut transférée dans l'hôtel Conti qu'en 1774. — Le continuateur de Sauval (liv. VI, p. 628) parle aussi de l'Imprimerie royale, qui occupait alors cinq ou six salles du Louvre que le cardinal de Richelieu lui avait attribuées. Dans une Addition au *Journal de Dangeau*, 2 avril 1685, et dans le portrait de Louis XIV (t. XII des *Mémoires*, p. 79), Saint-Simon dit qu'un côté de la place était destiné à la Bibliothèque, le second à la Monnaie et aux Académies, le troisième au Conseil, au sceau et au logement du chancelier, le quatrième au Grand Conseil. Je ne crois pas qu'on ait songé à y placer la Chancellerie et ses dépendances avant le temps de la Régence, en 1718; quant au Grand Conseil, il n'en est question dans aucun document du temps de Louvois, et d'ailleurs on vient de voir que la place, primitivement, ne devait pas avoir de quatrième côté; mais des mémoires de la Ville faits en 1705, sur les prétentions fiscales de l'Archevêché (carton Q¹ 1141), firent valoir que, si l'on s'en était tenu au premier projet de placer là la Bibliothèque du roi, le Grand Conseil et les Cabinets des tableaux (*sic*), ces établissements seraient devenus autant de bâtiments royaux, non sujets au droit de mutation.

1. Addition sur Louvois, dans le t. III du *Journal de Dangeau*, p. 367; comparez le *Parallèle*, p. 228. — En 1753, un ingénieur nommé Ribart présenta cet autre projet « singulier, » comme le duc de Luynes le qualifie (*Mémoires*, t. XII, p. 457-458), pour placer la statue équestre de Louis XV par Bouchardon : « Le sieur Ribart voudroit mettre cette statue au milieu de la rivière, sur une plate-forme élevée entre le pont au Change et le pont Notre-Dame. Son idée est de former dans cet endroit une grande pièce d'eau et des rues qui aboutissent à la statue, de construire tout autour de la place les édifices publics, comme l'hôtel de ville, l'Opéra, la Comédie,

gnifiante, parce que les démolitions donneraient cinquante mille livres, et la revente des terrains environnants deux cent mille[1]. On eut même soin d'avance, pour assurer une plus-value à ces terrains, d'autoriser la Ville à mettre en vente toute la partie adjacente du mur d'enceinte de 1633 depuis le dehors du pavillon de la porte Gaillon jusqu'à l'angle du bastion de Vendôme, c'est-à-dire jusqu'à l'angle nord-ouest des jardins de l'hôtel, et d'entreprendre l'exécution du nouveau cours ou boulevard, resté à l'état de projet depuis la porte Saint-Honoré jusqu'à la porte Saint-Martin[2].

---

la Monnoie, le Change, etc. Il ne laisse subsister que le Palais, qu'il raccorde avec le reste du projet; il propose que toutes les fêtes publiques se donnent dans ce lieu, où il se trouveroit infiniment de place pour le peuple. La dépense seroit immense, trente ou quarante millions au moins; elle seroit finie en neuf ou dix ans, et il indique les expédients pour qu'au moyen d'une compagnie qu'il a en mains, l'entreprise ne soit onéreuse ni au roi ni au peuple. » — Plus de soixante projets virent alors le jour; Gabriel tira de vingt-huit plans différents les éléments de celui qui nous a donné la place Louis XV ou de la Concorde, et les deux constructions symétriques qui en font l'ornement ne furent consacrées qu'à une administration tout à fait secondaire, celle du garde-meuble. C'est que Paris était encore loin de franchir cette nouvelle étape dans sa marche vers l'ouest.

1. *Journal de Dangeau*, t. I, p. 146, mars 1685, et p. 174, 17 mai. On avait entrepris un semblable morcellement sous Charles IX, pour les terrains du palais des Tournelles et de l'hôtel d'Angoulême; mais il n'avait réussi que sous Henri IV, dans la création de la place Royale : ce roi avait bâti, puis revendu un des quatre côtés, et donné les terrains des trois autres côtés à charge de payer un écu d'or de cens, de construire en symétrie et de ne pas partager les hôtels entre cohéritiers. (Piganiol de la Force, t. IV, p. 311-312.) Comparez les marchés passés en 1608 pour la place de France : *ibidem*, p. 255-256.

2. Arrêt du 7 avril 1685 (Arch. nat., E 1829 et Q¹ 1140), donnant permission à la Ville d'acquérir et aliéner à perpétuité les places vaines et vagues des fossés, remparts et contrescarpes, même les terrains emphytéosés en remboursant les détenteurs, à charge de faire enlever les gravois et d'employer le produit des aliénations à acquérir le terrain par où devait passer le Cours, en commençant par la porte Saint-Honoré. C'est en vertu d'un arrêt déjà ancien (17 mars 1671) que ce Cours ou rempart d'agrément, planté d'arbres, devait être substitué à l'enceinte bastionnée. On y installa aussitôt des ateliers publics pour venir en aide aux pauvres qui souffraient d'une disette passagère, et il y fut dépensé plus de cent mille livres (*Mercure*, avril 1685, p. 6-7 et 191, et déclaration du 13 avril ; *Traité de la police*, t. I, p. 90; Sauval, *Recherches des antiquités de Paris*, t. I, p. 672). Voir, dans les papiers du Contrôle général, Arch. nat., G⁷ 441, 31 juillet

L'acquisition se négocia entre Louvois et l'abbé de Chaulieu, comme fondé de pouvoirs de MM. de Vendôme, sans doute aussi avec le grand prieur, qui prétendait liquider les affaires de son frère[1], et le contrat fut passé le 4 juillet 1685, entre le ministre et M. de Vendôme lui-même, assisté du curateur à la succession vacante de son aïeul[2].

Moyennant un principal de six cent mille livres et un pot-de-vin de soixante-six mille, le roi devenait propriétaire de l'hôtel de Vendôme avec ses cours, jardins, manège, pavillon et autres dépendances, « tenant d'une part aux religieuses Capucines, d'autre part au nommé des Lizières; du côté de la rue Neuve-Saint-Honoré et du côté du jardin du même alignement, aux héritiers de la dame Neyret de Preuilly et autres ; d'un bout à ladite rue, et d'autre bout à l'ancien marché aux Chevaux. » L'achat comprenait en outre un petit jardin clos de murs, tenant à l'hôtel de Vendôme et à l'hôtel de Luxembourg, seize cent trente-huit toises de terrain, dont neuf cent cinquante-quatre toises en culture de blé, derrière et hors le mur de l'hôtel, et six cent quatre-vingt-quatre toises au droit du pavillon des Malades[3] (?), un demi-arpent sur le bord des fossés de la ville, et généralement tout ce que MM. de Vendôme avaient hérité en ce lieu de leur aïeule paternelle Françoise de Lorraine-Mercœur[4]. L'hôtel et ses dépendances n'étaient chargés que de sept livres dix-sept sols un denier et obole de cens annuel

---

1714, un plan des boulevards depuis la porte Saint-Honoré jusqu'à la rue du faubourg Montmartre.

1. Le grand prieur, doué d'un bon esprit, « s'étoit mis à la tête de ses affaires et les avoit presque entièrement nettoyées en vendant plusieurs terres et gagnant plusieurs procès. » (*Mémoires de Sourches*, t. II, p. 244, note 1.)

2. Arch. nat., Q¹ 1140 et 1141. Cf. les *Mémoires de Sourches*, t. II, p. 234, la pièce n° 888 du *Musée des Archives nationales*, et le t. VI de la nouvelle édition des *Mémoires de Saint-Simon* (1888), p. 197. Douze ans plus tard, en sollicitant encore un arrêt de surséance contre ses créanciers, M. de Vendôme dit qu'il a remboursé déjà plus de trois millions et demi au moyen de la vente de cet hôtel et de celle des duchés de Penthièvre et de Beaufort et de plusieurs autres terres, mais qu'il reste devoir six ou sept cent mille livres (Arch. nat., E 1900, arrêt du 17 septembre 1697).

3. A propos de ces dernières seize cents toises, un certain nombre de créanciers de MM. de Vendôme voulurent faire opposition ; mais ils furent déboutés par un arrêt du 9 décembre 1692 (Arch. nat., E 1871).

4. Voir, dans le dossier O¹ 1551, un plan manuscrit de Jouvin de Rochefort.

envers l'archevêché de Paris, qui toucha vingt-cinq mille livres de droits de lods et ventes; le petit jardin payait six livres de rente à la Ville[1].

Dès le mois de septembre suivant, Louvois prit la direction des travaux, afin de ne point rester en retard sur M. de la Feuillade, qui pressait l'exécution de la place des Victoires[2]; MM. de Turményes et de la Touanne, trésoriers généraux de l'extraordinaire des guerres, furent chargés de fournir les fonds[3]. Hardouin-Mansart avait de droit la conduite des ouvrages, comme premier architecte; le jeune Boffrand[4] dessina les plans et profils des trois côtés de la future place, Claude Mongeot grava un plan général de l'hôtel de Vendôme et du nouveau couvent des Capucines, et Louis Caron fit exécuter sur cuivre les « desseins réformés » à faire à la place, le portail des Capucines, etc.[5]. Maurice Gabriel, dont la famille était alliée à Mansart[6], se chargea de la démolition de l'hôtel de Vendôme et de la construction des façades[7].

Cette entreprise, le pont des Tuileries et le canal qui devait amener les eaux de l'Eure à Versailles furent les trois « ouvrages publics » sur lesquels le roi décida de concentrer tous les efforts[8].

---

1. Le décret d'adjudication fut passé en parlement le 22 août 1687. Préalablement, le 13 juillet 1685, les créanciers de la maison de Vendôme avaient approuvé la vente. Toutes les pièces sont dans les cartons Q^1 1140 et 1141.

2. « M. de Louvois étoit dimanche à l'hôtel de Vendôme, avec des architectes du roi, afin d'y prendre les desseins (sic) de la place qui va y être faite. Dans tout le mois d'octobre, la statue du roi que le maréchal de la Feuillade a fait faire sera posée sur son piédestal. » (*Journal du P. Léonard*, Bibl. nat., ms. fr. 10265, fol. 67 v°, 26 septembre 1685.)

3. Pour le payement, voir les *Comptes des bâtiments* publiés par M. J. Guiffrey, t. II, col. 598, 666, 668, 669, 866, 1088, 1096, 1099.

4. Germain Boffrand, qui avait pris part aux travaux de l'Orangerie de Versailles en 1685, et qui fit, en 1687, le piédestal de la statue équestre érigée à Dijon. Il avait tout juste vingt ans, étant né en 1667, et travaillait sous la direction de J. Mansart, après avoir passé trois ans dans l'atelier de Girardon.

5. *Comptes des bâtiments du roi*, t. II, col. 1014-1016 et 1272, année 1686.

6. Sur les deux entrepreneurs du nom de Gabriel, voir les *Nouvelles archives de l'art français*, 1876, p. 318, 320 et 351.

7. *Comptes des bâtiments*, t. II, col. 725, 752, 866, 977, etc. Une planche de la *Géométrie pratique* de Manesson-Mallet (1702), t. III, pl. xiv, représente l'hôtel en démolition.

8. *Journal du P. Léonard de Sainte-Catherine, prieur des Petits-Pères*, ms. fr. 10265, fol. 104 v°, 30 janvier 1686. Sept mois auparavant, on avait parlé de tout abattre autour de la place Dauphine et d'élever sur cette

Mais il fallait, préalablement et de toute nécessité, faire disparaître l'enclave considérable qu'occupaient depuis 1606 les religieuses Capucines installées par Mme de Mercœur sur la rue Neuve-Saint-Honoré[1]. Louvois avait fait déclarer tout de suite[2] que le roi les exproprierait en reconstruisant pour elles un autre monastère, avec église, jardins et dépendances, sur les terrains qui resteraient vacants entre la future place et les remparts de la ville, c'est-à-dire sur l'ancien marché aux Chevaux et le bastion de Vendôme. Ce travail se fit d'urgence sous la direction de l'architecte François Dorbay[3] : la première pierre du nouveau couvent fut posée par l'évêque de Bethléem le mardi 9 juillet 1686[4], les religieuses purent s'y installer dès le 19 avril[5] 1688, et, selon Sauval[6], elles eurent la satisfaction d'y tout retrouver absolument semblable à l'ancienne maison et « leurs cellules ornées, arrangées et disposées comme celles qu'elles venoient de quitter. » L'église, qui devait faire perspective au fond de la future place, à l'opposite de celle des Feuillants, fut dédiée à saint Louis le 27 août 1689; mais son portail se trouva mal construit (celui des Feuillants était également un « sujet de discorde et de division entre les connoisseurs[7] »), et il fallut le refaire jusqu'à deux fois[8]; la décoration définitive n'en fut terminée qu'en 1722, par le sculpteur Vassé. L'église elle-même reçut, à l'intérieur, une très belle ornementation, des toiles de Jouvenet, des sculptures de Girardon et de Des-

---

extrémité occidentale de la Cité une « colonne historique » (ibidem, fol. 86 v°). C'est un des projets auxquels Colbert avait songé : ci-dessus, p. 5. Suivant la *Gazette de Leyde* du 20 septembre suivant, on voulait y mettre une statue qui eût fait pendant à celle d'Henri IV.

1. Ci-dessus, p. 97.
2. *Gazette de Leyde*, 24 juillet 1685.
3. Dorbay, architecte ordinaire des bâtiments, avait été employé par son maître Le Vau à la conduite des travaux du Louvre et du collège des Quatre-Nations. Il mourut le 4 septembre 1697.
4. *Journal du P. Léonard*, ms. fr. 10265, fol. 150 v°; *Gazette* de 1686, p. 369.
5. Ou le 26 juillet, selon Jaillot, QUARTIER MONTMARTRE, p. 14.
6. Sauval, *Recherches des antiquités de la ville de Paris*, t. I, liv. VI, p. 628. Piganiol de la Force dit que toutes les cellules étaient boisées et les cloîtres vitrés, et qu'on dépensa un million.
7. Piganiol de la Force.
8. On a le devis imprimé du second portail, d'après les plans et élévations de Mansart, ainsi que les autres devis établis par Louvois en 1686 : Arch. nat., O¹ 1551.

jardins, et c'est là que, dès les premières années, s'élevèrent les tombeaux si célèbres du duc de Créquy, mort en 1687, et de Louvois, mort en 1691.

Cette reconstruction du couvent des Capucines[1] coûta au roi, comme on le verra plus loin, de sept à huit cent mille livres; mais l'expropriation des terrains de l'ancienne maison ne devint définitive que par des lettres patentes du mois de juin 1688 et par un acte de délaissement passé au nom du chapitre, le 19 avril 1698[2], devant Moufle et Caillet, notaires au Châtelet.

Une voie nouvelle, prolongation de la rue Neuve-des-Petits-Champs, fut ménagée le long des murs du couvent pour aboutir au Cours en s'infléchissant vers le nord-ouest : on lui donna d'abord le nom de saint Ovide, martyr romain dont le duc de Créquy[3] avait donné le corps aux religieuses en 1665, à son retour de Rome, et pour lequel il avait fait construire une chapelle[4] ; mais cette appellation céda bientôt la place au nom de rue des Capucines[5], et saint Ovide ne conserva que le patronage de la foire dont il sera parlé plus loin. On peut dire que le généreux donateur des reliques inaugura la nouvelle église, puisque ses restes y furent apportés dès le 15 février 1687; un beau mausolée de Pierre Mazeline et Simon Hurtrelle s'éleva pour les recevoir[6].

Avant même que l'acquisition du 4 juillet 1685 eût été régularisée par le décret obligatoire[7], un arrêt du Conseil du 2 mai 1686[8] mit en vente les terrains qui devaient rester libres autour de la

---

1. Voir le plan, assez détaillé, des constructions, cours, jardins et enclos : Terrier royal, Q¹ 1099⁶, fol. 123 v°.

2. G. Brice, Jaillot et d'autres ont dit à tort : *1688* et *1689*. Les lettres patentes de 1688 et l'acte de 1698 sont dans le dossier Q¹ 1141.

3. Charles, sire et duc de Créquy, chevalier des ordres, premier gentilhomme de la chambre, lieutenant général, ambassadeur à Rome, gouverneur de Paris, etc.

4. Il avait posé la première pierre le 16 mai 1667 (*Gazette*, p. 488).

5. On trouve un plan de cette rue et de la partie adjacente du boulevard dans le carton Q¹ 1140.

6. *Mercure galant*, février 1687, p. 315-323.

7. Expédition en forme dans le carton Q¹ 1141.

8. Arch. nat., E 1834 : « Le roi ayant été informé de la facilité qu'il y auroit de faire une belle et grande place en la ville de Paris dans l'espace qu'occupe l'hôtel de Vendôme, laquelle place seroit d'un grand ornement à ladite ville et d'une grande commodité pour la communication des rues qui en sont voisines avec la rue Saint-Honoré, etc. » Les brouillons de cet arrêt et des lettres patentes sont dans le carton Q¹ 1141.

place, réserve faite des emplacements de la Bibliothèque et des autres bâtiments à construire pour le roi, ainsi que du terrain destiné aux Capucines. Quoique S. M. se chargeât de faire élever le mur d'architecture symétrique sur les trois côtés de la place[1], l'arrêt déclarait expressément qu'aucune partie des terrains à vendre ne serait jamais réputée du domaine, c'est-à-dire sujette à retrait, ni passible de la taxe du huitième denier, et que les acquéreurs qui bâtiraient derrière ce mur d'architecture n'auraient d'autre obligation que de l'entretenir et de ne rien changer aux façades. Nous avons une des affiches imprimées à cette occasion[2], sur laquelle les agents du domaine archiépiscopal ont indiqué grossièrement au crayon des projets de lotissement. A l'intérieur du carré de la place, on lit cet avis :

De par le roi.

On fait à savoir que les places contenùes dans l'enclos de l'hôtel de Vendôme et héritages au dehors en dépendants, et dans l'ancien couvent des Capucines de la rue Neuve-Saint-Honoré, marquées sur ce plan et hachées au burin, sont à vendre. Ceux qui voudront acquérir celles qui aboutissent à la grande place deviendront propriétaires incommutables des arcades que que (sic) Sa Majesté y fait bâtir, et pourront en acheter autant de front qu'ils le désireront, pourvu qu'ils n'en demandent pas moins de deux arcades. Les acquéreurs, tant du terrain autour de ladite grande place que de celui qui aboutira sur les rues voisines, ne seront tenus de payer aucuns droits pour raison de ladite acquisition que les droits seigneuriaux dus aux seigneurs dont il relève ; le tout, suivant l'arrêt du Conseil d'État du 2e mai 1688, dont il (sic) trouveront des copies audit hôtel, où ils pourront s'adresser.

---

1. « S. M. ayant considéré que, si ceux qui achèteront des places aux environs de ladite grande place pour y construire des maisons étoient obligés d'édifier le mur d'architecture et des façades qui doivent faire l'ornement de ladite place suivant et conformément aux desseins et devis qu'elle en a fait dresser, cela les constitueroit en une dépense considérable, ou, si l'on laissoit la liberté de les faire construire à leur fantaisie, ils les feroient bâtir peu solidement, et même inégalement, par les différents goûts et sentiments des propriétaires qui acquerroient lesdites places ; S. M., pour remédier à ces inconvénients, auroit résolu d'en supporter la dépense, et, pour cette fin, auroit donné ordre au surintendant général de ses bâtiments de faire construire de ses deniers ledit mur d'architecture, avec la solidité et les ornements requis à un ouvrage qui doit être aussi considérable que celui-là..... »

2. Dans les papiers de l'Archevêché, Arch. nat., S 1091B.

Fait sur une assez grande échelle, le plan qui accompagne cette affiche nous donne exactement la configuration des lieux et leurs mesures. On y voit que chacun des grands côtés de la façade symétrique devait avoir trente-trois arcades, et que la face du fond, coupée par l'arc triomphal, n'en comptait que vingt-six[1]. La voirie avoisinante, l'emplacement des anciens fossés de 1633, le cours du nouveau rempart sont également indiqués avec soin.

Pour exécuter la statue du roi, objet final de cette grande entreprise, Louvois choisit son favori le troyen François Girardon, qui, sous la surintendance de Colbert, avait commencé les sculptures de la porte Saint-Denis, préparé le modèle de la fontaine monumentale de Le Brun[2], fait en pierre le groupe de la *Victoire de la France sur l'Espagne* (à gauche de la grille d'entrée de Versailles), pris part à la décoration des Tuileries et de la galerie du Louvre, et même, si l'on en croit Grosley, projeté d'offrir une statue équestre du roi à sa ville natale[3]. Girardon, alors âgé de cinquante-sept ans, faisait partie de l'Académie depuis 1657 et en était recteur depuis 1674[4]; instruit aux meilleures sources de l'art, formé par une longue et sérieuse étude des œuvres antiques de Rome[5], on le considérait comme le Phidias du siècle[6]; cependant il n'avait pas encore produit les monuments qui sont considérés

---

1. On en compte cinquante et une en tout, de chaque côté, sur le plan dressé pour M. de Villacerf en 1698 : Arch. nat., Q¹ 1141.
2. Ci-dessus, p. 5.
3. Grosley dit qu'il voulut se servir de la protection de Colbert pour faire construire devant l'hôtel de ville de Troyes une place destinée à cette statue équestre (*Mémoires inédits... de l'Académie royale de peinture et de sculpture*, t. I, p. 300-301). Ce n'est cependant qu'en 1687 que Girardon dota ses compatriotes, non d'une statue, mais d'un bas-relief, comme nous le verrons en parlant des statues de province. Mais il est certain que Girardon avait fait quelque projet de ce genre du vivant de Colbert, puisqu'on lui paya quinze cents livres, le 24 novembre 1680, « sur des modèles, tant petits que grands, d'une figure du roi à cheval. » (*Comptes des bâtiments*, t. I, col. 1287.) Il fit aussi une statue équestre pour le maréchal de Boufflers, mais en 1694; nous parlerons de ce morceau.
4. *Notice sur la vie et les œuvres de François Girardon de Troyes*, par Corrard de Bréban, 1850.
5. Lettre de Ch. Errard à Colbert, de Rome, 3 avril 1669 : *Lettres de Colbert*, t. V, Appendice, p. 521.
6. C'est Boileau qui l'appela ainsi, en reconnaissance de ce qu'il avait fait son buste.

comme ses chefs-d'œuvre : le mausolée de la princesse de Conti (Martinozzi), celui de Louvois, celui de sa propre femme. C'est seulement en 1690, et comme récompense de sa participation aux travaux de la nouvelle place, que le ministre-surintendant lui donna l'inspection générale des ouvrages de sculpture exécutés pour le roi [1].

Martin Desjardins, son ami, avait fait pour la place des Victoires un Louis XIV pédestre, revêtu des habits du sacre; Louvois voulut que, cette fois, l'effigie fût équestre et revêtue du costume classique des empereurs romains. Si ridicule que pût être l'adaptation de la perruque monumentale du grand roi à la simplicité héroïque d'un autre âge[2], c'était alors la règle commune, comme nous l'avons dit à propos de Desjardins, et Girardon ne pouvait pas plus y échapper que Desjardins, que Warin, Sarrazin et Anguier, leurs prédécesseurs, que Le Brun dans les peintures de Versailles, que le Bernin dans sa statue équestre, que les sculpteurs de la porte Saint-Martin, et que, plus tard, Coysevox à l'hôtel de ville, et, plus tard encore, sous le règne suivant, Bouchardon et Lemoyne. La Renaissance n'eût pas ainsi péché contre le goût et le bon sens; ne faut-il pas voir, dans cette choquante erreur du grand règne et de ses meilleurs artistes, un contrecoup de la grande dispute des anciens et des modernes qui, à l'époque où nous sommes en ce moment, passionnait tous les esprits?

Comme proportions, Louvois et Girardon s'efforcèrent de dépasser tout ce que l'on possédait en fait de statues équestres. Le cheval de Nancy[3] placé dans la cour du palais Brion[4] ne

1. Girardon avait eu pour premiers protecteurs le chancelier Le Tellier et Ch. Le Brun. Grosley dit (*loc. cit.*, p. 296) : « Girardon perdit beaucoup à la mort de M. le chancelier; il perdit encore davantage à la mort de M. Colbert. M. de Louvois et Mansart le regardèrent comme un homme de la vieille cour, et ils ne se servirent de lui que pour des ouvrages que d'autres n'auroient osé entreprendre. » Cependant Louvois lui fit faire aussi son propre buste en bronze, et le seul fait de l'avoir choisi pour exécuter une statue colossale du roi prouve quel cas il faisait de son talent.

2. Alex. Lenoir, *le Musée des monuments français*, t. V, p. 30-33.

3. Sur ce cheval, voyez les *Lettres de Colbert*, t. V, p. 310, 525 et 528-529, et Lepage, *Histoire de Nancy*, p. 336-337.

4. Le palais Brion ou petit hôtel Richelieu était une annexe du palais Cardinal, remplacée en 1692 par la grande galerie que Coypel peignit pour Monsieur, et aujourd'hui par le Théâtre-Français. C'est là que l'Académie de peinture et de sculpture siégea de 1661 à 1692, et on fit dans la cour la première exposition d'œuvres d'art (1673). Voyez l'Appendice de *la Mai-*

mesurait, sans la statue en plâtre du roi[1], que dix pieds neuf pouces de haut sur dix pieds six pouces de long; celui du pont Neuf, onze pieds trois pouces et demi; celui de la place Royale, douze pieds; le Marc-Aurèle, du Capitole[2], treize pieds deux pouces : la nouvelle statue dut avoir dix-huit pieds dix pouces du piédestal au sommet de la tête du roi, quinze pieds du sabot de devant du cheval posé sur le piédestal au plus haut de l'encolure et quatorze pieds cinq pouces jusqu'au haut de la tête du cheval, douze pieds deux pouces de longueur du devant du poitrail jusqu'au-dessous de la queue, et onze pieds quatre pouces du pied de derrière au-dessus de la croupe[3].

Dans l'automne de 1685, on commença par élever une maquette du piédestal au milieu du jardin de Vendôme et par installer une fonderie tout près de là, sur les terrains riverains de la rue Neuve-des-Petits-Champs qui s'étendaient entre le nouvel enclos des Capucines, la rue Gaillon et la rue Saint-Roch[4].

Du mois de décembre 1685 aux premiers mois de 1687, Girardon s'occupa assidûment des modèles[5]. Un article de compte, en date du 29 juin 1687[6], parle de trois cents livres de gratification

---

son mortuaire de Molière, par M. Auguste Vitu, p. 137-142. Le jeune roi l'avait fait bâtir pour s'y livrer à « ses divertissements passagers et à ses études de mathématiques et de fortifications. » Plus tard, il y logea Mlle de la Vallière, pour faire ses couches. Le plan de Jouvin de Rochefort, en 1672, indique le cheval de bronze dans la cour.

1. Maquette ou modèle exécuté en 1670 par Étienne le Hongre, et qu'on laissa se détruire.

2. Il y en avait eu un moulage à Fontainebleau, dans la cour qui avait conservé pour cette raison le surnom de cour du Cheval-Blanc, et Sauval prétend que Biard ne fit que copier l'antique pour son Henri IV de l'hôtel de ville. — Quant à la statue équestre que le Bernin fit de Louis XIV, elle n'était pas encore commencée, ou il y en avait à peine une ébauche, quand Girardon quitta Rome en 1669 : voir les *Lettres de Colbert*, t. V, p. 280-281 et 521.

3. Coupes et profils comparatifs : Arch. nat., O^1 1551. Plus tard, Girardon, consulté par Boivin sur les dimensions que Nicéphore Grégoras attribuait à la statue équestre de Justinien, lui donna, comme éléments de comparaison, ses mesures du Marc-Aurèle, de l'Henri IV, du Louis XIII et de ses deux statues de Louis XIV : collection des *Historiens byzantins*, 1702, t. II, p. 766. G. Brice parle aussi de ces calculs.

4. Arch. nat., plans du département de la Seine, 3e classe, n° 666.

5. *Comptes des bâtiments*, t. II, col. 622, 754, 755, 775, 776, 978, 1003, 1176, 1181, 1189, 1190.

6. *Ibidem*, col. 1181.

accordées à « Martin, sculpteur, travaillant sous le sieur Girardon à la statue équestre du roi à l'hôtel de Vendôme, » et l'on serait d'autant plus tenté d'identifier ce Martin avec l'auteur du groupe de la place des Victoires que, plus tard, M. de Villacerf fit collaborer celui-ci avec Girardon à un buste de la feue reine Marie-Thérèse[1], qu'ils exécutèrent ensemble une partie du tombeau de Louvois[2], et que les relations étaient très bonnes et très anciennes entre eux, Desjardins ayant tenu sur les fonts, en 1671, une fille de son confrère. Cependant les termes de l'article et le chiffre minime de la gratification ne permettent guère cette identification, en admettant même qu'on désignât parfois Desjardins par son seul prénom[3]. Le Martin placé sous les ordres de Girardon doit être plutôt celui que nous voyons assez souvent mentionné dans les comptes de Versailles et exécutant, entre autres ouvrages, des trophées[4]; peut-être aussi le même qui prépara plus tard le mausolée des Bouillons pour l'abbaye de Cluny[5].

Dès les derniers jours de 1685 ou les premiers de 1686[6], Louvois invita Charles Le Brun à aller voir l'état des travaux. Le Brun fut mécontent, non pas du projet de la statue, mais de l'esquisse du piédestal dessinée sur un mur, piédestal immense, avec des avant-corps, deux colonnes et une statue à chaque angle, comme on le voit dans une gravure de Jollain. Il écrivit donc au ministre que c'était un « cabinet d'Allemagne, » qu'il n'y avait pas de proportion entre les colonnes et les statues, et que celles-ci, au lieu de représenter des femmes, eussent dû être des esclaves

---

1. Ce buste, ainsi que celui de Louis XIV, étaient à Villacerf, avec un médaillon du maître du logis fait par Girardon; ils sont maintenant au musée de Troyes. Le Louvre a hérité du buste en bronze que Desjardins fit du surintendant (n° 220), et dont l'exemplaire en marbre fut donné par M. de Villacerf lui-même, le 29 décembre 1696, à l'Académie, dont il était vice-protecteur.

2. *Mémoires inédits de l'Académie*, t. I, p. 399-400.

3. C'est l'opinion de M. Guiffrey : *Comptes des bâtiments*, t. I, col. 1190-1191, 1289 et 1326. De même, on appelait simplement *Baptiste* le sculpteur Jean-Baptiste Tuby.

4. *Comptes des bâtiments*, t. II, col. 11, 88, 137, 161, 178.

5. Denis Martin, architecte et sculpteur du roi, dont j'ai indiqué la correspondance avec le cardinal de Bouillon relative à ce monument (1704) : *Nouvelles archives de l'art français*, 2ᵉ série, t. III, p. 339-348.

6. Dès la même époque, l'historiographe Vertron inséra des vers ou des inscriptions pour la future statue dans son *Nouveau Panthéon* (1686), cité ci-dessus, p. 69.

suivant l'usage antique auquel Desjardins, de son côté, s'était conformé pour la place des Victoires. Il paraît que ce jugement était généralement approuvé; mais Mansart, auteur du piédestal, se vanta que M. de Louvois lui avait renvoyé la lettre de Le Brun déchirée en deux, pour montrer qu'il n'en faisait aucun cas[1]. L'événement donna raison à Le Brun, puisque ce projet de piédestal fut abandonné[2].

Quant à la statue, on l'admirait fort, et, malgré ses proportions colossales, le travail en fut si activement mené, que le roi, lorsqu'il vint à Paris le 30 janvier 1687, trouva le modèle dégagé de sa cage[3]. Voici comment le *Mercure galant*[4] raconta cette visite, faite au sortir de la place des Victoires[5] :

> Le roi, après avoir témoigné à M. de la Feuillade la satisfaction que lui avoient donnée tant de belles choses, remonta en carrosse pour aller voir les ouvrages qu'on fait au lieu où étoit ci-devant l'hôtel de Vendôme. Non seulement il trouva la même multitude de peuple et entendit les mêmes acclamations, mais il fut encore surpris de voir tout le faubourg Saint-Honoré bordé de religieux : tous ceux qui remplissent les convents, qui y sont en grand nombre, étoient sortis pour voir ce monarque et pour mêler leur joie à l'allégresse publique, à laquelle ces saintes âmes ne prennent pas moins de part que les autres, le roi ayant fait tant de choses si glorieuses et si utiles à l'Église. S. M. les regarda d'une manière qui leur fit connoître qu'elle leur savoit bon gré de leur empressement et de leur zèle, et, remarquant beaucoup de personnes distinguées qui s'étoient mises aux fenêtres pour la voir passer, elle leur fit l'honneur de les saluer. Lorsqu'elle fut arrivée au lieu qui n'a point encore d'autre nom que celui de place de Vendôme, et où M. de Villacerf l'attendoit à cause de sa nouvelle charge dans les bâtiments, au lieu de visiter cette place comme il sembloit qu'elle devoit faire, sa piété la fit aller d'abord à l'endroit où l'on travaille à l'église qu'elle fait bâtir [pour] les Capucines. Ce prince, après l'avoir regardée en général, en examina quelques endroits, ainsi que du bâtiment des religieuses, et s'en expliqua ensuite d'une manière qui fit connoître que tous les arts ne lui

---

1. Mémoire de 1689, dans les *Mémoires inédits*, t. I, p. 59-60.
2. Ci-après, p. 147. Sur le plan en perspective que Mansart dressa en dernier lieu le 1ᵉʳ avril 1699 (Arch. nat., Q¹ 1141, ci-après, p. 139), on voit encore un piédestal très élevé à pilastres, mais sans statues aux angles.
3. *Comptes des bâtiments*, t. II, col. 1189.
4. Volume de février 1687, p. 53-61. Comparez la *Gazette*, p. 76, et le *Journal de Dangeau*, t. II, p. 15.
5. Ci-dessus, p. 70-71.

sont pas moins connus que l'art de régner. Il voulut, après cela, faire le tour de la place, dont il se fit apporter le plan afin d'en examiner toutes les parties ensemble. Il en parla avec beaucoup de justesse et d'une manière avantageuse pour M. Mansart, son premier architecte, à qui l'on en doit tous les desseins. Il parla aussi à M. Girardon, dont la réputation est connue pour tout ce qui regarde la sculpture, et qui a fait non seulement le modèle de la figure équestre du roi que l'on a dessein de mettre au milieu de cette place, mais encore celui des figures, bas-reliefs et ornements qui doivent l'accompagner. S. M. parut très contente de la disposition et de ce qu'elle put voir des figures, dont il étoit malaisé de juger tout à fait, parce qu'étant fort élevées, il falloit monter pour les voir de près : de sorte qu'elle dit qu'il étoit trop tard[1], et qu'elle les verroit une autre fois. Je ne vous donne point ici une description de cette place : il me seroit impossible de la faire exacte sans qu'elle fût longue, et je crois ne devoir pas interrompre par un si grand morceau la peinture de l'allégresse publique.....

C'est à la suite de cette visite que La Fontaine adressa à M. Simon, de Troyes, compatriote du sculpteur de la place de Vendôme, l'épître dont la partie relative à la place des Victoires a été citée plus haut[2]. Il ne s'y exprimait guère moins vaguement que le *Mercure* sur l'œuvre en préparation :

> Girardon, dîmes-nous, se saura surpasser,
> Exprimant le héros qu'il commence à tracer.
> L'exprimer ! c'est beaucoup, et, si le seul Lysippe
> Fut digne de mouler l'héritier de Philippe,
> Si nul autre sculpteur ne le tailla que lui,
>   Peu de mains doivent entreprendre
>   D'employer leur art aujourd'hui
>   Pour un roi mieux fait qu'Alexandre.
> Notre prince a l'air grand, il a l'air du dieu Mars....

Trois mois plus tard, le roi, se rendant à Luxembourg, revit encore les deux places le 10 mai 1687[3].

Les travaux de la seconde place n'existaient toujours qu'à l'état de plans, puisque c'est seulement en 1691 que Louvois fit publier des devis d'ouvrages de maçonnerie à faire, soit pour la Biblio-

---

1. Le dîner de l'hôtel de ville s'était prolongé, puis la visite à la place des Victoires et à l'hôtel de la Feuillade.
2. Ci-dessus, p. 68-69.
3. Ci-dessus, p. 71 ; *Gazette*, p. 280; *Journal de Dangeau*, t. II, p. 42.

thèque, soit pour le mur général de façade et le grand avant-corps ou arc du fond dans lequel devait s'encadrer l'église des Capucines. Le 10 avril, il traita pour la Bibliothèque[1] avec Girard Marcou et Pierre Le Maistre, deux des principaux entrepreneurs des travaux de Versailles[2]. Aucun marché ne fut passé pour les autres bâtiments dont on avait parlé primitivement[3]; il est clair que le roi y avait renoncé, et, du reste, les circonstances étaient devenues aussi défavorables, par le fait de la nouvelle guerre, qu'elles avaient pu sembler propices en 1685.

Trois mois après, Louvois mourait subitement, et Saint-Simon[4] nous dit que, le jour même, Louis XIV eut pour premier soin de suspendre le travail, de diminuer les dimensions de la place, d'en couper les angles, de n'y plus mettre « rien de public, » et de ne faire que des maisons particulières. On va voir que ces modifications ne furent résolues que sept ans plus tard ; mais le nouveau surintendant, Colbert de Villacerf, sans doute arrêté par le roi, ne poussa pas loin les travaux à peine commencés, puisqu'il fut dépensé moins de cent mille livres pour le bâtiment de la Bibliothèque.

Cependant le modèle prêt depuis si longtemps dans l'atelier de la rue Neuve-des-Petits-Champs souffrait de tant de retards : des ordres furent donnés en conséquence au fameux Jean-Balthazar Keller, qui avait déjà fondu tant de chefs-d'œuvre de bronze. Le surintendant lui écrivit, le 31 juillet 1692[5] : « J'ai parlé aujourd'hui à M. de Barbesieux[6], qui a trouvé bon que vous demeuriez à Paris pour finir la statue équestre du roi. Je vous prie de vous y employer et de vous y appliquer soigneusement, et d'être bien persuadé qu'en toute occasion je vous ferai plaisir, et, qu'après avoir réussi à cette figure, je m'emploierai volontiers auprès du roi pour vous procurer une récompense. » Les conditions du travail de Keller étaient réglées par un marché général

---

1. Bâtiment en aile, à main gauche, en entrant par la rue Saint-Honoré.
2. Toutes les pièces originales, devis, contrat, plans, sont dans le dossier O¹ 1551.
3. Académies, hôtel des Ambassadeurs, Monnaie.
4. Addition au *Journal de Dangeau*, t. I, p. 364; *Mémoires*, t. XII, p. 79; *Parallèle des trois premiers rois Bourbons*, p. 228.
5. Bibl. nat., ms. fr. 7801, fol. 408.
6. Keller faisait les fontes d'artillerie pour le compte de ce secrétaire d'État de la guerre.

passé entre lui et Louvois le 22 décembre 1683 pour « jeter en bronze à cire perdue toutes les statues dont le roi aurait besoin[1]. » Mais aucune coulée, pas même celle de la statue équestre exécutée tout récemment par Coysevox, pour les États de Bretagne[2], n'avait approché de l'opération extraordinaire qu'exigeaient les dimensions du modèle de Girardon. On reconnut donc que cette fonte sortait absolument des conditions du marché de 1683, et Keller eut promesse que le roi lui témoignerait une gratitude proportionnée aux six ans passés par lui en préparatifs et en inventions nouvelles. La coulée se fit le 31 décembre 1692[3], sous la surveillance de l'architecte Robert de Cotte, beau-frère de Mansart[4], et elle réussit merveilleusement[5]. Tous les détails en ont été consignés par Boffrand, avec des planches remarquables, dans un gros mémoire que l'Académie royale fit imprimer en 1743[6] : on y voit que le moule absorba quatre-vingt-trois mille six cent cinquante-deux livres de métal[7], que néanmoins cheval et cavalier furent obtenus d'un seul jet, grâce à un fourneau inventé tout exprès, et que « la fusion fut si heureuse que, quelques jours après, Keller eut la satisfaction de reconnoître, en développant la figure, que rien n'avoit manqué dans l'action violente de la fonte : tout avoit coulé si juste et pris si à propos, même dans les parties les plus saillantes et les plus éloignées, que l'on n'eut autre chose à faire, après qu'elle eut été développée, qu'à décroûter et à réparer légèrement[8]. » Cette fonte est restée dans l'histoire de l'art comme la plus belle qu'ait jamais faite Keller ; en fut-il récompensé comme il l'avait espéré, ou même comme on le lui avait promis ? Sept ou huit mois s'écoulèrent d'abord sans qu'il vît rien venir ; sur une

---

1. A raison de douze cents livres pour chaque statue de six à huit pieds de haut, et trois cents livres de supplément pour les plus grandes.

2. Il en sera parlé dans la troisième partie de ce travail.

3. Et non le 1er, comme le disent beaucoup d'auteurs.

4. Il avait épousé la sœur de sa femme et était considéré comme son élève. C'est lui qui termina les travaux de Mansart à Trianon, à Notre-Dame, à la chapelle de Versailles, etc. Saint-Simon prétend que tous deux faisaient faire leurs plans et dessins, « sous clef, » par Lassurance.

5. *Gazette* de 1693, p. 24 ; *Gazette d'Amsterdam*, 1693, n° vi ; G. Brice, 8e édition, t. I, p. 311-315.

6. *Description de tout ce qui a été pratiqué pour fondre en bronze, d'un seul jet, la statue équestre de Louis XIV*, etc. Un vol. in-folio.

7. Blondel a donné la composition du métal dans son *Architecture françoise*, t. III, p. 105.

8. G. Brice, *loc. cit.*

première réclamation, le surintendant lui écrivit, le 20 août 1693[1] : « Je parlerai au roi, ainsi que je vous l'ai promis, pour la gratification que vous demandez à cause de la figure équestre. Le temps est si peu propre à vous faire plaisir à cette occasion, que, quand je diffère, ce n'est que pour l'amour de vous : ainsi, ne me pressez point. Je ne laisserai point échapper l'occasion. » On finit par le porter pour quatre mille livres sur un état de frais que je reproduirai tout à l'heure; mais ce chiffre était loin de représenter la valeur de six années de travail, et encore, si l'on en croit les revendications des héritiers de Keller, celui-ci serait mort sans avoir rien pu toucher. C'est en 1702 qu'il finit ses jours[2] : en 1715 et 1718, sa veuve, appuyée par le canton de Zurich, d'où il était originaire, réclama la gratification promise, évaluée par elle à douze mille livres; le surintendant (c'était alors le duc d'Antin) répondit que Keller avait été entièrement payé pour toutes ses statues, quelles qu'elles fussent[3].

L'anglais Martin Lister, qui alla visiter la fonderie en 1698, dit[4] : « Ce colosse de bronze est encore à l'endroit où on l'a fondu; il est étonnamment grand : vingt-deux pieds de haut, le pied du roi de vingt-six pouces de long, et toutes les proportions bien gardées, de même que pour le cheval. On avait fondu cent mille livres de métal; mais il n'en entra que quatre-vingt mille dans le groupe, qui fut fondu d'un seul jet, homme et cheval. M. Girardon m'a dit qu'il avait travaillé au modèle assidûment huit ans entiers, presque tous les jours, et qu'il avait fallu deux ans de plus encore pour le moule, pour les fourneaux, et pour le couler[5]..... »

Lister n'admira pas autant l'œuvre du sculpteur que celle du fondeur; ce costume d'empereur romain associé à l'immense perruque de Louis XIV[6] le choquait, et non sans raison. Quoique

---

1. Bibl. nat., ms. fr. 7801, fol. 408.
2. Il venait d'être pourvu de la charge de commissaire général des fontes de l'artillerie le 1er janvier 1701, en remplacement de son frère Jacques, qui l'avait fait venir à Paris et initié aux secrets de son art.
3. Pièces du ms. fr. 7801 publiées dans le Cabinet historique, année 1857, p. 182-184.
4. Voyage à Paris, trad. 1873, p. 39.
5. On remarquera ces chiffres, qui reporteraient la commande à l'année 1682.
6. Même défaut dans la statue léguée par Warin au roi, en 1672 : musée de Versailles, n° 2667, dans l'escalier des Princes. Cf. ci-dessus, p. 117.

accoutumé à voir représentés en héros antiques ses propres rois Charles II et Jacques II à Windsor et à Old-Exchange, à White-Hall et à Chelsea-College, il préférait de beaucoup la statue équestre de Charles Ier, au naturel, dans Charing-Cross, et la comparait sans crainte à tout ce que possédait Paris. « Pourquoi ces grandes libertés que se donne la sculpture?.... Quel besoin de se mettre en quête d'emblèmes, quand on peut avoir la vérité? Louis le Grand, paraissant à la tête de son armée dans le costume qu'on lui a prêté, donnerait fort à rire à présent..... C'est, à mon avis, l'effet d'une flatterie mal entendue, et, si l'on n'y veut voir que l'art, je le trouve sans grâce et sans goût[1]..... »

Germain Brice dit que « les frais pour tout ce qui a dépendu de cet ouvrage ont monté à deux cent cinquante mille écus. » La statue elle-même ne coûta qu'un peu plus de cent mille livres selon ce mémoire, fait vers 1698[2] :

Charpenterie et menuiserie	8,761 l.	19 s.	11 d.
Plâtre pour le modèle	2,263	7	5
Journées de sculpteurs.	16,756	16	10
Journées de fondeurs	10,943	»	»
Au sieur Keller, pour ses soins à les conduire, à compte	4,000	»	»
Fers d'armatures.	8,338	7	9
Briques et grès	2,423	17	»
Cires et autres drogues.	4,468	16	6
Bois à brûler	3,806	15	»
A Cassegrain, pour le moule. . .	4,500	»	»
Cuivre et mitrailles.	9,234	10	»
Alliages payés à Nainville	5,790	19	»
Menues dépenses	5,360	4	»
Au sieur Girardon, à compte de ses peines et soins	14,750	»	»
Total	101,398 l.	13 s.	5 d.

En présence de tant de documents précis, le lecteur se demandera comment a pu s'établir la fausse légende rapportée en ces termes

---

1. Que dirait-il aujourd'hui de la statue du duc de Wellington en Achille?
2. Arch. nat., dossier O¹ 1551. Un autre mémoire (ci-après, p. 127) donne un total de plus de cent dix-neuf mille livres.

par le biographe de Girardon, Corrard de Bréban[1] : « On s'occupa de la statue de 1686 à 1694, que l'ouvrage fut jeté en bronze; mais cette statue fut jugée trop petite pour la place qu'on avait créée tout exprès, le maréchal de Boufflers l'obtint pour sa terre de Boufflers, et l'on se remit à travailler avec une nouvelle ardeur. Ce ne fut que cinq ans après, en 1699, qu'un deuxième modèle fut amené à sa perfection..... » Walckenaer[2] a répété cette erreur de Corrard de Bréban. Nous nous occuperons plus loin de la statue de Boufflers, et j'établirai, d'après les données les plus sûres, que ces deux œuvres n'avaient de commun que le sculpteur et le fondeur; mais, en fait de secondes fontes de la statue équestre commandée par Louvois, il y eut des réductions faites par Girardon, et elles auraient été[3] au nombre de six : la plus grande, de trois pieds deux pouces de haut, que Girardon fit pour lui-même et exposa en septembre 1699 et en 1704[4]; une autre, de trente-neuf pouces, qui entra dans le cabinet du duc de Tallard; une troisième, de seize pouces seize lignes, qui figura plus tard dans la vente Crozat; une quatrième, de quarante pouces, chez Gaignat; une cinquième, très belle, faite pour M. de Pontchartrain et qui passa ensuite au fermier général La Haye (peut-être celle du musée de Dresde), et une sixième, qui est au Louvre, après avoir passé par le musée des Petits-Augustins. Les deux premières réductions et la dernière n'en font peut-être qu'une seule et même, correspondant à celle que possède actuellement notre musée de la sculpture moderne au Louvre (n° 209, haut. $1^m 020$). Les dimensions de la troisième répondent à peu près à celles du modèle conservé à Versailles (n° 2172, haut. $0^m 43$). Enfin, M. Germain Bapst possède une maquette ou premier modèle en cire, de petites dimensions, qu'on voit en ce moment à l'Exposition de l'art français sous Louis XIV et Louis XV.

Ajoutons que l'œuvre de Girardon fut reproduite en peinture

---

1. P. 37 de la notice indiquée ci-dessus. — L'erreur viendrait-elle de ce qui s'était passé pour les deux statues commandées successivement par le maréchal de la Feuillade?

2. *Histoire de J. de la Fontaine*, t. II, p. 104.

3. Selon Corrard de Bréban, p. 40.

4. Florent Le Comte, *Cabinet des singularités d'architecture*, t. III, p. 249. Selon le livret de l'Exposition de 1699, la statue avait été mise au milieu de la galerie du Louvre sur un piédestal soutenu par des termes et orné de trophées.

par Houasse et gravée par B. Picard sous quatre aspects, par Charles Simonneau, et par Tardieu, pour servir de frontispice à l'ouvrage de Boffrand.

Mais bien des années se passèrent avant qu'elle pût sortir du hangar de la rue Neuve-des-Petits-Champs; peut-être faut-il voir là un effet de la « modestie » du roi durant cette période de guerre et de misère[1], et c'est seulement après les traités de 1697, avec la perspective assurée d'une paix générale, que l'on songea à en finir. Louis XIV voulut se rendre compte de la dépense faite depuis 1685; quel fut son désappointement en lisant le mémoire dressé par le surintendant Villacerf[2]! L'hôtel de Vendôme, y compris les intérêts de moitié du prix et les frais de décret, avait coûté 706,208 l. 15 s.; la reconstruction du couvent des Capucines, 760,089 l.; les ouvrages de la place, 535,248 l.; ceux de la Bibliothèque, 90,211 l.; la statue équestre, « en l'état qu'elle est présentement, » 119,664 l. Il ne restait plus à exécuter que très peu de travail au fond de la place, en dedans et en dehors, soit : 36,000 l.; mais on devait encore 20,000 l. à l'entrepreneur Gabriel, 30,000 l. pour le remboursement de terres enclavées dans le jardin des Capucines, et les dépenses à faire pour l'érection de la statue et pour son piédestal pouvaient s'évaluer à 50,000 l. : ce qui donnerait un total de 2,347,420 l. pour toute l'entreprise[3].

---

1. La médaille frappée en 1699 pour l'inauguration de la place est accompagnée du commentaire suivant, dans le recueil officiel des *Médailles des événements les plus remarquables du règne de Louis le Grand* : « On avoit commencé à construire une place magnifique dans le grand espace qu'occupoit autrefois l'hôtel de Vendôme, près de la porte Saint-Honoré, et l'on devoit poser au milieu la statue équestre du roi, elle étoit même déjà faite; mais le roi, par un mouvement de modestie, déclara qu'il ne vouloit plus qu'on lui élevât de statue. A la fin néanmoins, forcé en quelque sorte par les prières redoublées de ses sujets, il consentit qu'on lui élevât celle-ci, et fit don à la Ville de tout ce grand emplacement...... » Comparez le *Mercure* d'août 1699, p. 217, et l'inscription de dédicace : *Statuam hanc equestrem quam diu oblatam recusavit, et, civium amori omniumque votis indulgens, erigi tandem passus est...*, ainsi que les réponses du roi lui-même, ci-après, p. 133 et 141.

2. Dossier O¹ 1551.

3. Dans un autre mémoire, peut-être un peu antérieur comme date, mais où le même chiffre est indiqué pour la Bibliothèque, on trouve le détail suivant pour les bâtiments de la place et du couvent : maçonnerie, 982,111 l. 15 s. 8 d.; terrassements et jardinages, 8,953 l. 15 s. 9 d.; charpenterie, 153,799 l. 3 s. 6 d.; couverture, 39,188 l. 8 s. 8 d.; plomberie, 7,793 l. 4 s. 9 d.; menuiserie, 42,500 l.; serrurerie et gros fer, 13,245 l. 17 s. 10 d.;

L'opinion du successeur de Louvois était que le roi pourrait retrouver un million environ en vendant onze mille toises des terrains restants (aucune aliénation n'avait encore été faite, et il y avait dix-neuf lots vacants autour de la place); mais l'affaire n'en aurait pas moins coûté un million. Cette question de vente s'agitait depuis quelque temps entre Villacerf et M. de Pontchartrain, celui-ci y étant intéressé en même temps comme contrôleur général des finances et comme secrétaire d'État de la maison du roi[1]. La toise de terrain pouvait atteindre un prix moyen de cent livres, quatre-vingt-cinq au moins[2], puisque les derniers prix payés dans le quartier contigu étaient : cent vingt livres, rue Neuve-des-Petits-Champs au coin de la rue Sainte-Anne; quatre-vingt-deux livres dix sous et quatre-vingt-cinq livres, dans le voisinage immédiat des Capucines; soixante livres, rue Gaillon. Dès qu'on avait connu ces intentions, beaucoup de gens s'étaient présentés, mais pour acquérir des portions de lots n'aboutissant pas sur la place,

---

vitrerie, 3,812 l. 11 s. 2 d.; peinture, 5,520 l. 3 s. 11 d.; sculpture, 5,341 l. 3 s.; pavé, 6,527 l. 0 s. 6 d.; horloge, 350 l. — C'est à ce bordereau qu'est joint le détail des dépenses faites pour la statue. Dans le mémoire bien connu de Marinier, commis de Mansart, sur les travaux d'art exécutés jusqu'en 1690 (*Mémoires de Saint-Simon*, éd. Chéruel, t. XII, p. 525; *Lettres de Colbert*, t. V, p. 578), les dépenses « de la place royale de l'hôtel de Vendôme, fonte de la statue équestre du roi et couvent des Capucines, » sont ainsi décomposées :

Année 1685	21,708 l.	3 s.	7 d.
Année 1686	320,969	7	8
Année 1687	467,063	8	3
Année 1688	275,835	14	5
Année 1689	71,215	5	7
Année 1690	174,698	14	10
Plus l'acquisition de l'hôtel	731,208	15	»
Total.	2,062,699 l.	9 s.	4 d.

Il faut faire observer que, si ce mémoire ne va que jusqu'à 1690, il n'en est pas moins de l'année 1693 au plus tôt, puisque Marinier dit que la statue est « jetée en bronze et entièrement réparée sur les dessins et par les soins des sieurs Girardon, premier sculpteur du roi, et Keller, qui en a fait la fonte. » D'autre part, on a vu que Louvois ne passa marché pour la Bibliothèque, — dont les 90,211 livres sont comprises dans notre document, — qu'en avril 1691.

1. Correspondance conservée dans le dossier O^1 1551; plan dressé pour M. de Villacerf, le 28 avril 1698, dans le dossier Q^1 1141.

2. A cause de la très grande profondeur de certains lots, profondeur qui subsiste encore aujourd'hui, la toise variait de trente livres à cent vingt livres.

et Villacerf les avait écartés de peur de nuire au débit principal. M. de Pontchartrain et son collaborateur l'intendant d'Armenonville eurent l'idée de faire une masse totale des terrains et de trouver quelque compagnie de financiers ou d'architectes, ou des uns et des autres, qui pût en traiter à forfait[1].

Vers les derniers jours du mois d'avril 1698, une décision définitive fut prise et communiquée au public par les lettres patentes qui suivent, où se trouvent résumées les principales péripéties de l'entreprise[2] :

Louis, etc., à tous présents et à venir, salut. Le désir que nous avons de contribuer aux embellissements et décorations de notre bonne ville de Paris nous fit donner des ordres au feu sieur marquis de Louvois, conseiller en tous nos conseils, secrétaire d'État et de nos commandements, surintendant général de nos bâtiments, arts et manufactures du royaume, d'acquérir en notre nom l'hôtel de Vendôme, situé rue Neuve-Saint-Honoré, cour, jardin et place en dépendant, comme il a fait de notre cousin le duc de Vendôme par contrat passé par-devant Caillet et Gallois, notaires à Paris, le 24 juillet 1685, dont le prix a été consigné ès mains du receveur des consignations, savoir : trois cent mille livres en octobre 1685, et trois cent trente-huit mille six cent vingt-cinq livres le 30 février 1688, y compris les intérêts alors dus; et, pour plus grande sûreté de l'acquisition, d'en faire faire le décret en notre cour de parlement, qui a été achevé le 22 août 1687. Depuis lequel, nous avons fait construire de nos deniers, sur partie du fonds dudit hôtel, une église et convent pour les religieuses Capucines, où elles ont été transférées, ainsi qu'il paroît par nos lettres patentes du mois de juin 1689 et par l'acte passé avec elles par-devant Moufle et Caillet, notaires, le 19 du présent mois, qui est beaucoup plus commode et plus vaste que celui où elles étoient auparavant établies en ladite rue Neuve-Saint-Honoré, joignant ledit hôtel de Vendôme, afin que, les récompensant surabondamment, par ce nouveau convent, de la valeur de leur ancien, nous en puissions prendre le terrain pour donner au public une place que nous voulons être appelée la *Place de nos Conquêtes*, qui sera ornée à l'entour de bâtiments d'une même symétrie et décoration extérieure, et au milieu de laquelle nous ferons poser notre figure équestre sur un piédestal, et le restant du terrain, tant dudit ancien convent des Capucines que dudit hôtel de Vendôme, être vendu à notre profit ainsi que nous jugerions à propos. Pour rendre plus facile l'exécution de notre des-

---

1. Lettre du 20 mars 1698, dans le dossier O¹ 1551.
2. Arch. nat., O¹ 42, fol. 79, et original dans le carton Q¹ 1141.

sein et la vente des places qui nous resteront dudit hôtel de Vendôme et dudit ancien convent des Capucines, nous déclarâmes, par l'arrêt de notre Conseil du 2 mai 1686, que notre intention étoit de posséder comme notre domaine privé le fonds dudit hôtel de Vendôme et dudit ancien convent desdites religieuses Capucines, pour en disposer ainsi, en telle forme et en faveur de qui bon nous sembleroit; auquel effet, pour éviter confusion, il n'en a point été fait mention en la recette des comptes des domaines de notre couronne; et avons arrêté le plan et dessein de la place que nous voulons donner au public, et de celle que nous voulons être vendue à notre profit. Et dans la crainte que nous avons eue que chacun des particuliers qui pourroient acquérir partie de ce fonds ne voulût, même à l'extérieur, suivre son goût particulier, qui seroit chose non convenable à la régularité extérieure des bâtiments que nous voulons être observée, nous avons fait élever des murs de face qui doivent servir d'enceinte à la place, tant pour éviter la diversité que pour rendre un bâtiment de cette importance plus solide : en sorte qu'il n'y a plus, en suivant notre premier dessein, qu'à disposer du surplus des places qui nous appartiennent du reste dudit hôtel de Vendôme et dudit ancien convent des Capucines après qu'il en a été pris ce qui étoit nécessaire pour ledit nouveau convent des religieuses Capucines et pour la place que nous voulons donner pour l'ornement de notredite ville de Paris et passage des rues adjacentes. Et afin que ceux de nos sujets qui voudroient faire lesdites acquisitions, leurs hoirs, successeurs et ayants cause ne pussent à l'avenir être troublés dans leur possession et jouissance sous quelque prétexte que ce soit et puisse être, nous nous sommes proposé de prévenir par notre autorité les difficultés qui pourroient y survenir, principalement sous prétexte d'acquisitions faites de nous ou de fonds qui ont appartenu à gens de mainmorte. A ces causes et autres à ce nous mouvant, de l'avis de notre Conseil, qui a vu ledit contrat d'acquisition dudit hôtel de Vendôme, le décret fait en conséquence, les lettres patentes expédiées pour lesdites religieuses Capucines, l'acte passé avec elles, le plan que nous avons fait lever, qui marque les places dont nous entendons disposer et contient leur situation et quantité, lequel a été paraphé par le surintendant de nos bâtiments, attaché sous le contre-scel de notre Chancellerie avec ledit arrêt du Conseil du 2 mai 1686; de notre certaine science, pleine puissance et autorité royale, nous avons, par ces présentes, perpétuelles et irrévocables, signées de notre main, en confirmant l'arrêt de notre Conseil du 2 mai 1686, dit, déclaré et ordonné, disons, déclarons et ordonnons, voulons et nous plaît que, par le surintendant général de nos bâtiments, que nous avons pour ce commis et député, les héritages susdits faisant partie de la place où étoit ci-devant ledit hôtel de Vendôme et ancien convent des Capucines, ensemble le mur de face de ladite place, tant en fonds que superficie, et les matereaux employés aux bâtiments qui avoient été destinés pour y placer notre Bibliothèque, soient vendus aux particuliers qui les voudront acquérir comme notre domaine privé, pour le prix des charges, clauses et conditions qui seront réglées par notredit surintendant de nos bâtiments, pour en jouir par les acquéreurs, leurs hoirs, successeurs et ayants cause à perpétuité, comme de leur propre acquêt, sans qu'ils y puissent être troublés ni inquiétés en notre nom, ou de nos officiers, sous quelque prétexte que ce soit, comme n'étant ledit fonds du domaine de notre couronne. Les prix desdites acquisitions seront payés entre les mains des trésoriers généraux de nos bâtiments, chacun en son année d'exercice, pour être par eux employés aux payements des ouvrages que nous avons ordonnés et ordonnerons. Et pour la plus grande sûreté des acquéreurs, s'ils le requièrent, nous leur ferons expédier nos lettres de confirmation et ratification de leurs contrats d'acquisition, sans néanmoins que le défaut desdites lettres leur puisse nuire ni préjudicier. Voulons en outre être délivré aux acquéreurs copies ou extraits des titres qui leur seront nécessaires. Déclarons, en tant que de besoin, les places que nous avons acquises, où étoit construit l'ancien convent des religieuses Capucines, exemptes du payement des droits du huitième denier ecclésiastique et de tous autres droits mis et à mettre, sous quelque prétexte que ce soit, sur les détenteurs des biens d'église et communautés ecclésiastiques ou laïques..... Donné à Versailles, au mois d'avril, l'an de grâce mil six cent quatre-vingt-dix-huit, et de notre règne le cinquante-cinquième.

Ainsi, du dessein primitif, il ne restait plus que la place, avec sa décoration symétrique et la statue. Quant à l'affectation d'une partie du pourtour à des établissements publics, quant à la Bibliothèque même, dont la construction était pourtant si fort avancée, on y renonçait pour liquider en toute hâte une entreprise coûteuse, que l'histoire doit mettre au compte de Louvois, encore qu'à bien dire il n'eût pas eu le mérite de l'invention[1]. Une nouvelle estimation, faite le 13 mai par les soins de Villacerf, n'ayant plus donné que neuf cent cinquante mille livres pour onze mille cinquante-huit toises de terrain à vendre[2], le fermier général Luillier se présenta et offrit six cent mille livres; mais il fut écarté encore par M. de Pontchartrain[3]. Les discussions qui eurent lieu sur ces entrefaites

---

1. Ci-dessus, p. 6, 8 et 10.
2. Dossier O¹ 1551. Sur le plan contresigné par M. de Villacerf le 28 avril (dossier Q¹ 1141), le total est porté à 11,054 toises, dont il fallait déduire 1,074 toises données à Mansart.
3. Le correspondant écrivait de Paris, le 9 juin, à la *Gazette d'Amster-*

dans le conseil des ministres aboutirent à une nouvelle décision encore plus radicale que celle du mois d'avril ; la correspondance de Mme de Maintenon nous révèle dans quelles conditions tout ce qui subsistait des anciens projets fut sacrifié. Depuis quelque temps, la marquise s'efforçait d'arrêter le roi dans la voie de prodigalités où il s'engageait de nouveau, alors que les maux de la guerre étaient à réparer et qu'une disette menaçait Paris et les provinces[1]. Le 29 juillet, elle écrivait à son ami l'archevêque de Paris[2] : « M. de Pontchartrain proposa hier au roi de jeter par terre tous les bâtimens de cette place de l'hôtel de Vendôme et d'en rebâtir une autre, dont Mansart donneroit le dessein. Le roi répondit que M. de Louvois l'avoit fait faire presque malgré lui ; que tous ces Messieurs les ministres vouloient faire quelque chose qui leur fît honneur à l'avenir ; qu'ils avoient trouvé le moyen de le donner au public comme aimant toutes ces vanités-là ; que j'étois témoin des chagrins que M. de Louvois et M. de la Feuillade lui avoient donnés là-dessus ; qu'il n'y retomberoit pas, et qu'il ne vouloit pas qu'on lui proposât rien d'approchant. Je vous avoue que je le louai de cette réponse. » Deux jours plus tard, le rédacteur des *Mémoires du marquis de Sourches*[3] recueillait ces bruits plus ou moins exacts : « On disoit alors que, dans les derniers Conseils, les ministres de Pontchartrain et de Pomponne avoient proposé au roi de permettre aux particuliers de bâtir la place de Vendôme sur

---

dam (n° XLVIII) : « On dit qu'il y a un traité conclu avec une compagnie pour l'achat de la place de Vendôme, à l'exception de six arcades que le roi donne au maréchal de Boufflers pour y bâtir un hôtel. » Puis, le 28 juillet (n° LXII), il dit que les fermiers généraux payent six cent mille livres et se chargent de bâtir les façades et maisons, le roi se réservant l'érection de la statue et le pavage.

1. Le 19 juillet 1698, elle écrivait : « Je n'ai pas plu dans une conversation sur les bâtiments, et ma douleur est d'avoir fâché sans fruit. On fait encore ici un corps de logis de cent mille livres ; Marly sera bientôt un second Versailles ! Il n'y a qu'à prier et à patienter. » (*Correspondance générale*, t. IV, p. 240.) C'est à cette lettre que La Beaumelle a ajouté l'exclamation si connue : « Mais le peuple, que deviendra-t-il ? »

2. *Ibidem*, p. 242 et 243, et *Mme de Maintenon d'après sa correspondance authentique*, par M. Auguste Geffroy (1887), t. I, p. 308. Le texte est tout remanié dans le recueil de La Beaumelle, qui a ajouté cette phrase à effet : « Que mon peuple soit bien nourri, je serai toujours assez bien logé. » L'original autographe, aux archives du château de Mouchy, ne contient rien de cela.

3. T. VI, p. 50-51.

les commencements magnifiques qui en étoient faits, même d'en garder une aile pour y mettre sa Bibliothèque et de trouver bon qu'on posât sa statue équestre au milieu de cette place, mais que S. M. y avoit résisté constamment, et qu'encore qu'on lui offrît huit cent mille livres et la gloire de voir sa statue dans une place octogone qui seroit une des belles choses de l'Europe, elle avoit toujours persisté dans son sentiment, et avoit ajouté qu'elle ne devoit plus travailler pour la gloire de ce monde, mais s'attacher seulement aux soins de l'éternité. On assuroit même que le chancelier[1] avoit depuis pris la liberté d'en parler au roi, mais qu'il n'avoit rien obtenu, et qu'il avoit été arrêté que cette place seroit vendue aux particuliers qui voudroient bâtir dans les alignements de trois rues qui seroient donnés à cet effet après de nouvelles assurances que le roi donneroit qu'il n'avoit jamais prétendu que ce terrain fût de son domaine, avec une renonciation plus positive qu'aucune des précédentes déclarations. » Dangeau enregistra aussi cette nouvelle, mais dix jours plus tard[2], et les gazettes hollandaises, qui avaient parlé à plusieurs reprises de négociations avec des financiers, annoncèrent que « le projet de la place *Impériale* était changé, et que tout le terrain de l'hôtel de Vendôme serait partagé en trois rues, savoir : une à droiture des Feuillants et des Capucines, et deux autres rues à côté[3]. » En effet, ce projet fut étudié : la rue du milieu eût eu sept toises de large, les deux autres trois toises seulement ; on aurait pu y élever cent maisons, dont la construction eût coûté en tout deux millions six cent quatre-vingt-cinq mille huit cents livres, et le roi aurait recouvré, de la vente des terrains et des matériaux en place, une somme de douze cent quarante-six mille vingt-cinq livres[4].

On devine avec quelle surprise ces nouvelles furent accueillies dans le public[5] ; mais il n'y eut pas de suites immédiates, et ce fut seulement à la fin de l'année que l'affaire entra dans ses dernières phases.

---

1. Louis Boucherat, qui mourut l'année suivante.
2. T. VI, p. 394, 10 août : « Il y avoit un marché fait pour achever la place de Vendôme, et on en donnoit au roi deux cent mille écus ; mais on a changé d'avis sur cela, et on est présentement résolu d'y faire des rues. »
3. *Gazette d'Amsterdam*, n°˙ LXVI et LXVIII.
4. Dossier O¹ 1551.
5. G. Brice, 8ᵉ édition, 1725, t. I, p. 305.

Nous avons vu incidemment, à propos des gardes françaises et de La Feuillade[1], que le roi et la Ville étaient pressés de délivrer les Parisiens de la lourde charge, et surtout de la gêne que le logement des troupes de la garde royale leur imposait. Quoiqu'un projet de construire sept corps de caserne pour les gardes françaises et suisses eût été retiré presque aussitôt qu'adopté[2], on espérait toujours y revenir. Restaient les mousquetaires : la première compagnie, primitivement logée dans les maisons du faubourg Saint-Germain, avait, depuis 1671, une caserne installée tant bien que mal dans la rue de Beaune, en face des Tuileries; mais la seconde était à la charge des habitants du faubourg Saint-Antoine, et, par une lettre du prévôt des marchands en date du 7 mars 1698[3], on voit que la Ville cherchait ou sollicitait alors un moyen d' « entreprendre le bâtiment des écuries des mousquetaires dans ce faubourg sans faire de grosses levées sur les maisons. » Le roi lui fit proposer de prendre à son compte la construction d'une caserne, en même temps que celle de la place des Conquêtes d'après le nouveau plan, moyennant quoi il lui délaisserait tous les terrains de l'hôtel de Vendôme et de l'ancien couvent des Capucines, avec les bâtiments commencés et les matériaux amenés sur place[4]. Toutefois, c'est une autre entreprise qui servit de base aux premières négociations, comme il ressort de ce procès-verbal d'une séance tenue par les quatre échevins et neuf conseillers de ville, en chambre du Conseil, le 5 janvier 1699[5] :

M. le prévôt des marchands[6] auroit dit à la Compagnie qu'elle étoit assemblée pour lui faire part de la proposition qui lui avoit été faite d'acquérir la place de Vendôme pour y former des rues suivant le dessein qui en avoit été arrêté par S. M.; que les conditions de cette acquisition étoient de donner au roi une somme de cinq cent mille livres et de construire un pont de pierre de communication de l'île Notre-Dame[7] à celle du Palais ; qu'il espéroit obtenir du roi qu'il se conten-

---

1. Ci-dessus, p. 77 et note. — 2. Arrêts des 14 janvier et 20 décembre 1692.
3. Papiers du contrôle général, Arch. nat., G⁷ 429.
4. La *Gazette de Rotterdam* annonça le 19 janvier qu'au premier bruit de cession à la Ville, Monseigneur avait demandé pour la terrasse de Meudon le cheval de bronze fait pour la place. Dangeau n'enregistre la nouvelle de la cession qu'en mars : t. VII, p. 50.
5. Arch. nat., H 1837, fol. 172-178; copie dans le dossier Q¹ 1106.
6. Claude Bosc, dit du Bois, seigneur d'Ivry, procureur général en la Cour des aides, beau-frère du tout-puissant valet de chambre Bontemps.
7. Appelée depuis île Saint-Louis. Elle avait déjà deux ponts de pierre

teroit d'une somme de quatre cent mille livres et engager Messieurs de l'île Notre-Dame à contribuer un tiers ou un quart de la dépense nécessaire à la construction de ce pont ;

Que, la Ville n'étant point en état de faire aucunes avances, et le roi souhaitant toucher comptant la somme dont on conviendroit, ou au moins la meilleure partie, il avoit trouvé une compagnie qui vouloit bien se charger de faire les avances nécessaires, et pour le payement à faire au roi, et pour la construction du pont, laquelle demandoit, outre l'intérêt au denier vingt des sommes qu'elle avanceroit, un quart dans le profit qui proviendroit de la vente de la place de Vendôme ; que, nonobstant ces facilités, il craignoit encore de trouver beaucoup de difficultés dans l'exécution de cette entreprise, non seulement par l'incertitude du produit de la vente de cette place, pour raison de laquelle il faudroit payer à M. l'archevêque de Paris des droits considérables de lods et ventes, mais encore parce que la construction du pont engageoit à former des rues pour en rendre l'usage utile ; qu'à la vérité, on pourroit en diminuer la dépense en se contentant d'ouvrir un passage qui conduisît, par la rue d'Enfer et au travers de trois maisons aisées à acquérir, au parvis Notre-Dame ; ainsi, qu'il prioit la Compagnie de lui donner son avis.

Sur quoi, M. le procureur du roi et de la Ville[1] a dit que la proposition que la Compagnie venoit d'entendre paroissoit très avantageuse à la Ville, puisqu'elle renfermoit un nouveau témoignage de la bonté du roi pour elle en lui sacrifiant un des plus beaux monuments de gloire qu'on lui auroit érigé dans la place de Vendôme et une grande partie de l'avantage qu'il pouvoit retirer de ladite place de Vendôme, pour nous mettre en état de nous procurer un nouvel ornement et une commodité souhaitée depuis plusieurs années ;

Que cette proposition, qui, dans la première vue, étoit flatteuse et si agréable, méritoit de grandes réflexions, les suites qu'elle devoit avoir produisant de grandes difficultés.

Avant que de les examiner, il croyoit devoir communiquer à la Compagnie une pensée que son respect pour le roi et son zèle pour sa gloire et celle de sa patrie lui inspiroit :

Que, la place dont il s'agissoit étant formée et la décoration extérieure achevée, il apprenoit avec peine, par la proposition de M. le prévôt des marchands, que l'on souhaitoit la détruire et y former des rues ;

---

pour communiquer avec la rive droite et la rive gauche du fleuve, mais ne se reliait à l'île du Palais ou de la Cité que par un pont de bois construit en 1642, après une longue résistance du chapitre métropolitain. On le renouvela en 1718. Voir le *Mémoire de la généralité de Paris* (1700), publié en 1881, p. 354.

1. M. de la Loire, qui habitait dans le quartier : ci-dessus, p. 86, note 5.

Que ce dessein alloit priver la ville du plus beau de ses ornements, qui, dans une capitale, ne sauroient être trop nombreux, et ôtoit l'espérance de voir élever un digne monument aux vertus du roi ;

Que, ce monument, le plus beau et le plus parfait qui soit dans l'Europe, subsistant toujours, il seroit nécessairement exposé un jour aux yeux des peuples et donné à leur impatience, si la piété et la modération du roi nous privoit aujourd'hui de cet avantage : ainsi, il faudroit une place convenable à sa dignité ;

Que, cette place étant toute faite, il y avoit lieu de supplier instamment S. M. de la céder à la Ville, en l'état qu'elle est, pour la conserver à sa gloire et l'embellissement de sa capitale.

Après cette première réflexion, il en convenoit faire une seconde concernant cette compagnie qui s'offroit d'avancer les sommes nécessaires pour l'exécution de la proposition, et de remarquer que, jusques à présent, la Ville n'avoit associé personne avec elle pour satisfaire aux ordres du roi; que cette compagnie, qui ne pouvoit être regardée que comme la caution de la Ville, ne lui étoit pas honorable, le roi ne lui en ayant jamais demandé, en étant lui-même le protecteur, père et garant; que d'ailleurs, le secours qu'elle offroit devenant onéreux à la Ville, non seulement par le quart du profit qui reviendroit de la vente de la place, mais par l'intérêt des sommes qu'elle avanceroit et que la Ville seroit obligée de payer pendant plusieurs années[1] ; qu'enfin, l'effet que le roi a la bonté de céder à la Ville ayant une valeur beaucoup au-dessus de la somme que S. M. lui demande, il assure suffisamment l'exécution de ses promesses.

Au surplus, que la suite de cette entreprise faisoit naître de grandes difficultés, que la dépense étoit certaine, et le produit fort incertain : d'un côté, les quatre cent mille livres auxquelles on espéroit que le roi voudroit bien borner la reconnoissance de la Ville, la construction du pont, qui coûteroit près de cinq cent mille livres, et les lods et ventes à payer à M. l'archevêque de Paris faisoient un objet de plus d'un million; et de l'autre, qu'il n'y avoit pas lieu d'espérer de retirer plus des deux tiers de cette somme de la vente de cette place, les compagnies qui ont fait à S. M. les offres les plus avantageuses[2] ne les ayant portées qu'à six cent mille livres; qu'il est vrai que l'île Notre-Dame pourroit entrer dans cette dépense, mais que la contribution seroit considérable, si on l'étendoit jusques à cent mille livres ; ainsi, qu'il resteroit au moins deux cent mille livres de manque de fonds, obstacle conséquemment invincible[3] ;

---

1. La phrase n'est pas complète.
2. *Avantageux*, dans le manuscrit.
3. Ici, la minute conservée dans le dossier Q¹ 1106 porte cette phrase, biffée : « L'impuissance de la Ville la mettant hors d'état de faire la

Que ce premier obstacle n'étoit pas le seul, car, supposant qu'il y eût un fonds suffisant pour remplir toutes les intentions de S. M., la construction du pont engageroit nécessairement à lui donner des avances qui causeroient une seconde dépense infiniment plus forte [1];

Qu'il ne falloit point se flatter sur cette seconde dépense en comptant que l'on pourroit aisément faire un passage par quelques rues de l'île du Palais et au travers de quelques maisons pour gagner le parvis Notre-Dame, car, outre que cet élargissement et l'achat des maisons à ce passage coûteroient considérablement, ce seroit rendre très imparfait et d'une petite utilité un ouvrage qui doit faire l'un des plus beaux ornements de Paris et sa plus grande commodité ;

Qu'ainsi, pour tirer de cette dépense toute la beauté et tout l'avantage qu'on doit y chercher, il falloit, non seulement donner une issue à ce pont le long du quai Saint-Landry jusques au pont Notre-Dame, en rasant les portions de maisons qui occupent la partie nécessaire à un passage convenable, mais encore construire un nouveau quai depuis le pont Notre-Dame jusques au pont au Change, derrière les maisons de la rue de la Pelleterie, pour donner communication à celui de l'Horloge, ce qui produiroit le plus beau et le plus grand dégagement que l'on puisse donner à la Ville ;

Que la grandeur de cette dépense, loin d'être un motif d'abandonner cette entreprise, lui faisoit hasarder une proposition capable de la faire réussir dans toute son étendue ; qu'il croyoit qu'étant de l'intérêt et de la gloire des citoyens de cette ville de la voir ornée et embellie de plus en plus et d'y trouver des commodités aussi nécessaires qu'agréables, il y en avoit peu qui ne contribuassent volontiers à procurer ces ouvrages ; que toutes les villes du royaume en usoient de cette manière lorsqu'il s'agissoit de les orner ; que, si, jusques à présent, la Ville avoit tiré de son propre fonds les deniers nécessaires pour élever des arcs de triomphe, faire des quais et donner à cette capitale tous les ornements et les commodités qui la distinguent, elle a suivi en cela le pouvoir de son zèle ; que, n'ayant plus que le cœur, ses forces étant épuisées, il est juste que les citoyens s'unissent à elle, quand il s'agit de travailler pour leur propre gloire ; que ce n'est pas même une nouveauté que de proposer une contribution générale dans Paris pour des ouvrages publics ; qu'elle se trouve établie dans la contribution faite en différents temps pour les fortifications de cette ville ; ainsi, que, cet expédient étant le seul à l'aide duquel on puisse

---

moindre avance, la grâce que le roi fait à la Ville ne permettant pas de lui en demander une seconde, et l'Ile étant la seule partie de la ville qui paroissoit obligée à concourir à la construction de ce pont. »

1. Phrase biffée dans la minute : « pour laquelle il faudroit trouver un nouveau fonds pour y satisfaire, qui étoit l'ouverture des rues. »

achever un ouvrage si considérable, il falloit, ou le suivre, ou ne pas songer à cette entreprise; que, ces difficultés représentées à S. M., il y auroit lieu d'espérer qu'elle voudroit bien approuver le zèle de sa bonne ville pour la conservation d'une place qui doit publier sa gloire dans tous les siècles, et la proposition d'engager tous les citoyens à contribuer à l'ornement utile que produira la construction du pont et des quais; que c'est le seul parti, quant à présent, qu'il peut prendre, priant M. le prévôt des marchands de joindre à ce qu'il vient d'exposer ce que sa prudence et ses lumières jugeront nécessaire pour obtenir du roi cette grâce.

Sur quoi, les avis ayant été pris de Messieurs, la Compagnie a été unanimement d'avis, la volonté du roi étant de vouloir gratifier la Ville de la place de Vendôme, qu'il l'en falloit remercier;

Qu'il falloit prier S. M., non seulement au nom des officiers du corps de la ville, mais encore au nom de tous ses citoyens, de conserver cette place, en laissant à la Ville le soin de la faire perfectionner par ceux à qui elle aura pouvoir de la vendre; la prier encore de permettre à la Ville la construction d'un pont de communication de l'île Notre-Dame avec celle du Palais, avec un quai depuis ce pont jusques à l'horloge du Palais;

Et, pour cet effet, obtenir de S. M. permission de lever une simple taxe sur tous les propriétaires des maisons de cette ville et faubourgs pendant une année ou deux, comme cela s'est autrefois pratiqué et levé dans Paris pour pareils ouvrages, sans laquelle taxe la Ville se trouvoit hors d'état de construire, ni de perfectionner ces nouveaux embellissements de la capitale du royaume.

Les négociations n'aboutirent que trois mois plus tard, sur d'autres bases encore, et la place ne fut conservée qu'avec des modifications importantes : réduction des dimensions primitives à soixante-quinze toises de long sur soixante-dix de large; transformation du carré en un octogone irrégulier, à quatre pans coupés, et remplacement de l'arc triomphal des Capucines et de la façade ouverte sur la rue Saint-Honoré par deux simples avenues de sortie absolument semblables l'une à l'autre; mise en rapport du mur de façade symétrique avec les besoins des simples particuliers qui pourraient y venir accoler leurs habitations, et substitution d'arcades pleines à la galerie couverte qui devait faire le rez-de-chaussée de la façade.

Nous avons vu, par les *Mémoires de Sourches*, que le plan octogonal était adopté, ou tout au moins proposé, dès 1698; c'est Mansart qui en était l'auteur, comme du plan de 1685, et il se réserva « de régler les devis pour l'exécution par la suite, et d'en ordonner la conduite, tant des décorations de la place qu'au dehors. » Outre les dessins originaux, dressés par lui et paraphés par le prévôt des marchands le 1er avril 1699[1], nous avons, au Cabinet des estampes[2] et au musée Carnavalet, nombre de vues, de plans et d'élévations qui permettent d'apprécier les différences du second projet avec le premier[3]; il provoqua quelques critiques et épigrammes sans grande portée[4].

Les lettres patentes en forme de déclaration royale, portant délaissement à la ville de Paris, furent signées le 7 avril 1699[5], et le prévôt des marchands rendit compte, le 27 avril[6], des résultats qu'il avait obtenus. « Toujours prêt à faire du bien à ses sujets, et principalement à sa bonne ville de Paris, » le roi daignait lui délaisser la place et le reste à condition de construire la façade octogonale d'après le nouveau plan et, en outre, de bâtir un hôtel pour les mousquetaires au faubourg Saint-Antoine. Comme il était nécessaire d'avoir des fonds immédiatement disponibles, on avait préparé un contrat avec une compagnie qui offrait de se charger de toute l'entreprise de la place et de donner six cent vingt mille livres, dont cent cinquante mille comptant.

---

1. Dans un dossier de la vente faite à Jean Law le 1er décembre 1718 (Arch. nat., Q¹ 1141), on a classé deux plans de Mansart, dont le second donne la perspective définitive des bâtiments. Sur le premier, je compte cinq arcades en retour de chaque côté sur la rue Saint-Honoré, onze de chaque côté dans la rue d'entrée, puis sept (toujours de chaque côté) jusqu'au pan coupé, sept aussi sur ce pan, huit du pan à l'avant-corps, cinq sur l'avant-corps, huit de l'avant-corps au pan coupé, sept sur le pan, sept du pan à l'encoignure, onze de chaque côté de la rue d'issue. Soit, en tout, pour les deux côtés : cent cinquante-deux arcades. Mais les vrais chiffres sont tout différents : 3, 9, 9, 5, 11, 5, 11, 5, 9, 9 et 3 = 79; 158 pour les deux côtés.

2. HISTOIRE, année 1699.

3. Une planche d'Aveline, publiée chez Crespy, représente la statue au lendemain de l'inauguration et la façade de l'ouest, c'est-à-dire celle de la Bibliothèque, en pleine démolition; au fond, le couvent des Capucines et ses dépendances. Le même Aveline a fait une vue de la nouvelle place prise à vol d'oiseau de la rue Saint-Honoré lorsque toutes les façades, jusqu'à cette rue même, étaient terminées ou devaient l'être.

4. *Le nouveau Siècle de Louis XIV*, t. III, p. 24-25.

5. Arch. nat., original et placard imprimé, dans le dossier Q¹ 1141. Ce texte se trouve dans les Preuves de Félibien, t. II, p. 356-360, dans le *Dictionnaire des rues et monuments de Paris*, par Lazare, p. 748-749, etc.

6. Registre H 1837, fol. 231 v° à 235, et minute originale et signée dans le dossier Q¹ 1106; impr. dans les Preuves de D. Félibien, t. II, p. 361-363.

D'autre part, l'archevêque de Paris avait traité sur un pied réduit pour ses droits de mutation, à raison de quatorze mille livres pour la première cession, et de dix deniers pour livre sur les aliénations à venir. En ajoutant aux six cent vingt mille livres du contrat le produit de la taxe que le roi réclamerait des habitants du faubourg Saint-Antoine, on espérait qu'il resterait quelque profit pour la Ville lorsqu'elle aurait construit l'hôtel des mousquetaires. Cet exposé fut accueilli avec faveur, et la procédure ratifiée par les assistants. Dans une réunion suivante, le 4 mai [1], le Bureau vota des remerciements au roi. Il eût voulu les porter en grande pompe à Versailles ; mais S. M. décida que ce serait un simple compliment, le matin, en passant, et les choses se firent ainsi le jeudi 6 [2]. Un almanach en perpétua plus tard le souvenir [3]. Au moment où le roi traversait la grande galerie en revenant de la messe, avec « un air majestueux et plein de santé, » le prévôt des marchands lui adressa ce discours [4] :

Sire,

Nous venons avec les sentiments d'une profonde reconnoissance remercier V. M. de la grâce qu'elle nous accorde de vouloir bien conserver, aux dépens de ses propres intérêts, une place publique qui va faire un des principaux ornements de votre royaume.

Nous recevons, Sire, avec une joie que nous ne pouvons exprimer, ces témoignages si certains et si éclatants de votre bonté, qui nous met en état de satisfaire au zèle que nous avons pour votre service et vous pouvoir plus aisément sacrifier nos biens, lorsqu'il s'agira de vous donner des marques de notre fidélité et de notre attachement.

Nous regardons ce bienfait comme un surcroît de vos libéralités et de l'affection dont vous avez toujours honoré votre bonne ville de Paris.

Nous allons donner tous nos soins pour former cette place suivant vos intentions et travailler avec ardeur à la consommation de cet ouvrage.

Mais, Sire, il ne peut avoir son point de perfection sans la présence auguste de V. M. Permettez donc que nos mains, de concert avec nos cœurs, élèvent une statue où l'art soit épuisé à représenter le meilleur et le plus accompli des monarques ; accordez aux justes empressements et aux vœux ardents de vos sujets une image qui ne peut être

---

1. Impr. dans les Preuves de D. Félibien, p. 363-364.
2. Registre de la Maison du roi O^1 43, fol. 140.
3. Cabinet des estampes, collection Hennin, n° 6461, almanach de 1700.
4. Arch. nat., H 1837, fol. 287-289.

trop multipliée, et, par un nouvel effort sur votre modestie, qui vous fait refuser les applaudissements et les triomphes, souffrez que nous laissions à la postérité un monument durable de votre grandeur, aussi bien que de notre amour, de notre vénération et de notre reconnoissance.

Le roi, marquant sa satisfaction, répondit :

Qu'il étoit très content que cette occasion se présentât pour donner à sa bonne ville de Paris des marques de ses bonnes intentions; qu'elle étoit persuadée qu'il ne manqueroit pas de concourir à son soulagement et à son embellissement; qu'à l'égard de sa statue, il n'avoit jamais souhaité qu'on en plaçât, et que cela ne lui pouvoit faire plaisir qu'autant que nos cœurs, notre amour et notre zèle le souhaitoient, laissant à mesdits sieurs du corps de la ville la liberté d'en faire ce qu'ils jugeront à propos.

Quatre commissaires du Conseil, MM. de Pomereu, Daguesseau, de Pontchartrain et d'Armenonville, avaient été désignés pour passer le contrat de délaissement; cet acte fut signé le 8 mai, devant les notaires Lemoine et Moufle[1]. Il comprenait la renonciation du roi à tous droits de lods et ventes, de mutations, de censives, etc., qu'il eût pu prétendre; exemption pour les futures maisons du logement des gardes françaises et suisses, qui était une si lourde charge dans les faubourgs de Paris[2], et révocation de tous dons antérieurs, sauf pour les terrains que Mansart s'était fait abandonner assez irrégulièrement dans la rue Neuve-des-Petits-Champs, situés près de la fonderie et de l'ancien mur de clôture du jardin de Vendôme, et aboutissant de l'autre côté au cul-de-sac de la Corderie[3].

---

1. Reg. de la Ville, H 1837, fol. 249-267, expédition sur parchemin dans le carton Q^1 1141; imprimé dans les Preuves de D. Félibien, p. 364-365.

2. Sur le logement des gardes françaises, voir ci-dessus, p. 77, note 5, et p. 134, et, sur le logement des Cent-Suisses de la garde au quartier Montmartre, l'arrêt du Conseil du 31 mars 1688, Arch. nat., E 1844.

3. C'étaient cinq cent soixante-dix-huit toises du côté des Jacobins, et de l'autre une ruelle de cent vingt-sept toises de superficie, pour servir de décharge à la basse-cour de la maison qu'il avait construite là-même (dossier Q^1 1141, reg. H 1837, fol. 308-310, et O^1 43, fol. 246 v°, lettres de confirmation du mois de juillet 1699). Ce dernier don est expliqué par le libellé d'un plan de la propriété et des maisons voisines conservé aux Archives nationales (SEINE, 3ᵉ classe, n° 666) : « M. le duc de Roquelaure étant sur le point de louer la maison de M. Mansart marquée C, n'y ayant point de dégagement pour la basse-cour par autre endroit que par la maison, et ne la voulant pas louer qu'on ne lui en donna (sic) un par ail-

Les terrains délaissés « ne pourront être censés ni réputés du domaine du roi, ainsi que S. M. l'a expressément déclaré par l'arrêt du 2 mai 1686 et par les lettres patentes expédiées sur icelui au mois d'avril 1698, et d'abondant par celles du mois d'avril 1699, conformément auxquelles ils ne pourront pareillement être réputés faire partie du domaine particulier de la Ville sous prétexte du présent délaissement, attendu que les prévôt des marchands et échevins n'acceptent ledit délaissement que pour et à condition de disposer desdits emplacements, édifices et matereaux.... » Le roi cède en outre « le fonds et propriété de toute la censive et directe qui peut appartenir à S. M. sur partie desdits emplacements, soit à cause des anciens fossés et remparts de cette ville de Paris ou autrement.... »

On suivit les mêmes errements que dans les traités passés avec l'entrepreneur Prédot pour la place des Victoires ou avec Louis Le Barbier pour le Palais-Cardinal[1]. La société dont parlait le

---

leurs, lequel ne pouvant être que par un terrain qui appartient au roi où est présentement la statue équestre qui doit être posée dans la place de Vendôme, M. de Roquelaure et M. Mansart m'ayant prié conjointement de leurs (sic) faire à tous deux ce plaisir, j'y ai consenti d'autant plus volontiers que la chose ne faisoit aucun tort au roi ; j'ai donc prêté la ruelle marquée A B, contenant environ vingt-six toises de long sur trois toises et demie de large, où j'ai fait bâtir le mur marqué de rouge, pour servir de dégagement à la basse-cour du logis de M. Mansart, marqué D. Cette ruelle est prise sur un terrain provenant du jardin de l'hôtel de Vendôme qui appartient actuellement au roi, de manière que, toutes fois et quantes il plaira à S. M., elle peut faire abattre ledit mur marquée (sic) de rouge et murer la porte marquée E de la basse-cour de M. Mansart qui entre dans ladite ruelle, la chose n'ayant été faite que pour faire plaisir à M. de Roquelaure et à lui. Fait à Paris, le 5 avril 1697. COLBERT DE VILLACERF. » Mansart avait en outre d'autres terrains dans la même rue, un peu plus haut, entre la rue Saint-Roch et la voie qui reçut le nom de Louis-le-Grand en 1700 ; ce sont ceux-là sans doute dont il est question (1,074 toises) dans l'estimation de mai 1698 dont il a été parlé p. 131, note 2, et qu'il paraît avoir vendus à Gabriel, Le Maistre, de Cotte, Mazière et Aubert avant 1705 (dossier Q^1 1141). Ses maisons sont énumérées dans le Terrier de 1705, Q^1 1099[6], fol. 130 v° et 131. Comme voisins, on voit figurer les entrepreneurs Mazière et Lespine, l'architecte de Cotte, etc. Les spéculations de Mansart s'étendaient jusque sur la rive gauche de la Seine, car il avait acheté, en 1686, avec des associés, un lot de cinq mille toises derrière la Grenouillère, dans le carré formé par les rues de Bourbon (Lille), de l'Université, de Poitiers et de Bellechasse. Voir *la Maison mortuaire de Molière*, p. 226.

1. En 1636, Richelieu, ayant réservé ce qu'il lui fallait de terrain pour

prévôt des marchands se composait de six financiers ou spéculateurs : le fermier général Alexandre Luillier, qui avait déjà fait des offres en 1698 et qui menait toute l'affaire; le trésorier de l'extraordinaire des guerres Jean de Sauvion, celui qui, quelques années plus tard, devait être emporté dans une banqueroute retentissante[1]; le receveur général des finances Moïse-Augustin Fontanieu[2]; le bourgeois Nicolas-Jérôme Herlaut, qui devint trésorier général des gardes; Pierre Bullet, architecte du roi[3], et enfin l'avocat Mathurin Besnier, qui était intéressé dans beaucoup d'affaires de finance. Presque tous étaient propriétaires de maisons dans le quartier même et y habitaient[4]. Ils choisirent pour homme de paille, c'est-à-dire pour raison sociale, un bourgeois du nom de Jean Masneuf, qui, bien entendu, déclara préalablement qu' « il ne prenait aucune chose ni droit quelconque au transport et délaissement fait sous son nom à la Ville de toutes les sommes à provenir des ventes et adjudications, » et qu'il était simplement le prête-nom des six associés[5].

Une gazette de Hollande[6] publia que ceux-ci avaient fait présent de mille pistoles au prévôt des marchands comme épingles

---

son palais et pour les dépendances, distribua le reste en quarante-cinq lots à bâtir autour du jardin, en garda dix pour lui-même, et céda le reste au traitant Le Barbier, à charge de deux cent cinquante livres de rente foncière par lot. Sous Louis XV, on abandonna de même à la Ville les terrains destinés à la place qui devait recevoir la statue de ce roi. Soulavie prétend que des compagnies offrirent à Mme de Pompadour de reconstruire ainsi la Cité, les ponts, etc.

1. Ci-après, p. 190.
2. Qui devint trésorier général de la marine, puis intendant et contrôleur général des meubles de la couronne, et mourut en 1725. Il avait commencé par être receveur des tailles à Meaux.
3. Élève de Fr. Blondel, architecte du roi et de la Ville, constructeur des portes Saint-Martin et Saint-Bernard, des hôtels Crozat (ci-après, p. 181-182), de l'église des Dominicains, etc. Il avait publié un plan de Paris et « des ouvrages faits et à faire pour son embellissement » en 1676, et Louvois l'avait aidé à entrer à l'Académie en 1685. En 1689, il obtint encore un privilège pour un nouveau plan de Paris. Il avait fait des offres particulières, avec Prédot, notre entrepreneur de la place des Victoires, pour la nouvelle place.
4. Luillier habitait rue Sainte-Anne; Sauvion, rue Neuve-Saint-Augustin; Fontanieu, rue des Petits-Champs; Herlaut, rue Royale (des Moulins); Bullet, rue Saint-Louis; Besnier, rue Saint-Pierre.
5. Déclaration du 14 mai 1699 : Arch. nat., Q^1 1141, et registre H 1842, fol. 405 v°. Sur ces prête-nom ou hommes de paille, voir le *Tableau de Paris*, par Mercier, chap. XLII, t. I, p. 135.
6. *Gazette de la Haye*, n° 44, correspondance de Paris, 25 mai.

du contrat que Masneuf signa, le 14 mai, avec les représentants de la Ville, et par lequel il s'engageait à « faire valoir en son propre et privé nom, au profit de la Ville, et jusqu'à la somme de six cent vingt mille livres, toutes les places à bâtir, bâtiments, tant en fonds qu'en superficie, restant de l'emplacement de l'hôtel de Vendôme et ancien convent des Capucines, appartenances et dépendances..., et encore les bâtiments, pierres et matereaux qui y sont à présent, tant ceux qui ont été employés.... que ceux qui n'ont été employés. » Sont seulement réservés les terrains de la place nouvelle et de ses deux rues d'entrée et d'issue, ceux que le roi a déjà donnés à Mansart, et d'autres objets expliqués plus au long dans le contrat de délaissement. La Ville abandonne donc à Masneuf, « à forfait et à ses risques, périls et fortunes, toutes et chacunes les sommes, à quoi qu'elles puissent monter, qui proviendront des ventes et adjudications desdites places à bâtir et matereaux, et, en tant que besoin seroit, lui fait remise de tout ce qui se trouvera d'excédent par-dessus lesdites six cent vingt mille livres, pour toute récompense, profits, intérêts d'avance et dépense....; pour raison de quoi, ledit Masneuf demeurera, à cet égard, subrogé aux lieu et place, droits et actions de mesdits sieurs prévôt des marchands et échevins, lesquels, en tant que besoin est ou seroit, le constituent à cet effet leur procureur général et spécial et irrévoçable, et promettent et s'obligent, tant pour eux que pour leurs successeurs, de faire lesdites ventes et adjudications, avec toute garantie de la part de la Ville, à une ou plusieurs personnes, conjointement ou séparément, au choix et volonté dudit Masneuf, et à mesure qu'il leur présentera et indiquera des acquéreurs. » Ceux-ci verseront le prix entre les mains de Masneuf, qui en donnera toutes quittances et décharges. De son côté, il fournira au receveur des dons et octrois la somme de six cent vingt mille livres, dont cent cinquante mille comptant et le surplus en quatre payements égaux, les 1er août et 1er novembre 1699, 1er février et 1er juillet 1700, sous peine de déchéance. Sur le dernier terme, la Ville lui tiendra compte des terrains donnés à Mansart. Elle se charge des droits de mutation dus pour le passé, et, quant aux droits de vente et d'adjudication, les acheteurs n'auront à acquitter que le coût des expéditions du greffe.

Masneuf démolira tout ce qui a été construit ou commencé de construire pour l'ancienne place, et élèvera à ses frais, ou aux frais de ses acquéreurs, « les édifices nécessaires pour former la façade de la nouvelle place, avec les rues d'entrée et d'issue, suivant les plan, figure et élévation qui en ont été élevés et dressés par les ordres de S. M...; laquelle façade sera rendue faite et parfaite, et tout l'extérieur d'icelle et desdites rues d'entrée et sortie entièrement achevé, élevé et mis en œuvre...., savoir : jusqu'aux premières plinthes, dans le 1er juillet de ladite année 1700, et, pour le surplus jusqu'au haut, dans le 1er octobre 1701, pour toute préfixion et délai, le tout à peine de tous dépens, dommages et intérêts, et de la somme de trente mille livres de peine convenue et de rigueur. » La Ville se charge de la pose des consoles de lanternes et de celle du pavé; Masneuf, de la réparation des dommages causés à ce pavé par la construction de la place [1].

C'est seulement après avoir passé ce contrat que les six cautions de Masneuf signèrent, le 17 mai, leur acte d'association, dont il faut faire connaître les clauses principales [2].

Luillier, Sauvion, Fontanieu et Herlaut prenaient chacun trois sols quatre deniers d'intérêt sur vingt, Besnier quatre sols deux deniers, Bullet deux sols six deniers.

Il sera fait un fonds de cinq cent mille livres, dont chacun de nous payera sa part à proportion de son intérêt, laquelle sera mise entre les mains du commis [3] qui a été nommé à la Compagnie par M. Luillier, et agréé, suivant la délibération de ce jourd'hui, pour faire la caisse générale; lequel caissier en donnera à chacun de nous son récépissé particulier, pour être ledit fonds employé tant au payement du prix principal de ladite place que des autres dépenses que la Compagnie sera obligée de faire, suivant les ordres qu'elle en donnera; et, attendu que les récépissés des sommes qui seront payées à ladite caisse par les acquéreurs seront signés par ledit Masneuf, M. Luillier, qui l'a nommé, en demeure pareillement caution envers la Compagnie.

Si, par la suite, la Compagnie étoit obligée de faire de nouveaux fonds, chacun de nous s'oblige de fournir sa part à proportion de sondit intérêt, et, si quelqu'un étoit en demeure d'y satisfaire, les fonds des défaillants seront empruntés par la Compagnie, après une simple sommation à eux faite, lesquels seront obligés de rembourser lesdits fonds à la Compagnie, avec les intérêts au denier dix, tant pour

---

1. Contrat homologué par le conseil de ville le 29 mai : registre H 1837, fol. 267-273; impr. dans le *Mercure*, juillet 1699, p. 123-131, dans les Preuves de D. Félibien, t. II, p. 365-367, etc.
2. Un des six exemplaires originaux se trouve dans les papiers de la banqueroute Sauvion : Arch. nat., V⁷ 332.
3. Le sieur Volland.

servir à l'acquittement de l'intérêt des sommes empruntées pour lesdits défaillants, que pour une peine dudit défaut, qui ne sera point comminatoire, mais de rigueur réciproquement; faute de quoi, ils pourront y être contraints un mois après ledit emprunt, en vertu de la contrainte de la Compagnie.

Tous les fonds provenant de la vente des terrains et des matériaux entreront dans une caisse commune, sur les quittances de Masneuf, et aucun des associés ne pourra rien prendre ni recevoir, sous quelque prétexte que ce soit, à peine de payer trois mille livres au profit de l'hôpital général et d'être exclu de plein droit de l'association. Une délibération signée de quatre membres au moins sera nécessaire pour conclure les ventes, et de même pour allouer à un associé quelque salaire ou indemnité de déplacement; de même aussi, pour décider sur les demandes d'acquisition et les conventions de prix. Les fonds versés comme apport social recevront l'intérêt au denier dix, payable de trois en trois mois. Les titres et papiers seront déposés dans une armoire commune, sous double clef, chez Luillier, dans la maison duquel les associés se réuniront chaque jeudi. Toutes les délibérations, arrêtées à la pluralité des voix, seront inscrites sur un registre coté et paraphé, et les absents ne pourront y faire opposition, si elles sont signées au moins de quatre membres présents. Un délégué surveillera la caisse et le service des quittances, et en fera son rapport à l'assemblée hebdomadaire. Les nominations de commis, inspecteurs ou piqueurs ne se feront que par la Compagnie, sous la caution des associés qui les auront présentés. Aucun transfert de part d'intérêt n'aura lieu qu'avec le consentement unanime, par écrit, de toute la Compagnie, et après avoir laissé l'option à celle-ci.

Si le décès d'aucun de nous arrive pendant la présente société, les veuves, héritiers ou ayants cause seront tenus de l'entretenir, sans qu'ils puissent néanmoins paroître dans la présente société, ni y avoir voix délibérative; lesquels seront tenus de se rapporter à ce qui aura été et pourra être fait par la Compagnie, aux comptes de laquelle ils seront tenus de se rapporter, sans pouvoir les débattre, ni assister à leur clôture; mais ils pourront nommer tel de nous que bon leur semblera pour avoir soin de leur intérêt.

S'il arrivoit quelque contestation entre nous pour raison de la présente société, circonstances et dépendances, elles seront terminées à l'amiable, sinon réglées par M. Bosc, à présent prévôt des marchands, que nous supplierons d'en vouloir prendre la peine, même après qu'il ne sera plus prévôt des marchands[1], au jugement duquel nous serons tenus d'acquiescer comme à arrêté de cour souveraine, à peine de quatre mille livres d'amende, qui seront payées, par le contrevenant, moitié aux acquiesçants, et l'autre moitié à l'hôpital général, avant que le refusant puisse être reçu à se pourvoir contre ledit jugement, sans que ladite peine puisse être réputée comminatoire.

Il sera aumôné une fois seulement la somme de six cents livres, qui sera distribuée à chacun de nous, pour être employée à cet usage de la manière qu'il le jugera à propos.

Nous verrons plus loin quels furent les résultats de cette association ; mais il restait à la Ville le soin de faire l'érection de la statue prête depuis 1692, et on s'en occupa avec activité. Quand les travaux du piédestal commencèrent, une difficulté se présenta : le sous-sol étant traversé par des sources, il fallut que l'entrepreneur Pierre-Alexis Delamair[2], avec l'aide de Servais de Rennequin, ingénieur du roi chargé de l'entretien des pompes de Paris[3], procédât à l'épuisement des eaux et établît un premier lit de « racineaux » de bois, de huit à neuf pouces de grosseur, espacés de trois en trois pieds, sur lesquels reposèrent des plates-formes épaisses de six pouces[4]. Le piédestal, assis sur ce pilotis, devait être revêtu de marbre blanc et mesurer trente pieds de hauteur, sur vingt-quatre de longueur et treize de largeur[5] ; provisoirement, on ne fit qu'un simulacre en plâtre[6].

---

1. Cela expliquerait le don en forme d'épingles dont il a été parlé p. 143.
2. Celui qui construisit les hôtels de Soubise et de Pompadour ; mort en 1745.
3. Cet ingénieur doit être l'héritier de Renier ou Rennequin Sualem, l'un des auteurs de la machine de Marly. Lorsque celui-ci avait été appelé en 1678, « pour le talent singulier qu'il avoit de construire des machines hydrauliques pour l'épuisement et élévation des eaux, » Servais Rennequin Sualem (sic), son fils, était venu aussi s'établir en France et y avait gagné ensuite le double titre d'ingénieur du roi et de la Ville. Plus tard, sous la Régence, il construisit un pont de bois à Charenton et eut la concession des droits à percevoir sur le pont qui fut bâti alors entre l'île Saint-Louis et la Cité. Il ne fut naturalisé qu'en 1747.
4. Marchés du 7 et du 8 mai 1699, dans le dossier des archives Q¹ 1140 et dans le registre H 1837, fol. 289 v° à 296. Comparez la *Gazette de la Haye*, 1699, n° 43, une requête de Delamair, datée de 1727, dans le ms. Arsenal 3054, et un acte de transaction avec la Ville, 5 février 1729, dans le dossier Q¹ 1140.
5. Cf. le chapitre des Piédestaux dans le *Traité des statues* de 1688, p. 153 et s.
6. *Gazette d'Amsterdam*, 1699, n° LXXVI, de Paris, 14 septembre.

Les quatre faces étaient ménagées pour recevoir de longues inscriptions, que le ministre Pontchartrain fit demander à la petite Académie[1] par son neveu l'abbé Bignon. Il écrivait à celui-ci[2] :

Voici, Monsieur, un champ que je trouve bien vaste pour exercer l'esprit et la science de Messieurs de l'Académie des inscriptions, quelque étendue qu'aient en eux ces deux qualités, et je doute même que la qualité d'inscriptions porte avec soi d'assez longs discours pour remplir une partie de cette étendue; mais enfin ne parlons point encore des proportions. Il s'agit seulement, à présent, de faire quatre inscriptions pour les quatre faces du piédestal sur lequel sera posée la figure équestre du roi dans la place de Vendôme, et c'est le sujet du travail que l'on propose à l'Académie. Le roi ne veut rien que de grand, mais rien, en même temps, que de sage et raisonnable, et rien, en un mot, qui tienne de l'idée des bas-reliefs, esclaves et inscriptions de sa statue de la place des Victoires. Je vous donne le bonsoir, Monsieur.

L'Académie, ayant pris communication de cette lettre le 26 mai[3] et reconnaissant l'urgence, s'occupa, dès le 30, de déterminer les proportions des inscriptions d'après un modèle des cadres que Girardon avait envoyé, et de comparer ce qui avait été fait pour les statues de Louis XIII et d'Henri IV, mais non pour la place des Victoires, puisque le roi répudiait les textes idolâtriques de Regnier-Desmarais et du maréchal de la Feuillade, comme on a dû le remarquer dans la lettre de M. de Pontchartrain. L'abbé Tallemant se chargea de faire « tirer les profils » des piédestaux du pont Neuf et de la place Royale; l'abbé Renaudot proposa, comme type à imiter, les fameuses tables d'Ancyre[4], contenant le résumé lapidaire du principat d'Auguste, et il fut décidé que, des quatre faces du piédestal, celle de devant serait réservée à la dédicace de la Ville au roi, les autres aux faits du règne. La Compagnie penchait pour rédiger ces inscriptions en latin; mais elle laissa la décision à M. de Pontchartrain, qui se prononça d'ailleurs dans le même sens. Avant que le travail eût rien produit, on reçut com-

1. L'Académie des inscriptions et médailles, qui fut réorganisée par Pontchartrain en 1701.
2. Les détails qui vont suivre sont empruntés aux registres mêmes de l'Académie.
3. Étaient présents à la séance : l'abbé Bignon, Charpentier, Boileau-Despréaux, Tourreil, l'abbé Renaudot, Dacier et l'abbé Tallemant, assistés du vieux Coypel, directeur de l'Académie de peinture et de sculpture.
4. Découvertes en 1551. Notre confrère M. Georges Perrot en a retrouvé le complément en 1861.

munication du texte adopté par l'hôtel de ville pour la médaille qui devait être enfouie sous le piédestal : on le trouva très mauvais, et avis en fut donné au ministre.

Le 20 juin, l'abbé Tallemant apporta trois textes latins pour les faits relatifs à la Guerre, à la Religion et à la Paix[1]; ses confrères jugèrent que c'était bien là le tour à donner aux inscriptions, mais qu'elles présentaient des lacunes et que les faits y semblaient mal distribués. L'abbé, « comme mieux instruit, ayant le catalogue entre les mains[2], » fut chargé de dresser en français la « distribution de tous les faits; » après quoi, la traduction en latin serait faite par lui-même, Tallemant, pour la Dédicace, par Dacier pour la Guerre, par Tourreil pour la Paix, par Renaudot pour la Religion.

Le travail ayant été terminé dans ces conditions, l'abbé Tallemant se chargea, le 21 juillet, de porter les quatre inscriptions à Versailles. Elles furent approuvées par M. de Pontchartrain et par son fils Maurepas, sauf un oubli de la fondation faite au profit des marins invalides, et Tallemant rapporta cette curieuse lettre du ministre[3] :

Je vous renvoie, Monsieur, tout ce que vous m'avez laissé ce matin. Je l'ai fait voir au roi, qui en a été très satisfait et en a bien voulu entendre deux fois la lecture. Il croit seulement que le siège de Candie et la bataille de Saint-Gothard ne sont pas bien placés dans l'inscription de la Religion, et que c'est dans l'inscription de la Guerre qu'elles le doivent être, si on en veut parler. C'est la justesse de son discernement et le caractère correct de son jugement qui lui fait dire que la guerre avec les Turcs n'est qu'une guerre ordinaire d'État à État, et point du tout guerre de religion, puisqu'ils sont communément nos amis, et assez ordinairement très fidèles amis, ce qui ne peut jamais être entre gens qui n'agiroient que par un esprit de religion, qui ne connoît point de retour volontaire ni de ménagement. S. M. veut encore, par sa délicatesse et par scrupule, qu'on ôte le mot d'*æternitatem*[4] dans l'inscription de la Paix, et croit que tout autre mot qui signifiera simplement la durée doit suffire, sans aller jusqu'à l'hyperbole de l'éternité. Je suis à vous, Monsieur.

La modification demandée pour les matelots invalides se fit

---

1. Ces textes primitifs sont insérés dans le procès-verbal.
2. C'est lui qui avait fait les inscriptions pour la galerie de Versailles.
3. Procès-verbal du 28 juillet.
4. *Auxit majestatem imperii, firmavit æternitatem.*

dans la séance suivante, et, à la proposition de Tallemant, on décida l'insertion d'une phrase sur les ports nouvellement créés. Tourreil offrit de changer toute la phrase où se trouvait le mot *æternitas* critiqué par le roi : l'Académie, après quelque hésitation sur *hostium terrores*[1], accepta sa modification; mais le libellé du membre de phrase suivant ne plut pas à M. de Pontchartrain, qui fit observer que les travaux de Brest et de Toulon étaient encore plus considérables que ceux des nouveaux ports, et on adopta une autre forme définitive[2]. L'abbé Tallemant se chargea encore de faire tracer ces textes sur les toiles qui figureraient le futur piédestal, et c'est également lui qui en dirigea l'impression après la cérémonie publique[3].

La première inscription, comme on l'a vu, était une dédicace au roi par la Ville reconnaissante des bienfaits innombrables et des embellissements qu'elle lui devait[4]; la deuxième rappelait ce qu'il avait fait pour l'affermissement de la religion catholique et pour la destruction de l'hérésie; la troisième, les travaux publics, les œuvres d'art, la réorganisation de la justice et de l'administration; la quatrième, les guerres, victoires et conquêtes sur terre et sur mer. Je ne crois pas nécessaire de rapporter ici leur teneur tout au long, puisqu'elles se trouvent dans toutes les descriptions de Paris[5]. Voltaire a dit à ce propos[6] : « Les inscriptions latines qui remplissent les quatre faces de la base sont des flatteries plus grossières que celles de la place des Victoires. On y lit que Louis XIV ne prit jamais les armes que malgré lui[7] : il démentit bien solen-

---

1. *Extruxit arces aut munivit plus CC,*
Hostium terrores, imperii firmamenta, etc.
2. *Novos portus fecit, veteres ampliores*
Et tutiores reddidit.....
3. On trouva inutile de joindre une traduction au latin académique. (Séance du 22 août.)
4. *Arcubus, fontibus, plateis,*
Ponte lapideo, vallo amplissimo
Arboribus consito,
Decoravit, etc.
5. Dans G. Brice, Piganiol, etc., etc., et dans le *Mercure* d'août 1699, p. 225-231. Patte, dans l'Introduction de ses *Monuments élevés à la gloire de Louis XV*, p. 105-110, donne des textes qu'il prétend meilleurs que tous les autres.
6. *Le Siècle de Louis XIV*, chap. xxviii.
7. C'est l'inscription qui commence : *Arma semper sumpsit invitus, posuit volens, christiani orbis quater pacator.*

nellement cette adulation au lit de la mort, par des paroles dont on se souviendra plus longtemps que de ces inscriptions ignorées de lui[1], et qui ne sont que l'ouvrage de la bassesse de quelques gens de lettres. » Cette fois du moins, on avait renoncé à toute ornementation humiliante et irritante pour les nations étrangères[2]; mais tant d'autres motifs de guerre allaient renaître au premier jour!

Le piédestal fut exécuté par les marbriers Dezègre[3] et d'Arbet; ils ne le livrèrent que le 2 janvier 1704, et leur payement fut réglé à quatorze mille cinquante-cinq livres, le 6 juillet 1705[4].

Les travaux de terrassement ayant été menés avec activité[5] et les fondations arrivant au niveau du sol, une cérémonie solennelle eut lieu le 17 juin 1699, pour la pose de la première pierre du piédestal. A dix heures du matin, le prévôt des marchands, les échevins et tout le corps de ville, en robes de cérémonie, se transportèrent sur la place, avec trompettes, timbales et fifres, pour placer sous cette pierre, au ras du pavé, plusieurs médailles d'or et d'argent à la louange du roi et de la Ville, avec commémoration de l'événement du jour. Il y avait grande affluence de peuple, de personnes de condition et de dames. La Ville étant pauvre, on ne se servit que de vieilles médailles; le prévôt des marchands les couvrit de mortier avec une truelle d'argent, et l'on eut soin de placer des gardes autour du piédestal pour que rien ne fût dérobé[6]. On travailla ensuite sans relâche, même la nuit, à la lueur de la lune, même les dimanches et fêtes, afin que l'inauguration de la place pût se faire

---

1. Il dit au petit Dauphin : « Ne m'imitez pas dans le goût que j'ai eu pour les bâtiments, ni dans celui que j'ai eu pour la guerre; tâchez, au contraire, d'avoir la paix avec vos voisins. » Comme Voltaire et avant lui, Saint-Hilaire avait reconnu (*Mémoires*, t. IV, p. 401 et 412) que ces paroles faisaient plus d'honneur à Louis XIV que toutes les flatteries de ses panégyriques; mais, après la communication préalable des textes académiques, on ne peut dire que le roi les ignora.

2. Ci-dessus, p. 66-67.

3. Sur celui-ci, voir *les Nouvelles archives de l'art français*, 2ᵉ série, t. II, p. 153-155, et IV, p. 278.

4. Registre H 1841, fol. 185.

5. Il fut enjoint à tous conducteurs de gravois de les apporter aux endroits prescrits par les archers : *ibidem*, fol. 317.

6. Papiers du P. Léonard, Arch. nat., M 757, p. 187-188; registre de la Ville H 1837, fol. 346 v° à 350. Cette cérémonie, ainsi que la construction prochaine de l'hôtel des Mousquetaires, furent les sujets principaux du feu d'artifice tiré la veille de la Saint-Jean, 23 juin. (Reg. H 1837, fol. 355 v°.)

avant le 15 août, date où expiraient les pouvoirs des prévôt et échevins en charge. Jacques Guesnier, charpentier juré, s'était chargé d'amener la statue sur son piédestal moyennant douze mille livres[1] : il se servit d'une charpente fort haute, de très puissantes moufles, et réussit parfaitement. Toutes ces diverses opérations étaient suivies jour par jour par les correspondants des gazettes de Hollande, qui tenaient ainsi l'Europe entière au courant de leurs progrès[2]. Le 16 juillet, la statue, suspendue à deux pieds de terre, se mit en mouvement sur des rouleaux, le sol ayant été préalablement dégagé et aplani. Beaucoup de curieux assistaient à l'opération, qui se termina seulement le 24, quoiqu'il n'y eût guère plus de trois cents pas de la fonderie au piédestal. Un dessin fait sur le moment même est parvenu jusqu'à nous dans les collections du musée du Louvre[3] ; rien ne prouve qu'il soit de Girardon comme

1. Traité du 21 mai, dans le dossier Q^1 1140 et dans le registre H 1837, fol. 304-306.
2. *Gazette d'Amsterdam*, n°⁵ L, LI, LVI, LX, LXI, LXV-LXVIII, LXXVI, et Extraordinaires. Un ancien intendant des bâtiments du roi fit, à cette occasion, l'annonce suivante (*Gazette de la Haye*, n° 45) : « Le dessein qu'on a formé de faire élever la statue équestre de S. M. dans la place de Vendôme ayant incité plusieurs personnes à en proposer divers moyens, M. Gobert, ci-devant intendant des bâtiments de S. M., s'est offert de la conduire, de l'élever et de la mettre en place sur son piédestal, avec la force d'un seul homme assis dans un fauteuil, sans se servir de rouleaux ni de vindas, de cris ni de crins (sic), de câbles ni de poulies. Comme cette proposition surprend plus qu'elle ne persuade, attendu que cette statue, étant équipée, pèsera environ cent douze ou cent quinze milliers, il supplie instamment, surtout les habiles qui pourroient en douter, de suspendre leur jugement, et il les invite à lui faire l'honneur de venir chez lui prendre communication de son moyen, promettant cinquante pistoles à qui pourra lui faire connoître quelque difficulté capable d'en empêcher l'exécution infaillible. Il fera réponse aux curieux éloignés qui lui feront l'honneur de lui écrire *à Paris, rue du Mail*, et il leur en envoiera le dessein avec l'explication très claire. Il avertit qu'il ne se sert d'aucun nouveau principe, mais seulement de celui que ses études et ses longues expériences lui ont fait connoître pour seul et unique, fondé sur la raison des nombres, comme un et un font deux, par proportion de force et de temps. » Le musée Carnavalet possède une grande planche gravée sur laquelle Gobert a exposé les principes de son invention et représenté la statue colossale mise en mouvement dans une sorte de chariot par un homme qui, assis sur son fauteuil, dans le chariot même, donne d'une seule main l'impulsion aux engrenages.
3. C'est à M. Paul Durrieu que j'en dois la connaissance et la description. Le dessin, lavé sur crayon, mesure 0ᵐ618 de haut sur 0ᵐ482 de large, et représente la statue équestre au moment où elle arrive près de son piédestal. Elle est vue de profil, tournée à gauche. On distingue les trois rou-

on l'a dit. De même, une gravure, de proportions inusitées, représente le colosse sur les rouleaux de bois, s'avançant vers son piédestal. C'est peut-être la meilleure reproduction que nous possédions de cette œuvre célèbre[1]. La statue elle-même fut enfin élevée et mise en place le 8 août; les frais s'élevèrent à quatorze mille livres[2]. Quant à la cérémonie définitive du *posuit,* comme le roi, consulté dès le 10 juillet, avait répondu qu'il laissait toute liberté à la Ville, et que, « puisque le peuple souhaitoit des spectacles à son sujet avec tant d'ardeur, il falloit le satisfaire[3], » ces Messieurs résolurent de faire tirer un magnifique feu d'artifice sur la Seine, et donnèrent leurs ordres en conséquence à l'artificier Carême, au charpentier Cauchy et au sieur Hébert.

Après avoir été annoncée pour le 20 juillet[4], puis pour le 6 août, cette inauguration solennelle eut lieu le 13 août[5]. Chacun des conseillers de ville et des quarteniers avait reçu injonction, comme en 1686, d'amener deux notables, à cheval et en housse, pour se joindre au prévôt des marchands et aux échevins et aller prendre le gouverneur de Paris avec les trois compagnies d'archers de la Ville, timbales, trompettes et hautbois. D'autre part, les cinquanteniers et dixeniers avaient été invités à faire allumer des feux de joie dans leurs quartiers respectifs, en même temps que des mesures de police étaient prises pour qu'il n'arrivât

---

leaux à leviers sur lesquels elle est venue de la fonderie. En avant, un homme agenouillé ajuste quelque cordage; un autre, debout, en habits bourgeois et le bâton à la main, semble donner des ordres. Dans le fond, entre les jambes du cheval, on aperçoit un groupe de quatre personnages, dont un dessinateur assis et deux moines debout. Le fond est occupé par la façade symétrique en construction. Ce dessin, de facture médiocre, est porté à l'inventaire, sous le n° 26776, comme fait d'après Girardon, tandis que Corrard de Bréban l'a attribué à Girardon lui-même : p. 68 de la notice déjà indiquée.

1. Gravure sans nom d'auteur, ni date, ni lieu de publication, au musée Carnavalet.
2. Registres de la Ville, H 1837, fol. 446.
3. *Ibidem*, fol. 425 et suiv.
4. *Gazette d'Amsterdam*, Extr. LVI et n° LXIV.
5. Le récit de la fête fut donné tout au long dans le *Mercure,* août 1699, p. 216-283. Plusieurs estampes la représentent dans la collection Hennin, n°⁸ 6438-6441, et dans les portefeuilles du musée Carnavalet. Il n'en est pas question dans les procès-verbaux de l'Académie de peinture et de sculpture, qui ne fut point invitée par Girardon, tandis que Desjardins l'avait conviée à la fête de 1686.

aucun accident aux échafauds construits sur les deux rives de la Seine, où devaient avoir lieu les fêtes principales, joutes pendant la journée, feu d'artifice et illuminations pour le soir[1]. Sur la place même, autour de la statue, les deux entrepreneurs de la maçonnerie et de la charpente avaient fait élever aussi des échafauds, dont le plus vaste pour Messieurs de la Ville, et les autres pour le public[2]. Mais l'affluence fut moins grande que ne l'avaient espéré ces spéculateurs, et la fête parut, en somme, assez médiocre[3]. Ce ne fut qu'une répétition des cérémonies de 1686 : « En accordant de nouveaux honneurs, privativement à tous autres, à ce qui sortoit de sa personne (les bâtards), le roi, dit Saint-Simon[4], sembloit aussi en mériter de nouveaux, mais tout étoit épuisé en ce genre; on ne fit donc que recommencer ce qui s'étoit fait à sa statue de la place des Victoires..... Le duc de Gesvres, gouverneur de Paris, à cheval à la tête du corps de ville, y fit les tours, les révérences et les autres cérémonies tirées et imitées de la consécration de celles des empereurs romains. Il n'y eut, à la vérité, ni encens ni victimes : il fallut bien donner quelque chose au titre de « roi très chrétien. »

Comme en 1686, le corps de ville alla prendre le gouverneur : ce n'était plus le duc de Créquy, mais le duc de Gesvres, dont l'hôtel était situé rue Coq-Héron[5]. Dans ces occasions, il déployait une grande magnificence : on vit donc paraître en tête ses gardes tout galonnés d'argent sur leurs justaucorps rouges, puis six pages à cheval, en justaucorps neufs de velours vert garnis d'or, avec plumes blanches aux chapeaux[6], et huit gentilshommes en justaucorps bleus galonnés d'argent, sur des chevaux d'Espagne. Le gouverneur lui-même, à la droite du prévôt des marchands, portait un splendide justaucorps à fond bleu enrichi de broderie d'or, avec une veste de drap d'or brodé d'argent, sur laquelle brillait son

---

1. Extraits des registres de la Ville et pièces originales, dans le dossier Q¹ 1140.
2. Guesnier revendit aussitôt son privilège pour trois mille livres; l'entrée pour une personne se paya jusqu'à quinze livres (*Gazette d'Amsterdam*, n° LXV).
3. *Mémoires de Sourches*, t. VI, p. 178; *Gazette d'Amsterdam*, n° LXVII.
4. *Mémoires*, nouvelle édition, t. VI (1888), p. 244.
5. Voyez l'ordre de marche, conforme à l'imprimé, dans le registre H 1837, fol. 467-471, et dans les Preuves de D. Félibien, p. 367-368.
6. Il entretenait vingt-quatre pages, disent les *Mémoires du duc de Luynes*, t. III, p. 364.

Ordre de pierreries. Le pommeau et la garde de son épée étaient d'or enrichi de diamants; des diamants aussi brillaient à ses jarretières et à ses boucles, à l'agrafe qui retroussait son chapeau, au cordon d'or dont il était entouré. Son cheval[1], de moyenne hauteur, de poil gris pommelé, « brun moucheté et marqueté, » avait un émouchoir de tresse d'or, une housse en broderie d'or; la selle, les fourreaux de pistolets et les bourses étaient couverts aussi de toile d'or; la bride, le mors et les bossettes, de même métal[2]. Le harnachement plus simple de la monture du prévôt des marchands n'était que de velours noir orné d'argent, ainsi que sa housse. Derrière ces deux principaux personnages, vingt-quatre valets de pied conduisaient autant de chevaux de main. Escorté des archers de la Ville et des gardes du gouverneur, le cortège se rendit à la nouvelle place de Louis-le-Grand par les rues du Bouloir, des Petits-Champs et Saint-Honoré, fit deux tours devant la statue en la saluant et lui rendant les honneurs réglés, puis s'en retourna à la rue Coq-Héron par les rues Neuve-des-Petits-Champs et du Reposoir, pour saluer au passage la statue de la place des Victoires, et de là, par les quais, à l'hôtel de ville, où il y eut un dîner de soixante-dix personnes. Tout le long du parcours, le prévôt des marchands ne cessa de jeter des espèces au peuple. Les boutiques étaient restées ouvertes et le parlement ne suspendit point ses séances; mais les collèges avaient fermé leurs classes, et, la veille, les Jésuites avaient joué une tragédie de circonstance. Les Capucines s'associèrent à la fête[3] en exposant la châsse de saint Ovide[4] : curieux et dévots vinrent en foule, les uns admirer, les autres adorer, pendant toute une semaine, et ce fut depuis lors sur la place nouvelle que se tint la foire d'août-septembre instituée en l'honneur du saint. Il en sera parlé plus loin[5].

Dans l'après-dînée de ce grand jour, il y eut des joutes sur la Seine, au-dessous du pont Neuf, et, le soir, un feu d'artifice, dont le sujet principal, invention du P. Ménestrier, représentait la nouvelle

---

1. Saint-Simon dit que, quoique le duc ne montât point à cheval depuis longtemps, ses écuries étaient pleines des « plus rares chevaux de monture. »
2. La *Gazette de Leyde* (10 et 17 août) estima le cheval à douze mille livres et la dépense personnelle du gouverneur à plus de vingt mille livres. Cf. le *Mercure*, août 1699, p. 220.
3. *Gazette d'Amsterdam*, n° LXXII.
4. Ci-dessus, p. 114.
5. Ci-après, p. 198.

statue du roi dans le temple de la Gloire[1]. A cette dernière partie de la fête assistèrent Monsieur et Madame, placés dans le Louvre, aux fenêtres de l'appartement de la feue reine mère. On ne permit pas aux petits-fils de France de venir à Paris, sous prétexte de petite vérole, et leur père vit le feu de sa terrasse de Meudon. La grande galerie du Louvre, récemment réparée, meublée et ornée de tableaux et de morceaux de sculpture[2], reçut les invités de la Ville; mais il fallut distraire quatre fenêtres pour les ambassadeurs des princes étrangers et élever des gradins aux autres ouvertures, ainsi qu'un échafaudage vis-à-vis du premier guichet. Quant au corps de ville, il était sur la rivière même, dans huit bateaux couverts de tapisseries[3]. Ainsi finit cette fête, dont tous les détails devaient être répétés encore soixante-quatre ans plus tard, pour l'inauguration de la statue de Louis XV le Bien-Aimé sur la place créée en son honneur.

Non seulement, selon l'usage, le programme du cortège avait été imprimé à l'avance, chez la veuve Chardon, avec un anagramme sur le nom de Louis de France (*la Force divine*) et un sonnet sur l'effigie du roi « qui passe pour une merveille achevée; » mais on avait gravé aussi à l'avance des estampes du défilé de la cavalcade autour de l'œuvre de Girardon[4], qui furent fort admirées des connaisseurs[5]. De même pour le temple de la Gloire[6]. L'année suivante, de nombreux almanachs illustrés, de grand

---

1. Voir la description minutieuse publiée, en forme de livret, par le *Mercure*, et la *Gazette d'Amsterdam*, Extraord. LXVII. Le rapport officiel est dans le registre de la Ville H 1837, fol. 471-482. Autour d'un médaillon du roi porté par la Gloire, on vit flamboyer la devise : *Sic itur ad astra*.

2. Le correspondant de la *Gazette d'Amsterdam* lui écrivait de Paris, le 31 août, qu'on venait d'y remettre des fenêtres, des vitres et des tapisseries, avec un grand nombre de beaux tableaux, que presque tout le monde fut admis à admirer. Ces tableaux étaient ceux de l'Académie de peinture, et ne devaient rester exposés que huit jours ; mais l'affluence du public fit prolonger ce délai, et l'on ajouta des morceaux de sculpture, entre autres des ouvrages de Thomas Regnaudin, collaborateur de Girardon et auteur du *Temps qui emporte la Beauté* (*ibidem*, correspondance du 14 septembre).

3. Reg. H 1837, fol. 471-482 ; reg. de la Maison du roi O^1 43, fol. 226 v°, 235 v° et 238.

4. Gravures à l'eau-forte, par P. le Pautre et par Guérard, dans les mss. Clairambault 1152, fol. 143, et 1170, fol. 15, au Cabinet des estampes et au musée Carnavalet.

5. *Gazette d'Amsterdam*, Extr. LXVI.

6. Mss. Clairambault 1159, fol. 70, et 1170, fol. 14 v°. Cf. la collection Hennin, n°ˢ 6438 à 6441, et les estampes du musée Carnavalet.

format[1], donnèrent l'image de la statue avec deux vues de la place, l'une, telle qu'elle était encore dans son état primitif de quadrilatère, et l'autre, comme on devait la refaire, en octogone irrégulier[2]. Enfin, une médaille fut frappée avec la devise : OPTIMO PRINCIPI[3].

Est-il nécessaire d'ajouter que, par la suite, nombre de dessinateurs et de graveurs reproduisirent des perspectives variées de la place? Citons seulement les quatre planches de Bernard Picard, le tableau de Houasse gravé par Simonneau, le frontispice fait par Tardieu pour le livre de Boffrand, la très mauvaise planche exécutée par Chevotet et Hérissé pour le livre de D. Félibien, une vue de l'intérieur de la place par J. Rigaud, des planches de Pérelle, de La Monce, d'Aveline, etc.

Les poètes aussi firent entendre leurs accents les plus lyriques, et, au premier rang, cet abbé François Boutard qui, grâce à la protection de Bossuet, était devenu le *vates Borbonidum* et prétendait ressembler exactement à Horace par sa taille, sa figure, ses manières, aussi bien que par sa poésie. Il imprima une ode : *In equestrem statuam Ludovici Magni positam in Urbe*[4], qui lui valut, en 1701, une place de pensionnaire à l'Académie des inscriptions et médailles[5]. Ses vers latins furent traduits par un autre poète de cour, Pierre Bellocq, valet de chambre de Louis XIV et porte-manteau de la reine Marie-Thérèse d'abord, puis de la duchesse de Bourgogne, auteur d'idylles, d'épîtres et de satires, fort bien vu des courtisans et du roi lui-même, mais plus connu de nous pour la querelle qu'il eut avec Boileau[6].

Enfin les épigraphistes de bonne volonté s'escrimèrent pour

---

1. V. Champier, *les Almanachs illustrés*, 1886, p. 116 et pl. 33.
2. De bonnes gravures d'un almanach et d'une des planches du défilé ont été insérées récemment dans la publication de M. le capitaine Dolot : *Note historique sur la place Vendôme et sur l'hôtel du gouverneur militaire de Paris*.
3. Recueil de 1702, pl. 278. Un exemplaire en or est au Cabinet des médailles, et le coin à la Monnaie, n° 345. Elle a été plusieurs fois gravée.
4. Elle parut en septembre 1700, dans le *Mercure galant*, p. 5-17.
5. Plus tard, en mai 1703, Boutard obtint une abbaye de deux ou trois mille livres de rente dans le diocèse de Luçon. Dangeau lui avait donné une chapellenie dans son ordre de Saint-Lazare. Pour son entrée à l'Académie, il lut une ode sur une autre œuvre de Girardon, le tombeau du cardinal de Richelieu.
6. *Mercure galant*, septembre 1700, p. 5-16. Sur ces deux poètes, voir le *Moréri*. Bellocq mourut au Louvre en 1704.

faire des variantes ou des additions aux textes élaborés par la petite Académie : rien que dans les premiers mois de 1700, le *Mercure galant* ne publia pas moins de trois séries de ce genre[1].

Quoiqu'on fût en paix depuis un an, la misère publique était encore trop vive pour que de pareilles fêtes ne fussent pas critiquées par les esprits chagrins ou hostiles. C'est ce que l'ambassadeur vénitien exprimait d'avance, dans une lettre du 9 août à son gouvernement : « La capitale se dispose à donner un témoignage solennel de l'amour des sujets pour leur souverain dans la grande place de Vendôme, belle et magnifique entre toutes, création du vaste génie de Louvois, ce digne serviteur du roi. On érigera sur un piédestal superbe la statue équestre du roi, qui, ornement le plus remarquable de la paix récemment donnée au monde chrétien, s'offre à la vue de tous les peuples avec un nouvel emblème de victoire et de triomphe..... Les souffrances de son peuple, écrasé sous tant de fardeaux et tourmenté entre tous, — *il più tormentato*, — ne l'empêcheront pas de rendre à sa divinité souveraine les adorations les plus ferventes et de lui offrir les holocaustes les plus fortunés, parce qu'ils sont agréés du génie de ce monarque, qui s'y complaît[2]. »

Comme la statue, faisant face à la rue Saint-Honoré, étendait un bras vers la droite, quelqu'un fit cette méchante épigramme[3] :

> Tu regardes cette effigie ;
> Sais-tu ce qu'elle signifie ?
> Louis, du bout du doigt, montrant
> Les Capucins du grand couvent[4] :
> « Peuple, dit-il, par la besace,
> Ces bons pères gagnent les cieux ;
> Pour vous obtenir cette grâce,
> Je veux vous réduire comme eux. »

Mais où Dulaure a-t-il pris ceci[5] :

L'érection de cette statue vint fort mal à propos. On s'en plaignit

---

1. *Mercure*, mars 1700, p. 1-12 ; avril, p. 1-11 ; mai, p. 9-10.
2. Cabinet des manuscrits, copie des *Dépêches vénitiennes*, filza 193, p. 231.
3. *Le Nouveau Siècle de Louis XIV*, t. III, p. 26 ; cf. ms. Arsenal 3128, fol. 196 v°.
4. Ci-dessus, p. 97-98.
5. *Histoire de Paris*, t. VI, p. 565-566. Cf. sa *Description* de 1789, t. II, p. 304.

de toutes parts. Louis XIV lui-même, présent à l'inauguration de sa statue, ne put s'empêcher de désapprouver les dépenses excessives que la Ville faisait en cette cérémonie dans un temps de disette[1]. Le duc de Bourgogne refusa d'y assister, et dit à son épouse, qui le pressait de s'y rendre : « Comment se réjouir quand le peuple souffre ? » On se permit alors contre Louis XIV une singulière épigramme : on plaça sur les épaules de sa statue une grande besace[2]. C'était traiter le roi d'orgueilleux et de mendiant.

Voilà une accumulation de faussetés inventées à plaisir auprès de laquelle les falsifications de La Beaumelle paraissent bien vénielles !

Conformément à la volonté royale, la place, connue jusque-là sous le nom de Vendôme, eût dû prendre le nom de place des Conquêtes, inséré dans les lettres patentes d'avril 1698; mais la voix publique lui avait déjà donné celui de place de Louis le Grand[3], consacré par l'affiche officielle de la Ville (6 août 1699), et le même vocable fut imposé encore, deux ans plus tard, à une rue nouvelle ouverte dans le voisinage immédiat[4].

Germain Brice nous a transmis une description sommaire de cette première place destinée à disparaître avant d'avoir été autre chose qu'un décor :

Elle avoit soixante-dix-huit toises de largeur, sur quatre-vingt-six de profondeur, et n'étoit formée que par trois lignes de bâtiments[5], le côté de la rue Saint-Honoré restant entièrement ouvert pour lui don-

---

1. Il y avait eu une disette en 1693 et un semblant de disette en 1698, mais rien en 1699.

2. Est-ce une confusion avec la perruque tant critiquée par Lister, ou avec cette boîte d'aveugle qu'on trouva pendue au cou de la statue de Louis XV, en 1763 ?

3. *Gazette d'Amsterdam*, Extr. LVI, 13 juillet 1699. C'est évidemment par erreur que le nom de place de Vendôme ou des Conquêtes a été inscrit encore sur le plan de Delagrive en 1728.

4. Arrêt du Conseil du 22 mars 1701 (Arch. nat., E 1916 et H 1840, fol. 150) : la rue Neuve-Saint-Augustin sera continuée depuis la rue Neuve-Saint-Roch ou Gaillon, de quatre toises et demie de largeur, à prendre en ligne droite depuis l'encoignure et suivant l'alignement du devant du mur de face de l'hôtel de Lorge, jusqu'à la distance d'environ onze toises du mur de clôture du couvent des Capucines ; et, de cet endroit, il sera formé une autre rue en retour, de cinq toises, parallèle à la même distance de onze toises ou environ du mur de l'enclos, qui sera appelée Louis-le-Grand.

5. Il est à remarquer que la place est fermée de toutes parts sur le plan de Jouvin de Rochefort de 1690 ; mais, sur celui de 1697, elle a une grille devant la rue Saint-Honoré.

ner plus d'air et plus d'étendue. L'architecture des faces des édifices qui l'environnoient étoit d'une apparence magnifique. C'étoit une longue ordonnance d'arcades ornées de refends, qui servoit de stylobate ou de piédestal continu à un grand ordre ionique en pilastres[1], qui régnoit partout et qui portoit un grand entablement qui couronnoit tout l'édifice avec beaucoup de majesté. Les croisées, distribuées entre les pilastres, étoient décorées de bandeaux et couronnées de frontons angulaires et sphériques alternativement, imitées du vieux Louvre, lesquelles sont admirables, si l'on en croit quelques architectes qui les ont fort estimées, comme on le voit dans leurs traités. Au fond de cette magnifique place s'élevoit un grand arc ouvert, soutenu de deux grands avant-corps, formés chacun de deux colonnes isolées, du même ordre que les pilastres. On avoit ménagé dans les espaces entre ces colonnes des niches pour poser des statues. Toutes ces choses ensemble produisoient une belle et noble décoration, laquelle donnoit beaucoup de plaisir à la vue et satisfaisoit infiniment. Un large corridor en portique voûté régnoit partout au rez-de-chaussée[2], à la faveur duquel on auroit pu aller à couvert tout autour de la place, et dans lequel toutes les maisons avoient leurs entrées principales[3].

Et plus loin[4] :

La ligne entière des bâtiments de cette place, en entrant à main gauche par la rue Saint-Honoré, étoit destinée pour loger la Bibliothèque du roi[5]; elle eût été de quatre-vingts toises de longueur. On avoit formé le dessein de la décorer de tous les ornements qui pouvoient y convenir, et d'y procurer les commodités nécessaires à ceux qui y viennent travailler. Cette disposition auroit fait voir la richesse et la magnificence de cette bibliothèque, et l'auroit exposée tout entière à de merveilleux points de vue. On avoit déjà commencé un grand hôtel pour le bibliothécaire, qui eût été commodément logé et à portée de veiller à la garde de la bibliothèque et à tout ce qui s'y pouvoit passer. On ne peut assez louer l'utile et noble projet du marquis de Louvois dans le désir qu'il avoit de loger superbement cette bibliothèque, en la tirant de l'obscurité où elle avoit été depuis tant d'années, quoiqu'elle fût déjà, sans contredit, la plus riche et la plus complète de toute l'Europe.

---

1. C'était le même ordre qu'à la place des Victoires.
2. Comme à la place Royale, et comme dans beaucoup de villes de l'Italie septentrionale.
3. *Description de la ville de Paris*, éd. 1752, t. I, p. 321.
4. *Ibidem*, p. 323; cf. éd. 1725, p. 302.
5. Le continuateur ne parle plus d'Académies, ni d'hôtel des Ambassadeurs, ni de Monnaie, comme dans l'édition de 1725.

G. Brice avait raison; plus de vingt ans devaient encore s'écouler avant que la Bibliothèque, si étroitement logée rue Vivien, obtînt un commencement d'installation digne des richesses dont Louis XIV l'avait dotée, et près de quarante ans, avant qu'elle offrît un asile aux lecteurs, comme Louvois avait espéré le faire en abritant les livres derrière la galerie couverte du premier plan de Mansart. Aussi l'abandon de cette partie du projet, qui eût été digne d'un Colbert et vraiment utile, inspira-t-il un profond désespoir aux savants chargés de la garde des collections royales : leur successeur actuel en a recueilli le naïf témoignage dans une lettre que Jean Boivin, alors commis en second, écrivit au retour d'une visite faite à la place de Louis-le-Grand[1].

Dès le mois de septembre 1699, on avait commencé à démolir la façade d'architecture, et la reconstruction se fit à mesure[2]. Comme nous l'avons vu plus haut, la façade nouvelle, réduite de dix toises dans l'un et l'autre sens[3], prit la forme d'un octogone imparfait, où les pans coupés des quatre angles du carré étaient beaucoup plus étroits même que les deux façades dans lesquelles s'ouvrirent les issues sur les Capucines et sur la rue Saint-Honoré[4]. Cette fois[5], Mansart, abandonnant définitivement l'ordre ionique, adopta le corinthien pour les pilastres destinés à orner la façade générale[6], et il les fit soutenir par un stylobate ou piédestal continu, à refends, dans lequel on pratiqua des arcades en plein cintre,

---

1. L. Delisle, *le Cabinet des manuscrits*, t. I, p. 293-295. On a vu ci-dessus, p. 118, note 3, que Boivin s'était occupé de la statue de Girardon.
2. *Gazette d'Amsterdam*, 1699, n° LXVIII. Au mois de septembre 1701, la démolition avait coûté vingt-cinq mille livres, et la construction quarante-cinq mille : dossier O¹ 1551.
3. La *Nomenclature* officielle de 1885 donne deux cent treize mètres de longueur sur cent vingt-quatre de large.
4. Arrêt du 5 juin 1700 (Arch. nat., E 1191, et *Dictionnaire administratif des rues et monuments de Paris*, par Lazare, p. 245), ordonnant la continuation des rues qui joignaient la place aux rues Saint-Honoré et Neuve-des-Petits-Champs, et la continuation de celle-ci depuis l'encoignure des Capucines jusqu'à la rencontre du Cours ou Boulevard. Cette dernière voie, d'abord appelée Saint-Ovide en l'honneur du saint que les Capucines vénéraient (ci-après, p. 198), prit bientôt le nom de rue Neuve-des-Capucines.
5. Blondel a décrit l'ordonnance de la place dans son *Architecture françoise*, t. III, p. 103-105, en faisant certaines critiques.
6. On trouve dans le dossier O¹ 1551 un dessin original du profil de la base de l'ordre corinthien, signé par Mansart le 30 mai 1700.

avec clefs ornées de beaux mascarons. Ces arcades étaient au nombre de cinquante-quatre sur les deux côtés longs, de vingt sur les quatre pans coupés, et de quatre-vingt-quatre pour les deux côtés nord et sud : soit, en tout, cent cinquante-huit, dont une partie seulement furent ouvertes en forme de portes. L'ordonnance comportait un rez-de-chaussée et deux étages, avec combles.

Au milieu des deux côtés longs ou façades principales, un avant-corps en attique fut orné de quatre colonnes à chapiteaux, portant un fronton dans le tympan duquel devait être placé l'écusson de France, avec trophées, fleurs de lis et L couronnées[1]. Sur les archivoltes, deux anges, qu'on distingue dans toutes les gravures, mais qui disparurent par la suite[2]. Mansart confia l'exécution des chapiteaux, des bandeaux des fenêtres, et généralement de tous les ornements de sculpture, à Jean-Baptiste Poultier, de l'Académie royale[3]. Les pans coupés reçurent aussi des avant-corps et des frontons à tympans, mais moins saillants et moins ornés. C'est surtout cette partie de l'œuvre de Mansart qui fut critiquée. Germain Brice[4] se plaignait que la saillie plus considérable des deux principaux avant-corps eût nécessité l'adjonction, à chaque encoignure, de colonnes engagées aux trois quarts dans le mur. Il trouvait assez bonne l'ornementation exécutée par Poultier ; mais, selon lui, les connaisseurs eussent préféré que la crête du pourtour se terminât par une balustrade garnie de statues ou de vases, comme à Versailles ou à la place Saint-Marc de Venise, au lieu des lucarnes et « yeux-de-bœuf » qui se succédaient alternativement sur les combles[5]. Quant à Piganiol de la Force, il dit aussi :

---

1. Le détail des prix des ouvrages à faire à ces attiques se trouve dans le dossier O^1 1551.

2. Sur le plan original de 1699 (Arch. nat., Q^1 1141), on voit que les combles, de chaque côté des deux issues de la place, devaient être ornés aussi de trophées de pierre.

3. Jean Poultier, né à Huppy en 1653, reçu académicien le 6 mars 1684, mort le 12 novembre 1719 ; auteur du tombeau des marquis et marquise de l'Hospital, d'une Charité et d'une Persévérance pour Notre-Dame, d'un crucifix et de deux statues en bois pour Saint-Nicolas-du-Chardonnet, d'un saint Augustin pour les Invalides. Voyez le *Dictionnaire général des artistes de l'école française,* t. II, p. 304.

4. T. I, p. 326.

5. Ces lucarnes et « yeux-de-bœuf » doivent être une modification du plan primitif de 1699, car on ne voit que vingt-six lucarnes uniformes, de trois en trois arcades, sur la perspective signée par Mansart, ci-dessus, p. 139.

« Rien n'est plus choquant, ni de plus mauvais goût, que d'avoir décoré les quatre angles rentrants par des avant-corps avancés revêtus de colonnes qui portent un fronton. On ne croit pas que jamais aucun architecte s'avise d'imiter Jules Hardouin-Mansart dans cette manière de distribuer les décorations[1]. » Enfin les deux issues uniques parurent trop étroites, et comme obstruées par les portails des deux églises, faisant ainsi de tout l'ensemble « plutôt l'image d'un vaste cloître, que d'une place royale dont la majesté doit s'annoncer de loin par de belles avenues. »

Hardouin-Mansart, quel que soit le mérite de sa conception, sut du moins la mener, avec le temps, à son parfait achèvement dans cette seconde forme, tandis que, — nous l'avons vu plus haut, — bien d'autres monuments avaient été délaissés comme ils sortaient à peine de terre, ou même étaient restés à l'état de projet; et aujourd'hui encore, l'ancienne place de Louis-le-Grand demeure un des ornements les plus admirés du Paris moderne.

A défaut de Louvois, dont le corps venait d'être transporté nuitamment des Invalides aux Capucines, où l'attendait un mausolée dû à la collaboration de Desjardins, de Girardon et de Corneille Van Clève[2], Mansart fut largement récompensé. En dehors même du don de terrain dans la rue Neuve-des-Petits-Champs

---

1. *Description de Paris*, t. II, p. 401-403.
2. C'est un point mystérieux dans l'histoire de Louvois. Il mourut, dit-on, sans avoir désigné expressément en quel lieu on devrait l'ensevelir; mais, comme il avait exprimé le désir d'aller reposer dans l'hôtel des Invalides, sa création favorite, Mme de Louvois et ses enfants crurent de leur devoir d'en informer le roi, qui consentit, et, après avoir été exposé un jour, le corps fut inhumé, le 20 juillet 1691, dans le chœur de l'église des Invalides. Huit ans plus tard, le 22 janvier 1699, on l'enleva de nuit, pour le transporter sans aucune pompe aux Capucines, dont la maison aussi s'était élevée sous la surintendance du défunt ministre et par ses soins. Que s'était-il passé? Le roi avait-il retiré sa concession première et l'autorisation donnée, en 1691, de « faire inhumer le corps dans le lieu qui seroit tenu le plus convenable à cet effet, et d'y poser et faire construire un tombeau tel qu'ils voudront dans le lieu qui leur sera marqué » (*Dictionnaire critique*, de Jal, p. 810; Rousset, *Histoire de Louvois*, t. IV, p. 547-548)? En tout cas, la translation ne résulta pas d'une décision soudaine, puisque le monument destiné aux Capucines avait été commencé par Desjardins et Girardon entre 1691 et 1694, date de la mort du premier, qui eut le temps de faire une statue en bronze de *la Vigilance* et de commencer l'effigie en marbre de Mme de Louvois éplorée. Un moulage en plâtre du monument est au musée de Versailles, n° 1895.

et des bénéfices qu'il put retirer d'une participation indirecte au traité Masneuf, il reçut d'abord l'agrément d'une charge de conseiller au parlement pour son fils Sagonne, « tout petit homme ridicule, » et, le parlement ayant déployé un éclat extraordinaire pour la réception, il invita les membres de la première chambre des enquêtes, où Sagonne entrait, à venir dîner avec leurs femmes à Versailles et voir les eaux[1]. En juillet de la même année 1699, il obtint l'érection de sa terre de Sagonne en comté; en août, l'agrément d'une autre charge de conseiller pour le fils du richissime traitant Maynon qui épousait sa seconde fille[2]; en juin 1700, une somme de cent mille livres pour payer la charge de son fils, et, en octobre, une pension de cinq mille livres mise au nom de sa femme, sous prétexte qu'elle avait donné tout son bien pour marier leur fils à une fille du grand banquier Samuel Bernard[3].

Quant à Girardon, l'Académie royale de peinture et sculpture, s'associant aux éloges unanimes que son œuvre lui attirait de toutes parts, l'avait nommé chancelier dès le 13 août 1695.

Comme le dit le *Traité de la police*[4], la création de la place Vendôme fut l'origine de toute une ville nouvelle[5]. Du côté des Capucines et du boulevard, la rue Louis-le-Grand, la continuation de la rue Neuve-des-Petits-Champs, la rue Basse-

---

1. Papiers du P. Léonard, Arch. nat., MM 826, fol. 11; *Mémoires de Sourches*, t. VI, p. 161. Cette fête, qui eut lieu le 6 septembre, fut troublée par la pluie et fit beaucoup rire aux dépens de Mansart.

2. Catherine Mansart épousa Vincent Maynon le 18 août 1699, mais mourut le 13 juillet suivant. Son mari eut d'une seconde femme, Mlle Bouvard de Fourqueux, Étienne Maynon d'Invau, qui fut contrôleur général et ministre en 1768.

3. *Journal de Dangeau*, t. VII, p. 325 et 467. Jacques Hardouin-Mansart, comte de Sagonne, épousa Madeleine Bernard le 15 janvier 1701, et se remaria, le 20 novembre 1726, avec une Languedocienne de basse extraction, dont il avait eu et reconnu deux enfants, quoique nés du vivant du premier mari de cette femme et doublement adultérins. Lors du premier mariage, ses parents lui donnèrent cent mille livres, outre la charge de conseiller, et Mlle Bernard eut quatre cent mille livres.

4. T. IV, p. 400, 401 et 406.

5. Et Voltaire : « Les particuliers, à l'exemple du roi, élevèrent dans Paris mille édifices superbes et commodes. Le nombre s'en est accru tellement que, depuis les environs du Palais-Royal et ceux de Saint-Sulpice, il se forma dans Paris deux nouvelles villes, fort supérieures à l'ancienne. » (*Le Siècle de Louis XIV*, chap. XXIX.)

des-Capucines[1], les rues Neuve-Saint-Augustin[2], Neuve-Saint-Roch, etc., se couvrirent d'habitations à partir de 1700; mais ce mouvement se développa surtout sous le règne de Louis XV, par les soins de la Ville et grâce aux privilèges accordés par lettres patentes du 1er décembre 1715. C'est ainsi qu'une voie importante s'ouvrit, en 1719, sur l'emplacement de l'hôtel de Luxembourg[3], et qu'à partir de la même époque, le faubourg Saint-Honoré, délivré des anciennes ordonnances relatives aux limites

---

1. On trouve cette note dans le dossier Q¹ 1140 : « Le rempart, dans son origine, avoit un glacis qui s'étendoit sur le sol de la rue Basse-des-Capucines; les terrains qui bordent cette rue n'avoient au-devant de leur face qu'un sentier ou ruelle pour se communiquer entre eux. Ce local étoit ainsi disposé vers le commencement du siècle. Un arrêt du Conseil du 7 août 1714 défend de bâtir sur ces emplacements plus près que dix perches ou trente toises du rempart. Son exécution étoit commise à MM. les prévôt des marchands et échevins; il y a plusieurs exemples de l'exercice de cette attribution. L'exécution de cet arrêt a été depuis négligée; le sentier est devenu une rue, le long de laquelle on a bâti en toute liberté, et la Ville a cessé de donner les alignements. Les propriétaires ont eu intérêt de la rendre plus large et plus commode en coupant et supprimant les glacis du rempart, et les terres, se trouvant à pic, s'ébouloient continuellement sur le pavé dont on avoit couvert la rue, ce qui arrive encore continuellement. Cet état, également désagréable et incommode, a déterminé plusieurs des particuliers qui y bâtissoient à demander d'y construire des murs de soutènement et des escaliers; ce qui en existe a été fait en différents temps par chacun d'eux, et la Ville ne s'est pas départie du droit de donner permission pour ces murs. Plusieurs exemples de l'un et l'autre droit sont ci-après rapportés..... » C'est en 1720 qu'on ordonna l'exécution du boulevard planté entre la rue Louis-le-Grand et la barrière des Porcherons, et que tout un quartier nouveau, au delà de ce boulevard, entre la Ville-l'Évêque et la Grange-Batelière, fut créé par arrêt du Conseil en date du 4 décembre : Arch. nat., E 2013. Un plan depuis la porte Saint-Honoré jusqu'à la rue du Faubourg-Montmartre est joint aux ordonnances qui prohibèrent toute construction extérieure à moins de dix perches du rempart, dans les papiers du contrôle général, G⁷ 441, 31 juillet 1714.

2. Ouverte par ordonnance de 1701 entre les rues Gaillon et Louis-le-Grand, et achevée en 1714. La partie comprise entre les rues Richelieu et Gaillon datait de 1633. La rue d'Antin, entre les rues Neuve-des-Petits-Champs et Neuve-Saint-Augustin, ne date que de 1713-15.

3. L'hôtel et ses dépendances furent vendus le 7 juillet 1719, moyennant cinq cent quarante-huit mille livres, à l'architecte Guillaume Le Duc, entrepreneur des bâtiments du roi. L'acquéreur prit à sa charge l'entretien de la fondation Mauroy à Saint-Roch. (Contrat dans le carton Q¹ 1141; cf. Jaillot, PALAIS-ROYAL, p. 60.) L'ouverture de la rue fut ordonnée par un arrêt du Conseil du 3 septembre 1719.

de construction, vit bâtir une série de belles résidences sur les terrains occupés jusqu'alors par des jardiniers, des maraîchers et autre menu peuple[1]. Toutefois, place, rues et faubourg, en deçà des Capucines, continuèrent, comme par-devant, à faire partie du quartier du Palais-Royal, dont l'étendue s'était ainsi accrue au delà de toutes prévisions en une moitié ou trois quarts de siècle[2].

Ce développement fut peut-être moins rapide pour la place elle-même, et il ne faudrait pas croire, sur la foi des deux curieuses gouaches signées : V. ANTIER, 1705, et acquises par le musée Carnavalet, que tout y fût habité, ni même construit, à une date aussi voisine de l'inauguration. Si Masneuf et ses associés terminèrent le mur de la façade octogonale pour l'époque fixée[3], la mise en œuvre des terrains adjacents fut loin d'être prompte et facile comme ils avaient pu l'espérer en traitant avec la Ville.

Diverses modifications avaient été apportées au contrat du 14 mai et à l'acte de société du 17. C'est ainsi que, pour donner confiance aux acheteurs, un arrêt du Conseil, en date du 10 juillet, avait déclaré qu'au lieu de vendre lui-même les lots par adjudication en l'hôtel de ville, Masneuf, et, comme lui, ses ayants cause, se borneraient à « indiquer » les personnes qui se présenteraient pour acquérir, et que celles-ci traiteraient directement, par acte notarié, non plus avec la société, mais avec la Ville elle-même[4]. Conformément à cette procédure, le corps de ville homologua, le 9 juin 1701, huit contrats passés entre le 4 septembre 1700 et le 25 avril 1701 au profit de MM. Chamillart et de Pennautier, des

---

1. Arch. nat., K 982, deux mémoires rédigés pour les habitants du faubourg, en 1733 ; selon l'imprimé (Bibl. nat., Lk⁷ 6828), ils furent faits par Daguesseau de Valjouan, frère cadet du chancelier.

2. Voir l'arrêt du Conseil du 14 janvier 1702, portant le nombre des quartiers à vingt et fixant les limites de chacun, pour la taxe des lanternes. Il y avait jusque-là une grande inégalité entre les seize quartiers anciens, dont quelques-uns contenaient à peine une dizaine de rues, et d'autres plus de soixante. — Les rues Neuve-des-Petits-Champs et Neuve-des-Capucines (auparavant Saint-Ovide) appartenaient au quartier Montmartre. Il est parlé officiellement de *quartiers* de Louis-le-Grand et de Gaillon dans des arrêts du Conseil du 1ᵉʳ décembre 1715 et du 31 juillet 1720, et le dernier quartier fut même créé, sous ce nom de Gaillon, en 1722 ; mais il n'exista jamais que sur le papier.

3. Ci-dessus, p. 145.

4. Arrêt du 10 juillet 1699 : Arch. nat., E 1910 et Q¹ 1140.

sieurs Rosty et Quesnet, de MM. de Cotte et Mansart, de Mlle Marescot et du sieur Beasse[1]. D'autre part, il sembla avantageux que chacun des associés, ayant sa portion déterminée, son sixième de la masse foncière, pût agir séparément et à sa propre guise : les gazettes de mai 1699[2] avaient annoncé que ce partage s'était fait dès le principe; je crois cependant qu'il ne fut préparé qu'après quelques années d'expérience, à la fin de 1704, et, comme un des associés, Sauvion, était tombé en banqueroute en 1701, le Conseil d'état nomma un commissaire pour faire le tirage au sort[3]. L'opposition d'un autre associé, Herlaut, paraît avoir retardé cette opération[4]; elle eut enfin lieu le 19 juin 1705 et les jours suivants, devant l'intendant des finances Heudebert du Buisson[5]. Sauvion figurait encore en nom; mais il avait abandonné son sixième au roi, qui en fit faire l'adjudication, le 11 août 1707, à Herlaut, associé avec l'architecte de Cotte et avec un sieur Morlet.

Ce sous-traité d'association ne fut pas le seul, car, dès le 20 mai 1699, Besnier avait cédé, par acte en bonne forme, au président et financier Aubert[6], un huitième d'intérêt, tant dans sa part de quatre sols deux deniers, que dans un lot de treize cent quatre-vingt-douze toises que Bernier et Herlaut, conjointement, avaient pris de la société Masneuf[7]. De son côté, le 28 juin suivant, Herlaut céda aussi six deniers à Jacques de Farcy, auquel succéda Charles de Farcy, sieur de la Gâtinière, maître des comptes à Dôle[8].

---

1. Nous retrouverons plus loin tous ces acquéreurs.
2. *Gazette de la Haye*, 1699, n° 44.
3. Arrêt du 23 décembre 1704 : Arch. nat., E 751.
4. Herlaut prétendait assujettir à certaines servitudes et conditions désavantageuses les lots avoisinant la maison qu'il habitait déjà; ci-après, p. 174.
5. Registres de la Ville, H 1849, fol. 37. La délimitation des lots fut faite par Jean Beaussire; les actes originaux sont dans le dossier Q¹ 1141, ainsi que le devis d'estimation dressé en 1704, et montant à cinq cent sept mille livres. Comme on n'avait pu faire des lots parfaitement équivalents, ceux qui se trouvèrent plus forts payèrent des soultes aux autres. Un plan général fut fait en conséquence du partage le 4 septembre 1705; mais il paraît avoir été égaré entre 1826 et 1829 par l'architecte Paul Lelong, adjoint à la commission des domaines.
6. Ci-après, p. 172.
7. Registres de la Ville, H 1844, fol. 193.
8. Vente du 21 juillet 1718 à Jean Law; ci-après, p. 192.

En conséquence du partage, les indications d'acquéreur furent faites désormais par le titulaire de chaque sixième, comme « étant aux droits de Masneuf, » et les quittances de prix de vente délivrées de même. Masneuf reconnut de nouveau, le 1ᵉʳ mars 1707, qu'il n'avait aucun droit sur le produit de ces ventes.

D'autre part, les associés passèrent une transaction avec l'archevêque de Paris, seigneur foncier de tout ce quartier nouveau. Outre les quatorze mille livres payées à forfait pour ses droits sur la donation royale, il prétendait toucher des droits proportionnels sur les opérations de la société Masneuf, comme il l'avait fait sur les constructions du Palais-Royal, de la place des Victoires, de Saint-Cloud, etc.[1] : ces droits furent fixés encore à forfait à une somme de trente-huit mille livres, une fois payée, pour toutes les ventes qui se feraient avant le 1ᵉʳ janvier 1704[2]. Quant aux lods et ventes dus

---

1. Le 5 juillet 1695, sur sa requête « contenant qu'il lui est dû plusieurs indemnités à cause des acquisitions qui ont été faites dans les fiefs et censives dépendant de son archevêché suivant les contrats de vente volontaire et décrets qui en ont été passés pour la construction du Palais-Royal, pour la vente de l'hôtel de Vendôme et lieux circonvoisins, pour l'emplacement de la place des Victoires, l'acquisition de l'hôtel Séguier et de plusieurs terres, bois et héritages à Saint-Cloud, » il avait été invité à remettre ses titres et pièces aux mains du contrôleur général Pontchartrain. (Arch. nat., E 1891.)

2. Registres de la Ville, H 1838, fol. 386 v°, acte du 1ᵉʳ mars 1700. Cette fixation d'un délai rapproché fut faite inconsidérément, comme on le dit bientôt au corps de ville : « Un espace de quatre années ou environ sembloit à tous un temps très long, très considérable, passoit pour un siècle dans l'espérance qu'on avoit du débit prompt et avantageux de ces places, et le terme qu'on avoit pris pour y satisfaire devoit être inutile puisqu'on ne devoit jamais aller jusques à son expiration. Il en est arrivé tout autrement : peu de ces places ont été vendues, presque toutes restent à vendre, elles sont même encore vaines et vagues, hors cinq ou six où l'on a construit des bâtiments. Le temps se trouve expiré, le 1ᵉʳ janvier dernier est arrivé, temps qu'on nous veut rendre fatal par son expiration. Il étoit impossible d'empêcher le temps de courir et d'arriver à son période ; la vente des places n'étoit pas plus facile. Les raisons en sont connues : le temps, les guerres, le peu de commodité où chacun se trouve de pouvoir loger dans une maison à soi, moins encore de la faire bâtir pour un autre et d'en retirer de l'avantage. Tout ou presque tout est resté, hors le temps, qui s'est écoulé..... » (Conclusions pour l'homologation du contrat Paparel, 17 juin 1704, dans le dossier Q¹ 1141.) En tout, l'archevêque avait touché cinquante-deux mille livres, plus une somme « manuelle » de deux mille livres. Mais on lui fit observer que, si le roi s'en était tenu à son premier projet de placer là sa Bibliothèque,

ensuite sur chaque vente de terrains et d'arcades, on les fixa d'abord à dix deniers pour livre, puis à huit deniers, sous la seule condition d'exhiber le contrat dans un délai de trois mois, et sauf à régler par la Ville, avec Masneuf et ses cautions, la part qui leur incombait dans les droits ainsi payés[1]. Dès 1705, un arrêt du Conseil restreignit la perception de ces droits aux terrains à bâtir proprement dits, déduction faite de la valeur des arcades et des portions de la façade construite depuis 1700[2]. Quant aux reventes, elles restaient passibles des droits ordinaires[3].

Parmi les clauses et charges imposées à l'acquéreur, signalons l'interdiction pour lui, ses hoirs ou ayants cause, de rien changer dans l'ordre, l'ornementation et la forme extérieure de la façade[4]; l'obligation de faire réparer le dommage que les travaux de construction des maisons causeraient au pavé de la place dans toute la largeur de chaque portion de façade jusqu'au piédestal de la statue; celle de ne pas élever les murs de séparation ou les constructions annexes au delà d'une certaine hauteur, etc.[5].

Sans énumérer par ordre chronologique les ventes successivement faites, ce que nous n'arriverions pas à faire d'une façon complète, il sera du moins possible d'indiquer quels furent les premiers habitants de la place, et de caractériser les principaux d'entre eux par quelques traits.

---

ses Cabinets de tableaux, le Grand Conseil, etc., tous ces bâtiments royaux n'auraient payé qu'une fois pour toutes, tandis que les reventes, qui furent nombreuses, rapportaient chaque fois des lods et ventes.

1. Arch. nat., S 1091^B, actes de déprix de 1717 et 1720, et dossier Q^1 1141, affaire de Paparel.
2. Arrêt du 14 février 1705. et mémoire à M. d'Armenonville, du 6 décembre suivant : Arch. nat., Q^1 1141, S 1091^B, et H 1841, fol. 279 v° à 282. L'Archevêché prétendait alors que la Ville avait vendu quatre cent trente-sept mille livres de terrain depuis l'accommodement du 1er mars 1700. Comparez, dans le carton Q^1 1106, deux mémoires de 1722 et 1727 sur les indemnités dues à l'archevêque et aux seigneurs particuliers pour les acquisitions faites par le roi dans leur mouvance.
3. Il y en avait déjà eu dix en 1705, selon une note du dossier Q^1 1141.
4. C'est sans doute en vertu de cette clause que l'enseigne de la modiste Barenne a été enlevée; ci-dessus, p. 93.
5. On trouve dans le carton Q^1 1141 un mémoire qui peut avoir encore son importance aujourd'hui, sur les servitudes respectives que, le 10 juin 1705, la société résolut d'imposer aux futurs acquéreurs. C'est l'original signé de tous les associés, y compris Sauvion.

Comme à la place des Victoires, tous les hôtels accolés à la façade monumentale de Mansart furent bâtis par des gens « à qui la fortune, dans ces dernières années de confusion, procura les facultés de se loger en grands seigneurs et en gens d'importance[1]. » Aussi le dicton des trois places et des trois statues que j'ai reproduit plus haut[2] se compléta-t-il par une addition sur la place de Vendôme. Il y en eut plus d'une variante; voici celle qu'on trouve dans une épigramme du commencement du xviiie siècle[3] :

>   A la place Royale, on a placé ton père
>   Parmi les gens de qualité ;
>   On voit, sur le pont Neuf, ton aïeul débonnaire
>   Près du peuple qui fut l'objet de sa bonté.
>   Pour toi, des partisans le prince tutélaire,
>   A la place Vendôme, entre eux, on t'a placé.

Saint-Simon a dit de même[4] que Louis XIV, logé avec les maltôtiers sur la place des Victoires, ne trouva pas meilleure compagnie sur l'autre place.

Ainsi, la similitude fut complète de part et d'autre : même origine, même architecte, même ornementation symétrique, même destination, mêmes habitants. Et pourtant ce dernier fait ne laisse pas que d'étonner, lorsque l'on constate que nombre de grands seigneurs ou de personnages considérables vinrent alors s'établir, soit aux environs du couvent des Capucines, soit dans la rue Saint-Honoré et jusque dans le faubourg qui lui faisait suite au delà du Cours : sur la place, au contraire, ce ne sont que fermiers généraux ou financiers, les mêmes qui avaient adopté jadis pour paroisse l'église des Quinze-Vingts[5], puis celle des Jacobins[6], et qu'on retrouve, ou eux ou leurs héritiers, inscrits pour des sommes énormes, comme les habitants de la place des Victoires, sur les listes de taxes de la Chambre de justice de 1716[7].

---

1. G. Brice, t. I, p. 306 ; Piganiol, t. II, p. 401.
2. Ci-dessus, p. 84-85.
3. *Le Nouveau Siècle de Louis XIV*, t. III, p. 26.
4. *Mémoires*, éd. nouvelle, t. I (1879), p. 147, et Addition n° 41.
5. « Là se réunissaient les fermiers généraux, les agents de change, les commis des finances, superbes comme des paons, étincelants d'or, de rubis, de diamants..... » (Léon Le Grand, *les Quinze-Vingts*, p. 32-33.)
6. C'est aux Jacobins qu'ils firent célébrer, en 1687, un service d'actions de grâces pour la guérison du roi. (*Gazette*, p. 63.)
7. Aujourd'hui, il y a plus de mélange ; mais les sociétés financières remplacent les financiers.

La seule différence, peut-être, serait que, la place de Louis-le-Grand offrant plus d'espace pour construire de vastes habitations, les terrains furent occupés par des acquéreurs d'un rang plus relevé que ceux de la place des Victoires, et que ces très gros financiers eurent souvent pour successeurs, ou même pour héritiers, des personnages considérables de la noblesse et de la cour. Une promenade circulaire va nous faire connaître les premiers occupants, ceux du moins que j'ai pu retrouver [1].

Le pan coupé qui se trouve à droite en venant de la rue Saint-Honoré ne fut vendu qu'en 1714 [2], moyennant quarante-deux mille livres pour quatre cent quatre-vingt-onze toises et demie [3], à un protégé de Mme de Maintenon, Pierre Delpech, seigneur de Chaumot, fermier général, receveur général des finances en Auvergne et économe de la maison de Saint-Cyr, qui habitait auparavant la rue Saint-Louis-au-Marais [4]. Sa maison, aujour-

1. Je ne me suis pas cru en mesure de faire une enquête maison par maison, analogue à celle qui a si bien réussi à M. Auguste Vitu pour la rue Richelieu, et, là où les documents des Archives nationales étaient insuffisants, j'ai presque toujours trouvé des discordances entre les Anciennes maisons de Paris, de M. Lefeuve, et la brochure que vient de faire paraître M. le capitaine Dolot : Note historique sur la place Vendôme, et qui sera indiquée plus loin, p. 187. Naturellement, le grand terrier royal de Paris, achevé entre 1703 et 1705 (Arch. nat., Q^1 1099^6), ne peut donner aucune indication. Un certain nombre de noms d'occupants se lisent sur le plan de Paris publié par Delagrive en 1728.

2. Contrat du 14 septembre 1714, passé au profit de J.-P. de Montigny de Saint-Victor, qui n'était que le prête-nom de Pierre Le Maître, architecte du roi, lequel agissait lui-même pour P. Delpech. (Arch. nat., S 1091^B.)

3. Tenant d'un côté, en toute longueur, au lot du sieur Aubert, qui suit; par le bout de derrière, au sieur de Preuilly; d'autre côté, au même Preuilly et aux sieurs Rousseau et Gabriel ou leurs ayants cause, aux héritiers du sieur de Nozières et aux représentants du sieur Delay (ci-après, p. 191); par devant, partie au sieur de Coste (Cotte) ou ses représentants (terrain revendu par de Cotte), et le reste donnant en façade sur la place. — Selon certains plans, ce lot ne correspondrait pas au pan coupé, n° 8 actuel, mais aux n°s 4 et 6, ou même à l'encoignure sur la rue Saint-Honoré.

4. Pierre Delpech mourut le 14 juillet 1712. On le disait ancien protestant, originaire de Caussade, en Quercy, et ayant commencé par être solliciteur d'affaires. C'est le 17 juin 1686 (Arch. nat., E 1835) que le roi le commit à l'administration générale des biens, droits et revenus temporels de l'abbaye de Saint-Denis, qui venaient d'être unis à la maison de Saint-Cyr. Comme tant d'autres familles de financiers, celle-là contracta des alliances avec d'anciennes maisons et prit rang même à la cour : voir les Mémoires du duc de Luynes, t. XVI, p. 99. Pierre Delpech avait épousé une simple fille de procureur; son troisième fils Paul, qui lui succéda en

d'hui nº 8, fut occupée plus tard par le marquis de Bourgade, du nom de Marquet.

Le lot faisant suite au pan coupé de Delpech était déjà habité par Urbain Aubert, ancien receveur général des finances à Caen, devenu président des comptes à Rouen[1], et que nous avons vu s'associer, en 1699, à Mathurin Besnier. Cette association finit en 1711 par la vente au président (indiqué par Besnier) d'un lot de trois cent quinze toises et demie et sept pieds, tenant d'un côté à la maison qu'il occupait lui-même, d'autre côté à une place de Fontanieu, par derrière à François Neyret, sieur de Preuilly, et à sa sœur[2], par devant à la place, sur dix toises un pied onze pouces de façade, en mesurant du milieu de son propre mur de séparation au milieu du pilastre d'angle du pan coupé[3]. Prix : trente mille livres. Ces deux terrains sont numérotés aujourd'hui 10 et 12.

Selon les *Anciennes maisons de Paris*[4], Aubert eut pour successeur M. Le Peletier de Saint-Fargeau, conseiller au parlement, père de la princesse de Chimay et grand-père du conventionnel dont nous aurons à parler plus loin[5].

Masneuf lui-même, ne voyant pas venir d'acquéreurs, à cause de la guerre de la succession d'Espagne, fit construire une maison sur le lot d'avant-corps exposé au soleil couchant[6]; mais

---

1712 comme receveur général, épousa une fille du fermier général Demonchy que nous avons rencontré à la place des Victoires, ci-dessus, p. 85. Voir un factum, Bibl. nat., F³, in-folio 4563.

1. Le président Aubert, chevalier, seigneur et patron du marquisat de Tourny, fut taxé à douze cent mille livres en 1716, et mourut en 1726; père de l'intendant de Bordeaux Aubert de Tourny et de la comtesse de Grancey.

2. On distingue très bien sur les plans du Terrier royal (Q¹ 1099⁶, fol. 110, 112 v° et 117 v°) la longue et étroite bande de terrain des Preuilly qui, aboutissant d'un bout à la rue Saint-Honoré, d'autre bout au cul-de-sac de la Corderie, ainsi qu'une pareille bande au nom du sieur Leroy, séparait les terrains de la place du couvent des Jacobins.

3. Registres de la Ville, H 1844, fol. 189-194, et dossier Q¹ 1141.

4. T. III, p. 222. Cet ouvrage place Aubert et les Le Peletier dans la maison nº 4 qui est aujourd'hui l'hôtel du Rhin.

5. Ci-après, p. 204.

6. Dans un acte de vente du 3 février 1705, il habite la place même, tandis qu'auparavant son domicile était dans la rue Sainte-Anne. G. Brice, en parlant du second possesseur de cette maison d'avant-corps, dit qu'elle avait été une des premières occupées, avec celles de Besnier et de Herlaut, participants du traité Masneuf. On voit en effet, dans l'acte de vente

ce lot passa, le 28 avril 1704, aux mains d'un trésorier des guerres bien connu, Claude-François Paparel[1], marié depuis 1690, avec une dot très mince, à la fille de Jean de Sauvion, et la maison entra dans la dot de Mlle Paparel lorsqu'elle épousa (contrat du 6 août 1713) Philippe-Charles, marquis de la Fare, plus tard maréchal de France, fils de l'auteur des chansons et des mémoires[2]. Dans la déroute des partisans enrichis, en 1716, le gendre se fit adjuger la terre de Vitry que possédait Paparel, après avoir eu la précaution de vendre (avril 1716) la maison de la place à M. de Souvré et d'en tirer cent quarante mille livres pour payer une partie de la charge de mestre de camp général des dragons[3]. Il abandonna alors sa femme; le marquis d'Argenson prétend même qu'il fit condamner son beau-père pour obtenir la confiscation, grâce à la faveur du régent[4], et qu'il le laissa ensuite mourir de faim, ou à peu près; mais Paparel, s'étant fait réhabiliter en 1721, obtint une pension alimentaire de huit mille livres[5]. Probable-

---

de 1704, que la maison, avec grand corps de logis double sur la place, aile en retour du côté du nord, cour, dépendances, jardin, etc., était non seulement construite, mais même décorée intérieurement.

1. Il y eut deux générations de Paparel : le père, François, reçu secrétaire du roi le 8 juillet 1660, et pourvu de deux offices de trésorier général de l'ordinaire des guerres en 1668 et en 1680, mort le 15 ou le 16 janvier 1699; le fils, Claude-François, pourvu d'une des deux charges de son père le 15 décembre 1688, de l'autre le 13 janvier 1697, et qui acheta en outre, en décembre 1701, trois offices nouvellement créés de trésorier général de la compagnie des gendarmes de la garde, des dix compagnies de gendarmerie et des six compagnies de chevau-légers, le tout représentant ensemble une finance de plus de treize cent mille livres. Il conserva ses charges jusqu'en 1716, fut alors poursuivi par la Chambre de justice et condamné à la décapitation, comme gentilhomme, mais obtint une commutation de cette peine en celle de la détention perpétuelle, avec dix-sept cent mille livres de taxe (arrêt du 20 mai 1716). Il mourut en 1725. La chronique lui attribuait des débauches infâmes. Voltaire le connut et utilisa ses informations dans les *Questions sur l'Encyclopédie*.

2. Tessé écrivait à Mme des Ursins le 10 avril 1713 : « Le fils du défunt gros La Fare épousa avant-hier beaucoup de bien dans la fille de Paparel, aussi laide, à ce que l'on m'a dit, que je sais que le père est coriace et intéressé trésorier de l'ordinaire des guerres. » (*Lettres du maréchal de Tessé*, publiées par M. le comte de Rambuteau, 1888, p. 426.)

3. *Journal de Dangeau*, t. XVI, p. 363.

4. Les biens de Paparel furent mis en vente, conformément à deux arrêts des 5 juin 1717 et 18 juillet 1719. Voir son dossier dans les Commissions extraordinaires du Conseil, Arch. nat., V⁷ 399.

5. *Les Correspondants de la marquise de Balleroy*, t. II, p. 286.

ment, les commissaires du Conseil avaient prononcé la rescision de la vente faite par La Fare à M. de Souvré, car la maison qui nous occupe fut vendue, par contrat du 18 octobre 1719, sur le prix de deux cent dix mille livres, à Salomon Le Clerc, écuyer de la chambre de Madame. Ses tenants et aboutissants étaient : par derrière, l'église des Jacobins, et par devant la place; d'un côté Aubert[1], de l'autre une masure et les ayants cause de Herlaut. On en a le contrat de vente et le plan dressé en 1704; le terrain mesurait deux cent soixante-dix-huit toises, avec cinq arcades de façade; Paparel le paya cent dix mille livres, à raison de l'importance des constructions faites par Masneuf[2].

Lorsque Masneuf avait vendu ce lot à Paparel, l'archevêque l'avait poursuivi en payement des droits ordinaires de lods et ventes, puisque le délai du premier jour de l'an 1704 était passé, et la Ville fut, en effet, condamnée à payer pour l'acquéreur une somme de cinq mille livres[3].

L'avant-corps dont Paparel avait été le premier habitant doit être celui où Honoré de Balzac a placé la scène par laquelle s'ouvre, en 1786, la troisième partie de ses *Études philosophiques sur Catherine de Médicis*. Il appartenait alors à Baudard de Saint-James, trésorier de la marine, qui venait d'y remplacer le fermier général Dangé[4].

De l'avant-corps au second pan coupé, il y avait trois lots, dont deux restèrent longtemps vacants[5]; sur celui du milieu, le trésorier Herlaut se construisit, dès 1703, une belle maison, qu'il

---

1. Ceci achève de prouver que les deux lots d'Aubert occupaient l'espace compris entre l'avant-corps et le pan coupé de Delpech.
2. Arch. nat., Q¹ 1141.
3. Registres de la Ville, H 1841, fol. 119-122 et fol. 171 v°. Voir, dans le dossier Q¹ 1141 et ci-dessus, p. 168, note 2, les conclusions et délibérations de 1704 et 1705 sur cette complication, qui pouvait entraîner très loin la Ville. On en sortit au moyen d'un arrêt du Conseil du 14 février 1705, qui considéra la clause de bref délai comme insérée par erreur ou par surprise dans le traité du 1ᵉʳ mars 1700, et n'admit pas que l'archevêque pût toucher des droits sur les constructions faites par Masneuf lui-même en vue de l'exécution du traité du 14 mai 1699, ou du moins réduisit ses prétentions à cinq mille livres.
4. L'auteur des *Anciennes maisons de Paris* (t. III, p. 223) dit que cet ancien hôtel de La Fare, qu'il place au pan coupé sud-est, était habité par la Beauvoisin, laquelle avait ruiné Saint-James.
5. Et cependant c'est de ce côté que Math. Besnier dut se caser, si je comprends bien ce que dit G. Brice.

laissa, en 1716, à la femme du ministre Chamillart[1]; en même temps, il avait légué le reste de sa fortune au fils de celui-ci, le marquis de Cany, dont nous verrons les enfants mineurs vendre cinq lots à Jean Law[2]. Les uns font correspondre cette maison de Herlaut à l'hôtel possédé de notre temps par la famille Aguado de las Marismas, d'autres à celui qu'habite encore actuellement la famille Lebeuf de Montgermont[3]. Le 24 mai 1708, la Ville accorda à Herlaut trente lignes d'eau à prendre, à ses frais et dépens, sur le plus prochain regard, moyennant une somme de quatre mille livres[4] : il espérait les tirer d'un regard commun qui devait être construit tout près de sa maison, au cul-de-sac de Vendôme[5]; cet établissement manqua, et il fut obligé de racheter et d'utiliser pour son propre compte, en 1713, une conduite de plomb qui se raccordait avec la fontaine de la rue Louis-le-Grand, mais qu'on n'avait amenée que jusqu'à la rue Neuve-des-Petits-Champs[6].

Comme nous le verrons plus loin[7], Herlaut, sur l'indication de Masneuf, acheta, le 30 septembre 1710, trois cent quatre-vingt-cinq toises et demie, puis y joignit, comme jardin, cent quarante-six toises et demie aboutissant sur le jardin des Jacobins, mais n'utilisa pas ces cinq cent trente-deux toises, que ses héritiers revendirent, en 1720, à Jean Law, et j'ai dit plus haut[8] qu'il

1. Herlaut mourut subitement le 12 mai 1716 (*Journal de Dangeau*, t. XVI, p. 377-378). Son testament, du 10 avril 1710, est conservé au Cabinet des titres, dans les *Pièces originales,* dossier 15446, fol. 56.
2. Ci-après, p. 195. — Cependant une vente de 1718 est faite sur l'indication tout à la fois des héritiers Bullet et des créanciers de Jacques de Farcy, cessionnaire des droits de Herlaut, ci-dessus, p. 167.
3. Voir ce que les *Anciennes maisons,* t. III, p. 223, disent de ces maisons.
4. « A laquelle somme nous avons réduit le prix desdites trente lignes, et ce pour considérations particulières, sans que ladite réduction puisse être tirée à conséquence pour aucun autre qui en voudroit acquérir, n'ayant été ladite somme réduite que pour des raisons connues au bureau. »
5. Ce ne peut être que le cul-de-sac de la Corderie, aboutissant d'autre part sur la rue de la Sourdière : Jaillot, Palais-Royal, p. 75; Terrier royal, Q^1 1099[6], fol. 110. Voyez ci-dessus, p. 141.
6. Acte du 23 août 1713, dans le carton Q^1 1140. La fontaine Louis-le-Grand, commencée en 1707, doit être celle qu'on appela aussi d'Antin ou Chamillart parce qu'elle était placée à l'extrémité de la rue Neuve-Saint-Augustin, contre l'ancien hôtel de Lorge et près de l'hôtel de Travers (ci-après, p. 179), successivement possédé par le ministre Chamillart et par le duc d'Antin.
7. Ci-après, p. 194 et note 5. — 8. Ci-dessus, p. 167.

s'était associé avec Besnier pour prendre tout un lot de treize cent quatre-vingt-douze toises.

Dans le pan coupé, quatre arcades de façade, avec trois cent cinq toises et demie de superficie, tenant d'un côté à la maison du trésorier Herlaut, de l'autre à une place achetée par le sieur Quesnet, et par derrière à une maison du trésorier Boutin, furent vendues, le 20 janvier 1710, sur l'indication de Luillier, à sa propre fille, veuve de M. de la Vieuville[1], pour la somme de vingt-cinq mille livres[2]. Ce lot dut être revendu peu après au célèbre architecte et dessinateur Germain de Boffrand, dont il a été parlé plusieurs fois dans cet historique[3]. Boffrand bâtit pour son propre usage la maison n° 22, qui était encore occupée en 1871 par l'état-major de la garde nationale de Paris[4].

Thomas Quesnet, dont le nom a été prononcé tout à l'heure, était premier commis au contrôle général des finances[5]; c'est le 30 octobre 1700 qu'il avait acheté cent quatre-vingt-une toises six pieds et demi, avec quatre arcades, « à commencer du milieu du pilastre du pan coupé proche les Capucines et du côté des Jacobins, jusqu'au milieu du pilastre entre la quatrième et cinquième arcade tirant vers la rue qui est en face des Capucines, »

---

1. Ci-après, p. 184.
2. Dossier Q¹ 1141 et registres de la Ville, H 1843, fol. 333-336, et 1848, fol. 70 v° à 72 (payement des lods et ventes, 3 janvier 1719).
3. Ci-dessus, p. 112 et 123. — Boffrand vécut fort vieux, et ne mourut qu'en 1754, ayant succédé à Gabriel comme premier ingénieur des ponts et chaussées. Il construisit ou décora à Paris des hôtels innombrables, notamment ceux de M. de Torcy, de M. de Seignelay et de Poulain de Beaumont (plus tard hôtel de Broglie), sur la rive gauche de la Seine; celui du fermier général de Blair, rue Vivienne; l'hôtel Montaran, l'hôtel Soubise et l'hôtel du premier président de Mesmes, au Marais; l'hôtel de Mayenne, à la rue Saint-Antoine, etc. Il alla faire aussi de très grands et beaux travaux à Nancy, Lunéville, etc., pour le duc de Lorraine. Voir son *Livre d'architecture* publié en 1745. J'ai cité son mémoire sur la fonte de la statue de Girardon.
4. Aujourd'hui à M. le baron de Gargan. — G. Brice (éd. 1725, t. I, p. 312) dit que cette maison a une entrée par la rue Neuve-des-Petits-Champs, son rez-de-chaussée sur la place, et qu'elle est passée aux mains de M. de Curzay, c'est-à-dire de Séraphin Rioult, comte de Curzay, lieutenant de roi en Poitou, qui mourut en 1738, et dont la veuve, Catherine-Thérèse-Élisabeth-Améline Blondot, fille d'un commissaire ordinaire de la marine, vécut jusqu'en 1753. Sur celle-ci, voir les *Mémoires du marquis d'Argenson* et la *Maison mortuaire de Molière*, p. 266-267.
5. Il occupa ce poste sous Chamillart et sous Desmaretz.

et aboutissant par derrière sur la rue Neuve-des-Petits-Champs. Rien n'était encore vendu à droite ni à gauche de ce terrain ; il le paya dix mille huit cent quatre-vingt-sept livres et demie, à charge d'achever la façade, déjà arrivée à douze pieds au-dessus de l'appui des fenêtres du premier étage[1]. Il y eut revente avant 1705 ; mais aucune construction n'avait encore été élevée sur ce terrain de Quesnet lorsque, bien des années plus tard, le 2 août 1717, « une place à bâtir, située et faisant l'encoignure de la place de Louis-le-Grand et de la rue d'entrée des Capucines, cotée LL sur le plan général des emplacements de la place de Louis-le-Grand cédés par la Ville au sieur Masneuf, ensemble la façade de ladite place, donnant sur ladite place de Louis-le-Grand d'une part, et de l'autre sur la rue d'entrée des Capucines, avec le terrain joignant ladite place donnant sur la rue Neuve-des-Petits-Champs, à prendre depuis le mur de la maison de Mme de Curzay[2] jusqu'au point milieu d'un grand mur déjà bâti du côté de ladite rue Neuve-des-Petits-Champs, et aussi du point milieu d'un pareil grand mur bâti sur ladite rue d'entrée des Capucines, » ladite place à bâtir ayant une superficie de cent cinquante-quatre toises et demie et six pieds, fut vendue, moyennant vingt-cinq mille livres[3], à un compagnon de débauche du régent, Charles de Nocé, seigneur de Fontenay, à qui la faveur du prince et surtout le Système avaient fait une grosse fortune, quoiqu'il fût en mauvais termes avec Dubois[4].

Le terrain de la rue des Petits-Champs, contigu aux deux lots

---

1. Arch. nat., Q^1 1141.
2. Maison Boffrand : ci-dessus, p. 176, note 4.
3. Contrat, avec plan original de J. Beausire, dans le carton Q^1 1141 ; carton S 1091^B et registre H 1847, fol. 178-182. Besnier, qui avait indiqué l'acquéreur, gardait le restant du terrain en encoignure sur la rue d'entrée et sur la rue Neuve-des-Petits-Champs. Ce terrain faisait partie du sixième échu à Sauvion en 1705 et passé ensuite au roi.
4. Voir son portrait dans les *Mémoires de Saint-Simon*, dans les *Lettres de Madame* et dans les *Mémoires du duc de Luynes*, t. II, p. 441-443. Selon ces derniers, il se ruina à brocanter et à faire chaque jour de nouvelles spéculations. Il mourut, en août 1739, à soixante-quinze ans. Il avait épousé en 1690 la veuve de M. de la Mésangère, conseiller protestant au parlement de Rouen, cette fille de Mme de la Sablière (ci-dessus, p. 45, note 3) qui, aimable et instruite comme sa mère, avait eu le double honneur de figurer dans les *Entretiens sur la pluralité des mondes*, de Fontenelle, et de recevoir la dédicace de la petite pièce de *Daphnis et Alcimadure*, de Jean de la Fontaine.

de Boffrand et de Nocé, avait été acheté dès 1707[1] par René Boutin, secrétaire du roi et receveur général des finances à Amiens, gendre de Barbe de la Vieuville. Nous avons déjà rencontré ce financier à la place des Victoires[2]; il paya vingt-deux mille sept cent soixante-dix livres pour deux cent cinquante-trois toises, avec une sortie sur le cul-de-sac de la Corderie[3].

De l'autre côté de la rue Neuve-des-Petits-Champs, l'architecte Robert de Cotte acheta, le 14 décembre 1700, deux cent dix-sept toises et demie soixante pouces et cinquante-quatre lignes de terrain, qui aboutissaient au nord et à l'ouest sur l'enclos des Capucines; il paya ce lot dix mille huit cent soixante-quinze livres[4], et, au lieu d'une petite maison qu'il avait projetée, il en éleva une fort grande, pour laquelle la Ville lui concéda d'abord quatre lignes d'eau, puis six autres, à prendre à la fontaine Saint-Ovide, rue Saint-Honoré[5]. Avant l'année 1705, de Cotte revendit aux Tubeuf la portion de son terrain contiguë aux bâtiments de la façade des Capucines, et on les y trouve établis dès le temps de la rédaction du Terrier royal[6]. Du reste, notre architecte suivait comme spéculateur l'exemple de son beau-frère Hardouin-Mansart, car on trouve trace d'acquisitions diverses faites par lui, sinon dans la place même, au moins sur les deux rues qui la bordaient, au nord comme au sud, et ici même, sur la continuation de la rue Neuve-des-Petits-Champs, c'est-à-dire dans la rue Neuve-des-Capucines, il eut une grande maison, qui appartint ensuite à la veuve de M. le comte de Toulouse, puis à M. de Meulan, receveur général des finances à Paris, et à d'autres personnages bien connus du XVIIIe siècle[7].

---

1. C'est là que Mansart s'était fait donner par avance le terrain de cinq cent soixante-dix-huit toises dont il a été parlé p. 141.

2. Ci-dessus, p. 85. Il mourut le 28 mai 1724. Son nom nous rappelle le Tivoli féerique dont le dernier souvenir vient de disparaître sous l'écriteau nouveau de la rue d'Athènes.

3. Registre H 1842, fol. 409-412 : « Deux places indivises tenant d'un côté au sieur de Coste (Cotte) et d'autre au terrain du sieur Luillier, et par devant sur la rue Neuve-des-Petits-Champs. » Voir, sur Boutin, une page de la Maison mortuaire de Molière, par M. Auguste Vitu, p. 401.

4. Arch. nat., Q^1 1141.

5. Concessions du 28 janvier 1707 et du 5 janvier 1715 : Arch. nat., Q^1 1140.

6. Terrier royal, Q^1 1099^6, fol. 128 v° et 131; cf. Lefeuve, les Anciennes maisons de Paris, t. III, p. 235.

7. Lefeuve, t. III, p. 237. M. de Meulan, qui mourut en 1790, était père de Mme Guizot.

Le terrain contigu du côté de l'est à celui qu'il avait acheté le 14 décembre 1700 avait été vendu, dès le 4 septembre précédent, au contrôleur général des finances Michel Chamillart, que Louis XIV, très engoué de ce nouveau ministre, venait d'autoriser à prélever cinq cent mille livres sur la taxe des gens d'affaires, pour se bâtir un hôtel dans la place nouvelle ou dans le voisinage[1]. Le terrain qu'il paya trente mille livres tenait d'un côté aux murs des Capucines, de l'autre au passage accordé à Mansart pour sa basse-cour[2], d'un bout à un fossé, et d'autre bout, vers le sud, à la rue; il comprenait, en outre, toutes « les places tirant vers le rempart, sans exception, et dépendantes de celles dont le roi avait fait cession à la Ville[3]. » On en peut voir la situation exacte dans le Terrier royal qui fut dressé quelques années plus tard. C'est dans la longueur de ce lot que fut ouverte, dès l'année 1701, la rue Louis-le-Grand[4].

Chamillart possédait encore, en 1705, les terrains bordant cette voie à droite et à gauche; tout à l'extrémité, sur l'emplacement même du rempart et des fossés, dans le triangle compris entre ladite rue Louis-le-Grand, la rue Saint-Augustin et notre rue actuelle de Port-Mahon (à laquelle on donna alors les noms de Chamillart ou de Lorge), le ministre, qui habitait pour le moment l'ancien hôtel du beau-père de Saint-Simon, et qui avait fait passer la nouvelle rue tout au travers de cette propriété, construisit à grands frais une maison que sa situation singulière fit surnommer l' « hôtel de Travers; » mais il ne l'habita jamais, la céda au financier La Cour des Chiens et prit pour sa demeure définitive l'ancien hôtel des Fontenay-Mareuil et des Gesvres, dans la rue Coq-Héron[5].

De l'autre côté du couvent, sur la continuation de la rue Neuve-des-Petits-Champs et proche la « barrière des Capucines, » deux cent dix-huit toises deux pieds de terrain, aboutissant au sud sur

---

1. *Gazette d'Amsterdam*, 1700, n° LXX, et papiers du P. Léonard, Arch. nat., MM 824, fol. 25 v°. Il habitait alors rue Charlot, au Marais.
2. Ci-dessus, p. 141, note 3.
3. Arch. nat., Q¹ 1141.
4. Ci-dessus, p. 159.
5. Terrier de 1705, Q¹ 1066⁶, fol. 131, 140 v° et 144; *Journal de Dangeau*, t. XIII, p. 51; Jaillot, quartier MONTMARTRE, p. 10-11; Lefeuve, *les Anciennes maisons*, t. III, p. 243-244, etc. Le duc d'Antin acheta l'hôtel de Travers en 1713 : Dangeau, t. XIV, p. 325.

le terrain acquis par M. de Pennautier[1], à l'ouest sur le jardin du maréchal de Luxembourg, à l'est sur une place non vendue, furent acquises, le 1ᵉʳ mars 1707, au prix de treize mille cent cinquante-cinq livres, par Jacques Mazière, architecte des bâtiments du roi et expert juré, dont nous avons rencontré le nom en 1677[2].

On ne voit que confusément dans le livre des *Anciennes maisons de Paris*[3] quels furent les occupants des maisons construites entre ce point et le Cours.

Sur la rive septentrionale de cette même rue, deux triangles, contenant deux cent dix toises et compris entre l'enclos des Capucines et le Cours, avaient été achetés, dès le 15 avril 1701, par un prêtre nommé Jean Beasse, pour le prix de douze mille six cents livres[4]. C'est là que, plus tard, s'élevèrent les hôtels historiques occupés successivement, l'un, par le ministre Bertin et, au xixᵉ siècle, par le ministère des Affaires étrangères, l'autre, par le lieutenant général de police, par la Mairie de Paris, en dernier lieu par les Archives diplomatiques[5].

Si, maintenant, nous rentrons dans la place, nous trouvons que le pan coupé du nord-ouest fut acheté, le 1ᵉʳ octobre 1700, par Pierre-Louis Reich de Pennautier, trésorier des états de Languedoc et receveur général du clergé, personnage bien connu de quiconque a lu les lettres de Mᵐᵉ de Sévigné et le procès de la Brinvilliers[6]. « C'étoit un grand homme très bien fait, fort galant et fort magni-

---

1. Ci-dessous, note 6.
2. Ci-dessus, p. 105. Cette vente fut faite à des conditions particulières : contrat dans le carton Q¹ 1141.
3. Lefeuve, t. III, p. 236-237.
4. Contrat et plan dans le carton Q¹ 1141.
5. Arm. Baschet, *Histoire du Dépôt des archives des affaires étrangères*, p. 477-481 ; Lefeuve, *les Anciennes maisons de Paris*, t. III, p. 236-238.
6. Fils d'un trésorier de France de Béziers, Pennautier était trésorier des états depuis 1654 et receveur général du clergé depuis 1669. Il fut compromis dans l'affaire de Mᵐᵉ de Brinvilliers, en 1676, et fortement suspecté d'avoir usé de poison envers son prédécesseur Hanyvel, son beau-père Lesecq et autres, mais s'en tira grâce à de puissantes protections (Colbert, l'archevêque de Harlay et le cardinal de Bonsy) ou à de grosses sommes habilement distribuées, et n'en vit pas moins les personnages les plus considérables de la cour et de la ville affluer dans son hôtel de la rue Coq-Héron. Il mourut fort vieux, après quelques mois d'un affaiblissement sénile, le 2 août 1711, toujours trésorier et prodigieusement riche. Il avait possédé antérieurement le « palais » de Galland à l'angle des rues du Grand-Chantier et des Quatre-Fils.

fique, respectueux et très obligeant ; il avoit beaucoup d'esprit, et il étoit fort mêlé dans le monde..... Il est sorti de ses bureaux force financiers qui ont fait grande fortune ; celle de Crozat, son caissier, est connue de tout le monde[1]. » Pennautier habitait alors dans la rue Coq-Héron cet hôtel de Gesvres où plus tard Chamillart lui succéda ; on peut croire qu'il cherchait plutôt une spéculation qu'une habitation à la place de Louis-le-Grand. Le terrain qu'il acheta des associés de Masneuf ne mesurait pas moins de sept cent soixante-six toises superficielles, quoique ne possédant que quatre arcades sur la place, « dans le pan du côté des filles Capucines, attenant la cinquième arcade dudit pan, faisant partie des places retenues par le sieur Bullet, architecte du roi, séparées par un mur qu'il a fait construire dans toute sa longueur jusques au mur du jardin de Luxembourg, et, en retour, le long d'un autre mur du même jardin dans la longueur de dix toises cinq pieds sur dix toises trois pieds de large, où est un coude, et revenant dans la longueur de dix-sept toises le long des places de la Ville dont n'a été disposé, dans la largeur de quatorze toises, où est encore un autre coude, depuis lequel, jusques au-devant de la façade, il y a vingt-cinq toises de longueur sur seize toises et demie demi-pied de large, laquelle largeur sur la façade est coupée par ledit pan. » Le prix était de soixante mille livres, avec obligation de rembourser les frais de la nouvelle façade construite ou à construire[2]. Pennautier céda cette acquisition au même Crozat dont il a été parlé plus haut[3] comme son commis[4], et qui, plus tard, lui ayant succédé dans toutes ses charges, amassa, surtout par le commerce maritime, une fortune évaluée à plus de vingt millions[5]. Antoine Crozat, surnommé *le Riche* pour le distinguer d'un frère qui était aussi dans la finance, venait du Languedoc ainsi que Pennautier[6] ; il possédait, depuis 1689, une des deux charges lucratives de receveur général des finances de la généralité

---

1. *Mémoires de Saint-Simon*, t. IX, p. 88 ; cf. l'Addition au *Journal de Dangeau*, 5 août 1711.
2. Contrat dans les cartons Q¹ 1141 et S 1091ᴮ. C'est la maison n° 17, habitée aujourd'hui par M. le baron F. de Schickler, le dévoué président de la Société de l'histoire du Protestantisme français.
3. Place des Victoires, p. 85.
4. Peut-être même avait-il été son laquais.
5. Voir les *Mémoires de Saint-Simon*, t. XII, p. 223-224.
6. Il était né à Toulouse en 1655.

de Bordeaux. Il se fit d'abord construire un hôtel pour lui-même, par l'architecte Bullet, sur les terrains que celui-ci, comme on l'a vu, s'était réservés sur le côté nord de la place à côté de ceux de Pennautier ; cette construction fut terminée vers 1703[1]. Puis, quand il conclut, en 1707, ce mariage de sa fille avec le comte d'Évreux qui « devint le repentir et la douleur de tout le reste de sa vie, » le même Bullet bâtit pour elle, sur le pan coupé de Pennautier, un second hôtel, que M. d'Évreux quitta bientôt pour aller s'établir, aussi loin que possible, dans la magnifique demeure du faubourg Saint-Honoré qui a eu depuis des hôtes si divers. La comtesse d'Évreux retourna alors à sa chambre de jeune fille, dans la maison construite en premier lieu, où Crozat, devenu, avec Samuel Bernard, le principal arbitre des finances du royaume, mourut, en 1738, plus qu'octogénaire. Ainsi que le dit Saint-Simon, « le mérite de ses trois fils fit oublier le reste en leur personne[2]. » Sa maison de la place Louis-le-Grand avait été décorée par le Napolitain Mattei ; Blondel nous en a transmis les plans intérieurs et d'Argenville a décrit les collections qu'on allait y admirer. La maison du pan coupé, bâtie pour la comtesse d'Évreux, fut occupée en partie par les Crozat[3] et en partie par le maréchal d'Estrées et ses collections, plus tard par les écuries de Mme la duchesse d'Orléans[4]. Celle de Crozat *le Riche*, entièrement modifiée en 1725, mais restée à jamais célèbre pour les œuvres d'art qui y furent amassées par le premier possesseur et par son fils le président de Tugny, fut occupée, après ce président, par le maréchal-duc de Broglie, marié, en 1752, à sa nièce, fille de Crozat de Thiers[5].

---

1. G. Brice, éd. 1725, t. I, p. 308-310. En 1703, on lui fit défense de dorer sa galerie : *Correspondance administrative sous Louis XIV*, publiée par Depping, t. II, p. 810.

2. Voir Ernest Bertin, *les Mariages dans l'ancienne société française*, p. 584-588.

3. Crozat, baron de Thiers, la remania en 1747.

4. Blondel, *Architecture françoise*, t. III, p. 108, avec plans ; G. Brice, éd. 1752, t. I, p. 327-329. Dans notre siècle, cette maison a été occupée par la présidence de la Chambre des députés et par l'intendance de la Liste civile ; elle est enfin devenue le siège du Crédit foncier. La cour a conservé tout son aspect primitif.

5. *Architecture françoise*, t. III, p. 106. Cette maison fut habitée aussi ou possédée par la comtesse de Béthune, née Crozat, qui eut le duc de Lauzun, second du nom, pour locataire : *les Anciennes maisons de Paris*,

Les six arcades suivantes, avec cinq cent soixante-seize toises un tiers de terrain, furent vendues, le 3 février 1705[1], pour trente-trois mille livres, à Antoine Bitault, seigneur de Vaillé, Rochereau et autres lieux, conseiller au Grand Conseil[2]. Le terrain et la maison qui y fut construite passèrent bientôt aux mains de dame Jeanne Godefroy, veuve de Nicolas Baillet, sieur de la Cour, et ensuite de sa fille Anne Baillet, cette seconde femme du duc Antoine-Charles de Gramont, « vieille gueuse et borgnesse, » qui avait été femme de chambre de Mmes d'Aquin et de Livry, puis entretenue par le contrôleur des Ormes et par M. de Gramont lui-même, mais que celui-ci finit par épouser, en 1704, soit dévotion, soit manière de faire sa cour à Mme de Maintenon[3]. Jamais Louis XIV ne voulut voir cette duchesse de seconde façon, ni permettre qu'elle prît le rang et les insignes de son rang, même en revenant de l'ambassade de Madrid, où on prétendit qu'elle avait commis toutes sortes de pillages et de tours d'adresse et volé les perles de la reine d'Espagne. Saint-Simon dit que ce fut d'elle que vint, en 1709, la première idée de faire fondre la vaisselle d'or et d'argent au profit du roi[4]. On voit, dans les papiers de la Ville[5], que celle-ci lui concéda, le 11 avril 1713, moyennant trois mille deux cents livres, seize lignes d'eau pour le service de sa maison de la place de Louis-le-Grand, à prendre au regard de Bruslon, dont l'emplacement dans le terrain contigu va être expliqué tout à l'heure. L'ancienne maison de la duchesse de Gramont est occupée aujourd'hui par la société financière du

---

t. III, p. 226. En 1747, M. de Tugny vendit au roi, pour l'hôtel de la Chancellerie (ci-après, p. 186), sept cents toises de terrain dont il s'était agrandi par derrière lors du dépècement de l'hôtel de Luxembourg : pièces et plans dans le dossier O^1 1551.

1. Arch. nat., Q^1 1141 et reg. H 1841, fol. 171 v° et 279 v° à 282, et H 1842, fol. 279 et 406 v°. L'archevêque consentit à réduire les droits de lods et ventes à dix deniers pour livre au lieu de vingt, pourvu que l'acquisition se consommât dans la semaine par vente volontaire et que le contrat fût produit à ses agents dans les vingt jours.

2. Ce magistrat mourut à Vaillé, en Anjou, le 17 juin 1735. Il avait un frère doyen d'Évreux et docteur de Sorbonne. Leur père avait joué un rôle très actif dans la Fronde parlementaire.

3. *Mémoires de Saint-Simon*, t. IV, p. 90, et *Journal de Dangeau*, avec Addition de Saint-Simon, 27 avril 1704.

4. *Mémoires de Saint-Simon*, t. VI, p. 410 et 491. Elle mourut le 7 mars 1737, étant veuve depuis 1720.

5. Arch. nat., Q^1 1140.

Crédit mobilier; sous Louis XV, en 1747, elle appartenait au comte de Lautrec[1] et fut habitée par le prince d'Ardore, ambassadeur de Naples. La Caisse des amortissements s'y installa ensuite; puis, pendant un temps, la direction générale de la liquidation de la Dette publique.

Le lot d'avant-corps qui vient ensuite fut acquis, dès le 22 septembre 1699[2], par le gendre du fermier général Luillier, qui s'appelait Joseph Guillaume de la Vieuville; c'était le fils d'un receveur général des finances de Bretagne, et il avait commencé par travailler comme commis chez M. Le Tellier et chez Colbert avant de devenir conseiller au parlement de Metz, puis à celui de Paris, maître des requêtes (1687), et enfin secrétaire des commandements de Mme la duchesse de Bourgogne (décembre 1697). Grand mangeur de fruits et buveur d'eau, ce régime frugal ne l'empêcha pas de mourir prématurément et subitement le 21 août 1700, au sortir d'un entretien avec le roi à Meudon[3], et son lot, contenant huit arcades de façade contiguës à celles de Bitault[4], revint alors à son fils et à son beau-père, lequel était, on s'en souvient, le premier promoteur de toute l'entreprise[5]. Luillier, bon ami des Racine[6], y fit construire, moyennant deux cent quarante-trois

---

1. Qui mourut maréchal de France en 1762.
2. Contrat homologué par la Ville le 26 avril 1700 : Q¹ 1141 et reg. H 1838, fol. 201.
3. *Journal de Dangeau*, t. VII, p. 359.
4. La superficie était de sept cents toises carrées, « savoir : la partie qui fait face sur la place du côté du soleil levant, et celle du côté de l'hôtel de Luxembourg, en ligne parallèle, depuis le point milieu du mur mitoyen du côté du midi jusques au point milieu du mur mitoyen du côté du nord, seize toises cinq pieds neuf pouces, et en profondeur, à prendre du côté du midi depuis la place jusques au mur du jardin de l'hôtel de Luxembourg, quarante toises cinq pieds, et, de l'autre côté du nord, depuis la place jusques au mur du jardin de l'hôtel de Luxembourg, quarante-une toises quatre pieds neuf pouces. » Les lots contigus étaient encore invendus ; voir un plan sur parchemin, dressé par J. Beausire, dans le carton Q¹ 1141. Le prix des sept cents toises n'était que de cinquante et une mille livres ; mais l'acquéreur s'engageait à faire démolir sa part de l'ancienne façade et construire celle de la nouvelle.
5. Ci-dessus, p. 131 et 143-146.
6. *Œuvres de J. Racine*, t. VII, p. 73 et 155-156. Luillier avait débuté sous les auspices de Colbert dans la régie des biens de MM. de Matignon ; en tête d'un factum imprimé contre lui par son collègue Lemonnier (Cabinet des titres, dossier bleu 10968, fol. 4), on lit par manière d'exorde : « La fortune du sieur Luillier est très brillante. Il a commencé par les plus petits

mille livres, une belle maison qui passa ensuite, par contrat du 22 mai 1706[1], et moyennant une somme principale de deux cent trente mille livres et un pot-de-vin de six mille livres[2], à un certain François-Michel Guyhou, sieur de Bruslon, second président en l'élection de Paris. M. de Bruslon n'était que le prête-nom de son oncle par alliance, ce Bourvallais dont le nom est resté comme synonyme par excellence du partisan ou traitant de finance[3]; mais la maison demeura plusieurs années la propriété nominale de Guyhou de Bruslon, et c'est lui qui consentit à ce que la Ville établît dans les dépendances de la basse-cour une cuvette destinée aux eaux dérivées du regard Louis-le-Grand, qui devaient remettre en activité la fontaine Saint-Ovide. Il en acheta en même temps trente lignes, pour le prix de six mille livres (12 juillet 1707), et, deux ans et demi plus tard, ayant alors quitté l'élection pour devenir greffier et chef-garde des archives du parlement, et se qualifiant toujours propriétaire de la grande maison qu'il habitait, il obtint une nouvelle concession de dix lignes, moyennant deux cents livres par ligne, à prendre dans le réservoir qu'on appelait cassette du regard de Bruslon[4].

Paul Poisson, dit de Bourvallais, fils d'un paysan des environs de Rennes, fut d'abord laquais du traitant Thévenin, puis d'un marchand de bois, et, étant retourné dans son pays, il eut la bonne chance d'y être distingué par M. de Pontchartrain, alors premier président du parlement breton. Celui-ci l'amena à Paris, en fit un piqueur aux travaux du Pont-Royal, et, tout aussitôt, le lança dans les traités, où il s'enrichit assez pour épouser une femme de chambre ou damoiselle de la marquise de Sourches, et pour acheter une charge de secrétaire du roi (1695). En 1710, on créa pour lui, moyennant deux cent mille écus, une charge de garde des archives et minutes du Conseil, et, quand Louis XIV mourut, il était arrivé tout à la fois à une richesse prodigieuse et au

---

emplois de la finance, et aujourd'hui il est fermier général. Il possède des marquisats. Sa maison de campagne est celle d'une grande reine. Il a mis dans sa famille une des plus considérables charges de la maison de Mme la duchesse de Bourgogne. Il habite à Paris un hôtel..... »

1. Arch. nat., V⁷ 41, contrat passé par Alexandre Luillier et Alexandre Guillaume de la Vieuville, secrétaire des commandements de Mme la duchesse de Bourgogne.
2. Cent vingt mille livres restaient encore à payer en 1717.
3. G. Brice, éd. 1752, t. I, p. 330-331.
4. Arch. nat., Q¹ 1140.

plus exécrable et infâme renom que pût avoir un traitant. Son opulence, ses palais, ses quinze seigneuries, qui couvraient une partie de la Brie, ses dix ou douze charges le désignaient à la vindicte publique, à l'horreur du genre humain, et il fut frappé un des premiers par la Chambre de justice de 1716, qui le taxa à quatre millions et demi ; on le chassa, ainsi que sa femme, de la maison de la place de Louis-le-Grand, on en enleva les meubles précieux, trois charrettes d'argenterie, les chevaux anglais qui remplissaient l'écurie, etc. Mais bientôt, à l'user, on reconnut que Bourvallais était indispensable pour le soutien de l'État, — comme la corde qui soutient un pendu. Il avait été arrêté le 9 mars 1716 et condamné le 13 mars 1717 ; relaxé le 5 juin suivant, il se racheta en abandonnant à l'État, comme équivalent de sa taxe et de celle de sa femme (car celle-ci avait aussi à payer soixante-six mille livres), leur demeure de la place de Louis-le-Grand et leurs terres de la Brie[1] : moyennant quoi, il put aller reprendre le cours de ses affaires à la place des Victoires, où nous l'avons rencontré[2], et il y finit ses jours six mois plus tard. La maison de notre place, ou plutôt une des maisons, car on en avait construit une seconde sur cette large façade, avait été provisoirement attribuée par le régent au duc et à la duchesse d'Albret-Bouillon, qui y exécutèrent quelques réparations en 1717[3] ; mais, lorsque Daguesseau fut nommé chancelier et qu'on chercha une résidence pour ses bureaux et pour lui, après avoir pensé à l'hôtel des Colbert, rue Neuve-des-Petits-Champs, on préféra « la maison de Bourvallais et les deux d'à côté qui sont dans la place de Louis-le-Grand[4]. » Sur la maison de Bourvallais, estimée quatre cent mille livres, l'archevêque, comme seigneur censier, réclama, pour ses lods et ventes, une somme de trente-trois mille livres, de même qu'il demandait vingt-cinq mille livres, si je ne me trompe, pour l'hôtel de Nevers devenu la Banque, et qu'on évaluait à trois cent mille[5]. Comme le duc

---

1. Arrêt du Conseil du 5 septembre 1718 : Arch. nat., E 2000.
2. Ci-dessus, p. 85.
3. Arch. nat., V⁷ 41 ; *Journal de Dangeau*, t. XVI, p. 459 : « La duchesse d'Albret et la maréchale d'Estrées vouloient avoir la maison de Bourvallais qui est dans la place de Vendôme ; M. le duc d'Orléans l'a fait donner à la duchesse d'Albret, qui étoit logée en maison d'emprunt. »
4. *Journal de Dangeau*, t. XVII, p. 30, et *Mémoires de Saint-Simon*, t. XIV, p. 118.
5. Arch. nat., Q¹ 1141, observations de l'inspecteur général des domaines.

d'Antin, alors surintendant des bâtiments, et le duc de Noailles, chargé des finances, étaient très désireux de plaire à M. Daguesseau, il fut fait de grandes dépenses pour l'installation du chancelier[1]; c'était d'ailleurs un établissement définitif, puisque, à part les temps de Révolution et d'Empire où le chancelier fut remplacé par le préfet de Paris et par un grand juge, l'hôtel de la Chancellerie, qu'il y ait eu un chancelier ou simplement un garde des sceaux, a conservé l'attribution qu'on lui donna en 1718.

Mais les *Descriptions de Paris* se sont certainement trompées lorsqu'elles ont dit que l'on joignit à la maison de Bourvallais celle de son voisin immédiat le fermier général Villemaré[2]. C'est du moins ce qui ressort d'un travail fait tout récemment sur la maison Villemaré, n° 9 de la place actuelle, laquelle, après avoir successivement abrité la Liquidation de la Dette publique, l'intendance du Domaine extraordinaire et de la Liste civile, le Quartier général de 1849, les grands veneurs de la Restauration et du second Empire, les commandants de la 1re Division, est occupée aujourd'hui par le Gouvernement militaire de Paris. La *Note historique* de M. le capitaine Dolot[3], seule étude d'après les documents qui ait été produite sur notre place, parle en même temps de la maison n° 9 et du quatrième et dernier pan coupé qui vient ensuite, car ces deux lots de terrain avaient été réservés pour Mansart. Le premier architecte, devenu surintendant, ne pouvait mieux choisir pour sa demeure que cette place dont il avait poursuivi la création avec une rare persistance pendant plus de vingt ans, à quelques pas de ce portail des Feuillants qui était l'œuvre principale de son oncle. J'ignore dans quelles conditions les deux lots devinrent sa propriété, n'ayant retrouvé qu'une simple

---

1. Saint-Simon, *Parallèle des trois premiers rois Bourbons*, p. 228.

2. Piganiol de la Force dit que le roi prit la maison de Bourvallais en payement d'une partie de sa taxe, « de même que la maison voisine, qui appartenoit à un autre traitant nommé Villemarec (*sic*). De ces deux maisons, on n'en fit qu'une, sur la porte de laquelle est un marbre noir, avec cette inscription : Hôtel du chancelier de France. » Cf. Lefeuve, *les Anciennes maisons*, t. III, p. 226-227.

3. *Note historique sur la place Vendôme et sur l'hôtel du gouverneur militaire de Paris* (sis au n° 9 de ladite place), par G. Dolot, capitaine du génie, avec cinq planches hors texte et un plan composé de quatre feuilles superposées représentant l'aspect de la place à diverses époques. Quantin, 1887. In-8°.

mention du contrat d'acquisition passé le 1ᵉʳ février 1701 et homologué le 9 juin suivant. Il construisit aussitôt[1] une maison sur le pan coupé, puis céda maison et terrain, le 1ᵉʳ février 1707, à son gendre Claude Le Bas de Montargis, qui n'était encore que trésorier général de l'extraordinaire des guerres, mais qui joignit à cette charge, dès 1708, celle de garde du Trésor royal[2]. Le 14 décembre de l'année 1708, M. de Montargis rétrocéda le terrain vide à un fermier général, Jean-Bonaventure Le Lay de Villemaré[3], qui y fit construire aussi une maison[4]. Quand vint la Chambre de justice de 1716, Villemaré se vit taxé à quatre cent mille livres, et n'en fut pas ruiné, puisque, le 10 octobre 1720, il acheta encore l'ancien hôtel de Lorge, rue Neuve-Saint-Augustin[5], qui passa ensuite aux La Vallière[6]; mais ce ne peut être le Varignon de Villemarais dont il est parlé dans un ouvrage moderne comme ayant possédé au même temps la maison de la rue Louis-le-Grand où nous avons admiré, il y a quelques années, les collections de M. Léopold Double[7]. Quant à M. de Montargis, qui, en janvier 1716, venait de payer cent mille écus la charge de greffier des ordres du roi, et qui déclara huit millions de fortune, il subit une taxe de dix-sept cent mille livres, et sa charge de garde du Trésor fut supprimée. Habitait-il encore sa maison

---

1. G. Brice dit que la construction était faite en 1703; il en est parlé dans l'acte de lotissement de 1705.

2. *Note* de M. le capitaine Dolot, p. 11. Avant d'acheter la charge du banqueroutier La Touanne, Montargis, fils d'un secrétaire du roi ancien négociant, avait commencé par être receveur des consignations des requêtes du Palais. Marié à Mˡˡᵉ Mansart en 1693, il se fit bâtir un château à Vanves, par son beau-père, et eut en outre le marquisat du Bouchet-Valgrand. « Sans talent et sans faveur, et plat et simple financier, sans distinction aucune dans ce métier où Mansart seul l'avoit soutenu et enrichi. » (Addition de Saint-Simon au *Journal de Dangeau*, 16 septembre 1715.)

3. Orthographe conforme à la signature. Dès 1715, les généalogistes complaisants du *Mercure* rattachèrent ces Le Lay, devenus Guébriant, à une famille bretonne d' « ancienne extraction noble », dont un membre avait eu l'honneur d'être cité par Dom Lobineau. La fille du fermier général épousa alors le marquis de Pleumartin, et son petit-fils se maria, en 1734, avec la fille de Paul Delpech de Chaumot, autre financier que nous avons rencontré à notre entrée dans la place, ci-dessus, p. 171.

4. *Note* de M. le capitaine Dolot, p. 12.
5. Ci-dessus, p. 179.
6. Jaillot, quartier MONTMARTRE, p. 10.
7. Lefeuve, *les Anciennes maisons*, t. IV, p. 115.

de la place de Louis-le-Grand, qui, selon Germain Brice, était de « plan fort irrégulier »? Ce qui en ferait douter, c'est qu'elle porte le nom d'hôtel de Créquy sur le plan de B. Jaillot de 1713 et dans un acte de vente de 1718; mais, d'autre part, on voit que le président Hénault, qui épousa Mlle de Montargis en 1714, vint demeurer sur la place en 1719[1], vraisemblablement dans la maison de son beau-père. C'est aujourd'hui le n° 7, affecté depuis 1812 à l'état-major de la place de Paris; on dit que quelques parties de la décoration intérieure subsistent encore. Un plan de la Chancellerie en 1747[2] indique comme occupant la maison Villemaré la duchesse d'Antin, c'est-à-dire la veuve du petit-fils du surintendant des bâtiments[3]; elle appartenait alors au fils de Villemaré, le comte de Guébriant, résident du roi à Cologne[4], mais fut achetée, en 1750, par le fermier général Dangé[5], puis, en 1778, par Philibert-Laurent de Joubert, trésorier des états de Languedoc, qui était un amateur très éclairé de la sculpture antique et un collectionneur d'histoire naturelle[6].

A droite du lot de Mansart, en se rapprochant de la rue Saint-Honoré et faisant face au nord du côté de la place, un valet de garde-robe du roi, Jean de la Lande, qui était en outre contrôleur général des rentes de l'hôtel de ville, c'est-à-dire homme de finance, acquit, le 19 avril 1700, cent quarante toises quatre pieds neuf pouces, moyennant quinze mille quatre cent quatorze livres dix sols; le contrat fut homologué le 26 du même mois[7], en même temps que la vente à M. de la Vieuville. Cet acquéreur fut un des premiers à faire construire, puisqu'il est parlé de sa maison dans l'acte de lotissement de 1705[8], et, plus

---

1. A. Vitu, *la Maison mortuaire de Molière*, p. 355. Plus tard (*Mémoires du duc de Luynes*, t. V, p. 445), le président se transporta rue Saint-Honoré, ci-dessus, p. 103.
2. Dans le dossier O¹ 1551.
3. Gilonne de Montmorency-Luxembourg, veuve depuis 1743.
4. Jean-Bonaventure Le Lay de Villemaré, comte de Guébriant, président au parlement, lecteur du roi, etc., mort le 15 avril 1768.
5. Ci-dessus, p. 174. Dangé, ayant commencé par être commis de M. d'Argenson, ou peut-être même son cocher, maria sa fille au marquis fils aîné de son ancien maître. Il y a sur lui une historiette répugnante dans la *Vie privée de Louis XV*.
6. *Note* de M. le capitaine Dolot, p. 12.
7. Dossier Q¹ 1141 et reg. H 1838, fol. 201.
8. Lots 3 et 4.

tard, en 1765, la « maison du sieur de la Lande » fut l'objet d'une contestation entre l'archevêché et le domaine royal[1].

Du même côté, mais je ne sais si c'est à droite ou à gauche de la rue d'entrée du midi, un bourgeois ou financier nommé François Rosty acheta, le 30 octobre 1700, entre d'autres terrains non vendus, cent trente-cinq toises donnant d'une part sur la place et d'autre part sur la rue Saint-Honoré elle-même[2]. Prix : quatorze mille huit cent cinquante livres.

Quatre-vingt-seize toises, avec cinq arcades sur la rue d'entrée et quatre en retour sur la place[3], furent vendues, le 26 juillet 1709, sur le pied de vingt mille livres, à Laurent-François Heusé de Vologer, trésorier de France au bureau des finances d'Alençon. On peut croire que ce terrain-ci était le même que Law acheta en 1718[4], et correspondrait par conséquent aux n[os] actuels 1, 3 et 5, hôtels de Vendôme et de Bristol.

Je saurais encore moins déterminer la place du lot acquis dès les premiers jours, le 12 août 1699, au prix de soixante-dix livres la toise[5], par ce participant du traité Masneuf, le trésorier Sauvion[6], que ruina dès 1701 l'énorme banqueroute de son collègue et beau-frère Renouard de la Touanne[7]. Le terrain com-

---

1. Dossier Q[1] 1141 ; la maison venait d'être vendue à une dame du Mesnil. Est-ce la même maison pour laquelle Étienne Olivier de Montluçon, seigneur de Vaugien et autres lieux, fermier général, obtint, le 12 juillet 1738 (dossier Q[1] 1140), cinq lignes d'eau à prendre au regard des Capucins ?
2. Arch. nat., Q[1] 1141.
3. *Ibidem* et dossier de l'archevêché, S 1091[B] : « Une part du cinquième lot vert coté S sur le plan général, laquelle fait face sur la rue d'entrée du côté de la rue Saint-Honoré en largeur de cinq arcades, et retour sur la place en largeur de quatre autres arcades, et, par le derrière et à côté, enclave avec les places du second lot rouge..... » Vologer, ayant eu le tort de ne pas faire distinguer la valeur de la façade bâtie de celle du terrain même, s'engagea à indemniser la Ville : reg. H 1484, fol. 271.
4. Ci-après, p. 193.
5. Registre H 1838, fol. 201.
6. Ci-dessus, p. 143.
7. Jean de Sauvion, baptisé à Saint-Jean-en-Grève le 26 septembre 1643, était fils d'un secrétaire du prince de Condé qui se fit maître d'hôtel du roi ; il épousa en 1669 la sœur de La Touanne, et c'est cette alliance, sans doute, qui lui fit quitter plus tard la profession d'avocat pour prendre un intérêt dans la charge de trésorier de l'extraordinaire des guerres que possédait son beau-frère (ci-dessus, p. 112). Entraîné par celui-ci dans une ruine complète et mis à la Bastille, mais reconnu bien moins coupable que

prenait sept arcades (quatorze toises) de façade sur quarante et une toises de profondeur.

Un autre participant, Moïse-Augustin Fontanieu, et son fils l'intendant des meubles de la couronne habitèrent la place[1]; le premier même y mourut le 3 février 1725, et fut inhumé à la paroisse Saint-Roch. C'est évidemment du côté de la rue Saint-Honoré qu'était leur demeure, car un lot de deux cent quatre-vingts toises, ayant face sur cette rue[2], et vendu pour vingt mille quatre cents livres, le 4 juillet 1708, à Jacques Gilbert, écuyer, sieur des Nozières et secrétaire des requêtes du Palais, sur l'indication de Fontanieu, aboutissait par derrière au lot de celui-ci[3].

Aboutissait aussi sur le lot de Fontanieu le terrain de cent vingt et une toises et demie quinze pieds six pouces de superficie (seize toises deux pieds de profondeur, sur sept toises quatre pieds un pouce de largeur), faisant face sur la rue Saint-Honoré, qui fut vendu le 18 juin 1710, sur l'indication de Besnier et pour le prix de treize mille cent vingt-cinq livres, à Pierre-Jacques Delay, capitaine général garde-côtes, demeurant rue Richelieu[4].

Enfin, j'ai rencontré la mention d'un achat qui fut passé le 5 mars 1701 par la demoiselle Claude Marescot[5], et homologué le 9 juin suivant.

Il n'est pas besoin de faire remarquer qu'aucune uniformité n'avait présidé à ces opérations de vente, chaque acquéreur ayant eu, dès le début, la liberté d'acheter tel nombre d'arcades qu'il lui plairait au delà de deux, et nous voyons d'ailleurs, sur les

---

La Touanne, il obtint son élargissement au bout de trois mois. Sa femme mourut le 18 décembre de l'année suivante, 1702; mais lui vécut jusqu'à quatre-vingts ans. Leurs filles épousèrent M. de Saint-Laurent, lieutenant général, et les financiers Paparel (ci-dessus, p. 173), Bertin, Guymont et Le Bas de Girangy. Un fils de La Touanne s'était marié avec la fille du prévôt des marchands Bosc du Bois d'Ivry.

1. *Mémoires de Saint-Simon*, t. XV, p. 365. Auparavant, le père habitait rue de Cléry.

2. Tenant d'un côté à M. Gabriel, d'autre côté à une place de Besnier : reg. H 1842, fol. 402-406, et Q^1 1141, homologation du 14 août 1708.

3. Ce sieur des Nozières fit bâtir une maison.

4. Reg. H 1843, fol. 337-339, et dossiers S 1101 et Q^1 1140. Le terrain tenait d'un côté à une maison que faisait bâtir le sieur Morlet, d'autre à celle que faisait bâtir également le sieur des Nozières, par derrière au lot de Fontanieu.

5. Non trouvée dans la généalogie de cette famille.

plans antérieurs à 1690 ou immédiatement postérieurs, que l'on avait compté subdiviser la façade de la place exposée au couchant en plus de maisons que celle qui regardait le soleil levant[1]. Un de nos dossiers dit qu'à la mort de Louis XIV, soixante-onze arcades restaient encore à acquérir, et que cependant, à la date de 1717, la Ville se trouvait avoir vendu pour près de quatre cent quarante mille livres de terrains en dehors des six cent vingt mille livres du traité Masneuf. L'insuffisance des renseignements dont je dispose et le désordre où ont été mises les pièces relatives à cette entreprise ne permettent de contrôler ni l'un ni l'autre chiffre : il manque, par exemple, le détail des acquisitions les plus importantes, celles d'Aubert, de Herlaut, de Crozat (hôtel d'Évreux), de Sauvion, de Mansart, de Villemaré[2], et nombre de contrats ne mentionnent ni la situation du terrain, ni la quantité d'arcades. Par suite, il est impossible de juger quels furent les résultats financiers de l'opération, soit dans la première période d'association, soit après que chacun des associés eut repris sa liberté d'action. Ce n'est d'ailleurs, on va le voir, qu'au bout de vingt ans, entre 1718 et 1720, que les derniers emplacements vides trouvèrent preneur.

Un financier tout-puissant, alors à l'apogée de ses succès éphémères, et qui pratiquait tout autant la spéculation foncière que l'agiot du papier[3], Jean Law, directeur de la Banque générale, habitait déjà la place de Louis-le-Grand, quand les représentants de Bullet lui vendirent : 1° le 21 juillet 1718, pour vingt mille livres[4], un lot de cent quatre-vingt-deux toises, avec quatre

---

1. Voir notamment le plan du terrier royal de 1705, Q^1 1099^6, fol. 119 v° : on compte quatorze lots d'un côté et douze seulement de l'autre. Cette inégalité a subsisté.

2. Je ne parle pas des six arcades qui, selon la *Gazette d'Amsterdam* (ci-dessus, p. 131, note 3), avaient été réservées au maréchal de Boufflers : il n'en est pas fait mention dans l'acte de délaissement; donc la nouvelle était inexacte, ou bien la donation n'avait pas eu de suites.

3. Quand il tomba, il possédait un terrain de plus de quatre mille toises sur la rue de Varenne, trois maisons à l'entrée du faubourg Saint-Honoré, neuf ou dix dans le même faubourg, sans parler de celles de la place de Vendôme dont il va être question. Il faisait travailler ou construire en même temps à l'hôtel de la Banque, au palais Mazarin, à la porte Saint-Honoré, au château de la Marche, à la fonderie royale de Chaillot. Voir les papiers de sa liquidation : Arch. nat., V^7 254.

4. Treize mille cinq cent trente-cinq livres pour le fonds, et le reste pour la façade construite : contrat dans le dossier Q^1 1141.

arcades sur la place et façade sur la rue Neuve-des-Petits-Champs, tenant d'un côté au comte d'Évreux, d'autre à la place restante du troisième lot coté AA et à celle du deuxième lot coté F[4] ; 2° le 1er décembre 1718, pour quinze mille livres, un lot de trois arcades sur la continuation de la même rue Neuve-des-Petits-Champs et de quatre arcades en retour d'encoignure sur la rue d'entrée devant le portail des Capucines[2], tenant des deux côtés à M. de Nocé et ayant une superficie de soixante-trois toises ; 3° le même jour, 1er décembre 1718, pour trente-sept mille livres, deux cent une toises environ, en deux lots de quatorze arcades faisant toute la façade méridionale de la place depuis le pan coupé de l'hôtel de Créquy (ancien Montargis) jusques et y compris cinq arcades en retour sur la rue d'entrée du côté de la rue Saint-Honoré[3]. Ce sont les terrains qui avaient été adjugés une première fois à La Lande, Rosty et Vologer[4].

L'année suivante, en mars 1719, le bruit courut qu'outre le duché de Mercœur et l'hôtel de Soissons, le même Law achetait « sept grandes maisons de la place Vendôme ou de Louis-le-Grand[5], dont quelques-unes n'étoient pas encore achevées, et auxquelles on travailloit[6]. » Comme, deux mois plus tard, il établit sa banque dans l'ancien hôtel du duc de Nevers[7], force lui fut de se loger lui-même plus près de ses bureaux[8] : il s'installa alors dans la rue Neuve-des-Petits-Champs, à l'hôtel de Langlée, où devait plus tard le remplacer le duc Mazarin[9], et, le 12 février 1720, étant contrôleur général des finances, il revendit au marquis de Coëtlogon[10] la maison qu'on n'avait pas encore achevé de bâtir sur une partie des terrains du côté sud de la place[11]

---

1. Ce serait donc le n° 21 actuel.
2. N° 26 actuel ou n° 28.
3. Actes d'achat dans le dossier S 1091B et dans le dossier Q¹ 1141.
4. Ci-dessus, p. 189 et 190.
5. A noter que, dans l'acte de juillet 1718, il est dit habiter place de Louis-le-Grand, et, dans celui de décembre, place de Vendôme.
6. *Journal de Buvat*, t. I, p. 368.
7. Vitu, *la Maison mortuaire de Molière*, p. 190-192.
8. Les bureaux avaient été placés auparavant dans l'ancien hôtel La Feuillade ; ci-dessus, p. 86.
9. Piganiol de la Force.
10. Charles-Élisabeth de Coëtlogon, seigneur de Romilly-sur-Seine, fils du syndic général de Bretagne et neveu du maréchal.
11. Hôtel Bristol actuel.

achetés le 1ᵉʳ décembre 1718[1]. Trois autres maisons également inachevées ou inoccupées furent vendues de même à la maîtresse du régent, M*ᵐᵉ* de Parabère, à M. de Fontpertuis (celle-ci, contiguë au lot Crozat, appartenait en nue propriété à M. de Coulanges[2]) et au comte d'Orsigny.

Dans les derniers temps de son ministère, Law fit encore l'acquisition de plusieurs terrains qu'il se proposait sans nul doute de mettre en valeur. Comme six emplacements non construits, et représentant en tout trente-deux arcades, venaient de la succession du trésorier Herlaut et étaient sous le coup d'une opposition de la Chambre des comptes, le tuteur des enfants mineurs du marquis de Cany, légataire universel de Herlaut[3], les héritiers de celui-ci, et sans doute aussi Law lui-même, obtinrent que ces terrains pourraient être mis en vente à charge par l'acquéreur de terminer immédiatement les façades au-dessus du premier étage et de construire des maisons. L'autorisation comprenait : 1º trois lots contigus, d'environ cent soixante-huit toises et demie, avec sept arcades, partie sur la rue Saint-Honoré et partie sur la rue d'entrée ; 2º cent treize toises, avec dix arcades, à l'encoignure opposée, partie sur la place et partie sur la rue d'issue allant aux Capucines ; 3º les cent quinze toises[4] et sept arcades à l'encoignure qui faisaient suite, partie sur la rue d'issue et partie sur la rue Neuve-des-Petits-Champs ; 4º enfin, cinq cent trente-deux toises et demie et quatorze pieds, avec huit arcades de face sur la place, tenant d'un côté au sieur André (sans doute André *le Mississipien*), par derrière au jardin des Jacobins[5]. L'arrêt du Conseil qui autorisait

---

1. Prix : cent deux mille livres, payables en billets, en feuilles de chêne, comme on disait un peu plus tard. Une expédition de ce contrat, dans lequel intervint sa soi-disant femme, Catherine Knowles, se trouve dans le dossier de l'Archevêché S 1091ᴮ.

2. Papiers de la liquidation Law, pièces de janvier à mars 1724. M. de Fontpertuis est sans doute Louis Angran, vicomte de Fontpertuis, fils d'une dévote de Port-Royal, ce janséniste athée sur lequel Saint-Simon rapporte un plaisant mot du Régent, et qui conquit le surnom de *Mississipi*. Il mourut le 11 juin 1747, directeur de la Compagnie des Indes, ayant épousé au temps de la Régence une fille d'Opéra, Rose de Châteauvieux. Gersaint fit le catalogue de sa collection.

3. Ci-dessus, p. 175.

4. Ou cent cinq.

5. Herlaut avait acheté, le 30 septembre 1710, sur l'indication de Masneuf, trois cent quatre-vingt-cinq toises et demie, et ajouté cent quarante-six toises et demie pour faire le jardin : ce qui fait les cinq cent trente-deux toises.

la mise en vente est daté du 3 juillet 1720[1] ; la vente fut consommée le 5 août suivant, sur l'indication de l'avocat Louis de Sérouville, tuteur des mineurs de Cany, au profit de Jean Law, qui s'engageait à payer dans six ans une somme de trois cent cinquante mille livres et à achever les constructions en deux ans. Il devenait ainsi maître d'une grande partie de la place, au nord comme au sud[2].

Terrains à bâtir et maisons en construction, tout fut mis en vente après la chute de Law : Gabriel acheta le lot de dix arcades pour vingt-sept mille livres; le sieur Grandhomme, celui de huit arcades, pour soixante-dix mille cinq cents livres; un des deux lots de sept arcades fut acquis par Gabriel, pour vingt et une mille livres, et l'autre par les sieurs Perrin, Mollet et Grandhomme, pour quarante-deux mille cent livres; une maison, par le sieur de la Boixière, pour trente-deux mille livres, et une autre par Coulanges, pour quarante-huit mille livres[3]. C'est seulement en 1728, dit-on[4], que l'hôtel de la façade nord-ouest, du côté des Capucines[5], sans doute celui où le grand financier avait habité, fut vendu par ses créanciers à M. de Boullongne, qui n'était encore que premier commis, mais qui devint ensuite intendant des finances et contrôleur général (25 août 1757-4 mars 1759). Cette famille des peintres et financiers Boullongne avait déjà été représentée sur notre place par un oncle de celui qui vient d'être nommé, le célèbre Bon Boullongne ou Boulogne, d'abord logé à la rue Saint-Honoré, mais mort dans une maison de la place de Louis-le-Grand, le 16 mai 1717, tandis que le cadet Louis II et leur sœur Marie-Marthe habitaient la rue des Fossés-Montmartre ou la place même des Victoires[6]. Jean-Baptiste, qui acheta la maison de Law en 1728, était fils de Louis II, et, quoique voué à la finance, il resta fidèle aux vieilles traditions d'art des générations précédentes, en appelant les Lancret, les Watteau, les Boucher pour décorer sa demeure. En 1730, il obtint une concession de dix lignes d'eau à prendre au regard des Capucins de la rue Saint-Honoré; mais,

---

1. Arch. nat., E 2019.
2. Registres de la Ville, H 1849, fol. 35-40; dossier Q^1 1141 et papiers de la liquidation Law, carton V^7 254, pièce du 1er octobre 1722.
3. Adjudication de 1723.
4. Lefeuve, *les Anciennes maisons de Paris*, t. III, p. 225.
5. A main droite, en venant des Capucines.
6. Jal, *Dictionnaire critique*, p. 266-267.

comme ce regard n'était pas assez élevé pour faire monter l'eau jusqu'au premier étage de la place, il fit reporter sa concession sur la fontaine Louis-le-Grand [1]. Après lui, l'ancienne maison de Law fut habitée par le trésorier Boucher, puis par les Marquet de Montbreton, tandis que l'hôtel contigu passait des Dornay au trésorier des états de Languedoc, M. de Joubert [2], et de celui-ci au botaniste L'Héritier de Brutelle, auteur d'une *Flore de la place de Vendôme* [3], à l'horloger-académicien Berthoud, qui y mourut en 1807, et enfin au bibliophile provençal le marquis de Méjanes.

A la suite de Law, mais quand il avait déjà regagné d'autres parages, et pour très peu de temps d'ailleurs, la place de Louis-le-Grand se vit envahir par les agioteurs chassés de la rue Quincampoix après le crime du comte de Hornes [4]. Ils vinrent établir le siège de leurs opérations autour de la statue. « Ils y furent plus au large, et sans empêcher les passants, dit Saint-Simon [5]. Ceux qui demeuroient dans cette place ne l'y trouvèrent pas si commode. » Le même auteur cite à ce propos la piteuse aventure qui arriva au maréchal de Villars un jour que, traversant cette foule dans son beau carrosse chargé de pages et de laquais, il eut la mauvaise idée de « haranguer le monde, avec son air de fanfaron, sur la honte que c'étoit [6]. » En juin 1720, le chancelier Daguesseau, revenant d'exil et trouvant ce voisinage incompatible avec la dignité de la Chancellerie, prescrivit aux agioteurs de se retirer à la place Royale; mais sa première ordonnance ne fut pas exécutée, et on les toléra encore un mois [7] sous des tentes qui firent donner à la place le sobriquet satirique de *camp de Condé*, par allusion aux spéculations trop connues d'un prince du sang. Le

---

1. Arch. nat., Q^1 1140.
2. Ci-dessus, p. 189.
3. Suivant les uns, Brutelle (né en 1746, mort en 1800) aurait composé cette *Flore* en se rendant à la Chancellerie, où il était employé; suivant d'autres, en se promenant entre deux gardiens devant son hôtel, où il était interné pendant la Terreur.
4. Ordonnances des 22 et 28 mars 1720 défendant de s'attrouper rue Quincampoix ou partout ailleurs, même de négocier dans les cafés et autres lieux publics.
5. Éd. 1873, t. XVII, p. 92 et 125.
6. *Ibidem*, p. 126; *Journal de Dangeau*, avec Addition, t. XVIII, p. 329.
7. Ordonnances du 14 juin et du 18 juillet relatives à une garde établie sur la place pour garantir les négociants contre les filous et les vagabonds.

commerce public des billets et des louis y continua donc jusqu'au 28 juillet, jour où toute cette tourbe fut chassée à coup de fouet et forcée de transférer la « Bourse » à l'hôtel de Soissons[1]. « C'étoit en effet son lieu propre[2]. »

Depuis 1704, le piédestal de la statue était resté dans sa nudité primitive, et peut-être même avec la clôture de palissades qu'on y avait établie pendant les opérations de terrassement et de construction de la nouvelle place[3]; on ne l'entoura de grilles qu'en 1730, à la suite d'un grand travail d'ornementation réglé par l'architecte Beausire[4] et exécuté par Guillaume Coustou le jeune, moyennant soixante-cinq mille livres. La face tournée vers les Feuillants fut chargée d'un cartel aux armes de France, avec couronne royale, attributs, etc., de cinq pieds de hauteur sur six de largeur et un de saillie; à l'opposé, on plaça les armes de Paris. Sur chaque face latérale, un autre cartel, soutenu par deux enfants de proportions et d'attitudes variées, avec des ornements rappelant la mémoire de Louis XIV, reçut une inscription en lettres dorées d'or moulu; sur chacun des quatre pilastres des deux faces longues, un trophée, suspendu à une tête de lion, fut fait d'attributs de guerre et de triomphe (neuf pieds de haut sur deux et demi de large); sur les quatre pilastres des autres faces, on mit des ornements en chute de feston[5]. Beaucoup plus tard[6], une gardienne fut chargée de « nettoyer, balayer et tenir continuellement nets de toutes ordures et immondices les marches du pié-

---

1. *Journal de Buvat*, t. I, p. 99, 101 et 117; *Mémoires de Mathieu Marais*, t. I, p. 273, 281, 293, 294, 313, 339, 350, 352 et 359; *Mémoires de Duclos*, p. 567; *Law, son système et son époque*, par A. Cochut, p. 166-169; Dolot, *Note historique sur la place Vendôme*, p. 4-5.

2. *Mémoires de Saint-Simon*, t. XVII, p. 126; ordonnance du 29 juillet pour la police du commerce établi dans l'hôtel de Soissons.

3. Marché passé le 30 mars 1700 : registres H 1838, fol. 278 v°, et O[1] 44, fol. 425. Voyez ci-dessus, p. 147 et 151.

4. Jean-Baptiste-Augustin Beausire, fils et successeur d'un maître général des bâtiments et architecte de la ville de Paris (1738), membre de l'Académie d'architecture en 1732, mort en 1764. C'est son père, Jean Beausire, qui avait fait les plans de terrains dont quelques-uns sont encore annexés à nos contrats de vente.

5. Devis du 19 mai 1727 et marché du 9 décembre suivant, avec des dessins au lavis de chaque face : Arch. nat., dossier Q[1] 1140, et registre H 1852, fol. 131-134. Voir la description et les inscriptions dans Piganiol.

6. Pièce du 15 février 1764, dans le registre H 1870, fol. 363.

destal, l'intérieur qui l'enfermait, et le tour extérieur de la grille jusqu'à trois pieds de distance. »

A plusieurs reprises, la place de Louis-le-Grand fut le théâtre de fêtes d'ordres divers : tantôt, une de ces publications de la paix que le prévôt des marchands faisait faire sur les principaux points de la ville[1]; tantôt, le défilé pompeux de l'ambassade turque en 1721, la visite du czar Pierre le Grand[2], ou les bals merveilleux offerts successivement par les Parisiens, en 1745 et 1747, aux deux femmes du Dauphin fils de Louis XV[3]; tantôt encore, des revues de troupes, où les continuateurs de G. Brice prétendent que la place pouvait contenir dix mille hommes rangés en bataille.

Tous les ans, la foire Saint-Ovide s'y installait pendant trois semaines ou un mois. Quoiqu'on ne sût rien de ce martyr, prétendu sénateur du IIe siècle, si ce n'est que son corps avait été tiré de quelque catacombe romaine par l'évêque de Porphyre et remis par le cardinal Mancini au duc de Créquy[4], nous avons vu[5] que ses reliques avaient tout de suite attiré les dévots. Un religieux du couvent des Capucins avait habilement provoqué et entretenu cette vogue[6]; transporté aux Capucines, dans le

---

1. Ci-dessus, p. 86. — C'étaient antérieurement (reg. de la Ville H 1830, fol. 153) : 1° les Tuileries; 2° le Palais; 3° l'Hôtel de ville; 4° le Grand-Châtelet; 5° le Pilori; 6° la Croix-du-Tiroir; 7° le terre-plein du pont Neuf; 8° le bout du pont Saint-Michel; 9° la place Maubert; 10° la place Royale; 11° le cimetière de Saint-Jean-en-Grève. A quoi s'ajoutèrent nos deux places des Victoires et de Louis-le-Grand, la place Dauphine et la place de Louis XV (reg. H 1870).

2. *Journal de Dangeau*, 11 mai 1717; *Mémoires de Saint-Simon*, 21 mars 1721, t. XVII, p. 218.

3. On connaît la magnifique suite d'estampes par laquelle l'hôtel de ville perpétua le souvenir de ces fêtes. Une salle de bal en charpente décorée fut élevée de chaque côté du piédestal, dans le sens de la longueur de la place.

4. Étant à Rome quelques années plus tard, en 1686, Mabillon écrivait : « Nous levâmes hier trois corps dans un cimetière que l'on a nouvellement découvert à la porte Majeure. On prétend que c'est celui de Captulus, quoique cela ne soit pas sans difficulté. Celui que je levois avoit une petite fiole, dans laquelle on avoit mis le sang du mort avec l'instrument de sa passion. » (*Mabillon et la société de l'abbaye de Saint-Germain-des-Prés*, par le prince Emmanuel de Broglie, t. II, p. 34.)

5. Ci-dessus, p. 114 et 155.

6. *Vie de saint Ovide et la translation de son corps de Rome à Paris dans*

couvent primitif qui était en bordure sur la rue Neuve-Saint-Honoré, non seulement le saint avait eu les honneurs d'une chapelle particulière, due encore à la générosité de M. de Créquy, mais on avait donné son nom à une fontaine publique contiguë au couvent, et c'est là qu'à l'occasion de la fête annuelle du saint, le 31 août, la foule se pressait pendant une octave entière; des miracles avaient été constatés en plusieurs occasions. La fontaine se trouva nécessairement délaissée lorsque Louvois transféra les Capucines à l'extrémité de la rue Neuve-des-Petits-Champs : elle tomba en ruines, et, ayant été finalement supprimée sous la Régence[1], son emplacement fut acheté par le premier architecte Robert de Cotte, beau-frère de Mansart, qui possédait tous les terrains d'alentour (25 novembre 1717[2]); mais les fidèles de saint Ovide l'avaient suivi dans la nouvelle église, et, lorsque les travaux de la place de Louis-le-Grand eurent été terminés, ce fut elle qui profita de l'affluence de plus en plus considérable de ces visiteurs. Une véritable foire annuelle s'y tenait des derniers jours d'août au 15 septembre, avec la suite ordinaire de marchands forains, de bateleurs, de comédiens, d'opérateurs, de montreurs de curiosités, etc., qui, à d'autres époques de l'année, faisait le principal attrait des quatre grandes foires aux Jambons, du Temple, de Saint-Germain-des-Prés et de Saint-Laurent. Les cafés surtout y

---

l'église des Capucines, par le P. Médard, capucin, 1667. Les cent premières pages de ce petit livre, consacrées à la vie même et au martyre d'Ovide, ne sont qu'une simple amplification de prédicateur, puisque l'on ne connaissait pas autre chose que le nom inscrit sur le tombeau, et encore Mabillon, dans sa lettre sur *le Culte des saints inconnus*, publiée à la fin du siècle, a-t-il contesté l'existence de cette inscription, et le nom, et la qualité du saint. « Ah Dieu! quelles vies, quels libelles! » s'écriait-il en son indignation de pieux érudit. — Le P. Médard raconte ensuite les cérémonies de la translation, l'ouverture de la caisse en présence de la duchesse de Vendôme et de Mlle de Nemours, la mise en châsse, une promenade solennelle faite aux Feuillants aller et retour, la fête du 31 août et l'affluence des visiteurs, les circonstances des miracles opérés, particulièrement sur la fille du roi, etc. Enfin il donne les oraisons spéciales composées en l'honneur du saint. — La bibliographie de M. l'abbé Ulysse Chevalier indique une autre édition de ce livre, avec la date de 1680.

1. Arrêt du Conseil du 23 octobre 1717.
2. Carton Q[1] 1141, avec plans. Par arrêt du 23 octobre précédent, le regard avait été transporté de l'autre côté de la rue, dans l'enclos des Capucins. En 1730, sur vingt-cinq bassinets de distribution, douze étaient encore sans emploi : dossier Q[1] 1140.

étaient innombrables. Tout cela s'abrita d'abord sous des tentes qu'on enlevait après la foire : en 1764, un entrepreneur eut l'idée de faire construire des loges autour de la place, et quelques estampes gravées et coloriées nous ont conservé la physionomie curieuse qu'elle présenta alors[1]; mais c'était un contact insupportable pour les riches habitants des hôtels dont j'ai raconté la première origine, et ils obtinrent, en 1771[2], que la foire fût transférée sur les terrains plus vastes, presque vagues, de la place de Louis XV, sans voisins qui pussent en être troublés. Les loges qu'on y installait chaque année, dans tout le pourtour, au-devant des trottoirs, disparurent dans un incendie, le 22-23 décembre 1777[3], et la foire n'eut plus lieu. Une légende dit que c'est là qu'un concert d'aveugles donna au calligraphe Valentin Haüy l'idée d'entreprendre l'instruction littéraire de ces malheureux[4].

La chronique aurait encore mille souvenirs à glaner sur ce terrain : souvenirs politiques dans l'hôtel que Necker habita, comme ministre de la république de Genève, avant de s'installer à la Chaussée-d'Antin, et dans cette Chancellerie où siégèrent successivement les Daguesseau, les Lamoignon de Malesherbes, les Machault, les Feydeau de Brou, les Maupeou père et fils[5];

---

1. M. Victor Fournel a reproduit une planche dans son livre : *le Vieux Paris, fêtes, jeux et spectacles* (1887), p. 70-72. Cf. le *Dictionnaire* de Hurtaut et Magny, t. III, p. 47-48, et *les Spectacles de la Foire*, par M. Campardon, t. I, p. xxx et xlv.

2. Sentence de police du 22 juin, ordre du roi du 12 juillet, lettre de M. de la Vrillière et ordonnance du 13 août : reg. H 1874, fol. 212-217, 221-224 et 493. Une précédente ordonnance du 15 août 1770, fixant la durée de la foire à quinze jours francs, avait essayé de remédier aux désordres par la fermeture des boutiques à dix heures du soir, par la défense de faire des attroupements gênants, de se servir de cornets, de sifflets ou d'autres instruments capables de troubler le repos public, etc.; mais la seule affluence des curieux et des forains jusque dans les rues Saint-Honoré et Neuve-des-Petits-Champs créait des difficultés insurmontables. Voir les pièces dans la collection Rondonneau, Arch. nat., AD I 24.

3. *Journal de Paris*, 1777, nos 267, 268 et 271. Béguillet, dans sa *Description historique de Paris*, 1779, t. I, p. 167, dit encore que la foire, qui dure quinze ou dix-huit jours, forme un coup d'œil agréable.

4. Léon Le Grand, *les Quinze-Vingts* (1887), p. 130.

5. Tout un dossier de la Surintendance des bâtiments, sur l'entretien ou l'agrandissement de la Chancellerie au temps de MM. de Tournehem, de Marigny, etc., avec plans du jardin et des alentours, a été classé dans le carton O¹ 1551, qui nous a fourni tant de renseignements. J'y remarque

souvenirs littéraires dans cette même Chancellerie, où se réunissaient les rédacteurs officiels du *Journal des Savants*, et dans l'autre maison qui fut louée par le ministre Bertin, en 1769, pour recevoir le Cabinet des chartes[1], rejoint plus tard par la Bibliothèque des finances; souvenirs scientifiques dans la maison[2] où les expériences du baquet de Mesmer attirèrent pendant un temps la foule des croyants, et dans les nombreuses collections de curiosités que plusieurs des habitants de la place ouvraient volontiers aux visiteurs; souvenirs galants chez plus d'un financier où Bachaumont nous servirait d'introducteur..... Mais ne nous sommes-nous pas déjà trop écartés du point de départ et du sujet même de cette étude, qui devait faire connaître uniquement la création des deux places et les destinées des monuments élevés à la gloire de Louis XIV? Bornons-nous donc à l'énumération des principaux habitants de la place de Vendôme en 1787, telle que la donne l'*État actuel de Paris*[3] : n° 1, le comte de Lambertye; n° 2, le fermier général Paulze et son fils; n° 6, le receveur général Julien Le Normand; n° 8, son collègue Millon d'Inval; n° 9, les banquiers Pache et Cie; n° 11, le receveur général Gigot d'Orcy, possesseur d'un cabinet d'histoire naturelle; n° 12, Me Rousseau, notaire; n° 13, l'historiographe Moreau et son célèbre Dépôt des chartes; n° 14, le receveur général Marquet de Montbreton; n° 16, le banquier Pourra; n° 17, le fermier général Deville, avec le musicien Piccini; n° 18, M. d'Arras, ancien caissier des amortissements; n° 19, la Grande-Chancellerie; n° 21, les bureaux et le cabinet d'histoire naturelle de M. de Joubert, trésorier général des états de Languedoc; n° 25, M. Gigot de Garville, administrateur des postes. — On le voit, à une exception près, les financiers occupaient encore tout le périmètre intérieur.

Il avait été question, dans les dernières années[4], d'ouvrir une

---

nombre de lettres du marquis de Maupeou, fils du premier chancelier de ce nom, demandant sans cesse des aménagements à sa convenance, et, entre autres, la pose d'un tuyau de poêle extérieur au beau milieu d'un pilastre de la façade : ce que le contrôleur Coustou fit refuser. On tenait la main à ce que rien ne déparât l'ordonnance décorative.

1. Ou Bibliothèque et Dépôt de législation, histoire et droit public. C'est la maison n° 25, à l'encoignure nord-ouest.
2. Anciennement habitée par le financier Bouret.
3. Ou *le Provincial à Paris*, 1788, in-24, 1re partie, p. 149-151 et 166. Comparez les années précédentes de l'*Almanach royal*.
4. *Ibidem*, 2e partie, p. 149.

voie à travers le couvent des Capucines pour joindre la place au boulevard, et une autre à travers les Feuillants, pour établir avec les Tuileries une communication plus praticable que n'était l'impasse dont l'origine a été racontée plus haut[1] : un nouveau projet[2], au temps de la convocation des états généraux, désigna notre place comme péristyle d'une basilique nationale, — palais des représentants de la Nation, — qui eût été édifiée sur l'emplacement des Capucines, avec entrée sur la place même et rotonde par derrière sur le boulevard. Ce projet était dû à l'architecte Louis-François Petit-Radel, ce singulier inspecteur général des bâtiments civils qui offrit plus tard une recette pratique pour faire écrouler et détruire une église gothique en moins de dix minutes. On n'y donna pas suite, et d'ailleurs les représentants de la Nation n'en auraient point vu la réalisation ; mais les bâtiments du couvent des Capucines furent utilisés pour la fabrication des assignats, et les jardins se transformèrent en promenades publiques, avec cirque, panorama, théâtres, etc. On sait quel fut alors le sort des couvents de la rue Saint-Honoré : chez les Jacobins et dans une maison contiguë s'établit le club révolutionnaire qui n'a rendu leur nom que trop célèbre ; chez les Feuillants, ce fut au contraire le club des modérés ; au couvent des Capucins, les bureaux de l'Assemblée nationale, qui s'y installèrent le 30 juillet 1790. Quand Paris avait été divisé par Necker en soixante districts (1789), quatre d'entre eux avaient reçu les noms de Capucins Saint-Honoré, Jacobins Saint-Honoré, Feuillants et Saint-Honoré ; dans la division en quarante-huit sections, du 27 juin 1790, notre place fut détachée du quartier du Palais-Royal pour faire une section particulière sous son nouveau, ou plutôt son ancien nom, car elle perdit alors son appellation monarchique, ainsi que la place des Victoires, et redevint place Vendôme, puis fut baptisée pour un temps place des Piques[3]. Cette dernière dénomination s'explique suffisamment par le proche voisinage de la demeure de Robespierre[4]; mais sa date exacte nous échappe : elle fut du moins postérieure au renversement de la statue royale,

---

1. Page 98, note 1.
2. Arch. nat., plans de la Seine, 3e classe, n° 1102.
3. Arrêté du Conseil général de la Commune, promulgué dans le n° 230 du *Moniteur* de 1792.
4. Il habitait en face de l'Assomption, au deuxième étage de la maison du menuisier Duplay.

qui, là, comme à la place des Victoires, à la place Royale, à la place Louis XV, au Pont-Neuf même, tomba en conformité du décret du 11 août 1792[1]. Girardon avait cru que le bronze assurerait son œuvre, mieux que le marbre ne pouvait le faire, contre les injures du temps ; mais qui eût prévu, sous Louis XIV, les destructions révolutionnaires ? Œuvres de marbre et œuvres de bronze disparurent comme jadis les merveilles de l'antiquité grecque et romaine ensevelies sous l'invasion torrentielle des peuples barbares.

C'est la section de la place Vendôme qui, sur la réquisition du fameux patriote Palloy, désigna un serrurier, un maçon, un charpentier et un paveur pour « coopérer avec lui à la démolition de la statue de la ci-devant place Vendôme. » Cela se passait le 12 août, à sept heures du soir[2] ; l'exécution dut donc avoir lieu le 13. Une gravure en consacra le souvenir dans le journal de Prud'homme[3]. Des curieux sauvèrent du creuset le pied gauche du roi, qui est aujourd'hui conservé au musée du Louvre, salle du Puget, n° 210, au-dessous du modèle en réduction de la statue que j'ai signalé p. 126, et non loin d'un fragment et d'un modèle de la statue de Louis XV[4].

1. Ci-dessus, p. 87-90.
2. C'est M. Fernand Bournon qui a bien voulu me communiquer le texte de la délibération de la section, retrouvé par lui dans une liasse de pièces appartenant au musée Carnavalet : « Ce jourd'hui 12 août 1792, le 4ᵐᵉ de la Liberté, à sept heures du soir, il appert que mon dit sieur Palloy a remis à Monsieur le Président un pouvoir émané de la Municipalité en vertu d'un décret de l'Assemblée nationale du jour d'hier, lequel pouvoir est signé : MARIE-JOSEPH CHÉNIER, président ; PALLOY, patriote ; et plus bas est écrit : « Bon à exécuter : SANTERRE, commandant général provisoire, » à l'effet de nommer des ouvriers entrepreneurs pour coopérer avec lui à la démolition de la statue de la ci-devant place Vendôme. En conséquence, l'assemblée a nommé à l'unanimité Messieurs Seimet, serrurier ; Appé, maçon ; Pellagot, charpentier, et Rousset, paveur. Et de suite l'assemblée a voté des remerciements à mon dit sieur Palloy sur son désintéressement et son dévouement à la chose publique. ROBERT, président, pour extrait. »
3. Voir la gravure dans les *Révolutions de Paris* et la notice de Corrard de Bréban sur Girardon, p. 38.
4. M. Tourneux veut bien me signaler dans l'*Intermédiaire* (1888, col. 262 et 378-379) une lettre d'un citoyen Barallier qui se fit donner par la section un doigt de la statue, et qui dut l'envoyer dans sa province. Qu'est devenu ce fragment ? Qu'est devenu aussi cet ongle du pied droit du squelette de Louis XIV, soi-disant sauvé lors de la violation des sépultures de Saint-Denis, en août 1793 (*Nouvelle revue rétrospective*, juillet-décembre 1885, col. 205-207) ?

Nous avons vu que, dès le 14 août, Robespierre, comme habitant de la rue *Honoré* et comme inspirateur ordinaire de la section, proposa de substituer quelque monument révolutionnaire à celui qui venait d'être détruit[1]; mais le piédestal, resté sur place, ne servit que, cinq mois plus tard, à l'exposition du corps sanglant de l'ex-président Le Peletier de Saint-Fargeau, assassiné le 20 janvier 1793 en représailles de son vote régicide[2]. Le Peletier n'était pas étranger à la place, puisque son grand-père y avait possédé l'ancienne maison de P. Delpech[3].

La Terreur passée et Robespierre disparu, la section des Piques ne fut pas longue à répudier ce nom, qu'elle avait pris « parce que c'était celui de Robespierre, » et elle demanda qu'on fît juger sans délai « tous les monstres qui souillaient encore le territoire de la République[4]. »

En 1800, la place fut désignée pour recevoir la première des colonnes monumentales qui devaient s'élever dans chaque département en l'honneur des victoires de la France[5]. Conformément à un arrêté préfectoral du 15 messidor, l'ancien piédestal de 1699 dut être démoli, les marbres confiés à la garde du poste, les pierres envoyées à la rue Neuve-de-Luxembourg, les médailles déposées à la Bibliothèque[6], et, le 25 messidor (14 juillet), le préfet de la Seine vint en grande pompe poser la première pierre du monument commémoratif[7]. Pareille cérémonie se célébrait en même temps, à la même heure, dans toute la France, ou tout au moins dans beaucoup de départements; mais il y eut bien peu de

---

1. Ci-dessus, p. 91. Sur l'exécution de ce projet, voir l'article de M. Jouin : *Colonne de la Grande-Armée*, dans l'*Inventaire général des richesses d'art de la France*, Monuments civils, n° 16.

2. On a de nombreuses estampes représentant cette exhibition funèbre. La description des obsèques est dans le *Moniteur* et le *Journal de Paris*.

3. D'autres disent celle d'Aubert : ci-dessus, p. 172. Le président habitait depuis longtemps la rue Culture-Sainte-Catherine.

4. *Moniteur* de 1795, p. 1008.

5. Le projet, émané de Lucien Bonaparte en mars 1800, n'était que la mise à exécution d'une loi bien plus ancienne qui avait ordonné l'érection de monuments en l'honneur des « militaires morts pour la défense de la patrie et de la liberté. »

6. *Moniteur* de l'an VIII, p. 1190-1191 et 1203. On ne conserva, des travaux de 1699, que le pilotis.

7. *Archives de l'art français*, 1re série, t. VI, p. 340-348 et 414. Le monument avait été mis au concours, et, sur huit cents projets, on avait préféré celui de Pierre-Théodore Bienaimé, architecte picard.

colonnes qui s'élevèrent plus haut que le sol, et, pour son compte, la place de Vendôme devait rester encore vide pendant dix ans, jusqu'à ce que l'empereur Napoléon I[er][1] la désignât pour recevoir un monument consacré à la glorification de ses armées victorieuses. L'histoire de cette colonne d'Austerlitz, qui fut pompeusement inaugurée le 15 août 1810, en même temps que la statue de Desaix sur la place des Victoires[2], a défrayé trop d'auteurs pour que j'y revienne[3].

Le premier consul avait décrété, le 1er floréal an X : « Les terrains appartenant à la République, situés dans le cul-de-sac du Manège longeant la terrasse des Feuillants, tous les terrains occupés par les Feuillants, les Capucins et l'Assomption seront mis en vente. » — Seuls, le dôme de l'Assomption et ses dépendances furent conservés comme ateliers et magasins de décors de théâtre[4]. Percier et Fontaine firent les plans des deux voies qui devaient s'ouvrir parallèlement à la rue Saint-Honoré, entre celle-ci et l'ancien manège des Tuileries, de l'avenue perpendiculaire qui continua jusqu'à ce jardin la rue d'entrée de la place de Vendôme, de celle qui, dans le même sens, prolongea la rue de Luxembourg, et enfin de celle qui reçut le nom de Mondovi. Mais l'exécution de ces travaux immenses ne marcha guère plus vite que jadis celle des plans de Louvois, de Villacerf et de Mansart : en 1811, il fallut encore un décret pour activer la construction des maisons en bordure de la rue de Castiglione et de la rue de Rivoli[5], avec ce rez-de-chaussée en galerie couverte à l'italienne que Louvois avait inscrit dans le projet primitif de 1686[6]. La voie secondaire appelée rue du Mont-Thabor resta en forme d'impasse entre l'Assomption et la rue de Castiglione jusqu'à l'année 1832, où elle

---

1. Il faut laisser à Marco de Saint-Hilaire l'anecdote rapportée à ce propos sur Bonaparte, chef de bataillon, dans les *Rues de Paris*, de L. Lurine (1844), t. I, p. 165-169.
2. Ci-dessus, p. 91. Voir le *Moniteur*, année 1810, p. 897.
3. Ont-ils utilisé les documents conservés aux Archives nationales, dossier F[13] 511, et au musée Carnavalet, mss. VI 15?
4. Arrêté du 25 germinal an XI.
5. Décret du 11 janvier 1811, dans le *Dictionnaire des rues de Paris*, par Lazare, p. 677. Le nom de Rivoli avait été donné dès le 26 avril 1804; celui de Castiglione ne date que de 1811.
6. Ci-dessus, p. 160. Percier et Fontaine, collaborateurs inséparables, avaient beaucoup étudié en Italie.

fut enfin prolongée sur les terrains de l'ancien hôtel de Noailles [1] et rejoignit la nouvelle rue Louis-Philippe Ier ou d'Alger.

Un quatrième couvent, celui de la Conception, fit place, en 1807, aux rues Duphot et Richepance. A la même époque, l'immense monastère des Jacobins [2] se transforma en marché public; dès 1792, tandis que l'église était louée au club des Amis de la Constitution, les jardins et bâtiments avaient été vendus à charge de faire une rue de trente pieds de large entre la rue Saint-Honoré et la rue Neuve-des-Petits-Champs. Au nord de la place, les jardins et le couvent des Capucines disparurent aussi par l'ouverture de la rue Napoléon ou de la Paix [3], continuant l'avenue d'issue du plan de Mansart.

Dans la division de Paris en douze municipalités ou arrondissements [4], la place Vendôme resta attachée à la 1re mairie, c'est-à-dire à cette paroisse Saint-Germain-l'Auxerrois dont l'église Saint-Roch et ses dépendances n'avaient été primitivement qu'une annexe; le quadrilatère compris entre la rue des Capucines, la rue Neuve-des-Petits-Champs, la rue Saint-Roch, la rue de Rivoli et la rue de Luxembourg reçut le nom de quartier de la place Vendôme [5], avec une superficie de 482,786 mètres.

Nous sommes obligés maintenant de revenir sur nos pas pour combler une lacune dans l'historique de la création de la place en 1699.

On a vu [6] qu'une des principales charges imposées alors à la Ville était de construire immédiatement, dans le faubourg Saint-Antoine, un hôtel pour le logement de la seconde compagnie des mousquetaires (noirs), car la première compagnie était seule casernée, depuis trente ans environ, dans une halle de la rue de Beaune [7]. Il est vrai qu'à la même époque il avait été question de bâtir un

---

1. Ci-dessus, p. 103 et note 2.
2. Il occupait plus de dix-neuf mille mètres de terrain.
3. L'arrêté approuvant la vente du couvent et l'ouverture de la rue est daté du 19 février 1806. Le nom de rue de la Paix fut substitué à celui de rue Napoléon après la signature des traités de 1814.
4. Division du 19 vendémiaire an IV (11 octobre 1795).
5. Au point de vue de la police seulement, les numéros pairs de la place furent mis du quartier du Palais-Royal.
6. Ci-dessus, p. 134 et 139.
7. En 1685, on louait encore de Mme Cornuel neuf maisons qu'elle avait à la halle, moyennant cent quatre-vingts livres chacune. (*Comptes des bâti-*

ET LA PLACE DE VENDÔME.   207

hôtel pour la seconde sur l'emplacement de l'ancien marché aux Chevaux du samedi, c'est-à-dire entre l'hôtel de Vendôme et les murs d'enceinte[1]; mais l'arrêt rendu dans ce sens, presque à la veille de la guerre de Hollande[2], n'avait pas eu d'exécution, et les mousquetaires noirs continuaient à loger deux par deux dans les maisons du faubourg Saint-Antoine, la Ville fournissant, aux environs de Reuilly, les granges et bâtiments nécessaires pour les chevaux et les fourrages[3]. Aussi les édiles avaient-ils accepté sans répugnance l'obligation d'élever à leurs frais « un corps d'hôtel qui serait regardé à l'avenir comme une école de l'art militaire, comme une pépinière de héros, et qui, en même temps, ferait le bien de l'État et la commodité du peuple[4]. » Toutefois, pour couvrir une partie de la dépense, qui devait être grosse, ils obtinrent que les habitants du faubourg, ainsi délivrés du logement, fourniraient une somme de cent cinquante mille livres, et qu'en outre ils contribueraient chaque année aux dépenses d'entretien, comme les habitants du faubourg Saint-Germain le faisaient pour l'hôtel de la rue de Beaune[5]. On avait choisi un terrain à l'entrée de la rue de Charenton, sur le côté droit, et les plans avaient été préparés à l'avance par Mansart; mais, au moment de passer à l'exécution, un nouveau projet fut préféré[6]. La première pierre du bâtiment fut posée en grande pompe le 4 août 1699[7], et, l'année suivante, on ouvrit en face de l'hôtel une voie de six toises qui devait le mettre en communication directe avec la rue du Faubourg-Saint-Antoine[8]; mais les travaux se ressentirent de la difficulté qu'on rencontrait à vendre les terrains de la place de Vendôme[9], et l'hôtel ne put être meublé et occupé qu'en 1704, le roi

---

ments du roi, t. II, col. 1016, etc.) Cette dépense se couvrait au moyen d'une taxe sur les maisons du faubourg, dont le recouvrement était fait avec rigueur : voir un arrêt du Conseil dans le registre E 1894, 17 août 1695.

1. Ci-dessus, p. 99 et 100.
2. Arrêt du 5 février 1671 : Arch. nat., E 436A.
3. Registres de l'hôtel de Ville, H 1831, fol. 548. On a vu (p. 134) qu'en 1698 la Ville songeait à faire bâtir des écuries.
4. Discours du prévôt des marchands Bosc, dans le registre H 1838, fol. 365; déclaration royale du 7 juillet 1699, en conformité de l'arrêt du 6.
5. Arrêt du 26 octobre 1699, dans le registre H 1838, fol. 380 v° et 387 v°.
6. Arrêt du 6 juillet 1699 : E 1910, à la date, et H 1838, fol. 375 v°.
7. H 1837, fol. 430-432.
8. Arrêt du 5 juin 1700 : H 1838, fol. 385.
9. Arrêt du 25 février 1702 : H 1839, fol. 228-232. Les entrepreneurs

ayant fourni une somme de deux cent cinquante mille livres pour l'achever[1]. Ce fut Robert de Cotte qui dirigea la construction, et

---

J. Beausire et Ch. Lemoyne obtinrent des indemnités par arrêt du 14 février 1705 (Arch. nat., E 1934, fol. 35).

1. Voir la correspondance des deux prévôts des marchands Bosc du Bois d'Ivry et Boucher d'Orsay avec le surintendant des bâtiments, qui se trouve dans le carton O^1 1551. Voici deux lettres d'un certain intérêt, se rapportant aux négociations des derniers temps :

« Ce samedi 11 avril 1699.

« Je vous envoie, Monsieur, le plan avec l'évaluation de la place de Vendôme que M. Bullet a fait par vos ordres. Vous savez de quelle conséquence il est pour ces Messieurs les associés que celui qui est sous le contre-scel des lettres soit retiré, et celui-ci mis en sa place. Ayez la bonté de parler ou de faire parler à Monseigneur le chancelier pour le supplier de vouloir bien défaire le contre-scel pour en tirer les deux pièces dont il est question et mettre à leur place les deux que je vous envoie. Je les ai paraphées, ce que j'ai cru que vous ne trouveriez pas mauvais, parce qu'elles le doivent être de vous et de moi pour être présentées au sceau. Il est important que nous ayons le tout avant votre départ, pour en demander l'enregistrement au parlement et à la Chambre des comptes, qui n'entreront plus que lundi et mardi avant la Quasimodo. Vous jugez par là, Monsieur, de l'empressement que nous devons avoir. Souvenez-vous, s'il vous plaît, que vous m'avez promis de me faire savoir le temps à peu près que nous pourrons aller saluer le roi. Je serai bien aise d'attendre votre retour, afin que vous soyez auprès de S. M. lorsque nous aurons l'honneur de lui parler en corps de ville. Obligez-moi de me donner un moment dimanche, sur le soir, car il est absolument nécessaire que nous nous voyions : vous partez lundi de bon matin, et j'aurois le plus grand chagrin du monde, si je ne vous pouvois pas dire deux mots avant votre départ. Je vous demande instamment cette grâce, et celle de me croire, avec toute la reconnoissance possible, Monsieur, votre très humble et très obéissant serviteur.

« Dubois. »

« Ce 18 mai 1699.

« Je vous suis tout à fait obligé, Monsieur, des bons avis que vous me donnez, et que je ne manquerai pas de suivre de point en point pour n'être pas trompé et pour ne m'attirer aucuns reproches. Mais, pour exécuter plus parfaitement ce que vous me marquez, il faut, s'il vous plaît, que vous me fassiez l'amitié de me nommer les personnes que j'appellerai, soit pour maçonnerie, charpente, menuiserie, serrurerie, couverture, pavé et vitrerie ; car, lorsque je leur parlerai en votre nom, tout ira mieux. Obligez-moi donc de donner les noms de ces personnes à M. de Beausire. Je suis bien aise que vous ne changiez rien au plan et au dessein de la place de Vendôme : Messieurs les acquéreurs étoient déjà bien inquiets et prétendoient de grosses diminutions, si on faisoit un ovale ou cercle à l'entrée des deux ouvertures. Mais vous nous mettez tous en repos par l'assurance que vous de là vient que son nom fut donné, en 1777, à une rue ouverte entre le faubourg et la rue de Charenton[1]. Les mousquetaires noirs occupèrent cet hôtel jusqu'à leur suppression en 1775, et il fut acheté, cinq ou six ans plus tard, par le cardinal de Rohan, grand aumônier de France, qui y transféra les Quinze-Vingts[2]. Cette institution charitable occupe encore les mêmes bâtiments et le même emplacement, de près de cinq mille cinq cents toises de superficie; la chapelle en est louée à la fabrique de la paroisse Saint-Antoine, pour servir d'église.

---

me donnez de ne rien changer. Nous vous aurons l'obligation tout entière, si la Ville peut profiter de quelque chose dans toute cette affaire; et le moyen de la faire est d'empêcher que l'hôtel des mousquetaires ne consume tout. J'espère que vous nous ferez l'amitié d'y avoir attention et de réduire les choses de manière qu'elles soient bonnes et solides, mais en retranchant le superflu et l'ornement. Je vous demande instamment cette grâce, et celle de me croire, avec toute la reconnoissance et le dévouement possible, Monsieur, votre très humble et très obéissant serviteur.

« Dubois.

« Voilà l'acte dont je vous ai parlé; examinez-le, s'il vous plaît; voyez si vous y voulez quelque chose de plus et qui dépende de nous, et me le faites savoir, je vous prie. »

Selon les *Mémoires de Sourches* (tome VI, p. 229, note), c'est le père de ce prévôt des marchands qui, pour l'euphonie, avait changé son nom « sauvage » de Bosc en Dubois; mais le fils signait ses lettres tantôt du premier et tantôt du second.

1. C'est à tort, je crois, que la *Nomenclature* attribue cette rue à J.-Fr. Cotte (sic), président du Grand Conseil sous le règne de Louis XVI et petit-fils de l'architecte.

2. *Les Quinze-Vingts*, par Léon Le Grand, p. 87-88.

III.

AUTRES STATUES ÉLEVÉES A LOUIS XIV.

Parti de Paris avant même que le groupe de Desjardins et la place des Victoires fussent inaugurés, le mouvement d'enthousiasme qui avait entraîné les habitants de la capitale à la suite du maréchal de la Feuillade eut bientôt fait son tour de France. Il est vrai que les ministres et surtout les intendants y aidèrent beaucoup, puisque nous savons par plusieurs documents authentiques que, vers le milieu de 1685, chacun de ces derniers fut mis en demeure de faire élever une statue dans la principale ville de son département[1] : cités ou provinces, surtout dans les pays d'états, toutes répondirent aux premières ouvertures avec un égal empressement; un an ne s'était pas écoulé que déjà Desjardins, Girardon, Coysevox et bien d'autres sculpteurs avaient des propositions ou des commandes de statues, soit équestres, soit pédestres, en bronze, en pierre ou en marbre, selon les facultés de chaque ville ou de chaque province[2]. Le type équestre et le bronze étant choisis de préférence, le roi voulut bien se charger des frais de la fonte, sinon du transport et de la pose[3]. Quelques entreprises échouèrent néanmoins pour une cause ou pour une autre, notamment parce que le trésor royal ne se trouva pas longtemps en mesure de venir au secours des provinces; mais la plupart finirent par aboutir plus

---

1. M. de Pontchartrain, alors premier président du parlement de Bretagne, écrit le 5 août 1685 : « On nous a cité quantité d'intendants qui, suivant une instruction générale pour tous les intendants du royaume, avoient déjà fait élever de pareilles statues dans quelques provinces..... » (*Correspondance des contrôleurs généraux avec les intendants des provinces*, t. I, n° 197; voyez ci-après, p. 216, note 2.) Mais cette instruction circulaire a échappé jusqu'ici à mes recherches. Elle doit être de juin ou juillet 1685. En Franche-Comté, par exemple, l'intendant invita les magistrats municipaux de Besançon, le 18 août 1685, à manifester le même zèle que les autres villes du royaume et à ériger une statue du roi. Comme nous le verrons plus loin, les Bisontins ne s'exécutèrent point.

2. *Journal de Dangeau*, t. I, p. 332, mai 1686. Le *Journal du P. Léonard* (ms. fr. 10265, fol. 178 v°) dit aussi, à la date du 16 octobre suivant : « Plusieurs villes du royaume font faire, à l'envi les unes des autres, des figures équestres du roi, pour mettre dans les places publiques; Desjardins, qui a fait celle de M. de la Feuillade, en a sept ou huit à faire. »

3. Ci-après, p. 237-238.

ou moins tardivement, et j'ai pensé que, sans empiéter sur le terrain de nos confrères des autres Sociétés savantes, c'est-à-dire sans entrer dans des détails qui seraient ici hors de propos[1], un tableau sommaire de ce qui fut fait alors sur différents points du royaume, pour la glorification de Louis XIV, compléterait utilement l'historique des deux monuments pris pour types. Je suivrai l'ordre des temps dans lesquels se produisirent tour à tour les projets d'érection.

Le Havre.

A en croire le *Mercure*[2], l'honneur de la priorité reviendrait à la ville du Havre, et c'est même dans un temps où La Feuillade était encore assez loin de commencer les travaux de la place des Victoires, quoique la statue de Desjardins fût prête, que, le 18 juin 1684, les échevins du grand port normand et leur gouverneur, François de Beauvillier, duc de Saint-Aignan, le favori des premiers jours, le collaborateur poétique et galant de Louis XIV jeune, érigèrent devant leur hôtel de ville une statue de huit pieds de haut, représentant Louis XIV en héros, avec le bâton de commandement, sur un piédestal flanqué de quatre figures : la Religion, la Générosité, la Justice, la Bonté, et orné d'inscriptions latines dont l'auteur était le premier échevin Morel. Ce Louis XIV n'était que de plâtre, dit-on, et n'avait coûté que quinze cents livres ; mais on l'exécuta par la suite en pierre, et, du temps d'Expilly[3], il se voyait encore sur la place d'Armes, au-dessus d'une fontaine, entre l'hôtel de ville et le port. En 1767, il avait déjà quitté cet emplacement et gisait dans une cour de la Corderie royale[4] ; depuis, on ne sait ce qu'il devint, tandis que la fontaine, qui avait été érigée en 1674, a subsisté jusqu'en 1854[5]. Une estampe de J. Dolivar[6] le représente debout, appuyé contre un lion, avec

---

1. D'autant plus hors de propos que presque toutes ces statues ont été l'objet de travaux spéciaux, si ce n'est d'études définitives.
2. Juillet 1684, p. 137-142.
3. *Grand dictionnaire géographique*, vº Havre.
4. Vesque, *Histoire des rues du Havre*, 1876, p. 25.
5. La place d'Armes elle-même a disparu.
6. Estampe classée à tort à l'année 1698, dans la collection Hennin, t. LXXIII, p. 12 ; médaille dans le ms. Clairambault 1159, fol. 58, avec la légende incomplète : *Regi perenne fidei monumentum erigit*.....

le piédestal flanqué des quatre Vertus. Il n'est parlé ni de la fête du 18 juin 1684, ni du monument, dans la notice consacrée par A.-G. Lemale, en 1860, au duc de Saint-Aignan et à son gouvernement du Havre.

Caen.

Sans tenir compte de ce qui s'était passé au Havre, d'autres documents du temps, d'un caractère presque officiel, attribuent la priorité à Grenoble[1] ; mais, outre que les projets de cette ville ne furent pas poussés jusqu'à l'exécution, du moins dans leur première forme[2], il semble que c'est aux habitants de Caen, ou bien à leur intendant, M. de Barrillon de Morangis, que doit revenir l'honneur d'avoir ordonné plus tôt que tous autres l'érection d'une statue de leur souverain, huit ou dix mois avant que ne parût l'instruction circulaire dont il a été parlé plus haut, et d'avoir mené rapidement cette entreprise à bonne fin, avec l'agrément du roi. Le 25 août 1684, — date qui nous reporte très près du temps où avait eu lieu la fête du Havre, — M. de Morangis écrivait cette lettre au contrôleur général Claude Le Peletier, successeur de Colbert[3] :

Les échevins de la ville de Caen ayant dessein de fermer de barrières une place qui n'est guères moins grande que la place Royale de Paris, j'ai cru qu'il seroit à propos d'y placer une statue du roi ; elle est de huit pieds de haut, et d'une pierre presque aussi dure et aussi blanche que le marbre. Tous ceux qui l'ont vue disent qu'il n'y en a point eu de mieux faite. Comme il vient ici beaucoup d'étrangers, et que le commerce y attire tous les jours des Anglois, des Hollandois et des gens de tous les pays du nord, il m'a paru que ce lieu n'étoit pas indigne de la figure du roi, et qu'il est en quelque façon de sa gloire que les principales villes de son royaume lui marquent la reconnoissance qu'elles ont de ses bienfaits. Je vous envoie le plan de la place et un modèle de la statue. Les belles choses que vous avez faites à Paris[4] me donnent la hardiesse de vous demander votre avis sur les proportions du piédestal, l'élévation de la figure et la clôture de la place. On préfère des bornes de quatre pieds de haut, traversées par des barres de fer, à des barrières de bois, parce qu'elles

---

1. Ci-après, p. 214, note 4.
2. Ci-après, p. 214-215.
3. Arch. nat., G⁷ 213, à la date.
4. Comme prévôt des marchands.

sont plus durables et ont plus de rapport à une très belle église des PP. de la Mission qui se trouve au bout de la place, et à toutes les maisons, qui sont bâties de la même pierre. On pourra même environner le piédestal d'une grille de fer, pour mieux conserver les inscriptions que les beaux esprits de Caen préparent en plusieurs langues, et j'espère que vous me permettez de consulter sur cela le même génie qui a si heureusement dirigé celui de Santeul.

Ce document nous autorise à croire que Caen, possédant déjà au mois d'août 1684 une statue toute prête à mettre en place, n'avait été devancé ni par le Havre, ni par aucune autre ville du royaume.

Le 10 septembre 1684, seconde lettre :

..... Je vous envoie un devis de la place de Caen qu'on appellera *Royale* aussitôt que le roi aura trouvé bon que sa statue y soit mise. On a fait ici un distique pour mettre dans une des quatre médailles de marbre qui sont aux faces du piédestal. Pour l'entendre, il faut savoir, ou, pour mieux dire, supposer que Jules-Cæsar est le fondateur de la ville de Caen, qui se nomme en latin *Cadomus, quasi Caii domus*[1]. Tous les poètes l'ont toujours appelée la « ville de Cæsar, » et, si c'est une fable, elle est de ces fables consacrées qui tiennent lieu de vérité dans les origines incertaines :

> *Magnus Cæsareæ Lodoix jure imperat urbi ;*
> *Fortuna, factis, pectore, Cæsar adest.*

Ces deux vers ont paru beaux à tous les savants de ce pays, et il semble qu'il est difficile de mieux louer le roi que par la ressemblance qu'il a avec Cæsar par sa fortune, par ses victoires et par son courage. Si vous trouvez que ce distique mérite d'être gravé dans une des médailles du piédestal, on tâchera de remplir les trois autres de quelque inscription ou de quelques vers françois ; mais on n'a encore rien fait qui me paroisse digne d'y être mis, quoiqu'on ait proposé une honnête récompense à celui qui fera la meilleure inscription ou les plus beaux vers.

Le contrôleur général répondit aux deux lettres en même temps, le 26 septembre, que le roi daignait approuver le projet, qu'on enverrait sans retard un dessin de Mansart pour le piédestal, et que, quant au distique, il « avait été fort approuvé et avait un très beau sens. » Le corps de ville de Caen adopta donc la motion de l'intendant le 4 novembre ; mais l'inauguration de la statue n'eut lieu que le 5 septembre de l'année suivante, 1685, jour anni-

---

1. Voyez le *Moréri*, v° CAEN.

versaire de la naissance du prince, avec messe en musique, panégyriques latin et français, procession, canonnades, feu d'artifice et illuminations[1]. La Feuillade et la place des Victoires furent donc devancés de plus de six mois[2].

La statue de Caen était l'œuvre d'un sculpteur du pays nommé Jean Postel, qui avait travaillé à Rome sous le Bernin, mais dont on ne peut rien dire de plus[3]. Bientôt endommagée par le temps, elle fut détruite en 1792, puis remplacée en 1828 par une statue de bronze, de Petitot fils, et c'est celle-ci qui a été déplacée par ordre du maire de la ville, le 4 novembre 1884, jour du second centenaire du vote qui avait décidé l'érection de la précédente; on la voit maintenant en face du lycée, ancienne Abbaye-aux-Hommes.

Grenoble.

C'est seulement vers le mois de mai 1685 que, sous l'inspiration de l'intendant Lebret[4], les consuls de Grenoble résolurent d'élever une statue équestre de bronze sur la principale place de leur ville, et obtinrent l'agrément nécessaire[5]. Mais, malgré cet engagement, ils se bornèrent à placer un buste en marbre blanc sur le

---

1. Voir la relation de l'intendant dans le tome I de la *Correspondance des contrôleurs généraux*, n° 202. Cf. la relation imprimée à Caen même, chez J. Cavelier, « avec les panégyriques du roi et autres ouvrages sur le même sujet; » le *Mercure*, octobre 1685, p. 13-32; l'*Intermédiaire*, t. XV, 1882, p. 547 et 690, et les pièces imprimées de la Bibliothèque nationale, Lb[37] 3869-3873.

2. Ci-dessus, p. 58.

3. Il n'est point mentionné dans le *Dictionnaire général des artistes de l'école française*, ni même dans les *Notices biographiques du Calvados*, par F. Boisard (1848). Tout ce que je sais de lui, je le dois à l'obligeance de M. Émile Travers.

4. L'intendant Lebret écrit à M. de Croissy, le (15) septembre 1687 (Bibl. nat., ms. fr. 8952, fol. 367) : « Le même zèle qui m'a fait contribuer à l'exemple glorieux que la ville de Grenoble a donné à toutes les autres villes du royaume en suppliant, la première, le roi de lui permettre d'élever sa statue dans une de ses places publiques, m'a fait penser, en arrivant dans cette province (Provence), à l'exécution d'un pareil dessein..... » Lebret avait été intendant en Dauphiné de janvier 1683 à mai 1686, et il était resté ensuite un an à Lyon, avec la même qualité, avant de venir remplacer M. Morant à Aix.

5. Lettre de Guy Allard, en date du 19 mai 1685, à l'auteur du *Mercure galant* (Bibl. nat., Lb[37] 3865), et *Mercure*, juin 1685, p. 68-69.

portail de leur hôtel de ville. L'inauguration se fit le 25 septembre 1686, avec des cérémonies analogues à celles de la place des Victoires, et le buste fut orné de cette inscription dédicatoire[1] :

> Ludovico Magno,
> Pio, invicto,
> Optimo principi,
> Belli et pacis arbitro,
> Hæreseos domitori,
> Devoti consules Gratianopolitani
> Monumentum posuére
> Anno M. DC. LXXXVI.

Deux historiens dauphinois ont parlé de ce projet avorté, d'après les registres consulaires de la ville : feu M. A. Pilot, dans une notice spéciale, et M. Prudhomme, archiviste du département, dans l'*Histoire de Grenoble* qui vient de paraître[2].

Rennes.

Les pays d'états se montrèrent particulièrement prompts à satisfaire les ministres, grâce au zèle des commissaires chargés de stimuler la bonne volonté des assemblées, et ce fut la Bretagne qui eut le pas sur tous les autres. L'historique du monument qu'elle commanda à Coysevox est facile à faire d'après les nombreux documents déjà publiés ou inédits[3].

On venait de se réunir à Dinan pour la session biennale d'août 1685, et le duc de Chaulnes, gouverneur de la province, arrivait de Paris avec la fine fleur des amis de Mme de Sévigné[4]. M. de Fieubet, qui le secondait comme commissaire du roi aux états, écrivit au contrôleur général Le Peletier, le samedi 4[5] :

---

1. *Mercure,* octobre 1686, p. 216-221.
2. Cf., du même auteur, l'*Inventaire sommaire des archives communales de Grenoble,* p. 163-165.
3. En première ligne, il faut citer la série de pièces publiée en 1857, par les soins de M. de Montaiglon, dans le tome IX (Documents, t. V) des *Archives de l'art français,* p. 223-254, puis les correspondances administratives, dont une partie n'a pas encore été utilisée, et les notices consacrées à Coysevox par Fermel'huis, Guillet de Saint-Georges, M. J. Du Seigneur, M. Deménieux, M. Jouin, etc.
4. *Lettres de Mme de Sévigné,* t. VII, p. 398 et 433.
5. Arch. nat., G^7 172.

« ..... L'ouverture de cœur de M. de Chaulnes pour M. le premier président[1] a commencé par une proposition que M. de la Feuillade lui avoit faite avant de partir, d'engager les états à élever quelque part dans la Bretagne une statue du roi. L'équestre est un peu lourde pour des gens qui ont mangé par avance deux années de leur fonds ; la pédestre ne seroit qu'une affaire de vingt-cinq mille livres, et nous croyons tous trois que les états se porteront avec joie à donner au roi cette marque de leur vénération et de leur reconnoissance. Le lieu où il la voudroit mettre seroit sur le pont de Nantes. Tout cela, Monsieur, me paroît bien pensé, et c'est à vous à voir si la chose seroit agréable au roi. Pour moi, je serois bien d'avis que Messieurs les présidents des états en fissent incessamment la proposition..... » Inspiré en effet par une autorité aussi « grave et souveraine en cette matière » que le maréchal de la Feuillade, et excité par l'exemple de plusieurs intendants[2], M. de Chaulnes fit voter, le 6 août, une somme de cent mille livres pour l'érection d'une statue équestre de bronze en tel endroit de la province qu'il plairait au roi, à seule fin de manifester la gratitude des Bretons pour un prince grand entre tous, qui venait de les secourir dans l'embarras de leurs finances[3]. M. de la Feuillade, qui « en avait déjà fait sa cour et celle de M. de Chaulnes au roi, » se chargeait de commander la statue, dont la dépense ne monterait qu'à vingt-cinq ou trente mille livres, et le pont que l'on rétablissait à Nantes paraissait tout à fait propre à la recevoir. Hostile de vieille date au duc de Chaulnes, le premier président insinua que, sans diminuer le mérite des promoteurs de la résolution, on pourrait s'en tenir à ce témoignage de la bonne volonté des états, car le projet était mal concerté et la dépense serait énorme ;

---

1. M. de Pontchartrain, premier président du parlement de Bretagne et ennemi juré de M. de Chaulnes ; Fieubet essayait de les réconcilier.
2. C'est alors que M. de Pontchartrain écrivait, le 5 : « Outre l'autorité de M. de la Feuillade, qu'on nous a cité mille et mille fois comme un auteur grave et souverain en cette matière, on nous a cité quantité d'intendants qui, suivant une instruction générale pour tous les intendants du royaume, avoient déjà fait élever de pareilles statues dans quelques provinces. » (*Correspondance des contrôleurs généraux*, t. I, n° 197.)
3. *Journal du P. Léonard*, ms. fr. 10265, fol. 65. Le roi avait diminué de cent mille livres le don gratuit demandé aux états et du double le chiffre des pensions qu'ils devaient donner, et augmenté les octrois de pareille somme de deux cent mille livres.

mais le roi répondit immédiatement à M. de Chaulnes[1] : « Mon cousin, j'ai vu avec plaisir, par votre lettre du 8 de ce mois, que la proposition faite par l'évêque de Saint-Malo aux états de ma province de Bretagne, et appuyée par le duc de la Trémoïlle, d'élever ma statue dans une des principales villes de madite province, a été approuvée avec l'acclamation (?) de toute l'assemblée desdits états, et je considère cette délibération et toutes les contestations (?) qu'elle a fait naître comme une nouvelle preuve de leur zèle et du bon exemple que vous leur donnez d'une entière application et d'une affection sincère pour tout ce qui peut être de mon service. Je ne vous ferai pas aussi attendre longtemps la décision que vous me demandez touchant le lieu où elle doit être posée, ayant choisi pour cet effet ma ville de Nantes, tant à cause du pont où elle pourra être mise avec décence, qu'à cause de l'abord considérable de toutes les nations tant par terre que par eau. Vous informerez de mes intentions sur ce sujet l'assemblée desdits états..... »
Au reçu de cette lettre, le 22 août, l'assemblée demanda, comme complément de son premier vote, la permission de placer un portrait du roi dans la salle de ses séances, et, malgré l'intervention jalouse du premier président Pontchartrain[2], on chargea Hardouin-Mansart de la direction du travail de la statue, et Coysevox de l'exécution. Antoine Coysevox[3], de qui nous sont restées tant d'œuvres précieuses, statues, bustes, mausolées, groupes, médaillons, décorations[4], représenta Louis à cheval, toujours avec le

1. Lettre du 15 août : ms. fr. 22346, fol. 447. Cette pièce a été publiée en 1841, par Cam. Mellinet, en 1857, par M. An. de Montaiglon, et, en 1882, M. Jouin en a inséré une partie dans la notice sur Coysevox qui a obtenu le prix mis au concours par l'Académie des beaux-arts.
2. « Si le roi vouloit bien se contenter, sur cela, de la bonne volonté des états, ce seroit bien le mieux pour la province, et le mérite de M. de Chaulnes auprès du roi n'en seroit pas moindre..... Outre que la dépense est grande et que tous les avantages que vous procurez à la province s'évanouiront par ces dépenses extraordinaires, il me paroît quelque chose à dire dans la manière dont le projet a été concerté. »
3. Il ne naquit pas en Espagne, comme on pourrait le croire d'après les biographies, mais à Lyon, où, du moins, il fut baptisé le 29 septembre 1640, ayant pour père un menuisier qui écrivait son nom : *Quoyzeveaux*. (Jal, *Dictionnaire critique*, p. 451.)
4. Statues de Louis XIV et de Louis XV, du grand Condé, de la duchesse de Bourgogne; bustes du roi, de Marie-Thérèse, de Monseigneur, des princes de Condé et de Turenne, des ministres Colbert, Le Tellier et Louvois, du chancelier Boucherat, du premier président Harlay, des ducs

costume antique et la perruque du xviie siècle, mais en dissimulant un peu cette anomalie par l'adjonction d'un manteau flottant. Le héros tenait à la main un très long bâton de commandement et regardait à droite. Sa monture, un cheval passant, fut l'objet d'études particulières de la part du sculpteur.

Non seulement, dit un de ses biographes[1], il eut attention de se faire amener seize ou dix-sept des plus beaux chevaux des écuries du roi, pour réunir dans le sien les beautés qui se trouvoient dispersées entr'eux; mais plusieurs des plus habiles écuyers m'ont rendu témoignage qu'il les avoit consultés plusieurs fois pour profiter de leurs avis, tant sur les plus beaux mouvements des chevaux, que sur les attitudes les plus nobles de ceux qui les montent, car il étoit docile avec beaucoup de lumières. Il poussa encore plus loin cette étude par la dissection de plusieurs parties de chevaux, pour y développer les ressorts des os et des muscles, afin de ne rien produire qui ne fût fondé sur des principes certains. Cette statue, de quinze pieds de haut, et montée sur un piédestal, a eu un tel succès, qu'on ne peut la voir sans en être saisi d'admiration, parce que la vie y paroît animer le bronze d'une manière qu'on pourroit croire qu'elle va produire quelque mouvement. Il a orné le piédestal de deux magnifiques bas-reliefs[2], dont l'un représente la France qui conduit le char de Neptune, et l'autre l'audience donnée par le roi à l'ambassadeur de Siam[3].....

Au dire du duc de Chaulnes, cette statue colossale l'emportait

---

de Montausier, de Richelieu, de Chaulnes et d'Antin, des maréchaux de Vauban et de Villars, des cardinaux de Bouillon et de Polignac, d'Arnauld d'Andilly, de Racine, de Le Nostre, de Mme Rigaud mère, de Mansart, de Robert de Cotte, et de tant de personnages plus ou moins connus; mausolées de Mansart, du premier président d'Argouges, de l'Irlandais O'Rourske de Cousen, de Mazarin, de Colbert, du maréchal de Créquy, de Charles Le Brun, de M. de Vaubrun, de Mme d'Aligre, du comte Ferdinand de Fürstenberg, du comte d'Harcourt; trophées et enfants de la grande galerie de Versailles, bas-relief du salon de la Guerre, groupe de l'Abondance, deux fleuves de bronze, etc.; trois groupes aux Tuileries, quatre à Marly; la Renommée et le Mercure du Pont-Tournant, les figures des Invalides, etc. M. Jouin a dressé le catalogue de cet œuvre, et a indiqué particulièrement (p. 185-187) les représentations de Louis XIV; comparez le *Dictionnaire général des artistes de l'école française*, tome I, p. 317-319.

1. *Éloge funèbre de M. Coysevox, sculpteur du roi*, prononcé à l'Académie royale de peinture et sculpture par Fermel'huis, conseiller honoraire de l'Académie (1721), p. 12-13.

2. Il avait approprié ces bas-reliefs au génie maritime des Bretons.

3. Cf. *Coysevox*, par M. Deménieux (1882), p. 61-62, et les *Mémoires inédits*..... *de l'Académie*, t. II, p. 35-36. Cette statue fut gravée en 1699 par L. Thomassin (coll. Hennin, n° 7345, et ms. Clairambault 1170, fol. 11 et

de beaucoup sur le type du Marc-Aurèle adopté alors, comme nous l'avons vu[1], pour toutes les effigies équestres. C'était en outre la première qu'on eût eu à fondre dans de telles dimensions, car celle de notre place de Vendôme ne fut coulée que le dernier jour de l'année 1692, et la lettre de M. de Chaulnes est du mois de septembre précédent[2]. On peut même croire que la statue était prête depuis longtemps : le marché avait été passé devant Savalette, notaire au Châtelet de Paris, le 9 juin 1686, et, dès la session d'octobre 1687, les états avaient voté, d'une part, les fonds qui seraient jugés nécessaires pour le transport de Paris à Nantes, la construction du piédestal et la pose de la statue, d'autre part une première somme de vingt-trois mille deux cents livres « pour les payements avancés sur le marché de la statue, » et une seconde somme de soixante-six mille huit cents livres, payable en 1688 et 1689, « pour reste de quatre-vingt-dix mille livres à quoi a été convenu pour la statue..... » A la session suivante, le 12 novembre 1689[3], on ordonnança une somme de onze cent quatre-vingt-dix-huit livres « pour intérêts des payements faits par avance au sieur de Coysevox, entrepreneur de l'ouvrage pour la statue du roi, suivant l'ordre de MM. les députés en cour[4]. » Enfin, à partir de la session de septembre 1691, les états s'occupèrent activement, par ordre du roi, de faire la dépense du piédestal, des bas-reliefs, du transport et de la pose, qui fut évaluée par Coysevox à cinquante-trois mille livres, mais dont Mansart réduisit le devis à trente mille livres[5]. Santeul fit alors deux épigrammes latines : *In statuam equestrem Ludovico Magno ære fusili a Britannis positam*[6].

---

14), et l'on a une gravure commémorative de l'érection, par l'architecte Huguet (1725-26). Ces estampes ont un rapport assez exact avec la réduction en zinc du musée de Versailles, n° 2194, indiquée comme étant de Desjardins (ci-dessus, p. 39), et avec la description qui m'a été faite d'une autre réduction en fer fondu ou en acier exécutée pour Titon.

1. Ci-dessus, p. 118.
2. *Correspondance des contrôleurs généraux*, t. I, n° 1109. Voir ci-dessus, p. 123.
3. Les états ne se réunissaient que tous les deux ans.
4. *Archives de l'art français*, t. IX, p. 228-229.
5. Devis arrêté par Mansart, le 23 mai 1692, dans les *Archives de l'art français*, t. IX, p. 230-240. Coysevox avait déjà reçu un acompte de huit mille livres, et le reste devait être payé en trois termes, le 1ᵉʳ juillet 1692, le 1ᵉʳ avril 1693, et enfin après la réception de l'œuvre à Paris par Mansart et sa pose à Nantes.
6. *Ibidem*, p. 241.

Mais, soit difficulté de transport, soit plutôt manque d'argent, statue, bas-reliefs, marbres, etc., restèrent dans un atelier, et des années se passèrent sans qu'on pût amener ce chef-d'œuvre jusqu'en Bretagne. De désespoir, M. de Chaulnes eût voulu que le roi s'en emparât pour orner Versailles ou le nouveau pont des Tuileries. Mansart y fit probablement obstacle; du moins, nous voyons[1] qu'en 1695 la statue était toujours en dépôt et que les états n'avaient achevé de payer ni le travail de Coysevox, ni les frais de garde, qui furent alors réglés à trois cents livres par an, ni les frais de voyage, avancés par l'entrepreneur. Les continuateurs de G. Brice disaient encore, dans l'édition de 1706[2], à propos de Coysevox : « Derrière la Pitié, dans un atelier qui appartient au même maître, on doit aller voir le cheval de bronze fait pour les états de Bretagne. Le roi est représenté à cheval, habillé à l'antique, dans une attitude noble et grande, et cette figure équestre a été la première que l'on ait jetée en France de cette grandeur. Les bas-reliefs, aussi de bronze, destinés pour le piédestal, sont d'un grand travail, dans lesquels on remarque une variété de sujets, sans confusion, qui fait plaisir à examiner, parce que l'on y distingue plusieurs personnes de marque, que l'on reconnoît sans peine dans leur air naturel[3]. » Selon les termes du marché passé, le 23 mai 1692, « au sujet des ouvrages nécessaires pour mettre en place la statue équestre, » Coysevox avait droit à une somme de sept mille cinq cents livres; il obtint seulement, le 27 avril 1710, par un arrêt du conseil d'État et conformément à une délibération des états du 11 décembre précédent, que deux mille deux cents livres lui fussent remises pour la partie achevée des travaux, le reste étant réservé pour le temps de la pose[4]; mais ce temps-là ne devait pas arriver pour le sculpteur. Sans doute les Nantais, auxquels son œuvre était destinée, ne mirent pas tout l'empressement désirable à s'acquitter de leurs promesses; nous les voyons cependant, en 1713[5], demander encore le concours des états pour la dépense de la place à créer au bord de la Loire, près de la Bourse, et le comte de Toulouse, gouverneur de la province, écri-

---

1. *Contrôleurs généraux*, t. I, n° 1109.
2. T. I, p. 113.
3. Bas-relief représentant la réception des ambassadeurs de Siam.
4. Arch. nat., E 1955; cf. Jal, *Dictionnaire critique*, p. 452, et les *Archives de l'art français*, t. V, p. 243.
5. Arch. nat., papiers du contrôle général, G⁷ 194.

vait à ce propos au contrôleur général Desmaretz[1] : « ..... Depuis vingt-huit années qu'on garde cette statue à Paris dans un atelier qui coûte à la province trois cents livres par an, sans y comprendre les réparations, elle a consommé presque autant qu'il auroit fallu pour la transporter et la mettre en place..... Les gens de Nantes avoient demandé qu'elle y demeurât (à Nantes); mais, comme cette statue a été fondue aux dépens de toute la province, qui en a déjà payé quarante mille écus, il me semble qu'il seroit de la bonté du roi de vouloir bien laisser aux états la liberté de décider du lieu où elle doit être mise, soit à Rennes, soit à Nantes..... Il est toujours fort utile de la faire passer à Nantes le plus tôt qu'il se pourra ; car, si Coysevox, qui, par son marché, est obligé de la poser, venoit à mourir, et qu'il fallût, pour cela, faire un nouveau marché avec un autre, cela augmenteroit de beaucoup la dépense[2]..... » A la suite de cette correspondance, le roi ordonna à ses commissaires de faire assurer un fonds de six mille huit cents livres pour le transport[3]. Les états votèrent pour Rennes le 13 novembre 1713. Comme d'ailleurs le marinier avec qui on avait conclu marché en 1693 était mort, Coysevox en chercha d'autres, qui demandèrent juste le double, et il passa un second marché, en vertu duquel le sculpteur embarqua dans deux bateaux, le 11 juillet 1715, la statue du roi, le cheval, les marbres du piédestal, les bas-reliefs, les plaques destinées à recevoir les inscriptions, etc. Le tout arriva à Nantes vers le mois de décembre, sans autre accident que quelques écornures aux marbres. « C'est étonnant même, écrivait Coysevox, que depuis près de vingt-cinq ans que j'ai été chargé du soin de conserver cet ouvrage et de le transporter à Nantes, qu'il y soit arrivé en aussi bon état. » Mais les Nantais ne renoncèrent pas facilement à garder son œuvre, et, avec le temps, ils gagnèrent le maréchal d'Estrées, puis requirent les états, qui se réunissaient en 1720, de « faire ériger en cette ville la statue équestre du feu roi de très glorieuse mémoire, en tel lieu et de la manière que nosdits seigneurs des états aviseront, par ceux de MM. les commissaires qu'il leur plaira de nommer pour en faire leur rapport et régler la dépense qu'il conviendra faire des deniers de nosdits

---

1. Lettre du 28 août 1713, G⁷ 195.
2. Cf. une lettre du maréchal de Château-Renault, commandant de la province, 12 octobre 1713.
3. Lettre du contrôleur général, 9 octobre 1713.

seigneurs des états à cet effet, en sorte qu'un monument aussi précieux ne reste pas davantage enseveli sous l'hangard où il a été déposé sur le port au Vin de cette ville, et que les sujets du roi et les étrangers que le commerce engage de venir à Nantes ne soient plus privés de la satisfaction de contempler une marque aussi éclatante et aussi durable du zèle de nosdits seigneurs des états à cet égard. » Le maire Mellier agit activement pour arriver à ce résultat, se faisant fort que la ville dépenserait toutes les sommes nécessaires, quarante ou cinquante mille livres, si on plaçait le monument sur le port au Vin, et non dans l'île Feydeau, comme il avait été d'abord projeté, et l'intendant Feydeau de Brou accepta d'appuyer la demande des Nantais ; mais deux événements se produisirent sur ces entrefaites : la mort de Coysevox (10 octobre 1720), qui ne put que ralentir la solution, et, en 1721, le grand incendie de la ville de Rennes, qui, en nécessitant la reconstruction des plus importants quartiers et la création de deux vastes places, fit pencher la balance d'une façon toute décisive en faveur de cette capitale de la province. Ses magistrats adressèrent au roi une supplique pressante, qu'il approuva de son bon le 22 décembre 1723, puis une seconde supplique, qui fut présentée le 30 janvier 1724, et immédiatement suivie d'un arrêt favorable (1er février)[1]. Enfin, en 1726, la place du Palais ayant reçu, par les soins de Gabriel, une décoration de pilastres ioniques, « à l'imitation de l'architecture de la place de Vendôme[2], » l'érection se fit en grande pompe, le 25 juillet. Les inscriptions mises alors sur le piédestal mentionnèrent la part prise par les Rennais à cette opération en y affectant une partie des fonds que les états avaient votés pour reconstruire leur ville. Il paraît que la pose laissa beaucoup à désirer, et que même les défectuosités du soubassement et du piédestal furent jugées irrémédiables.

Rennes s'enrichit encore, en 1754, d'une statue de Louis XV *le Bien-Aimé;* l'un et l'autre monument subirent le sort commun en 1793. Déjà les statues avaient été transférées au cimetière de l'église Saint-Germain ; mais le cheval de Coysevox demeurait debout sur son piédestal : les républicains de la Société populaire, « indignés des idées que leur rappelaient ces monuments infâmes de l'esclavage et de la tyrannie, » et appuyés par les commissaires

---

1. Papiers du contrôle général des finances, G^7 203, 15 décembre 1723.
2. Ainsi dans le *Grand dictionnaire* d'Expilly, t. VI, p. 183.

du pouvoir exécutif qui avaient mission d'« accélérer toutes les mesures propres à sauver la patrie, » firent porter le cheval au cimetière où étaient déjà les statues, et, à l'arrivée de Carrier, tous les bronzes furent brisés et envoyés à la fonte, sauf les bas-reliefs, qu'on admire maintenant au musée de la ville. Un projet de relever le monument, sous la Restauration, n'a pas abouti ; on ignore même, à ce qu'il paraît, quel est le sculpteur qui prépara alors une nouvelle statue[1]. Mais Rennes possède encore quelques restes d'un monument, d'ordre privé celui-là, que le célèbre jurisconsulte Pierre Hévin éleva à la gloire de Louis XIV dans sa propre maison. J'en parlerai plus loin[2].

Aix et Marseille.

En Provence, il y avait déjà huit ou dix ans que les habitants d'Arles avaient érigé en l'honneur du roi un obélisque antique de granit, de trente-six pieds de haut, découvert sous le règne de Charles IX, et surmonté, pour la circonstance, d'un globe d'azur à fleurs de lis supportant le soleil. Pellisson avait composé, pour les quatre faces de ce monument, restées vides jusque-là, les plus belles inscriptions latines :

> *Ludovico Magno, omnes omnium ante se*
> *Principum virtutes amplexo, imperatori*
> *Invictissimo, legislatori sapientissimo,*
> *Æquissimo judici, clementissimo domino,*
> *Benefactori amplissimo, patri populorum*
> *Optimo, vere regi..., vero orbis Gallici*
> *Soli, nec pluribus impari,* etc., etc.[3]

Avant même l'érection de l'obélisque, les Arlésiens avaient fait au roi le sacrifice de « la chose du monde qui leur était la plus chère et la plus précieuse, » de cette Vénus antique qui suscita tant de dissertations parmi les savants, et qui est restée un des chefs-

---

1. Toute cette dernière partie de l'historique est faite à l'aide des documents publiés dans les *Archives de l'art français*.
2. Ci-après, p. 255.
3. *Mercure galant*, septembre 1677, p. 65-76, et janvier 1678, p. 38-52 ; *Grand dictionnaire géographique* d'Expilly, t. I, p. 250. Il y a une planche gravée de ce monolithe dans le recueil des *Médailles des principaux événements du règne*, p. 63, et dans le *Mercure* même.

d'œuvre de notre collection nationale[1]. C'est le 20 novembre 1685 que l'assemblée des communautés de la province chargea le coadjuteur d'Arles, frère de M. de Grignan, d'exprimer leur ardent désir qu'une statue équestre fût élevée sur le cours d'Aix à la gloire « du plus aimable des princes, le vainqueur des nations, le restaurateur des lois, le destructeur de l'hérésie, l'amour des peuples, le modèle des souverains, etc.[2]. » Nous avons la correspondance échangée à ce sujet[3]; M. de Croissy, interprète de la satisfaction du roi, fit entendre qu'il fallait que la statue fût entièrement à la romaine, avec les cheveux rejetés en arrière[4]. Quant au choix du sculpteur, on le laissait aux Provençaux : ils songèrent à leur illustre compatriote Pierre Puget, qui fit un projet de statue équestre soutenue par des broussailles et des armures ou des ennemis renversés[5]; mais Desjardins fut préféré par le coadjuteur, qui se donna beaucoup de mouvement pour faire aboutir le projet et maintint ses droits à en diriger l'exécution lorsque Daniel de Cosnac devint archevêque d'Aix[6]. Il passa marché avec Desjardins, de qui Guillet de Saint-Georges, son biographe, dit à ce propos[7] :

M. Desjardins avoit travaillé avec assiduité l'espace de huit années aux ouvrages de la place des Victoires. Mais il s'étoit proposé de vivre ensuite dans un agréable repos, de goûter tranquillement le fruit de tant de peines, ce qu'il fit pendant quatre années, se bornant à de petits ouvrages pour son divertissement. Cependant il n'avoit pas un génie à vivre mollement dans cette espèce d'inutilité. Les meilleures provinces et les plus grandes villes du royaume, animées par l'exemple que la ville de Paris leur donnoit, voulurent aussi avoir de sa main des figures du roi, comme un ornement extraordinaire et comme des marques de la félicité et de la splendeur de la France sous un règne si distingué. Ainsi, la ville de Lyon et celle d'Aix en Provence firent

---

1. *Contrôleurs généraux*, t. Ier, n° 484. Voir une pièce publiée en 1680 par Terrin, conseiller au siège d'Aix : *la Vénus et l'obélisque d'Arles*.
2. *Mercure*, janvier 1686, p. 1-30, et février, 2e partie, p. 49 et suivantes.
3. Dépôt des affaires étrangères, vol. *France* 981, fol. 68 et 363. Il y a aussi une lettre du contrôleur général Le Peletier, 21 décembre 1686, remerciant le comte de Grignan de sa participation au mouvement généreux des états.
4. Lettre au coadjuteur d'Arles, 23 décembre 1686 : Dépôt des affaires étrangères, *France* 241, fol. 363.
5. *Catalogue des sculptures modernes du musée du Louvre*, p. 117.
6. Dépôt des affaires étrangères, vol. *France* 988, fol. 60.
7. *Mémoires inédits sur la vie et les ouvrages des membres de l'Académie royale*, t. I, p. 398.

solliciter si instamment M. Desjardins de travailler pour elles, qu'il se laissa gagner et voulut répondre au zèle qu'elles témoignoient pour le roi. On convint que chacune auroit une figure équestre jetée en bronze. Il fit donc deux grands modèles, l'un, représentant le roi monté sur un cheval qui se cabre, destiné pour la ville d'Aix, et l'autre, représentant le roi monté sur un cheval passant, destiné pour la ville de Lyon. La disposition de ces deux chevaux est si naturelle, et leur mouvement si conforme aux meilleures leçons du manège, que les plus habiles hommes en l'art de monter à cheval en demeurent étonnés. Mais, sur l'un et sur l'autre, l'action du roi paroît si libre, si dégagée, et en même temps si majestueuse, qu'on ne la sauroit assez admirer. M. Desjardins, quelque temps avant sa mort, a jeté en bronze la statue équestre de la ville de Lyon; l'autre est sur le point d'être fondue.

Les habitants d'Aix n'eurent point celle-ci, qui resta à l'état de modèle; mais ils possédaient déjà un buste en marbre au-dessus du balcon de l'hôtel de ville et une statue à mi-corps sur la façade de la partie du palais où siégeaient les trésoriers de France[1].

Presque au lendemain du vote de l'assemblée provinciale, le 2 décembre 1685, l'échevinage de Marseille, qui avait aussi placé un buste de Louis XIV jeune (1648) sur la porte Royale, décida, à son tour, d'élever une statue équestre sur une place Royale, et offrit cent vingt mille livres à Puget pour qu'il se chargeât de l'exécuter. Une lettre fut adressée au roi[2]; mais l'affaire traîna en longueur parce que le sculpteur exigeait cent quatre-vingt mille livres, ou tout au moins cent soixante mille, et, malgré les instances de M. Lebret, le roi, à qui on avait soumis le traité signé avec la somme en blanc, refusa d'intervenir dans cette question d'argent[3]. Puget restant intraitable, M. de Croissy conseilla de choisir à sa place Coysevox ou Desjardins; cependant l'échevinage, jaloux de ses gloires locales, traita avec le Provençal Jacques Clérion, un peu contre le gré de l'intendant et du secrétaire d'État (septembre 1688). Clérion[4], ancien élève de l'Académie de Rome

---

1. Expilly, *Grand dictionnaire*.
2. Le *Mercure* donna le discours de l'assesseur de Marseille et la lettre au roi (février 1686, 2ᵉ partie, p. 49-73).
3. Correspondance inédite entre M. de Croissy et l'intendant Lebret.
4. Sur la lutte de Puget contre Clérion, voir les *Archives de l'art français*, t. VI, p. 88-92. — Jean Clérion, natif d'Aix, se présenta à l'Académie en 1676, 1684 et 1687, mais ne fut reçu que le 24 septembre 1689, et n'acquitta ses droits de réception qu'après bien des difficultés, le 26 avril

et collaborateur du Bernin, avait déjà acquis de la réputation et fait quelques ouvrages de fonte et de marbre pour le roi[1]; mais, soit par sa propre faute, car c'était un homme « mal timbré, » soit par la mauvaise volonté du nouvel échevinage qui vint au pouvoir en 1689[2], et qui commença par obtenir un délai sous prétexte qu'on venait d'offrir un don gratuit de trois cent vingt mille livres, le projet fut abandonné[3]. Comme compensation, la ville fit peindre, en 1696, un portrait du roi, avec des traits historiques de son règne et la suite des portraits des échevins, et plaça cette toile à l'étage supérieur de l'hôtel de ville, dont la façade portait déjà un buste de la façon de Puget. Nous ne citerons que pour mémoire un autre buste doré que, douze ans auparavant, l'intendant général Montmor avait fait paraître couronné par la Victoire et adoré par les quatre parties du monde, au milieu d'un feu d'artifice « de nouvelle invention » offert aux Marseillais en l'honneur de la guérison du roi[4].

Montpellier.

Le Languedoc se glorifiait de posséder depuis longtemps à Narbonne une statue de Louis XIII, plus grande que nature et exécutée par Michel Anguier en 1651[5]; mais il y avait plusieurs années que les capitouls de Toulouse sollicitaient en vain la permission de faire une belle place devant leur hôtel de ville et d'y élever une statue équestre du roi régnant[6] : cette demande était

---

1697. Il était beau-frère des peintres Bon et Louis Boulogne, ayant épousé leur sœur, peintre de fleurs elle-même et académicienne depuis 1669.

1. *Comptes des bâtiments*, publiés par M. J. Guiffrey, et placets inédits de Clérion dans les papiers du contrôle général, G⁷ 472, 474, 476 et 477.

2. Les précédents échevins avaient de nouveau voté l'érection d'une statue équestre en mars 1689, tout en faisant un gros présent au roi. (*Contrôleurs généraux*, t. I, n° 678.)

3. Feu M. Léon Lagrange en a fait l'historique, en 1866, dans le *Correspondant* et dans la *Gazette des beaux-arts;* comparez la *Revue historique et nobiliaire*, novembre-décembre 1878, et la *Correspondance des contrôleurs généraux*, t. III, en cours d'impression, n° 853.

4. Description dans le *Mercure galant* de février 1687, p. 82-85.

5. *Mémoires inédits..... de l'Académie*, t. I, p. 438 et 455.

6. Est-ce pour cet objet que Girardon avait préparé un modèle de statue équestre ? (*Nouvelles archives de l'art français*, année 1879, p. 146, et ci-dessus, p. 116 et note 2.) On pourrait dire que, tout au moins en projet,

constamment rejetée, parce qu'il eût fallu exproprier et démolir quantité de maisons[1]; c'est seulement au printemps de 1685 que l'intendant Daguesseau autorisa l'ouverture des travaux, et, peu après, en août, Daguesseau fut remplacé par Bâville, dont l'énergique pression amena tout aussitôt ces conversions de protestants par centaines de mille qui provoquèrent tant d'émulation parmi ses collègues et eurent pour conséquence immédiate la révocation de l'édit de Nantes[2]. Le nouvel intendant n'eut probablement pas à faire de grands discours pour que les états, réunis sur ces entrefaites, votassent l'érection d'une statue du roi, au nom de la province, dans tel lieu qu'il plairait à S. M.[3] (31 octobre 1685); mais l'emplacement proposé ne parut plus assez beau[4], et les Toulousains firent vainement valoir leurs sollicitations répétées depuis cinq ans, l'honneur que leur ville avait eu d'être considérée de tout temps comme la capitale du Languedoc[5], de posséder le second parlement du royaume, de n'avoir jamais été infectée de l'hérésie de Calvin, et enfin d'offrir en vue de son pont Neuf le plus bel emplacement qu'on pût désirer[6].

Comme on l'a vu tout à l'heure, c'est le 31 octobre 1685 que les états de Languedoc votèrent l'érection d'une statue. Le cardinal de

---

Toulouse avait devancé les autres villes de France, et même le maréchal de la Feuillade.

1. A défaut de place et de statue, l'avocat général d'Aussonne proposa, en décembre 1684, de faire une suite de tableaux des victoires et conquêtes du roi. (*Correspondance des contrôleurs généraux*, t. I, n° 131.)

2. Continuation de l'*Histoire de Languedoc*, par M. Roschach, t. XIII, p. 553 et suiv.

3. Trouvé, *Essai historique sur les états généraux de Languedoc*, t. I, p. 198 et suiv.; *Histoire de Languedoc*, continuée par M. Roschach, t. XIII, p. 568-569, et Pièces, t. XIV, n° 486.

4. On parla d'agrandir la place située au bout du pont Neuf et d'y mettre la statue entre le pont et la maison professe des Jésuites.

5. « C'est un honneur qu'elle ne tient point du choix des peuples, ni des autres villes, mais pour avoir été adjointe à la couronne plus de deux siècles avant toutes les autres de Languedoc; car ce fut sous Clovis qu'elle y parvint, lequel en chassa les Visigoths, qui y avoient établi le siège de leur royaume, sans que depuis elle en ait été désunie, au lieu que le reste du Languedoc n'y vint que par la conquête qu'en firent Charles-Martel et Pépin sur les Sarrasins, qui en avoient chassé les Visigoths, ce qui n'avint que plus de deux cents ans après. »

6. *Correspondance des contrôleurs généraux*, t. I, n° 131; Arch. nat., G^7 296, 6 décembre 1684 et 7 novembre 1685; *Gazette de Leyde*, 17 avril et 20 novembre 1685.

Bonsy, président de l'assemblée, représenta qu'il fallait « faire par un esprit de justice et de reconnaissance ce que les Grecs et les Romains ne donnaient qu'à la flatterie; » qu'il était déjà regrettable de s'être laissé devancer par diverses provinces et villes du royaume, mais qu'on aurait, en revanche, l'avantage de « consacrer à la piété du roi [1] ce que les autres pays de France faisaient pour la mémoire de ses triomphes militaires. » La proposition fut adoptée sans passer aux voix, et le roi répondit, le 9 novembre, qu'il serait convenable d'employer préalablement les fonds de la première année à relever ou bâtir quelques églises, et, le 10, qu'il choisissait, pour recevoir sa future statue, la ville de Montpellier, lieu le plus ordinaire des sessions. Un sculpteur de l'Académie royale fut aussitôt envoyé par ordre du roi pour préparer le travail [2]. A l'assemblée suivante, le 30 octobre 1686, le président proposa de suivre l'exemple déjà donné par les états de Bourgogne et de Bretagne, et de régler le prix, comme l'avait fait chacune de ces provinces, à quatre-vingt mille livres. Un contrat, passé dans ce sens, le 24 septembre précédent, avec deux sculpteurs parisiens d'origine flamande, Mazeline et Hurtrelle [3], fut approuvé [4], et le bronze fut fondu à Paris, dans l'atelier que Mazeline possédait rue de Bourbon. Le cheval et le cavalier avaient quinze pieds cinq pouces de hauteur et devaient être posés sur un piédestal de dix-huit pieds six pouces, orné, non de bas-reliefs, mais seulement, aux angles, de mufles de lion soutenant des guirlandes de laurier. On devait placer ce monument sur la belle esplanade du Peyrou, décorée plus tard (1691-92) d'un arc triomphal par Fr. Dorbay [5]; mais

---

1. Révocation toute récente, à peine connue même, de l'édit de Nantes.
2. La *Gazette de Leyde* (correspondance du 20 novembre 1685) appelle ce sculpteur Barsi; c'est sans doute le Marc Arcis que nous trouverons plus loin, p. 236.
3. Simon Hurtrelle et Pierre Mazeline étaient deux amis, qui firent ensemble le tombeau du chancelier Le Tellier à Saint-Gervais et celui du duc de Créquy, pour les Capucines (ci-dessus, p. 114), dont Saint-Roch a hérité. Mazeline, né à Rouen en 1633, mort à Paris en 1708, était membre de l'Académie depuis 1668, et avait fait une Europe et un Apollon du Belvédère pour Versailles. Simon Hurtrelle, né à Béthune en 1648, mort à Gennevilliers en 1724, n'entra à l'Académie qu'en 1690.
4. Roschach, continuation de l'*Histoire de Languedoc*, t. XIII, p. 568-569, et XIV, p. 1350.
5. *Bulletin de la Société de l'histoire du Protestantisme français*, 8e année, p. 264.

la guerre, les embarras financiers, les périls de la mer et la crainte des corsaires qui bloquèrent les ports de l'Ouest jusqu'en 1713 ne permirent à cette œuvre de sortir du magasin qu'après la paix définitive : le 4 décembre 1714, sur une proposition de l'archevêque-président, on vota le transport immédiat et l'ouverture d'un concours pour les inscriptions, qui devaient être rédigées en français, et non en latin [1]. Trois années s'écoulèrent encore, et Louis XIV était mort, quand la statue, voyageant par eau sur la Seine, le long des côtes et sur le canal des Deux-Mers, arriva, en 1717, à Montpellier. Des machines spéciales furent employées pour l'érection [2], et, par les soins de M. de Bâville, l'inauguration se fit le 27 février 1718, sous la présidence de MM. de Roquelaure et de Caylus. Le piédestal, décoré par Joly [3], reçut cette inscription latine, de la composition de M. de Mandajou, d'Arles, que Voltaire a citée en français :

Ludovico Magno
Comitia Occitaniæ incolumi vovêre,
Ex oculis sublato posuêre.
M DCC XXII [4].

La statue de Montpellier disparut, comme les autres, dans la Révolution; mais elle a été remplacée plus tard, sur la même esplanade du Peyrou, par l'œuvre moderne des sculpteurs Joseph Debay et Carbonneaux.

On a vu cette année, à l'exposition des œuvres d'art du règne de Louis XIV et de Louis XV, une petite maquette en carton doré, appartenant à M. de Besenval, et qui passe pour représenter la statue primitive de Mazeline et Hurtrelle.

Lyon.

La ville de Lyon avait depuis 1660, dans le grand escalier de son hôtel de ville, un bas-relief des sculpteurs Mimerel et Bidault fait à l'occasion de la paix des Pyrénées et représentant le roi et la

---

1. Roschach, t. XIII, p. 904-905.
2. Patte, *Monuments élevés à la gloire de Louis XV*, p. 115-117.
3. On ne trouve pas ce sculpteur dans le *Dictionnaire général des artistes de l'école française*. Était-ce le premier prix de sculpture de 1680 ?
4. Expilly donne par erreur : *1712*. Voyez le livre cité de Patte, et le mémoire de La Folie sur la nouvelle statue d'Henri IV, p. 257-258.

reine, un buste de Louis XIV, par le même Mimerel[1], à la devanture d'une maison de la rue Grenette, et un autre buste de Louis XIII[2]. Le corps de ville décida l'érection d'une statue équestre en bronze, le 21 mars 1686, moins d'un mois après l'inauguration de la place des Victoires, et c'est à Desjardins que l'on s'adressa. Le maréchal de Villeroy, comme gouverneur de la ville et arbitre souverain de tout ce qui s'y faisait, passa traité avec ce sculpteur le 28 mai 1688, moyennant quatre-vingt-dix mille livres pour la statue — toujours costumée à l'antique — et le cheval, vingt et un mille deux cent trente-huit livres pour le piédestal, et vingt-trois mille six cent soixante-six livres pour le revêtement en marbre. Statue et cheval ensemble mesuraient dix-neuf pieds de hauteur[3]. Desjardins fit la fonte peu de temps avant sa mort (2 mai 1694)[4] ; mais le bronze ne partit de la fonderie de Paris qu'en août 1700[5], pour aller par les remparts jusqu'à la porte de la Conférence, et, de là, être transporté par la Seine, l'Océan et la Méditerranée jusqu'à l'embouchure du Rhône. Cette opération amena un premier incident[6] : la saisie de la machine qui mettait en mouvement le bateau porteur, et que l'inventeur La Garouste prétendait n'être qu'une contrefaçon de son nouveau levier[7]. Or, quelques années auparavant,

---

1. Mimerel ne figure pas dans le *Dictionnaire général des artistes;* mais M. Natalis Rondot vient de lui consacrer une notice.
2. *Archives de l'art français*, 2ᵉ série, t. II, p. 154, 161 et 165.
3. La Folie, *Mémoire historique sur la statue équestre de Henri IV*, p. 256-257.
4. *Mémoires inédits*, t. I, p. 398. C'est par erreur qu'on a imprimé 1674 dans la *Description de la ville de Lyon* de 1741, p. 1-8, et l'erreur s'est répétée ensuite dans Expilly, dans la *Biographie générale*, etc.
5. Papiers du P. Léonard, Arch. nat., M 757, p. 248-249.
6. *Gazette d'Amsterdam*, 1700, nᵒˢ LXV et LXVI.
7. Sur cette invention du sieur de la Garouste, qui avait obtenu un privilège (dernier mai 1696) et un brevet de l'Académie des sciences, voir le *Mercure*, février 1690, p. 204, juin 1702, p. 230-242, et octobre 1702, p. 144-149. La Garouste était un gentilhomme de Saint-Céré en Quercy que le roi tenait en haute estime; l'Observatoire lui dut un de ses deux miroirs ardents. — Divers privilèges avaient été accordés pour des machines analogues, un entre autres, le 31 octobre 1685, à l'ingénieur Dupetitpuits, ou plutôt à ses sollic025teurs, le marquis de Puyzieulx et dame Claude de Châtillon, veuve du sieur de Regneville, pour une machine à remonter les bateaux sans chevaux, au moyen de roues à palettes mues par des hommes ou par le seul courant. Le corps de ville

un bourgeois de Lyon, du nom de Jacques Nicolas, s'était associé avec un célèbre professeur de l'Académie des sciences, Joseph Sauveur, le mathématicien en titre de la cour de Versailles, pour exploiter pendant trente ans certain privilège de machines « toutes différentes de celles qu'on avait inventées jusque-là, » et capables de faire remonter les bateaux sur les rivières les plus rapides, avec moins de frais et plus de célérité[1]. Ce pourrait bien être de l'invention de Jacques Nicolas et de Joseph Sauveur qu'il s'agit ici. Quoi qu'il en soit, la statue, ayant heureusement remonté le Rhône, arriva à Lyon en juillet 1701, et l'on possède un dessin géométral de la machine qui servit à l'élévation, par A. Leclerc. Si le *posuit* se fit encore attendre douze ans, c'est, semble-t-il, parce que la décoration de la place Bellecour offrit de grandes difficultés[2]; il faut se rappeler aussi que la guerre de Succession dura tout ce temps-là. En 1711, pour rendre la place régulière (c'était Robert de Cotte qui dirigeait les travaux), on obtint permission de vendre les terrains du côté du Rhône, à charge, par les acquéreurs, d'y construire des façades uniformes. Le 5 septembre 1713, le conseil de ville prit encore une autre délibération pour la décoration de la place et l'érection de la statue, et envoya chercher en Italie des marbres pour le piédestal, dont l'architecte Perrette fut chargé. Enfin, l'inauguration de la statue eut lieu le 28 décembre 1713[3], et, le 9 janvier suivant, il fut décidé que la place prendrait le nom de Louis-le-Grand, afin « qu'un nom aussi respecté fût transmis à la postérité par l'usage que les citoyens de tous états et de toutes

---

de Paris alla voir des expériences à la pointe de l'Arsenal (reg. H 1831, fol. 530 et 849-856), et il fit de même essayer, le 29 mai 1702, l'invention de La Garouste. Le P. Léonard écrivait, en octobre 1699, dans ses notes journalières (Arch. nat., M 757, p. 216) : « MM. de la Garouste et Fouarre ont entrepris, depuis quelque temps, de travailler à une machine pour faire remonter sur les rivières les grands bateaux chargés. Elle se dresse présentement dans un grand bateau qui a coûté douze cents livres, qui est sur la rivière de Seine proche le pont Royal. Ils ont bien de la peine à réussir; cependant il y a une compagnie établie pour cette entreprise, à qui il en coûte déjà beaucoup d'argent. Ils ont obtenu le privilège du roi.» D'autres inventions furent encore faites dans le même sens, en 1707, par un sieur de Boullongne, en 1712 par le sieur Duguet, ingénieur pour les vaisseaux du roi.

1. Arrêts du Conseil, E 1889, 1er mars 1695, et 1900, 9 juillet 1697.
2. R. de Cotte était allé examiner l'emplacement en septembre 1700 : *Gazette d'Amsterdam*, n° LXXIV.
3. *Gazette* de 1714, p. 12.

conditions prendraient soin d'introduire parmi eux et parmi les enfants dès la plus tendre jeunesse. » Le maréchal de Villeroy devait emprunter au nom de la ville une somme de quatre cent cinquante mille livres, destinée à couvrir la dépense[1]. Les Coustou firent, pour accompagner la statue, des trophées et deux effigies du *Rhône* et de la *Saône;* Chabry père[2] exécuta, sur les dessins de R. de Cotte, le piédestal et ses ornements de bronze. On y mit cette inscription de dédicace[3] :

> *Ludovico XIV, regi maximo,*
> *Veræ religionis adsertori.*

Expilly dit que l'emplacement était mal choisi pour la perspective[4].

Le même Chabry plaça un bas-relief de Louis XIV à cheval, avec deux Renommées, dans l'attique de l'hôtel de ville, dont la façade, reconstruite par Mansart, était déjà ornée de quatre médaillons de Warin représentant Henri IV, Louis XIII, Anne d'Autriche et Louis XIV enfant.

En dépit des vers du P. d'Augières, traduits par le *Mercure*[5] :

> Aux monstres à jamais cette image fatale
> Triomphera du temps qui triomphe de tout;
> Des peuples révérée, on la verra debout
> Tant qu'on verra couler dans le rapide Rhône
> Les paresseuses eaux de la dormante Saône,

la statue de Lyon eut le même sort que les autres représentations de nos rois, en 1792; mais celles du *Rhône* et de la *Saône* furent recueillies : elles ornent aujourd'hui le vestibule de l'hôtel de ville, et la place Bellecour, modifiée au temps du Consulat, possède une seconde statue équestre de Louis XIV, par Lemot, érigée en 1825. La première avait été gravée par les Audran.

---

1. Pièces envoyées par le prévôt des marchands au contrôleur général : Arch. nat., G⁷ 367, 9 janvier 1714.
2. Marc Chabry, agréé à l'Académie en 1688, avait fait, pour sa réception à l'école académique de Lyon, une *Minerve* appuyée sur le médaillon du roi.
3. Patte, *Monuments élevés à la gloire de Louis XV*, p. 112-113.
4. *Grand dictionnaire*, t. IV, p. 280.
5. Juin 1702, p. 6-11.

Dijon.

Les états de Bourgogne, un peu en retard, ne firent présenter leur requête au roi que le 8 mai 1686, par l'abbé de Langeron-Maulévrier, aumônier de la dauphine, dont la harangue fut fort applaudie[1]. Monsieur le Prince, comme gouverneur de la province, se joignit aux états pour choisir un sculpteur capable d'exécuter la statue équestre qu'on leur permettait de faire faire, et ils désignèrent Étienne Le Hongre, recteur adjoint de l'Académie[2], qui put achever le modèle avant sa mort (27 avril 1690)[3]. Après la fonte, le *Mercure galant* publia l'article qui suit[4] :

> Comme jamais la France ne s'est vue dans un si haut degré de grandeur que sous le règne de Louis le Grand, aussi n'a-t-elle jamais montré tant de zèle pour aucun de ses souverains qu'elle en fait paroître pour cet auguste monarque. Le soin qu'elle prend de transmettre sa gloire à la postérité se remarque dans le grand nombre de ses figures équestres auxquelles la plupart des provinces du royaume ont fait travailler pour fondre en bronze. Les états de Bourgogne ne pouvoient manquer d'être les premiers à marquer les sentiments de leur profonde vénération pour S. M., puisqu'ils avoient devant les yeux l'exemple d'un prince du sang dont il seroit difficile d'exprimer le zèle et la passion pour la gloire du roi. Ils ont eu le bonheur d'avoir pour leur ouvrage un des plus fameux ouvriers, puisque S. A. S. a choisi pour cela feu M. Le Hongre, qui a fait la belle figure de *l'Air* que l'on admire à Versailles et qui a remporté le prix sur toutes celles qui sont dans ce superbe palais. Son dernier ouvrage a répondu à l'attente qu'on avoit de son heureux génie, et l'empressement qu'il voyoit dans un prince si zélé, et qui souhaitoit de voir cet ouvrage dans la dernière perfection, lui a fait redoubler ses soins pour le mettre en cet état : de sorte que l'on peut dire que c'est un ouvrage qui est achevé jusque dans ses moindres ornements, dont il est beaucoup plus rempli que les autres de cette nature. M. Le Hongre tomba malade le jour même qu'il le finit. Comme il n'est point relevé de sa

---

1. Dangeau, t. I, p. 331; Sourches, t. II, p. 55; *Mercure galant*, mai 1686, p. 236-242.
2. Le Hongre, né à Paris en 1628, entré à l'Académie en 1667, était un élève de Sarrazin et avait terminé ses études à Rome. A part deux monuments funèbres, on ne possède plus de lui que les très nombreuses statues, pierre, marbre et bronze, exécutées pour Versailles.
3. *Mercure*, mars 1687, p. 321, et mai 1690, p. 245-248.
4. Janvier 1691, p. 276-279.

maladie, cet ouvrage n'a été fondu qu'après sa mort, en quoi sa famille a heureusement réussi par ses soins et par le choix qu'elle a fait des plus habiles fondeurs. Cela s'est fait à deux fois : il y a déjà plusieurs mois que la figure du roi est fondue, et le cheval, qui l'a été seulement depuis deux mois, a fait voir qu'on vient aujourd'hui à bout, en France, de ce qu'on n'auroit osé entreprendre avant le règne du roi. Ainsi, les états de Bourgogne auront l'avantage d'avoir fait faire à la gloire de ce monarque un ouvrage digne de l'ancienne Grèce et de l'ancienne Rome, et la ville de Dijon aura celui de l'avoir dans son enceinte. Ses habitants, en regardant dans les siècles futurs la figure d'un roi qui a fait la terreur de l'Europe et l'admiration de l'univers, songeront en même temps qu'ils la doivent aux soins d'un prince du même sang, dont les archives de la province conserveront la mémoire à cause de son attachement pour la gloire et pour la personne du roi, et de son affection pour le pays.

Guillet de Saint-Georges, dans son éloge de Le Hongre[1], dit également que le roi était représenté « avec son air héroïque, dans une disposition grande, libre et naturelle, » et que « le cheval y paroît dans un mouvement que nos plus habiles écuyers ont admiré. » Ces deux textes ne permettent donc point d'admettre, comme l'a dit un historien lorrain mort tout récemment[2], qu'on ait utilisé pour cette statue de Le Hongre le cheval de bronze de Nancy, dont j'ai dit un mot plus haut, comme ornant la cour de l'hôtel Brion[3]; mais il est bien probable que le sculpteur reproduisit la maquette du roi qu'il avait faite, quelque vingt ans plus tôt, pour la placer sur ce même cheval, et qu'on avait laissée se détruire, quoique fort admirée en cet endroit lors de l'exposition de 1673[4]. Comme toujours, la disparition du sculpteur porta malheur à son œuvre. Le poids en était énorme : seize milliers pour la statue, et trente-six pour le cheval; un premier entrepre-

---

1. *Mémoires inédits....., de l'Académie de peinture et de sculpture*, t. I, p. 379.

2. Lepage, *Histoire de Nancy*, p. 336, cité par P. Clément, *Lettres de Colbert*, t. V, p. 310, note.

3. Ci-dessus, p. 117-118. Ce cheval, commencé par les frères Chaligny, en 1621, pour porter une statue du duc Charles III, n'avait été terminé qu'en 1670, au moment même où Louis XIV fit occuper Nancy. Voyez les *Lettres de Colbert*, t. V, p. 310, 525 et 528-529, et l'*Histoire de Nancy*, par feu M. Lepage, p. 336-337.

4. *Mémoires inédits..... de l'Académie*, t. I, p. 371. Voir ci-dessus, p. 32 et 118. Cette supposition semble encore confirmée par la fonte en deux fois, et à long intervalle, de la statue et du cheval.

neur, du nom de Belurgé, ne parvint à la conduire, en 1690, que jusqu'à Auxerre, où elle resta jusqu'en 1718, dans une grange[1]. A cette dernière date, l'ingénieur P. Morin la remit en mouvement, et, traînée par trente paires de bœufs, elle fit enfin son entrée à Dijon le 21 septembre 1718. Plus de six ans s'écoulèrent encore avant qu'elle fût définitivement élevée sur la place que les élus des états de la province avaient fait décorer à cet effet d'arcades couronnées d'une balustrade, et dont ils changèrent le nom primitif de Saint-Barthélemy en celui de place Royale. Le piédestal, haut de vingt-cinq pieds, était prêt depuis 1687; Spingola en avait fait la décoration sur les dessins de Boffrand. Le total de la dépense monta, pour la statue équestre, à plus de cent dix-huit mille livres, et, pour le piédestal, à plus de quarante-un mille livres. L'érection se fit les 26 et 27 mars 1725, avec les cérémonies, salutations et fêtes d'usage. Plus tard, en 1747, on ajouta des inscriptions rappelant les péripéties et les lenteurs du transport. Dans les premiers temps, Santeul[2] avait préparé d'autres textes, dont il ne fut peut-être jamais payé. On trouve aussi, dans un recueil de la bibliothèque de l'Arsenal[3], une inscription satirique de M. de Labergement pour cette statue. Elle fut détruite le 23 août 1792, ainsi que le cheval, que les patriotes se refusèrent à conserver, même sans bride et comme emblème de liberté, et l'emplacement fut utilisé pour une colonne départementale[4], qui ne dépassa jamais le sol[5]. Les bronzes furent envoyés aux fourneaux du Creusot et à la Monnaie de Dijon[6].

Poitiers et Pau.

Foucault, intendant de Poitou, dont nous avons de si précieux *Mémoires*, fut un des plus zélés imitateurs du maréchal de la Feuillade. Les marchands de Poitiers avaient fait faire par un

---

1. On conserve encore dans le pays la tradition de ce pénible voyage.
2. Il mourut à Dijon, le 5 août 1697.
3. Ms. 3723, fol. 163.
4. Ci-dessus, p. 204.
5. Passant à Dijon en 1796, une voyageuse anglaise dont M. Albert Babeau vient de traduire les lettres (*la France et Paris sous le Directoire*, p. 192) ne trouva plus la moindre trace de statue ni de piédestal.
6. Expilly, t. II, p. 644; Patte, p. 114-115; La Folie, p. 259; Maillard de Chambure, *Dijon ancien et moderne*, p. 147-151; Thomas, *Une province sous Louis XIV*, p. 205, note 1.

sculpteur poitevin, Girouard[1], une statue en pierre, pour la mettre sur la porte de leur maison consulaire : le roi était représenté à la romaine, avec un manteau fleurdelisé; mais cette statue se trouva trop grande pour sa destination première, et Foucault obtint de la transférer dans le Marché-Vieux, devenu place Royale, où elle fut inaugurée les 24 et 25 août 1687, avec des cérémonies calquées sur celles de la place des Victoires, les milices latines du collège et la milice bourgeoise remplaçant le régiment des gardes françaises. La relation de cette fête fut lue par La Feuillade lui-même au roi, « qui en parut très content[2]. » On plaça sur le piédestal des inscriptions pompeuses, et, aux quatre angles, des esclaves en posture de termes. Le sculpteur obtint une exemption du logement des gens de guerre, privilège fort recherché alors. Son œuvre fut détruite sous la Révolution, le 18 août 1792; on n'en sauva que la tête, qui est au musée de la ville, et un débris d'une des inscriptions, qui appartient à la Société des Antiquaires de l'Ouest.

De Bordeaux, de Pau et d'autres endroits encore, on écrivit à Foucault pour avoir le modèle de cette statue[3], et il proposa son sculpteur aux Béarnais, dont les états venaient de faire agréer leur offre, « quoique le monument ne pût pas être considérable[4]; » mais ce fut Girardon qui prépara un modèle en cire[5], et le sculpteur béarnais Marc Arcis, membre de l'Académie depuis 1684[6], l'exécuta en bronze, ainsi que le piédestal et les bas-reliefs, conformément à deux traités des 4 septembre 1688 et 18 août 1690; le prix de trente mille livres fut achevé de payer le 8 octobre 1696. De longues contestations pour la possession de cette statue se produisirent entre Morlaas, Orthez, Oloron, Sauveterre, Navarrens, et les vallées d'Aspe, d'Ossau et de Barétous ; mais Pau l'emporta, et elle y fut érigée en 1692, sur la place Royale,

---

1. Jean ou Pierre Girouard, né à Poitiers en 1657, mort à l'abbaye de Prières en 1720.
2. *Mémoires de Foucault*, publiés par Baudry, p. 181-206. La relation fut insérée dans le *Mercure*, septembre 1687, p. 122-202, et imprimée chez Jean Fleuriau, à Poitiers.
3. *Mémoires de Foucault*, p. 207 et 209.
4. *Contrôleurs généraux*, t. I, n° 202, note.
5. On ne lui donna qu'une gratification de quatre cents livres.
6. Arcis, né à Mouzens, près Lavaur, en 1651, mourut à Toulouse en 1739. Cf. ci-dessus, p. 228, note 2.

devant l'église Saint-Louis. Comme cette place avait dû primitivement recevoir une effigie du roi Henri IV, on raconte que les Béarnais se vengèrent en inscrivant cette dédicace sur le piédestal :

A ciou qu'ey l'arrahil de noustre grand Enric.

AU PETIT-FILS DE NOTRE GRAND HENRI.

Il y avait eu d'ailleurs toutes les péripéties ordinaires dans le transport du monument, des marbres brisés en route, un sculpteur refusant de livrer son bronze tant que les états ne l'auraient pas payé, etc. Nous ne connaissons aucune représentation figurée de cette œuvre ; seul, un ancien auteur fait entendre que la statue avait dix pieds de haut, et que Louis XIV, tenant son sceptre en main, était vêtu des habits « d'un roi pacifique[1]. »

TOURS.

Ce fut seulement en 1692 que la ville de Tours érigea au bout de la rue Traversine (Royale) un arc de triomphe à trois ouvertures, dont la construction fut exécutée par l'entrepreneur Berthet, et les trophées par Jean Roussel ; ce monument fut détruit en 1775. Au-dessus de l'entablement, on avait placé une statue pédestre, œuvre de Girardon et de Keller[2]. La lettre suivante de l'académicien Henri de la Chapelle-Bessé, contrôleur des bâtiments, au contrôleur général Pontchartrain, en date du 27 juin 1692[3], donne des détails intéressants sur cette œuvre, et même sur l'ensemble des entreprises analogues :

Monseigneur, j'ai examiné autant qu'il m'a été possible le mémoire de M. Girardon que vous m'avez fait l'honneur de m'envoyer. J'en ai conféré avec lui et avec le sieur Keller, qui a fondu toutes les figures de bronze de Versailles pour le roi, entrant dans tous les détails d'une dépense qui m'est assez connue pour en avoir eu la direction pendant huit ans. Enfin, le mémoire, qui montoit à cinquante mille cinq

---

1. On ignorait l'historique de cette statue jusqu'à la publication de M. L. Lacaze en 1879 : *Notice sur la place Royale de Pau*, dont les Pièces justificatives ont trouvé asile dans les *Nouvelles archives de l'art français*, 2ᵉ série, 1879, t. VII, p. 146 et 343-349. Cf. *Notice sur l'intendance de Béarn*, par Paul Raymond, p. 98-99, en tête de l'*Inventaire sommaire des archives du département.*
2. *Contrôleurs généraux*, t. I, nᵒˢ 678 et 978 ; *Histoire de la ville de Tours*, par le docteur E. Giraudet, t. II, p. 150 et 151.
3. Papiers du contrôle général, Arch. nat., G⁷ 552.

cents livres, a été réduit à trente-cinq mille livres, sous votre bon plaisir, à condition que vous obtiendrez de M. de Villacerf que cette fonte se fera dans les fourneaux et ateliers du sieur Keller, à l'Arsenal, qui sont tous faits et propres à cet ouvrage. Je suis persuadé, Monseigneur, qu'il vous l'accordera aisément, cela n'apportant aucun préjudice aux bâtiments du roi, ni aucun retardement aux ouvrages de S. M., parce qu'il y a quatre fourneaux, et qu'on n'en occupera qu'un pendant un certain temps, et dans un an d'ici. Je vous envoie un projet de réponse à M. de Miroménil, avec ce mémoire de M. Girardon. Si le prix est approuvé sur les lieux, je ferai le devis en détail et dresserai le marché prêt à signer, que je donnerai ensuite, selon vos ordres, au notaire que vous me ferez l'honneur de me marquer. En cette dépense de trente-cinq mille livres, je ne comprends point la voiture depuis l'Arsenal de Paris jusqu'à Tours, parce que toutes les provinces qui ont fait faire à Paris des statues à la gloire du roi se sont chargées du soin et des frais de les faire voiturer et poser en place, les sculpteurs et fondeurs ne s'étant chargés de rien que de livrer ici leur ouvrage fait et parfait, et prêt à enlever de leur atelier.

Je suis, avec un profond respect, Monseigneur, votre très humble, très obéissant et très fidèle serviteur.

La Chapelle-Bessé.

Paris.

Paris, ou plutôt ses édiles pouvaient d'autant moins se désintéresser du mouvement général que leur hôtel de ville ne possédait que la statue faite en 1654 par Gilles Guérin, sur l'ordre du roi lui-même[1], et placée au milieu de la cour inté-

---

1. Ci-dessus, p. 32, 40 et 63. Lenoir, dans son *Musée*, prétend qu'on eut la précaution de faire coïncider l'inauguration de cette statue (23 juin) avec une réjouissance populaire, la Saint-Jean, au milieu de laquelle elle passa inaperçue ; mais c'est fort difficile à concilier avec le compte rendu qui parut dans la *Gazette* du 27 juin (n° 79) : « Le 23, veille de Saint-Jean, le maréchal de l'Hospital, notre gouverneur, les sieurs Le Fèvre, prévôt des marchands, Le Vieux, Denizon, Gervais et de Moncheny, échevins, Pierre et Le Maire, procureur et greffier de la ville, assistés des conseillers et quarteniers, firent poser en la cour de cet hôtel, sur un piédestal de marbre enrichi de plusieurs belles inscriptions, la statue en relief de notre grand monarque, revêtue de son manteau royal et foulant aux pieds la Rébellion que ce triomphant Dieudonné a si heureusement et si glorieusement défaite ; le tout aussi d'un fort beau marbre et d'une structure des plus accomplies ; cette action ayant été accompagnée des fanfares des trompettes et du bruit des tambours, mousquets, boîtes et canons, qui formoient un agréable concert de réjouissance, avec les cris continuels de « Vive le Roi ! » d'un

rieure[1]. Lorsque Louis XIV vint, pour la première et unique fois, le 30 janvier 1687, dîner dans ce même hôtel de ville[2], il permit de faire disparaître l'œuvre de Guérin[3], et l'on se hâta de commander à Coysevox une statue pédestre de sept pieds de haut, en bronze, qui rappelât cette journée réparatrice et consolante, et fût pour l'échevinage parisien un « monument éternel de sa fidélité, de son respect, de son zèle et de sa reconnaissance. » L'effigie proscrite trouva un asile à quelques lieues de la capitale, dans les jardins de Chessy, appartenant à M. de Fourcy, alors prévôt des marchands[4], et, moyennant l'autorisation du prince[5], la nouvelle statue de Coyse-

---

très grand nombre de spectateurs. » Les registres de la Ville contiennent (H 1812, fol. 276) le récit de cette fête, qui put d'autant moins passer inaperçue que le « tintamarre » fut fort grand au dedans comme au dehors, et que Mme de l'Hospital, femme du gouverneur, avait invité tout un « cercle de dames de condition. » Et la veille (*Registres de l'hôtel de ville de Paris pendant la Fronde*, publiés pour la Société de l'histoire de France, préface, t. I, p. vii), l'échevinage avait authentiquement reconnu par une déclaration en forme que, jusqu'au retour du roi en octobre 1652, Paris avait souffert une longue persécution par le fait de « diverses factions qui y avaient causé de grands troubles et quantité de ruines. » De tout cela, ni Sauval, ni D. Félibien n'ont dit un seul mot; on cherche en vain dans leurs grands ouvrages une mention de la statue ou de son auteur. Autre erreur: Lenoir attribue l'œuvre à Sarrasin, qui était, il est vrai, le maître de G. Guérin. Celui-ci représenta la Fronde par un guerrier fort laid, au casque surmonté d'un rat, et que Louis XIV, en costume romain couvert du manteau fleurdelisé, tenait sous son pied. Voir la planche exécutée par J. Frosne ou la gravure donnée dans le *Musée des monuments français*, t. V, p. 115-116, et, sur Gilles Guérin, le *Dictionnaire général des artistes de l'école française*, t. I, p. 712-713.

1. Girardon avait fait, pour l'ornementation des murs de la cour, neuf médaillons ronds, en marbre, représentant les membres du corps de ville (*Mémoires inédits*, t. I, p. 264). L'inauguration s'était faite seize jours après le sacre.

2. Ci-dessus, p. 70. C'est à cette occasion que Santeul dit : *Rex prope civis erat*.

3. « Le roi, pour témoigner sa bonne volonté à la ville de Paris, consentit aussi que l'on ôtât de l'hôtel de ville certaine statue qu'il y avoit fait mettre après les guerres civiles comme un monument de sa révolte contre lui. » (*Mémoires du marquis de Sourches*, t. II, p. 19.) Les échevins firent peindre par Largillière un tableau commémoratif de cette fête unique en son genre (registre H 1832, fol. 217). Peu auparavant, la Ville avait voté un don de quatre cent mille livres au roi.

4. G. Brice, éd. 1725, t. II, p. 126; Piganiol, éd. 1752, t. III, p. 463-464; Expilly, t. II, p. 325.

5. Lettre de remerciement, de juin 1689, dans le registre de la maison du roi O^1 33, fol. 157 v°.

vox, qui représentait Louis XIV en triomphateur romain [1], fut inaugurée en grande cérémonie le 14 juillet 1689, avec un feu d'artifice ou illumination dont le sujet principal était le temple de l'Honneur [2]. Pierre Le Pautre grava une planche de cette cérémonie [3]. Les inscriptions composées par André Félibien pour la statue et pour la fête, notamment celle qui parlait de « la ville de Paris, dévouée à Dieu et au service du roi, qui est l'image de Sa Majesté divine (*devota numini majestatique ejus*, etc.), par un sentiment de piété, d'obéissance, de fidélité, etc., » donnèrent lieu à de fâcheuses interprétations, qui purent être pour quelque chose dans les prescriptions faites plus tard par le roi pour la place de Vendôme [4]. Les bas-reliefs représentaient *la Piété royale* (disette de 1662) et *la Religion triomphant de l'Hérésie* (1685). Deux médaillons reçurent les figures du duc de Gesvres, gouverneur de la ville de Paris, et de M. de Fourcy, prévôt des marchands. La statue fut placée « au milieu de la face intérieure du portique de la cour que l'on voit d'abord en entrant dans cette cour. Cet endroit étoit revêtu de colonnes de marbre, avec leurs bases et leurs chapiteaux de bronze doré; la corniche, de marbre blanc, qui étoit portée par ces colonnes, avoit la devise du roi, ses chiffres et d'autres ornements de palmes et de lauriers, aussi de bronze doré [5]. »

Coysevox exécuta plus tard une réplique de sa statue pour un autre prévôt des marchands, le procureur général Bosc du Bois [6], qui la plaça, le 7 août 1697, dans son jardin d'Ivry, au milieu de boulingrins et de jets d'eau, avec une inscription :

TEL EST LE CHEF-D'ŒUVRE DES CIEUX,
LOUIS, DES VRAIS HÉROS LE PLUS PARFAIT MODÈLE, etc. [7]

---

1. Médaille gravée en tête de : *la Statue de Louis le Grand placée dans le temple de l'Honneur*.

2. Décoration réglée par le P. Ménestrier.

3. Estampe conservée au musée Carnavalet, ainsi que dans la collection Hennin, t. LXV, p. 14-15, dans le ms. Clairambault 1168, fol. 117, etc. Cf. le *Mercure*, juillet 1689, p. 309-327; *Gazette*, 1689, p. 352; pièces imprimées du temps, Bibl. nat., Lb[37] 3946-3951; Patte, *Monuments élevés à la gloire de Louis XV*, p. 104-105; *Mémoires inédits...... de l'Académie de peinture et de sculpture*, t. I, p. 264; H. Jouin, *Coysevox*, p. 86-89, 215 et 269-271; Reménieux, *Coysevox*, p. 60-61; *Revue universelle des arts*, 1855, p. 45.

4. Ci-dessus, p. 148-151. — 5. *Mercure galant* et *Descriptions de Paris*.

6. Ci-dessus, p. 134 et 209, fin de note. Cf. le *Mercure*, février 1700, p. 246-249.

7. *Mercure*, août 1699, p. 178-188. Piganiol dit : « La terrasse où est

Ivry et sa statue passèrent ensuite au maréchal d'Huxelles, puis au marquis de Beringhen, qui y eut de très beaux tableaux. Est-ce cette réplique ou réduction qui tomba plus tard entre les mains d'Alexandre Lenoir, et lui fut dérobée « un jour public, » selon l'édition de son *Musée* publiée en l'an X?

Coysevox fit aussi pour l'hôtel de ville un buste en bronze, qui fut placé, le 3 juin 1700, sur la cheminée de gauche de la grande salle[1]. C'est, sans doute, celui qui avait figuré à l'exposition de l'année précédente, 1699[2].

A la même époque, une gazette de Hollande fait connaître que la Ville songea dès lors à une entreprise qui ne devait se réaliser qu'un demi-siècle plus tard, au profit du successeur de Louis XIV : « On travaille aux alignements pour faire un quai à la Grenouillère, contigu au pont Royal, et les rues seront percées pour y aboutir. On parle de faire un autre pont au bout de la grande allée des Tuileries, vis-à-vis du Cours, et de faire d'autres portes aux extrémités du Cours, sur le modèle de celle de Saint-Antoine, avec une place entre le Cours et les Tuileries pour y mettre une statue du Roi. On croit aussi que la mort du sieur Le Nostre, qui est arrivée depuis peu, apportera quelque changement à la disposition des jardins, dont il avoit la direction[3]. »

En 1792, malgré le comité des Savants, le procureur général Manuel commanda d'envoyer à la fonte la statue de 1689[4];

cette statue est belle pour les vues et le coup d'œil, et, au bout, il y a un petit pavillon carré qui est un agréable réduit. »

1. Registres de la Ville, H 1838, fol. 242; procès-verbal publié dans les *Archives curieuses de l'histoire de France*, 2ᵉ série, t. XII, p. 407.

2. Selon les *Archives du Musée des monuments français*, t. I, p. 366, Coysevox avait exécuté dès 1690 un autre buste pour Versailles; Lenoir le trouva aux mains du peintre Hennequin, en 1807, mais ne put obtenir un crédit pour en faire l'acquisition, quel que fût le mérite de ce morceau. Le marbre placé maintenant dans la chambre du Lit, n° 789 du catalogue, est attribué à l'année 1678. On en a proposé deux autres au musée du Louvre en 1854 et 1863. Mais quel est celui que nous venons de voir à l'exposition du quai Malaquais (n° 70), comme provenant du château de Condé (*sic*) et appartenant à sir Richard Wallace?— De l'atelier de Coysevox sortit aussi le buste surmonté d'un Apollon radieux qu'on plaça sur le premier palier de l'escalier des Ambassadeurs, au-dessus de la fontaine de Tuby (Jouin, *Coysevox*, p. 99-100). Lenoir eut un buste de bronze, à draperie d'albâtre, encore de Coysevox (*Musée*, t. V, n° 267).

3. *Gazette d'Amsterdam*, 1700, n° LXXIX, de Paris, le 27 septembre.

4. *Révolutions de Paris*, 13ᵉ trimestre, p. 31. Lenoir prête à Manuel ce mot : « Il fera du bruit même après sa mort. »

on remarqua alors qu'elle avait été inaugurée un 14 juillet, jour devenu fameux à jamais, cent ans plus tard, par la prise de la Bastille [1]. Mais c'est à tort que, sur la foi de Lenoir, nombre d'historiens modernes ont cru que la statue fut effectivement détruite : M. César Pascal vient de faire justice de cette légende [2] en racontant comment ce bronze, quoique le Conseil général de la Commune lui contestât le caractère de monument national et la qualité de « chef-d'œuvre de l'art, » fut réservé pour le cas où il se présenterait des « amateurs de rois. » M. Pascal n'a pas reproduit l'arrêté rendu par le Conseil général après deux mois d'enquêtes et de délibérations; il doit faire ici pendant au décret du 14 août dont j'ai donné le texte plus haut [3] :

COMMUNE DE PARIS.

Du 21 août, l'an IV de la Liberté et le Ier de l'Égalité.

LE CONSEIL GÉNÉRAL considérant que, chargé par ses concitoyens d'établir la liberté sur les bases inébranlables de l'égalité, un de ses premiers devoirs est de faire disparaître aux yeux d'un peuple libre tous ces emblèmes qui retracent l'esclavage, tous ces monuments qui insultent encore à la souveraineté nationale ;

Considérant qu'il ne faut laisser aucun espoir à ces individus qui ont encore la démence de croire à la possibilité d'une contre-révolution et au rétablissement des Bastilles;

Le procureur de la Commune entendu, arrête ce qui suit :

Art. Ier. Les portes Saint-Denis et Saint-Martin, ainsi que tous arcs de triomphe, emblèmes de la féodalité ou du despotisme, seront, dans le plus bref délai, démolis à la diligence des administrateurs du département des travaux publics.

II. La statue pédestre de Louis XIV, qui était dans la cour de la Maison commune, y sera remplacée par celle de la Liberté.

Il sera ouvert un concours pour la confection de cette statue.

III. Tous les citoyens exerçant un négoce et ayant des boutiques ou magasins seront tenus, dans le délai de quinze jours, de détruire ou faire détruire les enseignes, figures et tous emblèmes qui rappelleraient au peuple le temps d'esclavage dans lequel il a gémi trop longtemps.

IV. Tous les propriétaires ou locataires de maisons seront tenus, aussi dans le délai de quinze jours, de faire disparaître de dessus les

---

1. Ci-dessus, p. 89 et 90.
2. *Bulletin de la Société de l'histoire de Paris*, 1888, p. 81-89.
3. Ci-dessus, p. 88 et 89. Voir le *Moniteur*, 1792, p. 1011.

murs de leurs maisons les armes, fleurs de lys, statues, bustes, enfin tout ce qui ne peut être considéré que comme des honneurs rendus à un individu, la Liberté et l'Égalité étant désormais les seules idoles dignes des hommages du peuple français.

V. Le présent arrêté, etc.

HUGUENIN, président;
TALLIEN, secrétaire général.

Il était donc ordonné de déplacer la statue pédestre, et non de la détruire; elle échappa ainsi à la condamnation plus générale qui avait frappé, huit jours auparavant, tous les monuments du même genre existant dans l'enceinte de Paris, et on se borna à la déposer dans les magasins du Roule. Elle y resta jusqu'en 1814, sans subir de trop graves mutilations, reprit alors son ancienne place dans la cour de l'hôtel de ville, ne la quitta que passagèrement en 1848, bénéficia des restaurations entreprises sous le second empire, et reçut même, comme pendant, un François Ier du sculpteur Cavelier. Placés alors sous le péristyle, ces deux bronzes ont miraculeusement échappé à l'incendie de 1871[1], et notre statue de Louis XIV, après avoir été employée pendant un temps dans la décoration du nouvel hôtel de ville, vient d'être exposée au musée artistique d'Auteuil; sa place serait plutôt à l'hôtel Carnavalet, si tant est qu'on ne puisse plus la tolérer dans la cour pour laquelle Coysevox l'avait faite.

Quant au Louis XIV de Gilles Guérin, la tradition rapporte que les Condés avaient fait racheter cette statue à Chessy, puis l'avaient ensevelie dans les caves du palais Bourbon, pour dérober aux yeux un trop triste souvenir de la Fronde. Elle fut remise au jour sous la première République, lorsque l'on construisit une salle de séance pour les Cinq-Cents, et Lenoir la recueillit dans son musée[2]. Rendue plus tard aux héritiers de Condé, elle est actuellement placée à Chantilly, dans la cour basse du Châtelet. Le musée de Versailles n'en a qu'un moulage[3].

---

1. Si les auteurs que M. Pascal signale ont cru à la destruction dès 1792, ceux du *Dictionnaire général des artistes de l'école française* ont cru à leur tour que le bronze de Coysevox avait été détruit en 1871.

2. *Musée des monuments français*, t. V, p. 615 et planche.

3. Au bas de l'escalier des Princes. — Le médaillon de M. de Fourcy, dont l'original est au Louvre et le moulage à Versailles, n° 1899, ne vient pas de la décoration de l'hôtel de ville, mais du monument funéraire de ce personnage, exécuté aussi par Coysevox.

Grâce à Alexandre Lenoir, Paris a conservé aussi la statue agenouillée de Louis XIV que Coysevox avait faite, comme pendant à celle de Louis XIII, pour la nouvelle décoration du chœur de Notre-Dame[1], et elle a repris sa place de nos jours.

Je ne saurais passer sous silence les nombreux bustes de Louis XIV que les particuliers parisiens encadraient dans la façade de leurs maisons. A propos de celui qui se trouvait sur la place de Grève, au coin de la rue du Mouton, et précisément au-dessus du réverbère en forme de potence où furent pendus Foulon et Bertier, Dulaure a dit[2] : « Il a son buste dans presque toutes les rues de Paris. A la moindre réparation qui se faisoit dans ces rues, on étoit en usage d'y placer sa grosse tête à perruque. Les saints n'ont jamais obtenu de statues si multipliées ! Ce *fanfaron*, comme l'appeloit la reine Christine de Suède, vouloit se faire adorer jusque dans les culs-de-sac. » Le grand terrier de 1705 fait connaître un autre buste dans la rue Neuve-des-Petits-Champs, devant une maison contiguë à celle du courtisan Langlée[3]. Il y avait aussi beaucoup de bustes du roi Henri IV ; Patte en signale un au coin de la rue des Fourreurs, proche la rue Saint-Honoré[4]. Tout disparut en 1792.

Angers, le Mans, Périgueux, Québec, Troyes, Issoire.

Des villes moins importantes, ou même de rang tout à fait secondaire, tinrent aussi à témoigner de leur enthousiasme et de leur désir de ne pas rester en arrière.

A Besançon[5], où l'on ne pouvait espérer que les Francs-Comtois prissent l'initiative, l'intendant La Fond excita sans grand succès le zèle de la municipalité[6]. Louvois vint à son aide en faisant

---

1. Lenoir trouvait un contresens dans l'idée de représenter à genoux « le grand et l'impérieux Louis XIV. » Sous Louis XV, cette statue semblait si froide, qu'on songea à en faire faire une autre par Bouchardon. (*Nouvelles Archives de l'art français*, 1873, p. 356-358.)
2. *Description de Paris*, éd. 1791, t. II, p. 294, note.
3. Arch. nat., Q¹ 1099⁶, fol. 129 v°.
4. *Monuments élevés à la gloire de Louis XV*, p. 96, note.
5. Besançon avait à côté de l'hôtel de ville une statue de Charles-Quint en triomphateur romain.
6. L'invitation fut faite le 18 août 1685, c'est-à-dire au reçu de la circulaire dont j'ai parlé p. 210 ; la municipalité répondit qu'elle ferait le possible malgré l'exiguïté de ses ressources.

espérer quelque concession de privilèges ; mais, après avoir eu l'air de céder, après avoir même sollicité du ministre l'envoi d'un modèle de statue équestre[1], les Bisontins cessèrent de s'entendre avec lui sur la question des frais : ils eussent voulu économiser surtout les dépenses de transport, en faisant couler le bronze sur place par leur fonderie royale, tandis que Louvois voulait que cette opération eût lieu, comme d'ordinaire, à Paris. Il semble que les négociations en soient demeurées là, au milieu de 1686[2]. La statue eût été probablement élevée au milieu du pont du Doubs. A défaut de ce monument, on manifesta, en juin 1688, le désir d'obtenir un portrait du roi comme il en avait été concédé à diverses cités de Flandre; la réponse fut que les portraits étaient réservés pour les villes qui donnaient des statues. Louis XIV eut cependant pour sa glorification, sur ce même pont où sa statue avait dû s'élever, une espèce de bastion décoratif ou d'arc triomphal qui, au besoin, eût servi d'ouvrage de défense contre la ville elle-même[3].

A Angers, le 1er juillet 1686, l'intendant Nointel inaugura les séances de la nouvelle Académie des belles-lettres, dans le pavillon du jardin de la Mairie, par l'installation d'un buste[4].

A Périgueux, dans le même temps, l'hôpital-manufacture reçut aussi un buste[5].

Jusque dans l'autre hémisphère, au Canada, l'intendant, M. de Champigny, et le gouverneur, M. de Denonville, érigèrent un

---

1. Lettre de Louvois, du 15 octobre 1685, accompagnant le projet de statue : Dépôt de la guerre, vol. 756.

2. La dernière lettre du ministre, répondant encore à la demande d'un modèle tout prêt à couler, est du 3 juillet 1686. Je dois ces renseignements à l'obligeance de M. Auguste Castan, bibliothécaire de la ville et correspondant de l'Institut.

3. M. Castan place en 1693 la construction de ce bastion, qui fut détruit en 1776, et il estime que c'était l'œuvre de l'ingénieur Robelin aîné, dirigé par Vauban. Il faut donc corriger en ce sens ce qui a été dit dans l'*Inventaire des richesses d'art de la France* (*Monuments civils*), t. II, p. 258.

4. *Mercure*, août 1686, p. 282-285. C'est sans doute ce buste que le *Traité* dédié en 1688 au maréchal de la Feuillade (ci-dessus, p. 69) qualifie (p. 243) de statue placée dans le jardin de l'hôtel de ville de la place des Halles, où trois grandes rivières venaient se joindre, et qui était récemment transformé en promenade publique. Cf. C. Port, *Dictionnaire historique du département de Maine-et-Loire*, t. I, p. 48 et 92.

5. *Mercure galant*, décembre 1686, p. 181.

buste, avec inscription, sur la principale place de Québec (12 novembre 1686)[1].

Le premier jour de l'année suivante, au Mans, le directeur des fermes de la province inaugura aussi un buste en grande pompe[2].

A Limoges, les échevins offrirent de faire faire une statue pédestre; mais, comme leurs ressources étaient insuffisantes, le roi préféra que cet argent fût employé aux nécessités de la ville (juillet 1687)[3].

A Troyes, dans sa ville natale, Girardon eût voulu obtenir la permission de faire ouvrir une place devant l'hôtel de ville et d'y ériger une statue équestre[4]; à défaut de ce monument, il vint lui-même offrir au corps de ville, le 1er septembre 1687, un grand médaillon en marbre blanc, qui fut reçu au milieu de l'attendrissement général[5], et qu'on plaça, trois ans plus tard, à l'hôtel de ville, avec cette inscription :

Ludovico Magno,
Pio triumphatori, semper augusto, etc. [6].

Sébastien Le Clerc en a fait une gravure[7]. Le médaillon de Girardon est un des rares monuments de cette nature qui soient sortis intacts de la Révolution, et il surmonte toujours la cheminée de la grande salle de l'hôtel de ville. De plus, le musée municipal a recueilli les bustes en marbre de Louis XIV et de Marie-Thérèse que le successeur de Louvois à la surintendance des bâtiments avait fait faire par le même sculpteur pour son château de Villacerf, proche de Troyes[8].

---

1. *Gazette* de 1687, p. 64.
2. *Mercure*, février 1687, p. 347. C'est sans doute ce buste que les religieux Jacobins s'avisèrent d'encenser : ce qui leur valut une réprimande publique de la part du roi.
3. Lettre du contrôleur général à l'intendant Saint-Contest.
4. Ci-dessus, p. 116.
5. On plaça sur une table couverte d'un tapis fleurdelisé ce « portrait du roi, en marbre, de grandeur naturelle, si bien travaillé et tellement ressemblant, que Troyes pourra se vanter, dans les siècles à venir, d'avoir la vraie image d'un prince qui fera alors, comme il fait dès aujourd'hui, l'admiration de l'univers. » (*Mercure galant.*)
6. *Mémoires inédits*, t. I, p. 298-301 ; *Mercure*, septembre 1687, p. 202-209 ; *Notice sur Girardon*, par Corrard de Bréban, p. 18-22.
7. Ms. Clairambault 1100, p. 266; collection Hennin, t. LXIII, p. 37.
8. Ci-dessus, p. 119.

A Issoire, les habitants érigèrent sur leur place publique une statue sculptée par Jacques Suirot[1], et, en témoignage de leur admiration ou de leur gratitude, ils voulurent exempter celui-ci de tous impôts et charges; mais la délibération du corps de ville fut cassée à la requête de la Cour des aides, comme empiétant sur les attributions de celle-ci[2].

On conçoit que la guerre qui éclata en 1688, pour se prolonger pendant dix ans, changea le cours des idées, et que les ministres préférèrent tirer des dons gratuits en bon argent comptant de certaines villes qui s'offraient, depuis deux ou trois ans, à élever des statues, comme Valenciennes, Tournay et Lille, lesquelles avaient promis, sur un seul mot de M. de Bagnols, en 1686, d'y employer chacune trente mille écus.

A Metz, le maréchal de Boufflers, qui eut pendant sept ans, de juillet 1687 à septembre 1694, le gouvernement des Trois-Évêchés, fit placer le buste en marbre du roi dans un vestibule, et Mme de Maintenon lui envoya, pour inscrire sur le piédestal, ces vers de Boileau :

> C'est ce roi si fameux dans la paix, dans la guerre,
> Qui seul fait à son gré le destin de la terre;
> Tout reconnoît ses lois, tout brigue son appui;
> De ses combats nombreux le Rhin frémit encore,
> Et l'Europe, en tous lieux, a vu fuir devant lui
> Tous ces héros si fiers que l'on voit aujourd'hui
> Faire fuir l'Ottoman au delà du Bosphore[3].

Une gazette de Hollande, du mois d'août 1700, en annonçant le départ de la statue de Desjardins pour Lyon[4], ajoutait : « D'autres villes veulent aussi marquer le même empressement et faire leur cour en érigeant de semblables monuments à l'honneur de S. M. On fait à Bordeaux un quai, le long de la rivière, et une

---

1. Ce sculpteur manque dans le *Dictionnaire général des artistes*.
2. *Contrôleurs généraux*, t. I, n° 1073, avril 1692.
3. Ms. Clairambault 1163, fol. 154. Suivant une observation de Daunou (*Œuvres de Boileau*, éd. Berriat-Saint-Prix, t. II, p. 442), le buste n'était qu'un médaillon, et les vers ne furent composés que pour la gravure de ce petit monument. Ils font sans doute allusion aux succès des armées impériales commandées par le duc de Lorraine, l'électeur de Bavière et le prince Louis de Bade, en Serbie et Transylvanie, et à la prise de Belgrade, 6 septembre 1688.
4. *Gazette d'Amsterdam*, 1700, n° LXVI.

nouvelle place, dans laquelle il y aura aussi une statue équestre.... »
En effet, par un arrêt du Conseil en date du 27 juillet 1700[1], nous voyons que le marquis de la Boissière-Durfort[2], « toujours rempli du désir de s'occuper de quelque chose qui pût être agréable à S. M., et cherchant les moyens de faire de Bordeaux une des plus belles villes de l'Europe, sans qu'il en coûtât rien aux particuliers, et de donner une grande facilité au commerce, » sollicitait le don des berges situées au delà de l'ancien mur de la ville, le long de la rivière, pour y faire un quai à maisons symétriques aboutissant à une place où la statue du roi, si celui-ci le trouvait bon, serait placée. Un second arrêt, du 9 octobre suivant, nous apprend en outre qu'il demandait le terrain situé le long du mur de la ville, depuis la porte du Chapeau-Rouge jusqu'à la tour de Sainte-Croix, sur la rivière, toujours en vue d'établir un quai, avec cales et descentes, assez grand pour y faire échouer les bateaux et pour faciliter l'abord du Château-Trompette, mais surtout de « voir la statue équestre de S. M. dans le milieu d'un port aussi beau et aussi magnifique, où près de mille vaisseaux venaient commercer deux fois l'année, » et de « donner ce spectacle à tant de nations différentes; » le tout à ses propres dépens. L'intendant fut chargé de faire l'enquête réglementaire *de commodo et incommodo*. J'ignore pourquoi le projet n'aboutit point; il semble que son auteur ait disparu alors de la cour. Quant aux Bordelais, qui, en octobre 1686, sur la proposition de l'intendant Bezons, avaient imité la générosité des Arlésiens et offert au roi une fort belle statue de Messaline — précieux envoi qui n'avait pas pu dépasser l'embouchure de la Gironde, y ayant sombré avec le bateau qui l'emportait[3], — ils étaient trop éprouvés par l'interruption de leur commerce avec l'Angleterre et la Hollande, qui avait duré dix ans, et la guerre nouvelle, celle de la succession d'Espagne, vint derechef absorber toutes leurs ressources. Mais, tout à la fin du règne, « le maréchal de Montrevel, bas et misé-

---

1. Arch. nat., E 1913.
2. C'était un très grand et beau joueur, qui, à ce titre, avait son entrée dans les « particuliers » de Marly et de Meudon. Il avait même donné au roi, en 1698, une chienne de chasse.
3. *Annuaire-Bulletin de la Société de l'histoire de France*, 1877, p. 51. Voir un article de M. Lud. Lalanne dans l'*Art*, 14 mai 1882, et une notice de M. Tamizey de Larroque dans les *Mémoires de la Société archéologique de Bordeaux*, 1881, t. VIII, p. 129-139.

rable courtisan, imagina d'imiter le feu maréchal-duc de la Feuillade, et de donner à Bordeaux le *vieux réchauffé* de sa statue et de sa place des Victoires. Il vivoit d'industrie, toujours aux dépens d'autrui, comme il avoit fait toute sa vie : il voulut donc engager la ville de Bordeaux à toute la dépense de la fonte de la statue, de son érection, et de la place qu'il destinoit pour elle. La ville n'osa refuser tout à fait, mais s'y prêta mal volontiers. Montrevel, qui en avoit déjà fait sa cour au roi, se flatta de l'appui de son autorité; mais il trouva Desmaretz en son chemin, à qui les négociants et le commerce de Bordeaux furent plus chers que cette folie violente. Elle avorta ainsi, et Montrevel retourna à Bordeaux, plein de dépit et chargé de confusion[1]. » Cette ville n'eut que plus tard une statue équestre de Louis XV.

Les Avignonnais, lors du passage des enfants de France, le 28 mars 1701, firent une décoration qui représentait une statue équestre en face de leur hôtel de ville[2].

Statues élevées par des particuliers.

De simples particuliers, qui même n'étaient pas tous de grands seigneurs ou des magistrats d'un rang supérieur comme le prévôt des marchands Bosc du Bois[3], surent donner de leur « zèle » des témoignages aussi éclatants que les manifestations des plus grandes villes du royaume. Je ne parle pas seulement de certaines œuvres d'art offertes au roi et le représentant en peinture ou en gravure[4];

---

1. *Mémoires de Saint-Simon*, t. XI, p. 87, d'après le *Journal de Dangeau*, t. XV, p. 346, 22 janvier 1715, et une Addition de six lignes. Dangeau dit simplement : « Le maréchal de Montrevel, qui vouloit faire élever à Bordeaux une statue magnifique au roi, n'a pu réussir dans son entreprise ; il est parti d'ici avant la fin de l'année, fort fâché de n'avoir pas pu exécuter ce projet, qui étoit fort beau. »
2. *Collection Hennin*, t. LXXV, p. 46.
3. Ci-dessus, p. 240.
4. Dans le nombre, on peut citer un tableau présenté par le sieur D. F. D. C., le 7 décembre 1672, où le buste royal, dans une bordure ovale, était accompagné de deux médailles et d'inscriptions : De l'empire de Louis XIIII fort et prudent. — La gloire de Dieu et de Gédéon (ms. Clairambault 1237, fol. 43); et ce portrait en miniature peint par Benard, dans un encadrement en relief sculpté par l'orfèvre Germain, avec des allégories sur la Triple alliance domptée et sur les conquêtes du roi, que présenta l'abbé Le Houx (*Mercure*, novembre 1677, p. 121-126).

à ce compte, il faudrait également énumérer un nombre infini de thèses gravées par les plus grands artistes, pour des candidats de toute classe. Mais je m'en tiendrai aux statues exécutées dans la période de temps qui nous occupe.

Ainsi, en 1685, le duc de Richelieu, ayant promesse de recevoir le roi à Rueil et voulant lui ménager une surprise rare, fit faire par Gobert une statue équestre, dont le cheval ne reposait que sur ses pieds de derrière et pouvait être mis en branle du bout du doigt. La visite du roi ne put avoir lieu avant le voyage de Chambord, parce que l'œuvre de Gobert n'était pas encore sur place ; mais celle-ci fut transportée et installée plus tard dans l'ancienne résidence du grand cardinal, et nous avons le texte de l'inscription qui fut mise sur le piédestal[1]. — Quel était ce Gobert ? Les dictionnaires ne le nomment même pas[2], et cependant, outre la statue de Rueil, il avait déjà fait, en 1692, une statuette en marbre du roi foulant aux pieds l'Hérésie, qui subsiste encore, et que nous avons même vue à l'exposition du quai Malaquais[3]. C'est un motif analogue à celui de la place des Victoires, et il paraît aussi que Girardon fit un Louis XIV de petites proportions (vingt-huit pouces de haut), vainqueur du serpent Python, qui passa dans la collection du duc de Tallard[4].

Le maréchal de Boufflers voulut également orner son château de l'effigie royale[5]. Certains auteurs ont prétendu que c'était une première statue faite par Girardon pour la place Vendôme et qui,

---

1. *Mercure*, octobre 1685, p. 2-13 ; Bibl. nat., Imprimés, Lb[37] 3874, in-folio. D'après l'article du *Mercure*, que M. Alfred Cramail vient de reproduire dans : *le Château de Ruel et ses jardins*, p. 32-34, le cheval « passait, au jugement des plus savants, dans toutes ses proportions et son action, celui du Pont-Neuf et celui de la place Royale ; » mais ce n'était encore qu'un modèle, et M. de Richelieu avait l'intention de le faire couler en bronze.

2. Outre le peintre Pierre Gobert (1666-1744), reçu à l'Académie en 1702, il y eut un architecte du roi du nom de Thomas Gobert, qui entra en 1699 à l'Académie d'architecture, et que Brice et Piganiol louent de son « génie pour les beaux-arts. » Fit-il de la sculpture ?

3. Statuette de 0m70 ou 0m80 de haut, appartenant à Mme la comtesse d'Yvon. Louis XIV est en costume antique. Voyez ci-après, p. 253-254.

4. Notice sur Girardon, par Corrard de Bréban, p. 47. En 1673, le peintre René-Antoine Houasse, pour sa réception à l'Académie, avait représenté Louis XIV en Hercule jeune terrassant l'hydre, tableau qui est maintenant au Louvre.

5. Nous avons vu, p. 247, qu'il avait fait ériger un buste à Metz.

n'étant que d'un tiers plus grande que nature, trop petite par conséquent pour cette destination, aurait été donnée au maréchal[1]. J'ai déjà fait remarquer[2] que les documents authentiques infirmaient cette légende. Au contraire, Patte[3] dit que c'est le maréchal lui-même qui commanda à Girardon, en 1694, une statue équestre en bronze, et que Keller en fit la fonte. En effet, lorsque, en septembre 1700, elle fut transportée au château de Boufflers, près Beauvais[4], le *Mercure* publia cet article[5] :

M. le maréchal de Boufflers a fait enlever de l'Arsenal de cette ville (de Paris), pour son château de Boufflers en Picardie, une figure équestre du roi, de dix pieds de haut[6], inventée, faite et réparée en bronze par M. Girardon, fameux sculpteur de S. M. La fonte en a été faite par M. Keller, commissaire général des fontes de l'artillerie. Elle est d'un dessein différent de celui de la grande figure du roi élevée à la place de Louis-le-Grand, laquelle a été faite et fondue par les mêmes Girardon et Keller[7]. On ne peut trop estimer le zèle de M. le maréchal de Boufflers, qui veut avoir dans son château et laisser à ses descendants la statue d'un si grand monarque, qui a reconnu son mérite et sa valeur et illustré sa maison.

C'est sans doute par discrétion qu'on avait attendu que le monument de Paris fût inauguré. Le *posuit* de Boufflers fut l'objet d'une fête publique le 4 septembre 1701, veille du jour où Louis XIV entra dans sa soixante-quatorzième année[8]. Le *Mercure* publia à cette occasion l'article qui suit[9] :

Les grandes choses que le roi a faites pendant son règne, tant pour l'accroissement de la religion catholique, que pour la gloire de la France, qu'il a augmentée de plusieurs provinces, lui ayant fait méri-

---

1. La Folie, *Mémoire sur les statues de Henri IV*, p. 260-261, d'après Cambry, *Description du département de l'Oise*, 1803, t. I, p. 48.
2. Ci-dessus, p. 126.
3. *Monuments élevés à la gloire de Louis XV*, p. 111.
4. Ancien Cagny, sur le Thérain, érigé en duché de Boufflers en 1695.
5. Volume d'octobre 1700, p. 189-190.
6. Dans la note fournie à Boivin (ci-dessus, p. 118, note 3), Girardon lui-même dit que cette statue avait dix pieds depuis le dessus de la tête jusque sous les sabots du cheval, et que le roi eût eu huit pieds debout.
7. Cet article fut reproduit dans la feuille du 7 octobre de la *Gazette d'Amsterdam*, 1700, n° LXXX.
8. *Gazette* de 1701, p. 311.
9. Septembre 1701, p. 409-413.

ter le surnom de *Grand*, les François, voulant laisser à la postérité des marques de leur reconnoissance et de leur amour pour un si grand roi, avoient commencé à lui ériger des statues équestres dans les principales villes du royaume avant que la dernière guerre s'allumât, et, si elle n'eût point été si grande et si longue, il y avoit lieu de croire que l'on en auroit bientôt vu presque dans toutes les villes de France, et que les particuliers même auroient imité le zèle de M. le maréchal de la Feuillade. C'est ce que vient de faire M. le maréchal de Boufflers, qui, pénétré de reconnoissance et de tout ce qui distingue le roi, que ceux qui ont l'honneur de le voir de près comme ce maréchal connoissent mieux que les autres, a fait élever une statue équestre dans son château de Boufflers en Beauvoisis. On a choisi, pour célébrer cette fête, la veille du jour de la naissance du roi. Cette cérémonie a été faite avec tout l'éclat et la magnificence possible, par les officiers du duché. Tous les corps des magistrats de la ville y ont assisté, ainsi que les compagnies privilégiées de la même ville, qui s'y étoient rendues, de même que les principaux du clergé et de la noblesse du pays, qui y avoient été invités pour prendre part à l'allégresse publique. Les peuples accoururent à cette fête de plus de huit lieues à la ronde. On fit plusieurs décharges de canon et de mousqueterie pendant toute la journée, plusieurs fontaines de vin coulèrent, et il y eut le soir un très beau feu d'artifice. Il seroit difficile de dépeindre les marques d'allégresse que donnèrent tous ceux qui assistèrent à cette fête, et il sembloit que M. le maréchal de Boufflers leur eût inspiré toute la joie qu'il devoit ressentir. Ce maréchal avoit choisi pour ce grand ouvrage qu'il consacroit à la postérité le fameux M. Gerardon *(sic)*, de Troyes en Champagne, sculpteur ordinaire du roi, connu dans toute l'Europe par un grand nombre d'ouvrages qui éterniseront sa mémoire. Celui dont je viens de vous parler, qu'il a fait et inventé, a été fondu par M. Keller, de Zurich, qui est le premier qui ait fondu tout d'un jet les plus grands ouvrages de bronze qui aient jamais été faits.

Le château de Boufflers avait été rebâti tout récemment par Mansart[1]; c'est dans une avant-cour encore inachevée et non défrichée que la statue fut posée sur un piédestal de huit pieds dix pouces de haut, avec trois inscriptions françaises et une latine, très modérées et sages de ton[2]. Ni le maréchal ni ses successeurs ne complétèrent jamais le travail de l'avant-cour, et l'œuvre de Girardon, abandonnée, envahie par les ronces, se dégrada si hon-

---

1. La *Gazette d'Amsterdam* de mai 1698, n° XLIV, annonce que M. de Boufflers a emmené cet architecte pour reconstruire son château.
2. Patte, p. 111-112; La Folie, p. 260-261.

teusement, que le pays s'en émut. Il arriva même qu'en 1756, la succession du troisième et dernier duc de Boufflers étant l'objet d'une liquidation judiciaire, les créanciers firent annoncer pour le 14 septembre la vente aux enchères du Louis XIV de bronze et de son piédestal. A cette nouvelle, les maire, pairs et échevins de Beauvais s'empressèrent d'intervenir, et ils firent opposition à ce que la statue fût touchée, dépecée, ou transportée hors du pays, attendu que, selon l'inscription tournée vers leur ville, elle « devait servir de monument respectable à jamais pour la province et la postérité[1]. » Les créanciers furent ainsi arrêtés ; mais sept années se passèrent avant que la ville trouvât une occasion favorable pour faire valoir ses droits à la propriété du monument. Ce fut un voisin, le comte de Noailles, plus tard maréchal-duc de Mouchy, qui appuya cette requête[2].

Le 5 mars 1763, M. de Saint-Florentin, ministre de la maison du roi, écrivait à M. Bertier de Sauvigny, intendant de la généralité : « Je joins ici une lettre de M. le comte de Noailles concernant la demande que fait au roi le corps de ville de Beauvais de la statue équestre de Louis XIV qui se trouve placée dans l'avant-cour de Boufflers. Il est certain qu'elle seroit beaucoup mieux dans la place de la ville de Beauvais que de rester à l'abandon et exposée à être détruite et mutilée, si on la laissoit subsister où elle est. Cependant il ne me paroît pas que le roi puisse d'autorité en disposer sans qu'on soit instruit à qui elle appartient, si c'est encore à la direction (des créanciers) ou aux adjudicataires

---

1. TANT DE BIENFAITS ET DE DIGNITÉS REÇUS
DE LA BONTÉ D'UN SI GRAND ROI ET D'UN SI
BON MAÎTRE, ONT ENGAGÉ CE SEIGNEUR A LAISSER
AUX SIENS, A SA PROVINCE ET A
TOUTE LA POSTÉRITÉ CETTE MARQUE DE SA
RECONNOISSANCE.

2. Les détails qui vont suivre sont tirés de la correspondance ministérielle (Arch. nat., reg. O¹ 405), que m'a obligeamment signalée M. Eugène Lelong, et de deux mémoires imprimés que m'a communiqués M. Camille Millon de Montherlant : 1° *Titres et mémoriaux tirés des archives de l'évêché de Beauvais concernant la statue équestre de Louis XIV transférée de Crillon-Boufflers sur la place principale de Beauvais, au mois d'août 1788*, publiés par ordre de l'évêque (in-4°, 81 p.); 2° *Procès-verbal de l'inauguration de la statue équestre de Louis XIV, avec le récit de ce qui a précédé et les pièces justificatives*, publié par ordre des officiers municipaux (in-4°, 93 p.).

du duché. Vous voudrez bien en prendre une connoissance exacte, et, au cas qu'on pût retirer cette statue équestre d'où elle est, pour la transporter à Beauvais, il faudroit savoir si la ville seroit en état d'en faire faire le transport et de la placer à ses frais. Je ne crois pas aussi que, soit qu'elle appartienne à la direction ou aux adjudicataires du duché, il soit juste de leur enlever cet objet sans les dédommager, au moins de sa valeur métallique; mais vous pourriez toujours donner des ordres pour que, soit aux dépens de la direction, soit à ceux des propriétaires du duché, on arrache d'autour de ce monument respectable les ronces et tout ce qui pourroit contribuer à sa destruction. Vous voudrez bien me faire part des éclaircissements que vous aurez pris à ce sujet. »

Le 25 mai suivant, le corps de ville fut mis en demeure de trouver les fonds nécessaires pour la translation et la pose, et de s'entendre avec le cardinal de Gesvres, évêque et seigneur de Beauvais ; tout aussitôt on pria ce prélat de fixer l'emplacement convenable : la grande place, récemment décorée d'un très bel « hôtel commun, » était toute désignée pour cet usage, en substituant la statue au pilori monumental récemment reconstruit par un prédécesseur du cardinal, et qui serait transporté ailleurs. Il y eut des négociations, des difficultés de la part de M. de Gesvres, soucieux de conserver intacts ses droits féodaux ; la ville, qui espérait que les dépenses ne dépasseraient pas trois ou quatre mille écus, accepta tout et eut enfin le consentement du cardinal. On ne sait pourquoi le ministère ne ratifia pas cet arrangement ; vingt et une autres années s'écoulèrent ainsi, et c'est seulement en 1784 que, sur l'offre du comte de Crillon, devenu propriétaire de Boufflers l'année précédente[1], et de la duchesse de Lauzun, héritière du dernier Boufflers, l'intendant Bertier de Sauvigny notifia la permission de procéder au transfert[2]. Mais on n'était pas encore au bout des péripéties.

La ville prit possession du bronze le 5 août, et l'intendant lui-même vint présider aux arrangements à prendre avec le représentant de l'évêque, qui était alors l'abbé de la Rochefoucauld. Cet ecclésiastique consentit qu'au lieu du pilori on élevât sur un autre point de la place une sorte de colonne tronquée qui consa-

---

1. D'où le nom actuel de Crillon.
2. Lettre du 11 mars, accompagnant une lettre du contrôleur général en date du 17 février.

crerait à la fois les droits seigneuriaux de l'évêché et le souvenir du transfert de la statue à Beauvais; cette modification fut dûment approuvée par des lettres patentes du roi, et, grâce au bon vouloir de l'évêque, à l'intervention obligeante de l'intendant, on crut avoir évité toute nouvelle difficulté. La statue fut même mise en mouvement le 28 septembre et partit de Crillon-Boufflers sur un chariot; mais un ordre du roi l'arrêta sur la montagne de Villers-Saint-Lucien, jusqu'à ce que les travaux d'appropriation de la place fussent terminés. L'année 1785, puis l'année 1786 s'écoulèrent sans qu'on les commençât, et même les habitants de Beauvais craignirent un moment que l'évêque ne s'emparât de la statue pour en orner la cour intérieure de son habitation féodale. C'est sur une question de symétrie qu'on ne s'entendait plus. Enfin, en 1787, le projet d'érection reparut, augmenté cette fois d'une seconde colonne ou obélisque surmontant une fontaine et faisant pendant à la colonne qui devait remplacer le pilori. L'une et l'autre étant achevées en juillet 1788, on démolit le pilori, après enquête et description préalables, et, le 7 août, on posa en grande cérémonie la première pierre du piédestal sur lequel devait reposer la statue. Celle-ci, qui attendait depuis près de quatre ans sur la montagne voisine, se remit en marche, traînée par les élèves du collège, et l'inauguration eut lieu, avec les fêtes obligées, le 11 août 1788. En l'honneur du grand roi qui avait été « l'idole de son peuple, le désespoir des autres rois, la terreur de ses ennemis, l'admiration du monde entier[1], » l'évêque fit remise des censives et coutumes qui lui étaient dues pour l'année courante.

Quatre ans plus tard, la ville demanda à transformer la statue du « despote » en canons, pour combattre l'invasion; le 5 septembre 1792, au début de la séance du matin, l'Assemblée nationale adopta cette proposition du député Goujon[2] :

Une statue de Louis XIV en bronze était oubliée, depuis plus de soixante ans, dans les broussailles voisines des ruines du château du maréchal de Boufflers, à qui le despote en avait fait présent en 1703. L'intendant de Paris trouva utile à ses vues de la faire transporter, en 1788, sur la grande place de Beauvais, qui n'en est qu'à trois lieues. Ce projet, facilement adopté par ce qu'on appelait alors les *échevins*, entraîna la commune dans une dépense de plus de quarante mille

---

1. Discours de l'avocat-syndic de la ville, M. Millon de Montherlant.
2. *Moniteur*, p. 1060.

livres. La présence d'un tel monument contrastait fort avec l'esprit beauvaisin. Rien ne l'a mieux manifesté que la chute du colosse, précipité de son piédestal aussitôt la nouvelle des événements de la journée à jamais mémorable du 10 août. Cette statue est aujourd'hui en pièces. La commune de Beauvais demande à disposer de la matière et à en employer la valeur, partie à compléter le payement de cinq canons dont elle a fait hommage à l'Assemblée nationale, il y a six mois, le surplus en achat d'armes.

Ce vœu est appuyé par le directoire du département de l'Oise, mais simplement comme vœu, à l'appui duquel les plus puissantes considérations viennent se réunir. Par son arrêté du 29 août, il en réfère à l'Assemblée nationale. Je le convertis en motion, et je vous propose de le consacrer par le décret suivant :

« L'Assemblée nationale, considérant qu'on ne saurait mieux employer la valeur matérielle des monuments que la servitude avait élevés à l'orgueil du despotisme, qu'à procurer aux mains généreuses qui en ont secoué le joug les moyens de défendre la liberté et l'égalité qu'elles viennent de conquérir, décrète qu'il y a urgence.

« L'Assemblée nationale, après avoir décrété l'urgence, décrète que la commune de Beauvais est autorisée à disposer du métal composant les débris de la statue équestre qui existait, avant le 10 août, sur la principale place de cette ville, et à en employer la valeur, conformément à l'arrêté pris par le conseil général de la commune le 21 du même mois, partie au payement des canons dont elle s'est pourvue en dernier lieu, et le surplus, en cas d'excédent, en achats d'armes. Le métal, s'il est jugé propre à être converti en numéraire, sera porté à l'hôtel des monnaies le plus prochain, et la valeur y sera payée comptant en assignats. »

La fonte eut lieu en conséquence, et, de cette œuvre de Girardon, il ne subsista bientôt plus que quelques fragments, recueillis par le citoyen Cambry, qui fut le premier préfet du département de l'Oise[1].

Parmi les simples particuliers d'un « rang moins élevé, » comme dit le *Mercure*, un valet de chambre du roi, contrôleur de la maison de la Dauphine, Charles du Boisguérin, fit faire dès 1689, par l'académicien Louis Le Comte, sculpteur ordinaire du roi[2], une statue colossale de ce prince, foulant aux pieds l'Hérésie, en marbre, et, pour comble de délicatesse, il ne permit à l'artiste

---

1. Voir sa *Description du département de l'Oise*, 1803, t. I, p. 48.
2. Reçu à l'Académie le 25 janvier 1678, il avait fait pour l'Orangerie les groupes de *Zéphyr et Flore* et d'*Adonis et Vénus*. Il mourut en 1694.

d'achever la tête qu'après en avoir soumis le masque, avec l'ouvrage entier, au jugement de M. le Dauphin et de sa cour[1]. Cette statue, destinée à orner la belle maison qu'il possédait devant la rue Vivien, fut gravée par C. Vermeulen d'après un dessin de Louis Boulogne fils, et Mauger en fit une médaille[2]. Boisguérin la laissa par testament au roi, et le biographe de L. Le Conte dit qu'elle fut transportée au château d'Harcourt[3]. Louis XIV y était représenté en costume antique, écrasant du pied droit un homme barbu, et foulant du gauche un livre d'où s'échappent des reptiles, double personnification de l'hérésie, comme l'explique la légende de la médaille[4]. On remarquera l'analogie complète avec cette statuette signée : GOBERT, 1692, dont il a été parlé plus haut[5].

Au fond de la Bretagne, un élève de Le Brun exécuta pour le château de M. du Plessis-Botherel[6] un buste du roi en bronze, que ce fervent sujet plaça dans son jardin, sur un socle de porphyre éclairé par des pots à feu, avec une inscription qui commençait ainsi[7] :

A LA POSTÉRITÉ.
LA PLACE DES VICTOIRES, ÉRIGÉE A LA GLOIRE
PERPÉTUELLE DU RÈGNE TRIOMPHANT DE
LOUIS LE GRAND, etc., etc.

En Bretagne encore, comme je l'ai dit plus haut, un jurisconsulte éminent entre tous, historien aussi et philologue à ses heures, Pierre Hévin, crut de son devoir d'élever un monument particulier à la gloire du roi qui venait de ramener le parlement dans sa ville de Rennes, en 1689, et ce fut à l'entrée de son

---

1. *Mercure*, février 1689, p. 257-265 et 290-297.
2. Ms. Clairambault 1159, fol. 58 et 59; recueil des *Médailles du règne*, par le P. Ménestrier, n° CXLII; *Mercure*, janvier 1691, p. 227-228.
3. Notice de Lépicié, publiée dans les *Archives de l'art français*, t. III, p. 73-74, et t. IV, p. 347, note.
4. *Ludovici Magni de hæresi triumphantis statuam ex marmore privatis in ædibus positam hoc in numismate effingi et cudi curavit, devotus majestati ejus*, CAR. DU BOISGUÉRIN.
5. Ci-dessus, p. 250.
6. Château situé dans la paroisse de la Chapelle-du-Lou, Ille-et-Vilaine.
7. *Mercure*, novembre 1695, p. 158-178. M. de la Borderie m'a signalé un factum imprimé contre l'article du *Mercure* et contre M. de Botherel lui-même.

immense logis de la place des Lices[1] qu'il fixa un buste doré, avec des inscriptions et des médaillons rappelant les victoires du roi. M. de la Borderie a publié en 1881[2] la description faite par Hévin lui-même de cette décoration, et on y remarquera le ton enthousiaste et lyrique du vieux jurisconsulte, qui était alors procureur-syndic de la communauté de ville.

Un étranger même, J.-B. de Waldor, résident de l'électeur de Cologne[3], connu depuis longtemps pour ses démonstrations de ferveur toute française[4], et jaloux sans doute de son voisin le duc de Richelieu, fit ériger une statue pédestre du roi, en 1704, dans la maison qu'il occupait à Rueil[5]. Un second étranger, le Romain Antonio Bagniera, fit sculpter aussi une statue par Poultier, et nous en avons la gravure à l'eau-forte par Nicolas Chevallier, d'après R. Charpantier[6].

Un autre Romain encore, mais qui, s'étant mis sous le patronage de la France, ne donna que trop de tracas à nos ambassadeurs, le prince Vaïni, souvent nommé dans le *Journal de Dangeau* et dans les *Mémoires de Saint-Simon*, et qui avait été décoré des ordres du roi par les soins du cardinal de Bouillon, en 1698, voulut laisser un témoignage de sa gratitude aux siècles à venir, et fit exécuter un Louis XIV de marbre, couronné de lauriers et tenant le monde sous son pied puissant. Cette représentation choqua fort les puissances étrangères, et l'ambassadeur impérial proféra de telles menaces contre le sculpteur italien choisi par M. Vaïni, que celui-ci dut faire achever la statue dans son propre palais par un ouvrier français. Puis, lorsqu'on voulut graver une estampe de cette œuvre, le maître du sacré palais refusa son autorisation, sous prétexte que l'empereur avait seul droit à une couronne de

---

1. Connu aujourd'hui sous le nom d'hôtel du Molant, n° 34 de la place.
2. *Bulletin et Mémoires de la Société archéologique d'Ille-et-Vilaine*, t. XV, p. 127-129 et 135-139.
3. Jal, *Dictionnaire critique*, p. 1291.
4. Loret a célébré la grande fête qu'il avait donnée pour la paix, le 19 février 1660, et où il y avait eu fontaine de vin, feu de trente pieds de haut, etc. : *Muse historique*, t. III, p. 170. En 1700, il habitait une maison de la rue des Bons-Enfants, près la rue Ballifre : Arch. nat., Q¹ 1099⁶, fol. 18.
5. Dissertation, avec gravure de la statue à l'eau-forte par Ph. Simonneau : ms. Clairambault 1237, fol. 66-71. Cette statue est accostée d'un coq, avec la devise : *Stat vigil, accintus pugnæ*.
6. Ms. Clairambault 1158, fol. 198.

lauriers : comme le prince Vaïni était parti pour aller recevoir son cordon bleu à Versailles[1], ce fut son protecteur le cardinal de Bouillon qui fit exécuter la planche par un graveur français, avec l'addition du surnom de Louis *le Grand* sur le piédestal[2].

Cette statue avait sept pieds de haut, et le piédestal quatre. On la disait plus ressemblante dans le marbre que sur la gravure, qui seule nous reste, car l'original a subi, du fait des révolutionnaires, le même sort que presque toutes les effigies royales dont le sol de la France était orné. Le prince Vaïni ou ses héritiers avaient fait don de cette statue à l'Académie de France, et elle avait été placée dans la cour du palais en 1769, avec une inscription où le surintendant Marigny eut le bon goût de faire supprimer des qualificatifs tels que *Invictus* et *Rex Corsorum*[3]. En 1792, le peintre David, régénérateur de l'art, tout-puissant dans ce domaine, demanda et obtint la destruction de la statue.

Parlant de l'Italie, je dois signaler, en terminant, une œuvre des plus importantes que ce pays produisit pour la glorification de Louis XIV : c'est celle du sculpteur Dominique Guidi, aujourd'hui conservée dans le parc de Versailles. Guidi avait fait recevoir Charles Le Brun membre honoraire de l'Académie de Saint-Luc (15 décembre 1675); en retour, Le Brun obtint pour lui le même titre dans notre Académie de peinture et de sculpture (24 juillet 1676), et lui fit commander par Colbert, en 1679, un groupe de la Renommée écrivant l'histoire du grand roi; on croit même que c'est le peintre qui donna le dessin ou le sujet de ce groupe. Guidi travailla cinq ans sur le marbre qui lui avait été fourni par le directeur de l'Académie de France, et l'œuvre était presque terminée quand les Bénédictins la virent dans l'atelier, en août 1685. Voici comment l'un d'eux la dépeignit : « Une statue de marbre blanc qui soutient le visage du roi pareil à celui que M. Girardon a fait[4]. Je n'ai encore rien vu de si beau que

---

1. *Mémoires de Saint-Simon*, éd. nouvelle, t. VI (1888), p. 213.
2. Je tire ces renseignements d'une lettre du cardinal de Bouillon au roi, 19 mai 1699, que M. de Montaiglon a bien voulu me communiquer, et qui prendra place dans le second volume de la *Correspondance des directeurs de l'Académie de France à Rome*.
3. Lecoy de la Marche, *l'Académie de France à Rome*, p. 303-304.
4. Est-ce le buste de 1678, ou le projet de 1680 : ci-dessus, p. 116? Girardon avait-il donné une première forme à la composition proposée par Le Brun?

cette statue. C'est une Vertu ou Renommée qui est portée par Saturne ou le Temps. Elle tient sous elle la Rébellion ou l'Hérésie d'un côté, et d'autre sont les visages d'Alexandre, de César et d'autres plus grands hommes grecs et romains faits sur les figures qui en restent de l'antiquité. La pièce n'est pas encore achevée; mais elle le pourra être à Pâques. Je crois qu'on en sera très satisfait en France[1]. » Guidi envoya son œuvre à Versailles en 1686, et elle fut placée au bassin de Neptune, comme l'était alors le *Curtius* du Bernin; mais, bien que le sculpteur italien eût fait une pompeuse dédicace à Louvois[2], il paraît que celui-ci ne se décida pas facilement à le rémunérer, sans doute parce que c'était une ancienne créature de Colbert et de Le Brun[3]. Le groupe de Guidi a été gravé par J.-B. Nolin, à l'enseigne de la place des Victoires, pour servir de frontispice à l'*Histoire du roi Louis le Grand par les médailles*, du P. Ménestrier (1691 et 1693), et N. Doriguy l'a reproduit à l'eau-forte[4].

On en peut rapprocher, comme composition et idée première, trois bas-reliefs de réception à l'Académie, aujourd'hui conservés au musée du Louvre : celui de Jacques Prou (1682), où la Sculpture et la Peinture se secondent pour immortaliser Louis le Grand; celui de Jean Rousselet (1686), qui représente l'Histoire appuyée sur le piédestal d'un buste du roi et inspirée par une Muse lyrique; celui de Nicolas Coustou (1693), où l'on voit Apollon protégeant le buste du roi contre les maladies et la France rendant au Ciel des actions de grâces[5]. C'est une pareille idée que développa plus tard Titon du Tillet dans son Parnasse français, destiné peut-être à prendre des proportions colossales et à orner une place publique[6].

---

1. *Mabillon et la société de l'abbaye Saint-Germain-des-Prés*, par le prince Emmanuel de Broglie, t. I, p. 405-406.

2. Voir au Cabinet des estampes, dans la série N[5], la très grande estampe accompagnée de cette dédicace.

3. *Lettres de Colbert*, publiées par P. Clément, t. V, p. 388-408; *Archives de l'art français*, t. I, p. 60-69, et t. V, p. 81-84; Lecoy de la Marche, *l'Académie de France à Rome*, p. 66-68; Dussieux, *le Château de Versailles*, t. II, p. 208 et 237.

4. Mss. Clairambault 1159, fol. 44, 1160, fol. 50, et 1170, fol. 46.

5. Cf. un frontispice gravé par Edelinck et Loisel, d'après le dessin de Desmarets, dans le ms. Clairambault 1159, fol. 66.

6. Patte, *Monuments érigés à la gloire de Louis XV*, p. 111, note.

ADDITIONS ET CORRECTIONS.

Page 6, fin de note. Sur ce projet de place monumentale à faire en face de la colonnade du Louvre, et dont l'architecte Destouches avait dressé les plans, il faut voir un portefeuille de Bachaumont conservé à la bibliothèque de l'Arsenal, ms. 4041, et ses *Lettres critiques sur le Louvre, l'Opéra et la place Louis XV, et les salles de spectacle*, imprimées en 1751. Il y eut également, en 1749, un autre projet de placer la statue royale au carrefour de Bucy.

Page 11, fin de la note 1. Depuis l'impression de cette note, la Bibliothèque a été mise en possession d'un ou deux exemplaires du petit livre qui lui manquait.

Page 17, ligne 17. A son retour d'Espagne, La Feuillade fut envoyé auprès de l'amiral Ruyter, « pour lui faire exécuter les choses accordées entre le roi et la Hollande; » mais il ne réussit point. (*Mémoires de Louis XIV*, éd. Dreyss, t. I, p. 68, 73 et 185-186.)

Page 21, ligne 30. A la journée d'Heurtebise, le 10 mai 1676, ce fut La Feuillade qui se jeta aux pieds du roi pour l'empêcher de hasarder sa personne dans une action où toutes les chances les plus favorables promettaient la victoire; et l'on sait combien Louis XIV regretta plus tard de s'être laissé dissuader. Voyez ses *Œuvres*, t. IV, p. 26.

Page 28, note 3. On trouvera un certain nombre de bons mots de La Feuillade dans le recueil d'ana fait par Gaignières, comme supplément à la table de son Chansonnier. (Bibl. nat., ms. nouv. acq. franç. 4529.)

Page 30, ligne 17. C'est au duc de Montausier, pris, disait-on, comme type d'Alceste, dans *le Misanthrope*, que Saint-Simon attribue un acte pareil d'emportement et des menaces de faire mourir Molière sous le bâton : *Écrits inédits*, publiés par feu M. Faugère, tome VI, p. 318, et Addition au *Journal de Dangeau*, tome III, p. 126. Dans la rédaction des *Écrits inédits*, qu'on ne connaissait pas naguère, il y a un détail à rapprocher de certaine légende trop légèrement accréditée parmi les gens crédules et popularisée par un tableau d'Ingres, dont l'esquisse existe encore au Théâtre-Français. Prévenu que Molière l'avait insolemment « joué » dans sa comédie, M. de Montausier revint bien vite sur cette impression lorsqu'il vit représenter la pièce à Saint-Germain, et, tout charmé de « ce misanthrope qui était le plus honnête homme qu'il eût vu de sa vie, » il envoya chercher l'auteur pour lui en dire sa gratitude. Transes de Molière, qui ne se rend qu'à « plusieurs messages coup sur coup. » « Dès que M. de Montausier le vit, il courut à lui l'embrasser, le louer, admirer sa pièce, se défendre modestement de sa ressemblance, l'envier toutefois, ne résister pas à en être flatté, céder enfin à vouloir bien croire ce qui l'avoit si fort mis en fureur. Molière, toujours plein d'effroi, ne croyoit pas à ses oreilles et se défendoit ; et la fin fut qu'il ne sut plus ni que faire, ni que dire quand M. de Montausier, averti que son souper étoit servi, convia Molière de se mettre à table. L'esprit ni la débauche n'anoblissoient pas encore alors des professions éloignées de les mettre à la portée de tout le monde : tellement què Molière, qui avoit soupé en débauche, plus d'une fois en sa vie, avec de jeunes seigneurs, n'en étoit pas à manger hors de là avec cette même jeunesse; combien moins avec un homme de la dignité, de l'âge, de la place, de l'austérité de M. de Montausier. Aussi fut-il longtemps à le comprendre et à l'oser, et ce fut une scène charmante pour ceux qui en furent témoins, qui devint la nouvelle du lendemain. M. de Montausier but à Molière et l'assura de son amitié pour toujours, et lui tint fidèlement parole. » Quand bien même cette jolie scène aurait été arrangée par manière d'amplification, le fond n'en serait pas moins à méditer pour les crédules en question qui admettent encore Molière « déjeunant » avec Louis XIV lui-même. C'est, en outre, une addition au commentaire de M. Paul Mesnard sur *le Misanthrope*, dans son incomparable édition des *Œuvres de Molière*, tome V, p. 387-394. J'ajouterai que, si l'anecdote du déjeuner du roi et du comédien avait été vraie, Saint-Simon n'eût pas manqué de la reproduire, plutôt deux fois qu'une, en parlant de l'étiquette si sévère des repas de Louis XIV.

Page 37, note 2. Jal a réuni une certaine quantité de notes et de documents relatifs à l'exécution et au transport de l'œuvre du Bernin, dans son *Dictionnaire critique*, p. 210.

Page 38, note 2. Six mois après le P. Léonard, un correspondant de Toinard écrivait, sous la date du 8 octobre 1682 : « On va accommoder la Grève et la rendre carrée et plus spacieuse, avec des portiques aux deux côtés, pour mettre la figure du roi qu'a fait faire M. le maréchal de la Feuillade. M. Colbert fait faire aussi une autre figure de S. M.; mais on ne dit point encore où elle sera placée. » (Bibl. nat., ms. Suppl. grec 9, fol. 3 v°.)

Page 40, fin de la note 4. Le principal jeu de sonnerie de l'horloge que fit Antoine Morand de Pontdevaux, en 1706, pour la chambre de parade du roi, est une figure de celui-ci, semblable au Louis XIV de la place des Victoires, et la Victoire descendant d'un nuage pour le couronner.

Page 41, fin de la note 3. Guillaume Cornuel et autres financiers étaient les cautions de François Le Massonnet, qui, lui-même, l'était envers le roi pour M⁰ Louis Le Barbier, Marin Le Plat et autres détenteurs des maisons et terrains bâtis sur l'emplacement des anciennes murailles et fortifications (ce qu'on appelait les *fossés jaunes*), et ils avaient payé au roi, en son acquit, une somme de 2,056,647 livres. Mais, n'ayant point parachevé la nouvelle enceinte, le concessionnaire ne fut pas considéré comme légitime propriétaire, par droit d'échange, des terrains de l'ancienne. (Arch. nat., O¹ 1551, Capucines.) Toutefois, il y eut procès, l'affaire fut portée au Conseil, et, pour couper court à un litige qui troublait un grand nombre de familles parisiennes, le Roi agit généreusement, quoique des gens d'affaires lui eussent déjà avancé une somme considérable sur le recouvrement prétendu. L'arrêt fut rendu en Conseil, après dix heures de délibération, le 17 décembre 1681, et il eut un énorme retentissement. Mme de Scudéry l'annonça à Bussy-Rabutin en ces termes : « Le roi fit juger hier l'affaire de ces places de la rue Montmartre, qui étoit une affaire pour S. M. de plus de quatre millions. Votre ami M. de Bâville en étoit rapporteur et fit des merveilles ; cependant la pluralité des voix alloit en faveur de la cause du roi, qui, royalement, se fit perdre son procès, disant qu'il trouvoit sa cause mauvaise et qu'il vouloit décider, puisque c'étoit le sien. En vérité, cela est beau, et d'un grand roi et d'un excellent homme. C'étoit, je pense, M. Colbert qui avoit fait remuer cette corde. » (*Correspondance de Bussy*, tome V, p. 197-198.) Le *Mercure* du mois suivant célébra aussi cette royale générosité, et on en fit l'objet d'une des médailles qui figurent dans l'*Histoire métallique* : la Justice tenant d'une main le plan des anciennes fortifications, et présentant de l'autre ses balances au roi, qui les fait pencher ; légende : *Æquitas optimi principis ;* exergue : *Fiscus causa cadens.*

Page 42, note 1, ligne 11. Le carton Q¹ 1171 contient plusieurs pièces intéressantes sur les diverses concessions faites au bout de la rue des Bons-Enfants et à la naissance de la rue Neuve-des-Petits-Champs. On y voit que, dès avant l'entreprise de la nouvelle enceinte, en 1628, un certain Balthazar du Buret, officier du roi en sa vénerie, avait demandé à établir six étaux à boucherie contre le vieux rempart, et que l'enquête *de commodo et incommodo* faite parmi les habitants du quartier avait été favorable, à condition qu'on adossât les étaux à la maison de ou du Beauséjour, du côté du rempart, et qu'on n'y fît ni tuerie ni écorcherie ; « et ce d'autant que ladite rue des Petits-Champs et les environs ont été grandement accrus par les maisons et bâtiments nouvellement construits et habités par grand nombre de personnes. » L'affaire paraît avoir été reprise un peu plus tard par le chevalier de Saint-Simon, frère cadet du favori de Louis XIII, qui sollicita le don des terrains adjacents au rempart, en faisant valoir que l'établissement projeté profiterait à « la commodité du quartier, auquel lieu il avait acquis une petite place pour commencer à y bâtir. » C'est au nom de son secrétaire Jean Meynager que fut accordé, le 13 août 1631, un bail pour quatre-vingt-dix-neuf ans, d'une place sise le long des murs de la maison de Beauséjour, au bout de la rue des Petits-Champs, en montant sur le rempart, à l'effet d'y établir six étaux à boucher et six autres à poissonnier (l'opposition des voisins fit renoncer à cette partie du projet), et douze petites boutiques à vendre merceries et autres marchandises. Les changements qui se produisirent peu après dans le quartier firent disparaître ces constructions éphémères. — Le même carton Q^1 1171 contient les lettres de don accordées en janvier 1634 à d'Hémery et au garde des sceaux Séguier. Le terrain du premier, comprenant une superficie totale de huit cent quarante toises, est dit tenir d'une part aux derrières de la maison du Beauséjour et autres, d'autre part à une rue projetée le long du fossé. Celui du garde des sceaux aboutit par devant sur une rue projetée au travers des remparts, en continuation de la rue des Petits-Champs, par derrière aux murs du parc du Palais-Cardinal; d'un côté, vers la rue des Bons-Enfants, aux maisons bâties le long de cette rue et à l'ancien pavillon de l'académiste Benjamin, devenu propriété du cardinal; de l'autre côté, vers la contrescarpe, à une rue désignée entre ledit terrain et un jardin appartenant à Louis Le Barbier.

Page 44, ligne 28. Sur la fondation du couvent des Petits-Pères, voir la *Vie du vénérable frère Fiacre* (par le frère Gabriel), 1722, p. 66-69.

Page 45, ligne 11 et note 3. L'incorrection des textes que j'avais sous les yeux m'a fait confondre avec la famille de Clérembault les Clairambault bien connus de quiconque a étudié l'histoire du règne de Louis XIV, ou seulement pratiqué le Cabinet des manuscrits. Selon Armand Baschet (*Histoire du Dépôt des archives des affaires étrangères*, p. 155), l'hôtel de Rambouillet fut adjugé en la Cour des aides, le 15 juillet 1688, à Michel Ancel-Desgranges et Nicolas Clairambault, tous deux premiers commis du secrétaire d'État de la Maison du roi. Ces acquéreurs passèrent un devis, sans doute pour les appropriations, avec l'architecte Prédot, le 22 avril 1689, et ils partagèrent entre eux l'hôtel, le 2 mars 1691. C'est là que Pierre Clairambault, le grand généalogiste et collectionneur, vint habiter avec son frère Nicolas, qu'il établit sa bibliothèque et ses recueils manuscrits, au milieu desquels M. de Torcy fit déposer provisoirement, en 1715, les collections de Gaignières; c'est là enfin, selon toute vraisemblance, qu'il mourut en 1740, l'hôtel appartenant encore à son neveu et successeur, comme généalogiste des ordres du roi, Nicolas-Pascal Clairambault. Le voisinage immédiat des Petits-Pères, de leur bibliothèque précieuse et des réunions de curieux et de savants qui s'y tenaient chaque jour devait compter parmi les principaux avantages de cette demeure de la place des Victoires.

Ibidem, dernière ligne. J'ai retrouvé tardivement dans le carton Q^1 1171 le contrat par lequel, le 3 décembre 1683, La Feuillade acheta de Henri-François, duc de la Ferté, une grande maison sise rue Neuve-des-Petits-Champs, entre les rues du Reposoir, des Fossés-Montmartre et du Mail, et appelée l'hôtel de Senneterre, avec un grand jardin en dépendant par derrière, bâtiments, édifices, cours, basses-cours, etc., telle que feu M. de la Ferté en jouissait en conséquence du contrat passé devant les notaires Parque et Guerreau, le 27 décembre 1634. Dans la vente étaient compris les « tableaux et peintures, tant sur toile, bois en cadres qu'autrement, scellés et non scellés, représentant plusieurs actions et batailles, et autres choses servant d'ornement et décorations dudit hôtel, sauf les portraits de famille qui se trouvaient en bordures de tableaux, et non enchâssés ni scellés. » Prix : deux cent vingt mille livres. Contrat passé devant les notaires Chupin et Laverdy.

Page 47, ligne 25. On trouve dans le carton Q^1 1141 des baux de quatre-vingt-dix ans passés par la Ville, en juin 1615, au profit de Claude Ballifre, maître des enfants de la musique de la chambre du roi Louis XIII, et de Henri de Bailly, valet de chambre du même prince, plus tard intendant de la musique de sa chambre, de terrains vides sis au-devant de leurs maisons, sur la pente du rempart « proche le moulin des Petits-Champs. »

Ibidem, ligne 32. Dans un arrêt de 1697 (Arch. nat., E 1907, n° 129), René Jajollet de Larré est qualifié procureur du roi en la capitainerie et gruerie du bois de Boulogne.

Page 48, ligne 26, et page 49, note 3. Un recueil de gazettes à la main fait par Gaignières, et conservé actuellement dans le manuscrit Clairambault 491, contient cette nouvelle, à la date du 3 mars 1685 (fol. 49), antérieure de deux jours à l'arrêt qui autorisa l'expropriation : « On commença hier d'abattre des murailles de l'hôtel de Senneterre et du logis de M. Perrault et de Mme Hotman pour la nouvelle place où on mettra la figure du roi que fait faire M. de la Feuillade. La porte de l'hôtel de la Vrillière ne sera plus vis-à-vis d'une rue, parce que l'on joindra le coin de l'hôtel de Senneterre au coin de M. Perrault; et, de tout cela, M. de la Feuillade aura encore de quoi se loger qu'il ne lui en coûtera rien. »

Page 50, ligne 1 et note 1. Même rectification qu'à la page 45, ligne 11, pour les Clairambault.

Page 54, note 2. Patte a donné aussi le texte des inscriptions dans l'Introduction des *Monuments élevés à la gloire du roi Louis XV*, p. 101-104.

Page 64, ligne 8. Cette pièce de vers est indiquée comme œuvre de Dancourt dans le ms. Baluze 95, fol. 113 et 118, où se trouve une épître à Mme de Maintenon, qui commence par ces mots : « Vous qu'au gré de la France un pur et vrai mérite, etc., » et qui est une justification de l'inscription VIRO IMMORTALI. (Indiqué par M. L. Le Grand.)

Page 66, ligne 3. En novembre 1694, un graveur représenta la statue de Desjardins tenue dans ses chaînes par quatre femmes : La Vallière, Fontanges, Montespan et Maintenon. (*Magasin pittoresque*, t. V, p. 67.)

Ibidem, ligne dernière. Charles-Quint fut aussi représenté entre quatre hérésiarques enchaînés, dans la grande cour d'Aranjuez. En 1688, le sculpteur Lamoureux fit pour la place de Copenhague une statue équestre du roi Christiern V, en plomb doré, accompagnée de quatre figures de Vertus.

Ibidem, note 6. La statue de Schlüter pesait trois mille quintaux et coûta quarante mille écus.

Page 70, ligne 7. Le maréchal eut aussi permission de vendre trois gouvernements particuliers de Dauphiné, dont un seul lui valut vingt-cinq mille écus : *Mémoires de Sourches*, tome VIII, p. 270.

Page 78, note 1. Sur la taxe d'exemption du logement, voir deux arrêts du 28 juin 1700 et du 2 mai 1701, relatifs aux comptes arriérés du maréchal des logis La Fontaine, qui percevait ce recouvrement. (Arch. nat., E 1914.)

Page 80, ligne 2. On trouve dans le carton Q^1 1170 un mémoire du contrôleur des domaines en exercice l'année 1691, dont les conclusions sont que l'hôtel La Feuillade est entièrement de la censive du roi, comme bâti sur les fortifications de 1358, ainsi que les rues Neuve-Saint-Eustache et des Fossés-Montmartre, et que le côté adjacent des rues du Mail et de Clery, et la maison bâtie de l'autre côté de la place, en façade sur la rue du Reposoir, tandis que les autres, comme celle que Mme de Soyecourt a achetée à l'entrée, du côté de la rue des Petits-Champs, et que le marquis de Broon occupe, sont en partie de la censive du roi et en partie de celle de l'archevêque.

Page 81, note 6. Lémontey a dit inexactement, dans son *Essai sur l'établissement monarchique de Louis XIV* (p. 409) : « Il se passa trois années avant qu'averti par de pieux scrupules, le roi eût fait éteindre les feux qui brûlaient devant sa statue, et rendre à la famille de la Feuillade la somme qui avait servi à fonder le luminaire idolâtre. »

Page 83, ligne 22. Sur la mort du second duc de la Feuillade et sur sa succession, voir les *Mémoires et Journal de Mathieu Marais*, tome III, p. 149, 250, 290, 293, 297, 393 et 317.

Page 84, ligne 20. Un relevé fait le 13 mai 1698, des prix de terrains (le même qui a été cité plus loin, p. 191 et note 1), s'exprime ainsi : « Les dernières places qui ont été vendues à la place des Victoires, dans l'issolement (*sic*) entre la rue Neuve-des-Petits-Champs et les Petits-Pères, ont été vendues au prix de cent vingt livres la toise, et les particuliers qui les ont acquises ont fait construire à leurs dépens le mur de face sur la place, qui leur a coûté soixante-six livres la toise. » (Arch. nat., O^1 1551.)

Page 85, ligne 14 et note 4. Supprimer ce qui a trait au marquis de Clérembault, conformément à la rectification faite pour les pages 45 et 5o, si ce n'est que ce personnage était en effet, d'après l'arrêt du 27 novembre 1691, l'un des principaux créanciers de la succession La Feuillade.

Page 87, ligne 34. Les artistes intervinrent pour sauvegarder tout au moins les quatre esclaves : voir la lettre au maire de Paris publiée dans le *Journal de Paris*, 5 juillet 1790, et reproduite par M. J. Guiffrey, dans *les Caffiéri*, p. 229, 406 et 456-458. Philippe Caffiéri possédait une reproduction de l'œuvre de Girardon (*sic*, pour Desjardins) de deux pieds six pouces de haut, y compris le piédestal (*ibidem*, p. 429-430).

Page 95, note 4. Sur ces premiers Gondy, voir les *Œuvres du cardinal de Retz*, tome IX, p. 430-431, et la notice du duché de Retz, dans les *Écrits inédits de Saint-Simon*, tome V, p. 398-401.

Page 97, ligne 5. Selon le recueil d'ana de Gaignières (ms. n. a. fr. 4529, p. 123), M. de la Bourlie, de la maison de Guiscard, ayant fait mettre l'inscription Hôtel de Guiscard sur une maison assez médiocre qu'il habitait dans la rue Saint-Honoré, auprès de l'hôtel de Vendôme, Manicamp, qui écrivait à M. de Vendôme, mit pour adresse : « A Mgr le duc de Vendôme, rue Saint-Honoré, proche l'hôtel de Guiscard. »

Page 102, note 1. Sur Le Nostre et les Coulanges aux Tuileries, voir le *Journal d'Olivier d'Ormesson*, t. I, p. 41.

Page 103, ligne 17. On a, dans un recueil de G. Tallemant des Réaux (*Catalogue des manuscrits de la bibliothèque de la Rochelle*, p. 480), un quatrain sur le portail du logis de Pussort, commençant ainsi :

Le superbe témoin de l'orgueil de Pussort.....

Page 105, note 6. Selon le *Dictionnaire de la Noblesse* de la Chenaye-des-Bois, les maires perpétuels de Pontoise furent : 1° Louis de Mazières, écuyer ; 2° son neveu Albert de Mazières, aussi écuyer et sieur du Buat, qui avait en outre succédé, comme huissier ordinaire de la chambre du roi, à son père Jérôme de Mazières, contrôleur de la maison de la reine mère, et qui, d'après l'*État de la France* de 1698, avait été capitaine-lieutenant de la compagnie colonelle du régiment de Toulouse. Ce serait donc une famille toute différente de celle de l'entrepreneur André Mazières, quoique portant le même nom, dans la même ville.

Page 117, ligne 11. Sur la coiffure du grand roi, voir Winkelmann, *Opere* (éd. 1831), t. I, p. 450, et le *Discours sur les monuments publics*, par l'abbé de Lubersac (1775), Appendice, p. iv.

Page 118, ligne 3. Les dernières éditions de Germain Brice donnent des mesures un peu différentes pour la statue de Henri IV : le roi, dix pieds dix pouces ; le cheval, onze pieds quatre pouces du devant de la tête jusqu'à la queue, et onze pieds cinq pouces du pied de devant au plus haut de l'encolure. (Éd. 1752, t. IV, p. 168.)

Page 126, ligne 27. La réduction n° 2172 de Versailles a déjà été indiquée, sans attribution, p. 39, note 4.

Page 134, note 6. Le père du prévôt des marchands s'appelait aussi Claude Bosc et avait été successivement premier commis du Trésor sous M. de Bartillat, contrôleur ordinaire des guerres et trésorier provincial. Pourvu d'un brevet de conseiller d'État en 1662, anobli en 1673, il mourut en mai 1678. De Marguerite Brossier, morte en juin 1694, il eut, outre le prévôt des marchands, une fille qui épousa Alexandre Bontemps en 1671 et mourut en 1676. Claude II débuta au parlement en 1668 et devint procureur général de la Cour des aides le 7 février 1672. Il avait épousé la fille du greffier Jacques, et une fille issue de ce mariage épousa le fils de La Touanne. On voit donc qu'il tenait d'un côté à la cour, et de l'autre au monde des financiers.

Page 137, ligne 20. Le plan de la Ville se rattachait à un projet déjà ancien, car voici ce qu'on écrivait de Paris, le 25 avril 1687, à la *Gazette de Leyde* : « Comme c'est le naturel de l'homme d'immortaliser sa mémoire par quelque fait mémorable, on ne doute pas que notre prévôt des marchands et Messieurs de la maison de ville n'y réussissent extrêmement bien, si on met à exécution le projet qu'on vient de former pour l'embellissement de Paris : c'est qu'on fera une rue de communication depuis le quai de l'Horloge du Palais jusques à Saint-Denis-de-la-Chartre, et de là un autre quai jusques au pont de Bois, afin de faciliter la communication des deux îles. On doit aussi démolir le Petit-Châtelet et élargir les rues de Saint-Jacques et de la Boucherie. Le marché au blé qui se tient aux Halles doit être transporté à la Ville-Neuve, et on en fera encore un autre à la porte Saint-Michel. »

Page 143, ligne 9. M° Mathurin Besnier fut parrain, le 24 octobre 1698, d'un fils de Jacques Gabriel, contrôleur général des bâtiments, jardins, etc., et d'Élisabeth Besnier. (J. Guiffrey, *Actes d'état-civil d'artistes français*, p. 20.) Il s'agit évidemment du Gabriel (Jacques III Jules) nommé dans les recherches de feu H. Lot sur cette famille : *Nouvelles archives de l'art français*, 1876, p. 318, 203 et 351.

Page 145, ligne 14. Il est intéressant de comparer les statuts de cette société avec ceux de la cinquième compagnie des Glaces, fondée en 1702 : A. Cochin, *Histoire de la manufacture de Saint-Gobain*, p. 42 et 131-137.

Page 147, note 4. Il y a une première requête de Delamair au roi, pour obtenir son payement, en juin 1700, dans le registre de la Maison du roi O^1 44, fol. 263 v°.

Page 205, ligne 8. J'aurais dû signaler l'article du *Dictionnaire critique* de Jal sur les Statues de la place Vendôme. Nous y voyons d'abord que les fragments du Louis XIV de Girardon restèrent quatre mois sur le terrain, qui ne fut déblayé qu'au mois de septembre 1792; que, par la suite, on érigea un modèle de Liberté en plâtre, qui était encore en place lorsque fut posée la première pierre de la colonne de 1800; qu'il y eut, après cela, un projet de colonne de marbre et bronze, qui devait être surmontée d'une Minerve et accompagnée de quatre fontaines à la base, mais qu'on y substitua la colonne impériale, sur l'historique de laquelle le *Dictionnaire* donne une grande quantité de faits intéressants.

Page 214, ligne 7. Une pièce imprimée (Bibl. nat., Y^c 3049) que m'a bien voulu signaler M. Guilhiermoz, sur la statue de Caen, rapporte qu' « un grand magistrat qui avoit un soin particulier pour la décoration de Rouen...., avoit formé le projet de faire venir cette figure de Caen et de l'élever au milieu du port, sur une pile du vieux pont de pierre, vis-à-vis de la porte de la Paix. » Tout était convenu quand le magistrat en question mourut : ce ne peut être que le premier président Pellot, décédé le 3 août 1683. Segrais en profita, fit marché avec le sculpteur pour sa propre ville, et composa les vers latins cités dans la lettre de M. de Morangis. On voit donc, par la date de la mort de Pellot, que la statue était faite avant toutes les autres que nous connaissons.

Page 216, note 3. J'ai mal reproduit les chiffres donnés par le P. Léonard : c'est deux cent mille livres de diminution sur le don gratuit, cent mille écus sur les pensions de la province.

Page 217, note 3. Coysevox tirait évidemment son nom de la localité de Franche-Comté (département de la Haute-Saône, proche Héricourt) qui s'appelait Coisevaux. Cela explique tout à la fois l'orthographe de la signature de son père et la tradition d'une origine espagnole.

Page 229, note 4. Il fut imprimé en 1728 une *Lettre à un ami* contre l'inscription de la statue de Montpellier, et, en mai 1739, une série de pièces de polémique pour et contre la statue.

Page 231, fin de note. Le procédé pour faire remonter les bateaux sur le Rhône proposé par l'ingénieur Du Guet est signalé bien avant 1712, dans le *Mercure galant* de juillet 1703, p. 115-120; mais la date de 1712 est celle d'une proposition au contrôleur général.

Page 239, fin de la note. Sur cette statue de Gilles Guérin, « souvenir de la réconciliation avec Mazarin, » voir une pièce provenant des papiers Libri, ms. Nouv. acq. fr. 5164, fol. 43.

TABLE SOMMAIRE DES MATIÈRES.

INTRODUCTION. Travaux exécutés ou projetés pour la décoration de Paris sous le règne de Louis XIV; part prise par Colbert à ces travaux (p. 1). Les bâtiments passent entre les mains de Louvois et de Mansart (p. 6). Les places publiques à Paris (p. 8).

I.

LA PLACE DES VICTOIRES.

François d'Aubusson, duc de la Feuillade, maréchal de France (p. 10). Son origine et sa carrière militaire (p. 11). Commencements et progrès de sa grande faveur (p. 14). Son portrait et son caractère d'après les contemporains (p. 23).

La Feuillade fait faire une première statue de Louis XIV (p. 31). Martin Desjardins est chargé de l'exécuter (p. 33). Cette statue est donnée au roi et transportée à Versailles (p. 37). Desjardins compose pour le maréchal le groupe triomphal de Louis XIV couronné par la Victoire; description de ce groupe (p. 38).

La Feuillade choisit l'emplacement de l'hôtel de Senneterre pour y ériger le groupe au milieu d'une place monumentale (p. 41). Origines du quartier qui est devenu la place des Victoires (p. 41). Principaux logis et hôtels (p. 42 et 263-264). L'hôtel Lopez, puis de Senneterre, et son acquisition par le maréchal de la Feuillade (p. 43 et 264). Il en sacrifie une partie pour former une place destinée à recevoir le groupe triomphal, et la Ville s'associe à son dessein (p. 46). Expropriation des maisons adjacentes (p. 46 et 265). Plan de place circulaire dressé par Mansart (p. 49).

Traité de la Ville avec l'entrepreneur Prédot (p. 51). Projets pour le luminaire, le piédestal et la décoration de la place (p. 53). Les inscriptions et les quatre esclaves (p. 54). Les quatre fanaux (p. 55).

Inauguration du 28 mars 1686 (p. 58). Critiques qui se produisirent contre le cérémonial (p. 62); contre l'inscription VIRO IMMORTALI (p. 63 et 265); contre les quatre esclaves du piédestal (p. 65).

Ovations faites au maréchal de la Feuillade et faveurs nouvelles qu'il obtient (p. 67). Le roi vient visiter la place et le monument (p. 70). Le groupe est doré (p. 71). Arrangements pris par La Feuillade avec la Ville pour l'achèvement de la place (p. 72). Sa substitution perpétuelle pour l'entretien du monument et des fanaux (p. 73). Mort de La Feuillade; sa disparition fut-elle une délivrance pour Louis XIV (p. 75)? La Ville se charge de désintéresser ses héritiers et ses créanciers, et de faire terminer les travaux de la place

(p. 79). Percement des rues définitives (p. 80 et 266). Suppression de l'éclairage des fanaux (p. 81 et 266). Suppression des fanaux mêmes (p. 82). Les héritiers de La Feuillade et sa substitution jusqu'à la Révolution (p. 83).
Les premiers habitants de la place des Victoires (p. 84 et 266). Destruction du groupe en 1792 (p. 86). Conservation des quatre esclaves (p. 87 et 267). Décret du 14 août pour le renversement de tous les monuments de la tyrannie (p. 89). Nouvelles destinations données successivement à la place des Victoires (p. 91).

II.

LA PLACE DE VENDÔME.

Les premiers développements du quartier Saint-Honoré hors des murs (p. 94). Les Gondy et l'hôtel de Vendôme (p. 95). Couvents et hôtels adjacents (p. 97 et 267). Reculement de l'enceinte en 1633 (p. 98). État du quartier nouveau au xviie siècle (p. 99). Aliénation de l'hôtel de Vendôme (p. 104). Première société formée pour l'exploitation des terrains (p. 105 et 267). Plans de Louvois et Mansart (p. 106). Acquisition par le roi et premier projet de place nouvelle (p. 107). Commencement des travaux en 1685 (p. 112). Déplacement du couvent des Capucines (p. 113). Prolongation de la rue Neuve-des-Petits-Champs (p. 114). Mise en vente des terrains en 1686 (p. 114).
Statue équestre du roi exécutée par François Girardon, sur l'ordre de Louvois (p. 116). Premier projet de piédestal (p. 119). Le roi va voir la statue dans l'atelier (p. 120). Projet de construction de la Bibliothèque royale (p. 122). Louvois meurt et est remplacé à la surintendance des bâtiments par Colbert de Villacerf (p. 122). Fonte de la statue en 1692 (p. 122). État des premières dépenses faites jusqu'en 1698 (p. 127). Nouveaux projets de vente des terrains et modification du plan primitif (p. 128). Arrangements pris pour mettre à la charge de la Ville la construction de la place des Conquêtes et d'une caserne de mousquetaires (p. 134). Plan définitif de place octogonale arrêté par Mansart (p. 138). Cession de l'entreprise à la Ville (p. 139). Formation d'une société concessionnaire, sous le nom de Masneuf, pour l'exploitation des terrains (p. 142 et 268). Préparation du piédestal par la Ville (p. 147 et 268). Rédaction des inscriptions par la petite Académie (p. 148). Pose de la première pierre du piédestal (p. 151). Érection de la statue (p. 152). Inauguration solennelle du 13 août 1699 (p. 153). Éloges et critiques (p. 157). La place change ses premiers noms de place de Vendôme et de place des Conquêtes pour celui de place de Louis-le-Grand (p. 159). Ordonnance primitive et ordonnance définitive de la façade (p. 159). Démolition des cons-

tructions primitives et nouvelles constructions (p. 161). Récompenses données à Mansart (p. 163).

Développements nouveaux du quartier environnant (p. 164). La société concessionnaire entreprend le débit des terrains (p. 166). Traités passés avec l'archevêque, comme seigneur foncier (p. 168).

Les premiers habitants de la place (p. 169) : Delpech (p. 171); Aubert (p. 172); Masneuf et Paparel (p. 172); Herlaut (p. 174); Luillier et Boffrand, Quesnet et Nocé (p. 176); Boutin et Robert de Cotte (p. 178); le contrôleur général Chamillart (p. 179); Pennautier et Crozat (p. 180); la seconde duchesse de Gramont (p. 183); La Vieuville, Luillier et Guyhou de Bruslon (p. 184); Bourvallais et la Chancellerie (p. 185); Mansart, Montargis et Villemaré (p. 187); La Lande et autres (p. 189); Sauvion (p. 190); Fontanieu (p. 191). Acquisitions et constructions de Jean Law (p. 192). Acquéreurs substitués à Law (p. 195).

La place de Louis-le-Grand au temps du Système (p. 196). Achèvement du piédestal sous Louis XV (p. 197). La foire Saint-Ovide (p. 198). Les habitants de la place à la fin de l'ancien régime (p. 200). Projet de palais national (p. 202). Le quartier sous la Révolution (p. 202). Destruction de la statue en 1792 (p. 203 et 268). Les colonnes de la place Vendôme (p. 204). Le quartier au commencement du xixe siècle (p. 205).

Construction de la caserne de mousquetaires au faubourg Saint-Antoine (p. 206).

III.

AUTRES STATUES ÉLEVÉES A LOUIS XIV.

La province suit l'exemple donné par la capitale (p. 210).

Statues du Havre (p. 211); de Caen, par Postel (p. 212 et 269); de Grenoble (p. 214); de Rennes, par Coysevox (p. 215 et 269); de la Provence (p. 223); de Montpellier, par Mazeline et Hurtrelle (p. 226 et 269); de Lyon, par Desjardins (p. 229 et 269); de Dijon, par Le Hongre (p. 233); de Poitiers, par Girouard (p. 235); de Pau, par Girardon et Arcis (p. 236); de Tours, par Girardon (p. 237); de l'hôtel de ville de Paris, par Coysevox (p. 238); d'Angers, Le Mans, Troyes, Metz, Bordeaux, etc. (p. 244).

Statues élevées par des particuliers (p. 249) : au château de Rueil (p. 250); à Boufflers (p. 250); à Paris (p. 256); en Bretagne (p. 257); en Italie (p. 258). Le groupe de D. Guidi (p. 259).

ADDITIONS ET CORRECTIONS 261
TABLE SOMMAIRE DES MATIÈRES. 270

Nogent-le-Rotrou, imprimerie DAUPELEY-GOUVERNEUR.

Les tirages à part de la *Société de l'Histoire de Paris et de l'Ile-de-France* ne peuvent être mis en vente.

www.ingramcontent.com/pod-product-compliance
Lightning Source LLC
Chambersburg PA
CBHW050651170426
43200CB00008B/1251